普通高等教育规划教材

邱荣祖　主　编　李正红　副主编

现代物流运输系统工程

人民交通出版社
China Communications Press

内 容 提 要

本书以物流运输为研究对象，从系统的视角出发，以系统工程的理论与方法，全面系统地介绍了现代物流运输系统工程的理论、方法与应用。全书共分九章，包括绪论、现代物流运输方式与设施、物流运输需求预测、物流运输系统优化理论与方法、物流运输设备优化管理、物流运输系统组织与优化、物流设施规划与优化设计、物流运输系统对环境的影响与评价、物流运输信息管理。

本书可作为高等院校物流管理、物流工程、交通运输及相关专业的本科教科书，也可作为物流运输研究、教学、管理和规划设计人员的参考书。

图书在版编目（CIP）数据

现代物流运输系统工程/邱荣祖主编. —北京：人民交通出版社，2011.9

ISBN 978-7-114-09339-5

I. ①现… II. ①邱… III. ①物流—货物运输—系统工程 IV. ①F252

中国版本图书馆 CIP 数据核字（2011）第 161873 号

书　　名：现代物流运输系统工程
著 作 者：邱荣祖
责任编辑：王　霞(wx@ccpress.com.cn)　卢　珊
出版发行：人民交通出版社
地　　址：(100011)北京市朝阳区安定门外外馆斜街3号
网　　址：http://www.ccpress.com.cn
销售电话：(010)59757973
总 经 销：人民交通出版社发行部
经　　销：各地新华书店
印　　刷：北京交通印务实业公司
开　　本：787×1092　1/16
印　　张：20.25
字　　数：496千
版　　次：2011年9月　第1版
印　　次：2011年9月　第1次印刷
　　　　　2014年2月　第2次印刷
书　　号：ISBN 978-7-114-09339-5
印　　数：2001～3500册
定　　价：44.00元

前　　言

1962年，著名管理大师彼德·德鲁克(Peter Druker)在《财富》杂志上发表了题为《经济领域的黑暗大陆》的文章，提出物流成为继"节约原材料"及"提高劳动生产率"后企业的"第三利润源"。从此，物流企业开始将产品与原材料综合起来管理，进入了快速发展时期。随着经济的发展、技术的进步和管理水平的提高，物流系统的技术手段、组织形式等也在发生着相应的变化，物流的功能也日益增强。时至今日，物流作为国民经济中一个新兴的产业，正在全球范围内迅速发展。其发展程度不仅对社会经济各个部门的生产效率和效益产生普遍影响，而且对人们的社会生活也产生重大影响，成为衡量一国现代化程度和综合国力的重要标志之一。

与此同时，物流学作为研究指导物流产业发展的综合性交叉学科迅速建立起来，并得到发展完善。现代物流学最为重要的观点之一就是认为物流是诸要素及其涉及的物品、信息、设施和设备等若干相互联系、相互制约的具有特定功能和目标的系统，结构要素一般包括运输、储存、配送、包装、装卸搬运、流通加工和废旧物品的回收与处理等，并通过一定的规则组织，形成了物流系统的整体功能。物流运输系统是物流系统的既有组成部分，是物流的核心业务之一，在物流活动中处于中心地位，也是物流系统的一个重要功能。它实现了物质实体从供应地点到需求地点之间的空间变换，创造了物品的空间效用，实现了物质资料的使用价值，是建立现代物流系统的基础。

基于上述背景，本书从物流系统的视角，以整个物流运输活动为对象，以计算机技术、系统理论、环境科学等为基本理论，运用系统工程的观点和方法，论述对系统进行最优规划、计划、协调和控制，使物流运输系统达到最佳的社会效益、生态效益和经济效益的理论与方法。本书以系统的观点，阐明物流运输系统的构成和特性；论述物流运输系统预测和系统优化理论与方法，系统优化理论在物流系统设备及组织管理与决策、物流设施规划优化中的应用；分析物流运输系统与环境之间的相互关系；简要介绍物流运输系统信息管理的基本知识。

全书贯穿了作者多年来教学、科研工作的主要学术成果，以及所收集的大量国内外第一手资料。在撰写过程中，注重系统性、理论性、实用性和前沿性，力求以系统科学的思想观点，全面阐明物流运输系统中运输设备、运输线路、配套设施和人等系统构成诸要素间的相互作用、相互依存和相互制约的关系；关注现代物流可持续发展问题；注意介绍现代信息技术在物流运输系统中应用的最新动态。

全书由邱荣祖统稿并担任主编，李正红担任副主编。具体分工为：第一章、第五章和第八章由邱荣祖编写；第二章由李正红编写；第三章由张兰怡编写；第四章和第九章由陈诚编写；第六章由刘娜翠编写；第七章由杨月锋编写。

作者谨向为本书提供指导和帮助的教授、专家及朋友们表示真挚的感谢。

本书的出版得到了福建省《交通运输学》精品课程、交通运输类创新型人才培养模式试验区等本科质量工程项目和福建农林大学教材出版基金资助。

由于作者水平所限，书中不足之处，恳请读者批评指正。

邱荣祖

2011 年 4 月

目　　录

第一章　绪　　论

第一节　系统工程概论

一、系统

1.系统的基本特征与定义

系统概念已经普及到一切科学领域，渗透到人们的日常思维、语言和工作中。自然界和人类社会中的很多事物并不是孤立存在的，而是相互制约和相互联系的，它们形成了各式各样的系统。一个城市就是一个系统，它是由交通运输系统、资源系统、商业系统、市政系统、卫生系统等相互作用着的部件组合而成的一个整体，通过系统的各个部件相互协调的运转去完成城市生活和发展的特定目标；各部件还可以看作子系统进一步分解，例如交通运输系统是由铁路运输、公路运输、水路运输、航空运输、管道运输子系统构成的，这些子系统相互配合，共同为社会提供运输服务。由此，我们可以给系统下个定义：系统是由相互联系、相互作用的诸要素组成的具有一定功能的有机整体。

分析这些简单的例子，撇开一切具体形态和性质，可以发现，一切系统都有以下基本特征。

（1）集合性

系统的集合性指的是系统是由若干个（起码两个）相互区别的元素（单元或子系统）组成的。例如，计算机系统，一般由中央处理器（CPU）、存储器、输入与输出设备等硬件组成，同时还包含操作系统、应用程序、数据库等软件，从而形成一个有机完整的集合。构成系统的各元素虽然具有不同的性能，但它们必须统一和协调于系统的整体之中，脱离了这一点，元素的机能和各元素的作用便失去了意义。

（2）相关性

系统的相关性指的是组成系统的各元素是相互作用、相互依存和相互制约的。相关性可用来描述系统整体性的原因，是系统整体性的根据。系统的思想正是强调要素之间联系方式的重要性，同样的要素，其联系方式的不同可以使其成为不同的整体，具有不同的系统功能。如果系统中的某个元素发生了变化，其他元素常要跟着作相应的变化和调整。另外，相关性既重视整体内部各要素间的关联，也重视整体与外部环境之间的联系。若仅仅只有若干个元素，而各元素之间并不存在任何有机联系，则这些元素并未构成系统。

（3）层次性

系统作为一个相互作用的诸要素的总体，可以分解为一系列的子系统，子系统还可进一步分解为更低一级的子系统，并存在一定的层次结构，这是系统空间结构的特定形式。在系统层次结构中表述了在不同层次子系统之间的从属关系或相互作用关系。在不同的层次结构中存在着动态的信息流和物质流，构成了系统的运动特性，为深入研究系统层次之间的控制与调节功能提供了条件。

(4)目的性

人工系统和复合系统都具有一定的目的性,否则,也就失去了这个系统存在的价值和意义。通常,系统都具有某种目的,而要达到既定的目的,系统就需要具有一定的功能,这正是系统与系统区别的标志。系统的目的一般用更具体的目标来体现,一般说来,比较复杂的系统都具有多个目标,因此需要一个指标体系来描述系统的目标。比如,衡量一个工业企业的经营业绩,不仅要考核它的产量、产值指标,而且更重要的是要考核它的利润、成本和质量指标完成情况。在指标体系中,各个指标之间有时是相互矛盾的,有时是互为消长的。为此,要从整体出发力求获得全局最优的经营效果,要在矛盾的目标之间做好协调工作,寻求平衡或折中。为了实现系统的目的,系统必须具有控制、调节和管理的功能,管理的过程也就是系统的有序化过程,使它进入与系统目的相适应的状态。

(5)环境适应性

任何一个系统都存在于一定的环境(更大的系统)之中,环境的变化对系统产生重要的影响。系统要与外界环境产生物质的、能量的和信息的交换,外界环境的变化也必然会引起系统内部各要素之间的变化。一个理想的系统,应能经常保持与环境的最佳适应状态;如果一个系统不能适应环境的变化,它就没有生命力。

分析研究上述系统基本特征不仅可将其作为判别系统的准则,而且还有助于解决实际问题。目的性分析,在于明晰系统存在的价值,以明确系统的功能;集合性分析,在于了解系统的组成及其结构;相关性分析,可建立系统各组成部分之间的合理关系,以消除相互间的盲目联系和无效行动;环境适应性分析,在于确定系统存在的条件,以及解决对外界条件的适应性问题。

2. 系统分类

根据不同的分类方法,可以对系统进行各种各样的分类。

(1)自然系统与人造系统

这是从系统的起源来分类的。自然系统是由自然过程产生的系统,例如森林生态系统。它是由生物成分和非生物成分构成的自然系统,系统的生物成分和非生物成分密切交织在一起,彼此相互作用,相互依存,构成一个有机的整体,起着净化空气、涵养水源、防沙固土以及提供林产品的功能。人造系统则是人们将有关元素,按其属性和相互关系组合而成的系统,例如物流系统。当然所有的人造系统都存在于自然界之中,同时人造系统与自然系统之间存在着重要的联系,特别是一些人为改造的自然系统,关系就更为密切。可以说,我们生活的世界就是由自然系统与人造系统组成的。

(2)实体系统与概念系统

这是从形成系统的元素是有形的还是无形的角度来分类的。实体系统是以矿物、生物等实体组成的系统,其元素是具体的物质,如企业、机器等。概念系统是由概念、原理、法律、方法、制度、步骤、手续等非物质成分组成的系统,如法律系统,运输管理系统等。但是,在人造系统中,实体系统与概念系统往往是无法截然分开的,如在公路运输系统中,既有道路、车辆实体系统,又有运输管理概念系统。

(3)静态系统与动态系统

这是根据系统状态和时间关系来分类的。静态系统一般是指存在一定的结构但没有活动性的系统,例如,江河上的一座桥梁就代表一个静态系统。动态系统是指既有组成元素又有活动性的系统,学校系统就是由校舍、学生、教师、图书以及各门课程等组成的有活动性的系统。

但是，如果以是否有一个进行着的过程作为动态的一般定义，显然是不完全的。因为很多系统虽然在通常的意义上没有动作，但不能认为它不是动态系统。例如公路系统，它本身是静止的，但该系统包含的系统元素和属性以及它们之间的相互关系等组合而成的系统是一个动态系统。

(4)封闭系统与开放系统

这是根据系统与环境的关系来分类的。封闭系统是指该系统与环境之间没有物质、能量和信息的交换，由系统的界限将环境与系统隔开，因而呈一种封闭状态。开放系统是指该系统能从环境得到输入，并向环境输出，因而呈一种开放状态，大部分系统属于这样的系统，如社会系统、交通运输系统、经济系统等。

二、系统工程

系统工程是当代正在发展和逐步完善的一门新型工程技术，它以系统为对象，把要研究的事与物用概率、统计、运筹学、模拟及其他方法，经分析、判断、推理等程序建立某种系统模型，进而以计算机为工具求得系统的最佳结果，使系统的各组成部分相互协调、互相配合，以获得技术先进、经济合理、运行可靠、时间节约的良好系统。

1. 系统工程的发展

20 世纪以来，由于社会生产力的高度发展、现代科学技术活动规模的迅速扩大、工程技术复杂程度的不断提高，自然科学、技术科学和社会科学之间的整体性联系日益紧密，使得人们迫切需要一种全新的、能适应这种新情况的方法，这就是一种能够从系统的角度去观察、思索、分析、解决问题的方法。系统工程正是为适应和加强这种整体性而产生的一门崭新的边缘学科。

早在 1911 年，泰勒提出科学管理概念的同时，就萌发了系统工程的概念。1940 年贝尔电话公司实验室正式使用“系统工程”这个名词。1945 年，美国空军成立了兰德(RAND)公司，创造了许多数学方法来分析复杂大系统，并借助于计算机取得了许多显著的成就，也为现代系统工程学奠定了基础。同时，系统工程方法开始在电力、通信、交通等部门被广泛地采用。1957 年美国密执安大学的两位教授古德(H. H. GooD)和马克尔(R. E. Macheol)的专著《系统工程学》公开出版，正式宣告了系统工程学的诞生。

20 世纪 60 年代初，美国电气工程师学会在科学与电子部门设立了系统科学委员会。在此期间，英、美两国还出版了大量系统工程方面的书籍。而计算机的推广与运用，又使系统工程进入了以计算机为主要工具、以现代控制论为基础的多变量最优控制阶段。1965 年 A. D. Hall 在《系统工程方法论》一书中进一步明确了系统工程的内容、方法和应用途径、范围等问题。

20 世纪 70 年代以来系统工程进入到解决各种复杂的社会技术、社会经济系统的最优控制、最优管理阶段。其应用范围已由传统的工程领域扩大到包括工农业、能源规划、交通运输、环境生态、国民经济发展规划等许多领域。

我国于 1956 年成立了中科院数学所运筹学研究室；1979 年 10 月，成立了中国系统工程学会；1980 年 2 月成立了中科院系统科学研究所。随后，一些高等院校陆续设立了系统工程教研室或研究室，有的院校还招收了系统工程专业的本科生和研究生。

2. 系统工程的工作程序

系统工程从规划到更新的整个工作过程分为以下 7 个阶段。

(1)规划阶段——制订系统工程活动的规划和战略。

(2)制订方案——提出具体的系统计划方案。

(3)研制阶段——实现系统的研制方案,并制订生产计划。

(4)生产阶段——生产和加工出系统的构件及整个系统,并提出安装计划。

(5)安装阶段——实现系统的安装,并完成系统的调试工作。

(6)运行阶段——系统按照预期的用途服务。

(7)更新阶段——取消旧系统代之以新系统,或改进原系统,使之更有效地进行工作。

3. 系统工程的工作步骤

在每个工作阶段中,按照系统工程的方法来思考问题和解决问题时,系统工程工作可分为以下 7 个步骤。

(1)明确问题。按照系统的观点,弄清问题的实质,要解决的是什么问题,希望达到什么样的要求。

(2)系统指标设计。设计出具体的评价系统功能的指标,并定出达到目标的标准,作为评价和优选方案的依据。

(3)系统综合。按照问题的性质及系统总的功能要求,提出若干可供选择的方案,明确各个方案所对应的系统的结构和相应的参数。

(4)系统分析。对系统的目的、环境、结构、费用、效益等进行充分的论证与分析,为系统方案的选择提供科学、可靠的依据。

(5)系统最优化。通过对系统模型的求解,找出最优方案。

(6)方案决策。由决策者选择一个或多个方案实施试行。

(7)实施计划。对试行计划不断地修改、完善,并把它们确定下来,以保证顺利地进入系统工程的下一个阶段。

4. 系统工程的技术内容

系统工程以多种专业的科学技术为基础,综合了工程技术、运筹学、应用数学、社会科学、控制论、信息论、管理科学、计算机科学等专业学科的内容,但它不是孤立地运用各门学科的技术内容,而是把它们从横向联系起来,综合地加以运用,形成了一门新的科学。系统工程涉及的学科内容极为广泛,其主要技术内容有如下几个方面。

(1)运筹学。运筹学是应用数学方法研究系统最优化问题的科学,是系统工程的主要基础理论之一。运筹学的方法论与系统工程的方法论有相近之处,但运筹学主要用于处理具体的技术性问题,而系统工程则主要用于处理全局的战略性问题。

(2)概率论与数理统计。数理统计用来研究如何取得系统的数据、如何进行系统数据的分析和数据整理,而概率论则用于概率型系统模型的描述。

(3)数量经济学。数量经济学是在马克思主义经济理论的指导下,在定性分析的基础上,利用数学方法和计算技术,来研究系统的经济数量、数量关系、数量变化及其规律性。

(4)技术经济学。技术经济学是一门跨自然科学和社会科学、同时研究技术与经济两个方面的交叉学科。它是用经济的观点分析、评价系统技术上的问题,研究技术工作的经济效益,为制订系统的技术政策,确定系统的技术措施和选择系统的技术方案提供科学的决策依据。

(5)计算机科学。由于系统工程要处理的系统往往非常庞大而复杂,要对系统进行详尽的分析,获得一个好的系统方案,就要借助于电子计算机,以实现对大量数据的整理、分析和计算，还可以对某些系统方案进行计算机模拟实验。由于使用了电子计算机这种现代化的工具，使得系统工程这门技术具有了更强的生命力，也促进了这门新兴学科的迅速发展。

(6)管理科学。管理科学促进了系统工程的进一步发展，而系统工程思想和方法在现代化管理中的渗透和应用，又必须在管理科学的基础上才能实现。

总之，如果说系统科学是为科学地大规模改造世界提供基础理论的话，运筹学、数量经济学、计算机科学、管理科学则是为科学地大规模改造世界提供一般的最优化方法、科学的管理工具，而系统工程则是从宏观的角度，为科学地大规模改造世界提供组织管理技术和方法。

第二节　物流系统结构与功能

一、物流系统结构要素

物流系统是指在一定的时间和空间里，由物流诸要素及其涉及的物品、信息、设施和设备等若干相互联系、相互制约的具有特定功能和目标的有机整体。物流系统结构要素一般包括运输、储存、配送、包装、装卸搬运、流通加工和废旧物品的回收与处理等，这些要素通过一定的规则组织，形成了物流系统的整体功能。

1. 运输

运输是物流的核心业务之一，在物流活动中处于中心地位，也是物流系统的一个重要的功能要素，它实现了物质实体从供应地点到需求地点之间的空间变换，创造了物品的空间效用，实现了物质资料的使用价值。运输的方式有很多种，基本的运输方式有公路运输、铁路运输、水路运输、航空运输和管道运输，选择何种运输方式或几种运输方式组合，对于物流效率具有十分重要的影响。在决定运输方式时，必须权衡运输系统要求的运输服务和运输成本，如运费、运输时间、频度、运输能力、货物的安全性、时间的准确性、乘坐的适用性、伸缩性、网络性以及信息等。

2. 储存

储存是物流中的又一极为重要的功能要素，与运输构成物流的两大支柱，同处于中心位置。可以说，其他物流活动都是围绕着这两者进行的。储存不但缓解了物质实体在供求之间时间和空间上的矛盾，创造了商品的时间效用，同时也是保证社会生产连续不断运行的基本条件。其作用主要表现在以下几个方面：

(1)存储与保管物资，以便完好地保证其使用价值和价值。

(2)调节供需的功能。

(3)调节物资运输能力的功能。

但从另一方面看，为存储物资并达到完好地保存物资的目的，需要在流通领域中建立相应的仓库设施，以及采用相应的存储方法和技术，这些都增加了物流成本。因此，在物流活动中许多重要的决策都与储存有关，如仓库数目、仓库选址、仓库大小、存货量等。物流决策者需要对存储和运输、存储规划中的优化配置等进行权衡，以期达到最佳效果。

3. 包装

包装具有保护物品、便于运输、美化商品、促进销售等功能，它可以保护货物在运输、存储过程中免遭因冷热、干湿、碰撞和挤压等损害所造成的损失，使货物完好地运送到用户手中，还可以通过包装装饰形式取悦于消费者，达到促销的目的。一般来讲，包装可分为工业包装和商品包装两种，包括了产品的出厂包装、生产过程中在制品或半成品的包装以及在物流过程中换装、分装、再包装等一系列活动。在包装过程中，要全面考虑包装对产品的保护作用、促销作用、提高装运率的作用、包拆装的便利性以及废包装的回收及处理等各方面因素，具体内容包括包装形式和包装方法的选择、包装单元的确定以及包装形态、包装材料、重量、标记、标志等各方面的设计。

4. 流通加工

流通加工是在流通领域的生产过程中，对商品所作的进一步的辅助性加工。它可以更有效地满足客户的需要、促进销售、弥补生产过程加工不足、更好地衔接供需双方、更合理地利用资源。其内容非常丰富，诸如装袋、定量化小包装、配货、拣选、分类以及生产外延的流通加工，如打孔、折弯、组装、改装等。可以说这种加工只是一种初加工活动，但在物流过程中，流通加工同样不可小视，它使流通向更深层次发展，在提高运输效率、改进产品品质等方面也起着不可低估的作用。

5. 装卸搬运

装卸搬运是伴随着运输和存储而产生的必要的物流活动，是对运输、储存、包装、流通加工等物流活动进行衔接的中间环节。此外，在储存等活动中，必要的检验、维护、保养也存在着装卸活动。装卸和搬运运作质量的好坏、效率的高低是整个物流活动的关键环节之一，也是顺利实现运输、储存等物流活动的基本保证。因此，如何做到缩短物流移动时间、合理配置和使用装卸搬运机械设备，以期达到节约流通费用、获得更好的经济效益的目的，是装卸搬运管理所要研究的基本问题。

6. 配送

配送是物流体系中一种综合的、特殊的形式。一般认为，配送是由运输派生出的功能，是短距离的运输，是物流体系末端的延伸功能。但从其实质意义上，它又是整个物流活动的一个缩影，几乎囊括了物流的所有功能要素，并通过这些功能要素达到将物资以最合理的方式进行货物配备或送达至用户的目的。其内容主要包括：进货、搬运、储存、盘点、订单处理、拣货、补货、出货等。由此，对配送问题的研究也是围绕在诸如配送方式的合理选择、配送中心的选址、配送中心的建设、设施的配备、配送作业的管理、不同物品配送模式的研究上进行的。

7. 信息处理

随着物流全过程服务的发展，企业、顾客及供应链各环节对无时限沟通的要求越来越强烈，对信息进行及时、有效的传递和处理显得更加重要。现代物流也是需要依靠信息技术才能保证物流体系正常运作的。信息是连接运输、储存、装卸、包装等各功能要素的纽带，同时一些诸如物价、市场、交易等商业信息也为物流的运作提供了依据。没有各物流环节之间信息通畅、及时地传递和处理，也就没有物流活动的时间效率和管理效率，进而就失去了物流的整体效率；同样，没有商业信息的融入，经营决策和物流管理也就失去了立足的根本，其可信性和指导性也会大打折扣。由此可见，信息功能是物流活动顺畅进行的保障，是物流活动实现高效率、高效益的前提，也是进行企业管理与经营决策的重要依据。

8. 废旧物品的回收与处理

废旧物品的回收与处理是为了恢复物品价值或合理处置废旧物品、包装材料等，而对原材料、中间库存、最终商品及相关信息从消费地到起始地所进行的低成本、高效率的计划、管理和控制的过程，是物流活动中不可回避的问题。它不仅包括对生产和消费过程中的废弃物进行收集、分类、加工和处理，还包括对不合格的材料或残次品进行退货、包装品的回收利用以及其他原因所造成的对产品的回收，具有不确定性、逆向性、处理费用高等特点，但在节约社会资源、降低物料成本、增加企业效益、提高企业形象、促进企业不断创新、增强企业竞争力等方面有着其他物流活动不可替代的优势，是发展循环经济的重要途径。

二、物流系统功能

1. 物流的增值作用

现代物流是整个供应链各项活动中可以实现增值的经济活动，其核心在于创造价值，而物流创造价值的基本途径之一就是创造效用，具体表现为增加产品和服务的空间效用、时间效用、占有效用、形态效用、品种效用、信息效用和风险效用。

(1)空间效用

空间效用是指有效地克服产品生产和消费在空间上的差异而创造的价值。经济的全球化发展更加突出地体现了这一点。不同的地区具有不同的生产优势和生产结构，即便是同一产品，因为现代社会产业结构和社会分工的存在，在不同地区其价值也不同，物流便通过改变产品的地域空间位置实现产品的增值。

(2)时间效用

产品从生产到消费的整个过程是一个延续的过程，物流通过调整这个过程中的时间结构所创造的价值称为物流的“时间效用”。如生产过程中原料的及时送达，不但保证了生产的连续性，也节省了库存成本；而在市场中，抓住需求信息的提前量也同样产生时间效用，一些时令性或集中性消费产品，其生产又是长期连续的，通过仓储、运输等物流活动不仅解决生产和消费在时间上的矛盾，还增加了产品的价值；再如产品在规定时间送达消费者手中同样产生时间效用。

(3)占有效用

通过营销、技术支持、客户服务等手段，直接或间接地使客户或消费者增加想拥有产品或服务的愿望，并帮助客户或消费者实现这种愿望，这时占有效用也就实现了。占有效用与时间、空间效用是互相依存的。时间与空间效用只有通过占用效用的产生才能够实现，而反过来，如果没有时间与空间效用的实现，消费者便实现不了想拥有产品或服务的愿望，或者根本就没有这种愿望，占有效用的实现也就无从谈起了。

(4)形态效用

在创造产品或服务的过程中，通过加工、包装等手段使产品或服务以其适当的形式提供给用户，这便产生了形态效用。如将各种电子元部件组装成整机出售、将现在产品进行外形的包装后再行出售等，都产生了产品的形态效用。

(5)品种效用

目前，无论生产资料还是生活资料，消费者所需的都是多种多样的产品，而专业化生产并不能使生产厂商满足这一需求，物流则解决了这一问题。它可以集中不同的产品提供给消费者，满足对多品种的需求，这便创造了品种效用。

(6)信息效用

21 世纪是一个信息经济社会，信息在社会生活、商业运作及经济管理中起着举足轻重的作用。如产品供求信息、产品说明和使用情况、行业发展情况、用户的意见、技术发展趋势等各种信息都活跃在整个经济活动过程中，对这些信息进行过滤、筛选、整理、分析，提供给消费者和供应商，在这期间所获得的价值是无形的，也是不可估量的。

（7）风险效用

在经济活动中存在和隐藏着许多风险，如质量风险、财务风险、信贷风险、汇率风险、政策风险等。谁来承担这些风险责任常常会引发各方的争论，不仅浪费了物流运作的时间，还会极大地增加交易成本。而由专业的流通企业来承担这些风险无疑会极大地增强供求双方的信心，同时加快物资流通的速度和再生产的过程，节省物流成本。

2. 物流在经济中的作用

（1）物流是保证生产过程顺利、有效进行的前提

生产与消费互相依附，并且在时间上也是一个循环往复的过程。生产过程中的原材料采购、产成品的包装运输、配送以及销售过程中的营销、客户服务，甚至产品物资的回收、再制造等，都需要物流系统支持才能顺利、有效地进行。即便是在企业内部，各种物质资料也需要在各个生产部门和工序之间相继传送，经过深加工、再加工才能成为最终产品。由此可以看出，无论是在企业内部还是在整个社会生产的过程中，如果没有有效、合理的物流相伴，生产过程必将大受影响，甚至会停滞不前。

（2）物流是联系社会经济中各个部分的纽带

上面从纵向的角度讨论了物流在生产过程中的作用，在经济社会中，横向上还存在着众多的产业部门、企业单位、商业机构，它们之间的关系错综复杂，既相互依赖又彼此竞争，而物流正是这些联系的媒介纽带。通过物流的纽带作用，将它们及它们之间的关系、成千上万的产品、信息和服务等有机地结合成当今社会生机勃勃的经济实体，同时也为其在时间方向上的生产、消费等活动作依托，构成了一个时间上延续、空间上存在的发展的有机整体。

（3）物流保证了商流的顺畅进行，是实现商品价值和使用价值的基础

商流和物流是两个相对的概念，商流解决的是商品价值与使用价值的实现，经过商流，产品完成了所有权、支配权、使用权的转移；物流解决的是产品从产地到销售地的运动。两者相伴而生，形影相随，既相互关联又各具特点。商流越兴旺，则物流越发达，反之如果物流的服务滞后，也会影响商流的发展。

（4）物流是影响商品生产规模和产业结构的重要因素

生产社会化、专业化、规模化以及协调发展、可持续发展是当今社会商品生产发展的趋势与要求，也是商品生产规模发展和产业结构优化的集中体现。物流技术的发展为此提供了强有力的支持和保障。可以说没有物流技术的相应发展，这些都是难以实现的。从“量”上看，只有生产规模和物流规模相适应，两者才能协调发展，这是市场经济运行的客观要求。一般意义下，只有物流规模、物流的运载能力、物流的效能达到一定水平，商品的生产规模才可能有所扩大。从“质”上讲，物流技术的发展，在加快社会分工及专业化发展的同时，进一步在优化生产力布局和产业结构等方面，起到了促进作用。高新技术的应用使得物流运作速度更快、效率更高，在此意义上，物流的促进作用更加明显。

（5）物流是提高微观经济效益和宏观经济效益的“第三利润源”

良好的物流管理不仅可以大大降低企业的成本，提高微观经济效益，对于整个社会生产来说也是提高宏观经济效益的重要源泉。在提高微观经济效益方面，首先，物流成本是构成生产成本和流通成本的重要组成部分，据估算，这部分成本可以占到商品价值的30% ~40%，甚至

更多,而在时间上,商品的加工时间一般只占到物流活动所用时间的1/20,物流活动在商品的生产周期内占有很大的比例,因此通过采纳先进的物流技术,将极大地提高物流服务效率,降低企业物流成本;其次,企业的流动资本对企业内部的资金状况有很大的影响。物流服务水平和物流效率的提高可以减少周转过程中的资金积压,可以提高库存周转率,增加客户的满意度,由此加速资金流的流动速度,从而减少对流动资本的占用;最后,物流提高了企业的产品在市场上的占有率,增加了企业的销售收入,并使用信息系统优化企业资源,使先进的管理理念深入企业内部,提高企业运营效率。物流服务的高可靠性和高效率,可以大大增强企业的核心竞争力。

3.物流在组织中的作用

随着物流管理的深化,物流概念的范围也在不断扩大,企业开始在整个经营组织中考虑物流活动,使物流与组织之间的相互作用越来越紧密。对于企业来说,其本身就是一个组织,它的内部又可以根据职能、业务、工作地域等进行划分,如销售部门、财务部门等都是组成企业的细化的组织结构。以前的物流是融入于其他各部门之中的,随着人们对物流认识的逐步加深,物流活动逐步从其他各部门中分离出来,形成了独立的部门。然而,它们之间的相互作用仍然是不可忽视的,例如以往的销售部门大都是以营销理念为中心进行日常运作的,随着物流管理的发展,客户服务逐渐替代了营销理念的主导位置,成为了许多组织特别是销售部门重新审视的重要因素。同时,随着物流业的发展与进步,也不断地对企业和企业内部的组织提出了更高的要求,比如,企业要以充分满足客户订货为目标,理顺公司内部的业务流程,实现采购、生产、分销配送等各个环节协调有序地发展,同时,企业应进行正确的市场需求预测与准确的生产计划安排,力求将库存量控制在最低水平,甚至要实现“零库存”。这也就要求企业内部的各组织部门在认真做好本部门业务的同时,注重与其他部门的配合,贯彻一体化管理的思想,对于企业来说也要做好统筹安排和协调工作。这些都迫切要求企业的组织结构随之完善,以促进企业的进一步发展。

信息技术与信息系统的飞速发展推动了物流业的进步,现代物流便是以信息技术为基础发展起来的。充分的信息共享和及时、有效的信息处理手段是实现物流一体化的先决条件。为此,现代物流要求企业及其内部部门的组织结构和管理模式与之相适应,使得信息传递更为顺畅,并且能够得到及时有效的处理。

第三节　运输与物流的关系

一、运输与现代物流的关系

1.运输是物流的既有组成部分

整个物流活动是由包装、装卸、保管、库存管理、流通加工、运输和配送等活动组成的,其中运输是物流活动的主要组成部分,是物流的核心环节,不论是企业的输入物流和输出物流,还是流通领域的销售物流,都要依靠运输来实现商品的空间转移。可以这样说,没有运输,就没有物流。为了适应物流的需要,要求有一个四通八达、畅行无阻的运输线路网系统作为支持。

现代物流以交通运输技术和信息技术为基础,在满足流通需求的同时,追求将服务全过程的系统总成本(包括时间成本和增值服务成本)降至最低水平,而流通过程本身则依托信息系统为支撑的运输系统来完成。没有运输就谈不上物流，运输费用在整个物流费用中占很大比例，但仅依靠运输也不可能满足当今社会经济发展所产生的日趋复杂的、多样化的流通服务需求。从这个意义上说，交通运输是物流的有机组成部分，是物流大系统中极为重要的子系统。

2. 运输是建立现代物流系统的基础

在物流业发展的今天，企业不仅仅停留在产业链的某个环节上，他们努力实现自己产品的多元化，同时为每个产品扩大市场。这样，一个企业可以为多个企业提供服务，同时企业也需要从多个企业取得原材料。从整体上看，众多企业组成了一个纵横交错的交易网。企业组成自己的供应链，管理大量产品的输入输出，而对单个企业来说，管理自己的供应链变得非常重要。对市场整体来说，建成实物产品高效流动的网络是社会运行机制的重要组成部分。全社会的物流观念正逐步形成，为实现这些物流提供运输服务的运输中介行业也逐渐形成自己的行业体系，物流管理逐渐实现专业化、社会化，物流企业则通过业务电子化和网络化为更多企业的生产和销售活动提供运输服务。

针对企业对物流管理社会化的这种需求，发展公路、铁路、水路和航空的联运，建立高速有效的综合运输系统成为交通运输行业发展的主要方向。在这些物流业务不断分化和组合的过程中，交通运输业在行业内部形成了自己的专业化分工。在行业基础层的是公路、铁路、水路和航空这些运输公司，对他们来说，主要是实现运输线路的畅通，并能及时进行运输工具的调度；在行业的另一层面是那些直接承接交易主体运输业务的物流公司，他们为客户设计出一个完整的运输送达方案，综合运用多种运输方式，及时完成物品在交易主体之间的转移及其相关的物流活动。在物流系统创造的物品的空间、时间、形态三大效用（或称三大功能）中，时间效用主要由仓储活动来实现，形态效用由流通加工业务来实现，空间效用通过运输来实现。物流系统的三大功能是主体功能，其他功能（装卸、搬运和信息处理等）是从属功能，而主体功能中运输功能的主导地位更加凸显，成为所有功能的核心和基础，是物流系统不可缺少的功能。

3. 现代物流优于传统运输体系的特点

（1）物流系统打破了运输环节独立于生产环节之外的分业界限，通过供应链的概念建立起对企业供产销全过程的计划和控制，从整体上完成最优化的生产体系设计和运营，在利用现代信息技术的基础上，实现了货物流、资金流和信息流的有机统一，降低了社会生产总成本，使供应商、厂商、销售商、物流服务商及最终消费者达到共赢的战略目的。可以说物流服务是为企业营销进行的创造性设计。

（2）物流系统遵循客户第一的服务宗旨，在生产趋向小批量、多样化和消费者需求趋向多元化、个性化的情况下，物流服务提供商需要发展专业化、个性化的服务项目。在物流追求高质量的服务过程中，凡是用户不满意的地方都应加以改进，这些改进的工作，往往会形成新的服务项目或服务产品，为物流企业带来更多的商机和更高的回报。

（3）物流同时还关注信息流和商流的同步联动，运输只注重实物的流动。信息流不仅通过电子或纸质媒介反映产品的运送、收取，更重要的是反映由市场作出的对物流服务质量的评价。

（4）现代物流是传统运输企业未来的发展方向。生产企业与运输企业利益融合的最佳渠道是现代物流服务。一般运输企业的主业是运输，企业所追求的直接目标是运输量的最大化，其服务空间基本局限在由起点站到终点站所构成的两点一线上，这种情况自然无法满足产品从生产者向使用者转移全过程服务的要求。一般运输业无暇顾及整个流通系统的运行效能与费用，不能适应市场经济条件下企业的物流需求。而综合运输企业为保证企业发展，拓展利润来源，加强市场竞争力，扩大市场份额，也必须通过高效、可靠的服务来加以保证。在这里，生产企业与运输企业的利益开始融合，而融合的最佳渠道与最佳手段就是现代物流服务。现代综合物流具有当前生产企业与流通企业间商业活动相互有机衔接所必须的系统综合与总成本控制思想，使其能够支持其用户提高服务水平，促进市场营销战略的实施，提高企业竞争能力。与此同时，运输企业也通过为其用户提供全过程的物流服务，从中获取运输企业自身发展所需要的商业利润和市场空间。因此，综合运输企业开展综合物流服务已经成为今后发展的一个重要增长点，综合运输企业本身所拥有的运力、仓储和代理网络将成为其开展综合物流服务的重要支持力量。

二、运输与现代物流的区别

物流是指为满足用户需要而进行的原材料、中间库存、最终产品及相关信息从起点到终点间的有效流动，以及实现这一流动而进行的计划、管理、控制的过程。物流过程包括包装、装卸、运输、储存、流通加工、配送和信息处理等内容。运输在物流过程中承担了改变空间状态的主要任务，它是改变物品空间状态的主要手段。运输再配以搬运、配送等活动，就能圆满地完成改变物品空间状态的全部任务。从概念可以看出，运输只是物流过程中的一个组成部分。

现代物流具有系统性、综合性和总成本控制的思想，它将市场经济活动中的所有供应、生产、销售、运输、库存及相关的信息流动等活动视为一个具有动态性的系统总体，关心的是整个系统的运行效率和效益。物流的效率与效益是整个物流过程的综合反映，因此物流的现代化水平往往是整个国家综合国力的重要标志。另外，物流突出了市场服务的观点，一切从客户的需要出发。专业物流企业通过不断提高服务水平来取得竞争优势，争得市场份额。物流与运输的主要区别表现在以下几个方面。

1. 物流在时间上的刚性约束

物流的仓储、运输、配送是以企业的生产、销售计划为前提的。生产的精益化组织要求物流服务时间上的精确化，因此产品的实物流动快或慢、接取送达的早或晚都是不合理的，物流管理与运输的最大区别就在于全过程是否用精确的时间进行控制和组织。

2. 物流服务在时间上的弹性调整

物流的作业应当有高度的计划性，但这种计划的本质要求服从企业的生产、销售节奏，一旦生产、销售节奏发生变化，再合理的物流计划也要不厌其烦地进行调整和补救。物流作业计划不像运输计划那样可以作为与用户争执责任的把柄，其随生产变化的灵活性是服务水准的体现。

3. 物流服务在范围上的延展性

物流对用户应追求高质量的水准，要理解质量有标准但没有极限。在服务过程中，凡是用户不满意的地方都应加以改进，这些改进和附加的工作往往会形成新的服务项目或服务产品，为企业带来更多的商机和更高的回报。

4. 物流服务是为企业营销进行的创造性设计

物流企业要加强营销以争取用户，但这种营销不是传统运输的报价和一份合同的签订，而是为用户设计一整套最优化、最经济的产品物流方案，因此营销的成败往往取决于是否有一支既懂运输又精通生产、销售和财务管理的人才队伍，取决于他们的创造性、应变能力和设计能力。

5. 物流服务在实力上须有长期性伙伴关系

物流服务与运输的明显不同之处在于高度重视、选择那些能长期合作的用户，不惜代价与他们建立一荣共荣、一损共损的伙伴性关系。这种伙伴性关系的实力体现在与具有各种运输方式的协作伙伴关系是否巩固、网络化支撑是否强大，因此具备多式联运功能也是物流企业不可或缺的手段。

第四节　现代物流运输系统工程

一、现代物流运输系统

1. 现代物流运输系统的概念

在物流系统中，由运输诸要素及其涉及的物品、信息、设施和人等组成的若干相互联系、相互制约的具有特定功能和目标的有机整体称之为物流运输系统。现代物流运输系统是物流系统的一个子系统，由公路运输系统、水路运输系统、铁路运输系统、航空运输系统和管道运输系统等子系统组成。现代物流运输系统强调各运输子系统间的密切联系。20世纪50年代以来，运输系统在经历了水运阶段，铁路运输阶段，公路、航空和管道运输阶段的发展，人们已充分认识到各种运输方式各具优势，也都存在一定的局限。一个地区或一个国家从来没有，也将不会仅靠一种运输方式承担全部的运输工作，而必然有多种运输方式并存。因此，必须综合考虑环境、社会和经济技术条件，通过科学规划，合理地进行水路、铁路、公路、航空和管道运输之间的分工，充分发挥各种运输方式的优势，建立综合运输系统。更重要的是要从整个物流系统的角度来认识和看待运输系统。从物流系统内部来看，运输系统作为物流系统构成要素之一，与其他要素具有密切的关系。第一，运输与包装的关系。物资的包装材料、包装规格、包装方法等都不同程度地影响运输，因为包装的外廓尺寸与承运车辆的内部尺寸构成可约倍数时，车辆的容积才可以得到充分的利用。第二，运输与装卸的关系。装卸是运输的影子，装卸是各种运输方式的衔接手段，有运输活动发生就必然有装卸活动，一般一次运输伴随两次装卸活动，装卸质量将影响运输质量，如装卸不好，在途中进行二次装卸将影响运输时间。第三，运输和储存的关系。运输活动组织不利会延长物资在生产者仓库中的存放时间，同时也会使消费者的库存增加，因为运输组织不利会使消费者的安全库存数量增大。除此之外，运输与配送也关系密切，在企业的物流活动中，需要通过运输将货物大批量、长距离地从生产工厂（地）直接送达客户或配送中心，货物再从配送中心就近发送到地区内各客户手中。现代物流运输系统是社会、经济、技术高度发展的产物。从农业社会到工业化社会，再到后工业化社会，随着社会经济分工与协作程度越来越高、经济规模越来越大和科学技术越来越发达，运输方式已从早期的以牲畜、人力和水力等自然力为动力的较原始方式发展到低耗、高效、绿色的现代物流运输系统。现代物流运输系统从全社会角度出发，各种运输方式合理分工、相互配合、协调发展，满足社会可持续发展的运输需求。

公路运输系统具有机动灵活、深入性和方便性好、能实现门到门直达运输、避免中转环节、减少货损货差、运输周转速度快等优点，在综合运输系统中处于支配和核心地位，没有公路运输系统的配合，其他运输系统难以完成运输的全过程。基于这点，本书主要以公路运输系统为研究对象。

根据上述对系统的定义及其特征描述，公路运输系统可以进一步分解为汽车、公路、配套设施和人员四大元素。公路运输系统的总体结构见图 1-1。汽车按用途分为客车和货车；公路按等级分为高速公路、一级公路、二级公路、三级公路、四级公路和等外公路；配套设施按功能分为服务设施和管理控制设施；人员按工作性质分为驾乘人员、维修人员和管理人员。当然，还可以继续细分，如客车可以再分为私人汽车、集团客运汽车和公共客运汽车。汽车和公路系统要实现的目的或功能，即系统目的性；公路运输系统内各组成元素之间的有机联系，反映了系统的相关性；从物流系统到运输系统，再到公路运输系统，体现了系统的层次性；要求道路具有较强的抵御自然灾害的能力，尽量减少道路建设对环境的影响，汽车低噪声、低污染；公路运输系统应能满足社会经济和生活的要求，即具有良好的环境适应性。

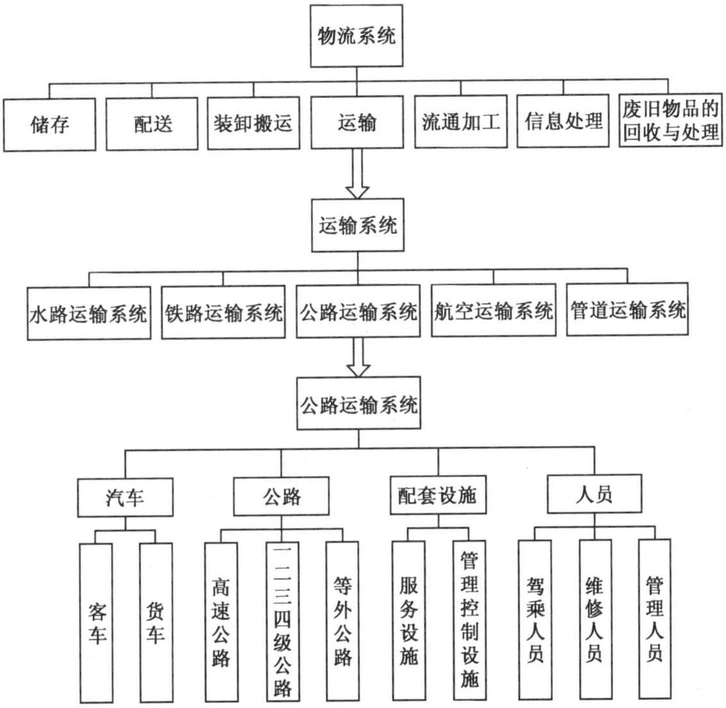

图 1-1 物流系统及其子系统的总体结构图

2. 现代物流运输系统的地位与作用

运输是人或物的空间位置随时间的变化而有目的的移动过程，在流通领域中从事运输活动的经济部门，称之为交通运输业。交通运输业是国民经济中一个重要的物质生产部门，它是联系生产、分配、交换与消费各社会经济活动环节的纽带。随着社会化大生产的到来和发展，社会经济在领域间或区域间的分工与协作关系更加密切，作为服务于社会化大生产的交通运输业，是保证经济分工与协作顺利进行的前提条件，优良的交通运输对于充分开发、利用各地区的资源，实现优势互补，推动国民经济的均衡发展起着重要的作用。交通运输业的发展也为其他部门提供了巨大的市场，交通基础设施的建设繁荣了建筑业；运输工具的制造生产促进采矿业和冶金工业的发展；交通运输业是能源工业的主要用户。交通运输业不仅肩负着物质文明建设的重任，也起到传播精神文明、保证社会稳定的基础性作用。

3. 现代物流运输系统的基本特征

交通运输具有以下基本特征。

(1)公共性

交通运输的公共性体现在社会活动的每个人和经济活动的每个环节、每个领域对运输都有着普遍的需求。在由农业社会向工业社会转变的过程中，经济结构和人口结构都发生了根本性的变化，经济分工和生产专业化加强了物质的交流，农村人口逐渐向城市周围迁移，人口流动越来越频繁，所有这些都要求运输为之提供输送条件。

总之，无论是人的出行，还是物质的移动都是在整个社会范围内普遍发生的交通运输需要，因而交通运输对促进整个社会的经济发展和提高人民的生活水平均有着广泛的影响，从而表现出运输服务的公共性特征。

(2)特殊性

交通运输的特殊性体现在两个方面。其一，交通运输生产过程的产品是无形的，虽然交通运输业属于物质生产部门，但在整个运输过程中并不改变运输对象的物理和化学性质，只是增加了对象的价值；其二，产品的计量单位是复合的，即以被运输对象的数量与相应的运输距离的乘积来表示，如 t · km 和 m^3 · km。因此，交通运输业对社会和经济的贡献具有间接性和隐蔽性，它的经济效益除少部分体现在上缴国家的利税外，更重要的是蕴含在运输对象拥有者身上，运输需求是从其他社会经济活动中派生出来的，运输只是实现的手段，而并非最终目的。

(3)即时性

交通运输的即时性体现在运输进行过程常常既是生产过程又是消费过程，运输生产必须在用户需要时即时进行，也必须在生产的同时有用户即时消费。因此，运输产品的生产过程与消费过程是不可分割的，它们在时间上和空间上相重合，这在客运上表现得尤其明显。由于运输的这一特性，使得运输业对社会经济具有促进生产和增加消费的双重作用。

(4)准公费性

准公费性服务是介于纯公费服务和纯自费服务之间的服务。纯公费服务系指由社会公共事业部门支付费用，免费向社会成员提供的服务。纯自费服务系指社会成员按市场规律决定价格，由个人支付费用所得到的服务。运输服务是介于两者之间，这是因为一方面交通基础设施多由国家投资，投入运营后仅部分计运输成本，这部分投资的效益最终要通过对整个国民经济所带来的巨大效益来体现，因此，运输产品的价格不能定得过高，这也是为了减轻人民的负担；另一方面，运输业也是物质生产部门，运输产品中凝结着供应者的劳动价值，其产品具有商品属性。

部分运输系统如城市公共交通系统、单位内部的通勤通学运输是准公费性服务，只是不同国家、不同地区，体现的形式不同。国外经济发达国家对城市公共客运甚至对偏僻地区的公共货运提供财政补贴；我国部分地方政府每年对城市公共交通提供财政补贴，公共交通公司按合同规定，实行经营效果承包，有的地方则是把政府补贴直接发给个人，实行明补。

二、现代物流运输系统工程的内容

现代物流运输系统工程是以物流运输系统及其密切相关的其他物流要素为对象，以计算机技术、系统理论、环境科学等科学为基本理论，运用系统工程的观点和方法，对系统进行最优规划、计划、协调和控制，使物流运输系统达到最佳的社会效益、生态效益和经济效益。

现代物流运输系统工程的主要内容包括以下几个方面。

(1)现代物流运输设备与方式

现代物流运输设备与方式包括铁路运输系统、公路运输系统、水路运输系统和管道运输系统的特征与技术装备，综合运输系统的构成与组织。

(2)物流运输系统预测

物流运输系统预测包括物流运输系统预测的意义、常用的预测方法、区域物流运输需求量预测。

(3)物流运输系统优化理论与方法

物流运输系统优化理论与方法包括优化理论基本内容，线性规划与动态规划等传统优化方法，以及模拟退火算法、禁忌搜索算法、遗传算法、蚁群算法、免疫算法等智能算法原理与应用方法。

(4)物流运输设备管理与优化

物流运输设备管理与优化包括物流运输设备的性能评价指标体系与评价方法，物流运输设备的更新与选型，重点是汽车使用性能指标、汽车的选型与更新问题。

(5)物流运输系统组织管理与优化

物流运输系统组织管理与优化包括物流运输系统组织概述、物流运输组织评价、物流运输调度与优化等。

(6)物流设施规划与优化设计

物流设施规划与优化设计内容包括设施规划与优化设计概述，物流中心选址，物流设施布局和物流配送中心布局优化设计，最后以农产品配送中心为例，分析物流设计规划与优化设计的方法。

(7)物流运输系统对环境的影响与评价

物流运输系统对环境的影响与评价主要讨论公路交通运输系统对生活和生态环境的影响、保护与评价，绿色物流技术。

(8)物流运输系统信息管理

物流运输系统信息管理概述现代物流技术，物流运输信息管理系统的概念、功能与类型，以及现代物流信息技术的应用，通过实例阐述物流运输信息管理系统的构成、功能、设计技术等。

第五节　交通运输及物流系统的发展与展望

一、物流系统的发展与展望

随着经济的发展、技术的进步和管理水平的提高，物流系统的技术手段、组织形式等也在发生相应的变化，物流的功能日益增强。时至今日，物流系统作为国民经济中一个新兴的产业，正在全球范围内迅速发展，其发展程度不仅对社会经济各个部门的生产效率和效益产生普遍影响，而且对人们的社会生活也产生着重大影响，成为衡量一国现代化程度和综合国力的重要标志之一。因此，大力发展物流业，不断推动物流技术的进步、提高物流管理水平，已经成为世界各国经济发展中的重要领域。

（一）发展过程

1. 早期阶段

1901 年，约翰 · F · 格鲁威尔在《农产品流通产业委员会报告》中讨论了农产品流通方面的问题，从理论上开始了对物流的认识。1915 年，阿奇 · 萧在《市场流通中的若干问题》一书中就提到了物流一词。20 世纪 20 年代，美国著名的营销专家斐莱德 · E · 克拉克在《市场营销的原则》一书中真正把物流活动提升到理论高度进行讨论与研究，Physical Distribution 一词也与物流联系起来。在 20 世纪初，西方有些国家已经出现生产大量过剩、需求严重不足的经济危机，大多数企业因此提出了销售和物流的问题，此时的物流指的是销售过程中的物流。物流在概念上随着时间的推移也在发生着变化，最初的物流概念主要侧重于商品移动的各项机能，即发生在商品流通领域中的在一定劳动组织条件下凭借某种载体从供应方向需求方的实体流动。

我国于 20 世纪 70 年代末从日本引进物流概念。其实对于中国来说，在历史上的商品流通过程中已经存在物流活动。特别是明清之际，随着资本主义萌芽的出现，农产品商品化程度提高，形成了运输、搬运、仓储等物流活动。这些活动在当时没有被抽象整合为物流，却是切实存在于历史中的物流活动。

2. 萌芽阶段

20 世纪 60 年代以后，随着科学技术的发展，物流发展迅速，物流逐渐被各界所重视。1962 年，著名管理大师彼德 · 德鲁克（Peter Druker）在《财富》杂志上发表了题为《经济领域的黑暗大陆》的文章，提出物流成为企业继“节约原材料”及“提高劳动生产率”后的“第三利润源”。从此，物流企业开始将产品与原材料综合起来管理，物流进入了快速发展时期。这个阶段我国处于国民经济恢复性发展时期，经济基础较薄弱，并且出现了重生产、轻流通的倾向。随着工农业生产的增长、交通运输建设的发展，城乡物资交流日益增长、社会商品流通业扩大，物流的发展开始起步，开始在一些生产和流通部门建立功能单一的仓库、储运公司、外运公司和中转站等专业性物流企业，但这些落后的物流企业远远不能适应工农业生产和人民生活水平提高的需要。在这个时期，政府对物流行业开始重视，初步建立物资流通网络系统，在物资管理方面也采取了一些新措施，组织统一的区域市场供应，初步形成了一个遍布全国的专业性物流行业。

3. 综合物流阶段

20 世纪 70 年代，企业越来越认识到把物料物流和产品物流综合起来管理，可以大大提高企业经济效益。20 世纪 70 年代后，美国首先进行了运输自由化，承运人和货主能自由定价，服务的地理范围也可以扩大了。物流系统服务内容由传统的运输、仓储和装卸搬运，逐渐拓宽到加工、包装、配送、信息处理和回收等，物流运输方式也采用综合运输系统。

此阶段，我国实行了改革开放政策，国民经济得到了较快发展，并取得了显著成绩。物流业也不例外，特别是运输业、仓储业、包装业、配送业发展较快，国家投资新建了大量的铁路、公路、港口、机场、仓库等，不仅增加了物流设施，且大大改善了物流技术和装备水平，这些都为物流业的发展，为实现物流业的合理化、社会化、专业化分工创造了有利条件。与此同时，物流理论的研究也受到人们重视，人们在观念上、认识上有了更新，相继成立了物流学术团体，开设了物流类专业培养专业人才，开展国内外物流学术交流，使物流业成为国内独立的一大行业，大大加快了物流业的发展。

4. 供应链管理阶段

美国经济学家 Michael Porter 首先提出了“供应链”概念，并提出了较完整的供应链管理理论。随着经济全球化和现代科学技术的迅速发展，各国企业开始着眼于物流活动的整个过程，包括原材料的供应和制成品的分销。其目的是为了发挥各自的优势与特色，追求通过供应链实现物流服务的差别化。然而供应链上各个流程都有不同的管理方式，要统一供应链的各个环节就会产生矛盾，为了解决这个问题，20 世纪 80 年代物流企业开始应用物流供应链的概念。物流供应链强调的是在商品的流通过程中企业间加强合作，改变原来各企业分散的物流管理方式，以这种物流体系来提高物流效率，创造的成果由参与企业共同分享。同时，信息技术特别是网络技术的发展，为物流发展提供了强有力的支撑，使物流向信息化、网络化、智能化方向发展。随着可持续科学发展观的提出，逆向物流、绿色物流成为 21 世纪物流发展的新思路及提高物流企业竞争能力的重要手段。目前，基于互联网和电子商务的电子物流正在兴起，以满足客户越来越严格的物流需求。

(二)我国物流系统发展现状与存在的问题

1. 现状分析

(1)物流服务水平现状

物流是一种服务的理念，现代物流的理念尚未在我国物流业中得到普及，物流企业对物流服务的认知普遍不足。随着经济的发展，顾客对物流服务的要求越来越个性化、多样化。尽管我国已出现了一些专业化物流企业，但物流服务水平和效率还比较低。目前大部分的物流企业只能提供单项或者几个环节的物流服务——运输、储存、装卸、搬运、配送等，而在包装、流通加工、信息处理等环节的服务不多，没有充分发挥供应链的增值功能，不能形成完整的物流链，无法达到顾客所需要的准确优质的服务水平。

(2)物流基础设施现状

经过多年发展，我国目前在运输、储存、搬运、包装、流通加工等物流基础设施的建设上取得了长足的进步。在运输方面，我国目前已经建成了五种基本运输方式组成的综合运输体系；在包装与储运方面，现代物流企业渐渐同国际接轨，借鉴国外的先进技术，变传统的人工流水线作业和货物无序堆放为机械化、自动化货物搬运及机器自动化生产技术。

近年来物流基础设施建设发展不断提速。“十一五”期间，我国铁路基本建设投资完成 1.98万亿元，是“十五”投资的 6.3 倍。截至 2010 年年底，全国铁路营业里程达到 9.10 万 km，居世界第二位，比 2005 年年底增加了 1.56 万 km，增长了 20.7%；全国公路网总里程达到 398.4 万 km，5 年增加了 63.9 万 km。“十一五”期间，高速公路建设继续保持了“十五”时期的快速发展势头。国家高速公路网中重点建设的“五射两纵七横”14 条线路中，已建和在建路段达到 95% 以上。“十一五”末我国高速公路里程达到 7.41 万 km，居世界第二位，比“十五”末增加了 3.31 万 km，增长了 80.7%。此外，沿海港口建设投资超过 3 500 亿元，在长江干线、西江航运干线和京杭运河等沿线相继建成了一批规模化、专业化港区；民航基础设施 5 年投资 2 500 亿元，相当于前 25 年民航建设资金的总和。截至 2010 年年底，运输机场达到 175 个，5 年新增 33 个，初步形成了规模适当、功能完善的机场体系。2009 年国务院发布的《物流业调整和振兴规划》，使得物流园区获得巨大的关注。目前我国处于规划建设和正在运营的物流园区多达 132 个。2011 年国务院推出了推动物流业发展的 8 项配套措施——物流业的“国八条”，是继 2009 年国务院颁布实施《物流业调整和振兴计划》之后的又一重大政策调整。这些都为物流产业的发展奠定了必要的物质基础和政策支持。

尽管近年来我国对物流基础设施加大了投资力度,但传统物流企业在基础设施建设上投入不够大,信息自动化程度较低,在物流环节中大部分仍以人工作业为主,缺少自动化,不能有效做到资源优化配置,从而造成物流储运效率低下。我国物流基础设施同物流业社会发展总体要求相比仍有较大的差距。

(3)物流技术装备现状

物流技术装备是指企业在进行物流作业活动、实现物流功能过程中所使用的各种机械设备、器具等物质资料的总称,是现代企业实现经营目标和生产计划的技术保障和物质基础。物流技术装备按功能可划分为运输装备、储存设备、装卸搬运设备、包装设备、流通加工设备、信息采集与处理设备、配送中心设备七大类。合理选用物流技术装备并进行科学配置,对整个物流系统的运行至关重要。高水平的物流技术装备是物流企业服务高效率的前提,是物流企业具有业务能力的重要指标。

近年来,伴随着市场需求的变化以及各种高新技术在物流装备上的普及,我国建立了较为完备的物流设备制造体系,物流技术装备水平有了较大提高。现代物流技术装备已经迈入自动化、智能化、柔性化的崭新阶段。但整体而言,我国物流技术装备发展还不能满足全球化物流市场的要求。我国正处在物流技术装备发展初级阶段,物流基础设施建设投入少,致使先进物流技术装备无法完全发挥其本身功用;各种物流装备标准不统一,相互衔接配套差,目前物流标准化问题已经引起我国政府有关部门的高度重视,相关部门已经规划出台了我国物流行业标准化体系,其中包括物流设施设备标准体系,以便于推动我国物流行业的快速发展。

(4)管理体制现状

2005年年底物流业全面开放后,国外资本对中国物流的投资掀起了一番热潮。2006年十届全国人大四次会议通过的"十一五"规划纲要,提出的"大力发展现代物流业"标志着我国物流进入一个新的历史发展阶段。2008年四季度以后,我国物流业遭受国际金融危机的冲击,使得需求萎缩、市场低迷。中央政府有关部门,如国家发改委、交通运输部、商务部等,从不同角度关注着我国物流产业的发展,并积极地进行促进物流产业发展有关政策的研究。2009年3月,国务院发布《物流业调整和振兴规划》,把促进物流业发展纳入应对国际金融危机的"一揽子计划",对物流业的重视已经上升到了国家战略高度,极大地提振了全行业的信心,提升了物流业在国民经济全局发展中的地位。各级地方政府加大对物流业的支持力度。全国已有超过半数的省份出台了《物流业调整和振兴规划》,提出了支持物流业发展的政策措施。一些省市政府还成立了主管物流工作的常设机构,开始制订相应的专项法规,物流业发展的政策环境进一步好转。

当然,制约物流业快速发展的深层次管理体制问题依然存在。在物流领域中,我国实行按不同运输方式进行部门划分、按从中央到地方进行区域划分的管理体制。这种划分式的管理体制将原本具有统一性的物流过程划分为不连续的过程,这对物流产业的发展造成一定程度的影响和制约。涉及物流管理的法律法规明显滞后,未形成一套完整的体系。许多法律、法规,如规范运输行为的《中华人民共和国公路法》、《中华人民共和国航运法》、《中华人民共和国海上交通安全法》,规范海商行为的《中华人民共和国海商法》,调整生产商、销售商与消费者关系的《中华人民共和国消费者权益保护法》,以及一些相关的规章等,多是在计划经济体制下形成的,这其中又有许多是带有部门性、区域性色彩的规章。它们能够广泛应用于我国传统的行业分工和市场运行,但是对于现代物流发展模式已不足以相匹配。所以需要国家抓紧时间对现有的法律法规进行整改，制订出符合市场发展规律的物流管理相关制度和政策。

2. 问题分析

(1) 参与物流全球化力量弱

在经济全球化的今天，建设高效的物流供应链、打破区域经济、参与全球化竞争是我国物流业正在面临的难题。我国虽已具备了参与物流全球化的一定基础，然而由于起步晚、传统物流体制的制约，如物流业缺乏可循的管理体制、国家对物流业的扶持力度不够、我国五大交通运输方式存在"瓶颈"、现代科学技术应用于物流各环节不足等因素，使得我国发展物流全球化仍存在着困难。其结果是物流节点分布的无规律可言、物流配送路径繁冗、中转环节过多等，这些都造成了人力、物力及财力上的浪费，影响我国物流业参与物流全球化竞争的能力。

(2) 物流专业化服务水平低

我国受到农业社会"自给自足"的小农思想影响，多年的计划经济体制让企业形成了"大而全"、"小而全"的生产模式，物流企业对物流服务重要性的认识还不够深刻，物流市场呈现封闭状态，不能将全部的物流企业联合起来形成大物流市场，这是导致我国目前物流专业化服务程度低的主要原因。

其次，我国大部分物流企业倾向于把物流供应链上的各个环节看成是独立的物流活动，服务内容仍停留在仓储、运输、装卸上，没有供应链管理的概念，很少有企业能够提供完整的全套物流服务。这使得现代物流企业物流服务的功能得不到发挥，影响了物流业前进的步伐。

(3) 第三方物流与电子商务发展程度低

虽然我国的第三方物流近年来有了很大的发展，但是基本上还是以小型快递公司、货运公司为主。导致第三方物流需求严重不足的重要原因之一是多数物流企业综合实力较差，缺乏专业物流人才和较为完善的现代物流企业管理制度。

我国对电子商务物流的重视程度不足，还未发现电子商务物流的潜藏能量，目前还没有完备的电子商务物流政策和相关法律法规来支持电子商务物流的发展，因而制约了我国现代物流产业集约化经营优势的发挥。

(4) 环境问题重视不够

一方面，领导和政府的观念仍未转变，绿色物流的思想还没确立；另一方面，经营者和消费者对绿色经营消费理念仍很淡薄，绿色物流的思想更少。经营者展现给我们的是绿色产品、绿色标志、绿色营销和绿色服务，消费者追求的是绿色消费、绿色享受和绿色保障，而其中的绿色通道物流环节，还没有得到足够的重视和关心。当然，绿色物流的关键所在，不仅依赖于物流绿色思想的建立、绿色导向的指明和绿色操作的运用，更离不开绿色技术的掌握和应用。物流装备水平仍然较低，各种运输方式之间装备标准不统一，物流器具标准不配套，物流包装标准与物流设施标准之间缺乏有效地衔接，在一定程度上制约了物流机械化和自动化水平的提高，影响了运输工具的装载率、装卸设备的荷载率以及仓储设施的空间利用率，最终影响物流的绿色化水平。

(三) 物流系统发展展望

1. 物流运作全球化

物流全球化是以满足全球消费者的需求为目标，组织货物在国际间的合理流动，具体而言就是在全球范围内，把商品的采购、运输、仓储、加工、整理、配送、销售和信息等方面有机地结合起来，选择最佳的方式与路径，以最低的费用和最小的风险，保质、保量、适时地将货物从某国的供方运到另一国的需方，为消费者提供多功能、一体化的综合性服务。它的产生表明世界各国相互依存及经济开放度的提高。物流全球化是世界经济飞速前进的一个重要特征。

物流全球化本身存在着巨大的现实推动力，是当今全球物流发展的一个必然趋势，其重要作用在于：首先，物流全球化会吸引外商投资企业进入我国，其物流外包将产生大量需求，扩大我国物流服务的需求量；其次，物流运作全球化会使得我国得益于两国物流技术的相互融合，从而促进我国物流企业的技术进步，学习并借鉴国外物流公司的理念、模式、管理与技术，让我国物流业参与到物流全球化的过程中，使得我国物流业经受住国际市场的考验，为我国经济发展提供一个新的平台。

2. 物流服务的优质化

经济的发展让物流服务的地位日益突出，客户对物流服务（如高效运输时间和高质服务质量等方面）的要求也越来越高。物流企业必须提高自己的物流服务水平，以满足日益提高的客户服务的要求。为此，完善的物流服务逐渐成为物流企业增强自身竞争力的服务战略并为企业所重视。现代物流企业应当修正并改进物流服务的缺陷，提升物流服务的质量，尽快完成从传统物流到现代物流的转变。

从目前情况看，我国大部分物流企业仍然主要是提供仓储、运输等功能性物流服务，现代物流企业应当卸下传统物流企业只提供储运物流服务的枷锁，在原有物流服务的基础上对物流服务进行延伸，为客户提供全套的物流服务，树立“一体化物流服务”理念，提高物流服务的附加价值；在服务内容上，物流企业要跨越常规服务，为客户提供个性化的增值服务；我国物流企业必须对企业物流服务管理体制进行整改和优化配置，以期与为抢占中国物流市场的国外物流企业相抗衡，在激烈的市场竞争中求得生存和发展。

3. 第三方物流的快速发展

在激烈的竞争环境下第三方物流是现代企业经营的必然选择。第三方物流企业以生产企业的利益为中心，向生产企业提供大幅度降低物流成本等具有战略性的物流改革方案，来承包包括原本由生产企业来运营的物流体系的设计及物流管理方针在内的、全方位的物流活动，实现生产企业、物流企业双方的利益。第三方物流的实际运作是企业生产方与物流企业方互动合作的过程，利用第三方物流已经逐渐成为企业缩减预算、节省物流成本的重要措施。

发展第三方物流，国家必须发挥政策指导作用、加大投资物流基础设施力度及扶持第三方物流健康发展，通过制订相关的优惠政策，支持规模化、专业化物流企业的发展；企业通过借鉴第三方物流较发达的国家的先进经验来使本企业更为专业化。通过第三方物流，可以实现物流集约化、运输效率化，从而获得较高的经济效益。

4. 电子物流的迅速兴起

电子物流是指人们利用电子化手段进行商品交换的商务活动，物流配送作为电子商务的一个关键环节，承担着将虚拟活动变为现实交易的职能，对电子商务的发展起着重要作用。电子商务的发展改变了物流企业和消费者传统的销售与购买方式，其作为新兴的现代物流模式显现出巨大的经济效益并展现了未来市场方向。电子物流使交易双方“零距离”，消费者通过网络选择所需，之后下单购买，直至货物被送上门完成整个交易过程，整个过程省时省力更加快捷。我国人口众多，电子物流在我国具有相当的优势，虽然我国电子物流起步较晚，但发展迅速、潜力巨大。为发挥这个潜力，我国应加快网络基础设施的建设，为电子商务物流创造良好的基础；保障消费者网络购物合法权益，杜绝诈骗信息，为消费者提供安全、信赖的支付环境等。电子物流需要拥有电子商务的信息技术、计算机技术、物流管理等知识的复合型人才，对现有物流管理模式进行创新的同时促进电子物流的进一步发展，为电子物流做出具有划时代意义的创举，促进我国物流同国际接轨，达到信息化、全球化的目标。

5. 绿色物流是物流发展的必然趋势

随着全球经济一体化的发展，在过去的几十年中，由于人们追求经济利益忽视了环境，造成了地球环境的恶化及不可再生资源的过度损耗，这些直接或间接地影响着人们的生活，越来越多的人开始关注节约资源与保护环境的可持续发展战略，希望经济的发展能够建立在保护环境的基础之上，"绿色物流"这一概念应运而生。

目前，世界各国都将绿色作为物流业发展的重点，积极开展绿色环保物流的专项技术研究，促进新材料的研发和推广应用，进行回收物流的理论和实践的研究，积极出台相应的绿色物流政策法规等，努力为物流绿色化和可持续发展奠定基础。

我国对绿色物流的理论研究和实际运用才刚刚起步，与其他发展绿色物流已臻成熟的国家相比有较大的差距。对于如何发展绿色物流，我国可以从以下几方面着手：①制订有关绿色物流的政策法规，严格规范物流企业生产活动的各个环节，坚决打击破坏环境的生产者，鼓励企业节约资源，提高资源利用率以及进行逆向物流等活动；②对物流技术装备进行更新换代，选择适合并环保的技术装备，要能符合绿色物流倡导的重复使用、易降解的观念，对物流生产各环节采用高新技术，如制订最短运输路线、最优选址地点、最经济配送路线等，实现企业最大利润，减少能耗及资源浪费；③培养具有物流及绿色环保知识的专业型人才，对物流活动能够合理规划，使得企业既能够获得经济效益，又能够实现绿色物流。

6. 应用先进的科学技术提高物流技术水平

先进的科学技术是现代物流的核心，是物流现代化实施和运作的必要支撑，是实施现代物流的必要条件。随着计算机网络技术的应用普及，物流技术对其他领域中的技术进行综合研究，创造了更新更先进的科学技术，如 GIS、GPS、EDI、RFID、BarCode、物流仓储技术、物流信息与网络技术等。全球物流已经进入供应链时代，包括美国在内的物流产业发达国家，给出了物流新技术趋势的发展方向，电子商务、精细供应链、智慧物流系统等新概念、新技术日益普及。先进的物流科学技术是实施物流现代化的核心，物流科学技术将随着物流在不同阶段的情况而不断变化、不断发展。

二、物流运输系统的发展与展望

（一）物流运输系统的发展历史

交通运输的历史可追溯到人类历史的远古时代，人类开始转入定居生活后，以住地为中心的步行交通的历史就开始了，从住地通往四周的道路也逐渐地固定下来。尔后，从自给自足的生活状态发展到物物交换，就有了通商走路和运输物资的必要。起初靠人的手提、肩扛来运送物资，后来改为用牲畜驮运，进而由于人类的智慧又发明了运输车辆。随着人类社会的不断进步，运输的方式越来越多，技术越来越先进，其运输规模越来越大，运输距离越来越远。综观世界交通运输系统的发展史，大体可划分为 4 个阶段：水运阶段，铁路运输阶段，公路、航空和管道运输阶段以及综合运输阶段。

1. 水运阶段

尽管人类很早就掌握了用牲畜或车辆运货的陆地运输方式，然而，要进行较大规模和远距离的运输货物仍有很大的局限性。于是,水运便成为最早开发和利用的大规模远距离运输方式。优越的水上运输条件成为人类文明形成的先决条件之一。尼罗河与埃及文明,两河流域与巴比伦文明,恒河与印度文明,黄河、长江与中国文明,这些无不说明水运对文明兴起的重大作用。至今,水运仍以载量大、耗能少、投资省以及劳动生产率高的优点,在现代运输中占有重要地位。

2. 铁路运输阶段

1825 年,英国修建了斯托克顿至达灵顿的世界第一条客货运输铁路,标志着运输业进入以铁路为主导的新阶段,铁路运输以运量大、运输速度快、受气候条件制约小、运输成本较低等优势得以迅速发展。铁路建设的高潮首先出现在工业发达的欧美,到 20 世纪 20 年代铁路发展的鼎盛时期,全世界铁路总里程达到 127 万 km,其中美国 40.8 万 km。之后,又扩展到亚洲、非洲和南美洲。铁路运输克服了水运运输速度慢、运输过程中换装倒载环节多、受地理条件和季节气候影响大的局限,曾经在较长的历史时期内成为运输业的主要运输方式。

3. 公路、航空和管道运输阶段

20 世纪 30 年代至 50 年代是公路迅速发展,并取代铁路运输成为主导运输方式的阶段。随着石油资源的大量开发、汽车技术性能的不断完善以及公路网的拓展,汽车运输逐渐显示出机动灵活、深入性和方便性好,能实现"门"到"门"直达运输,避免中转环节,减少货损货差,运输周转速度快等优点。这些优点正是水运和铁路运输的不足之处,因而从 20 世纪 30 年代开始公路运输得到迅速发展。至 20 世纪 50 年代,全世界公路里程已超过 1 000 万 km,汽车保有量达 1 亿辆。公路运输的主要缺点是单位运输成本较高;运行的持续性较差;交通事故率比其他运输方式高;耗油量大,噪声、废气污染严重;客运的舒适性较差等。

到了 20 世纪 50 年代以后,航空运输和管道运输相继得到较大发展。航空运输速度快、机动性强,建设周期短、投资省、回收快,占地少,乘坐舒适安全。但航空运输的成本和运价较高,在一定程度上受气候条件的限制,从而影响准时性,运营技术和设备要求复杂。所以,航空运输较适合于运距超过 500km、价值高或时间性强的货物运输。管道运输运量大、占地少,受气候条件的制约小,运输的连续性好,整体性高,便于自动控制,耗能小,运费低,沿程无噪声,漏失污染少,安全性好,因此,特别适合于运输油、气;但管道运输的适运对象单一,运输的机动性差,当输送量降低较大,并超出合理的运营范围时,运输成本明显上升,故管道运输仅适用于单向、定点、量大的特定货物运输。

4. 综合运输系统阶段

20 世纪 50 年代以来,运输业在经历了水运阶段,铁路运输阶段,公路、航空和管道运输阶段的发展后,人们已充分认识到各种运输方式各具优势,也都存在不足。一个地区或一个国家从来没有,也将不会仅靠一种运输方式承担全部的运输工作,而必然有多种运输方式并存。因此,必须综合考虑环境、社会和经济技术条件,通过科学规划,合理地进行水运、铁路、公路、航空和管道运输之间的分工,充分发挥各种运输方式的优势,建立综合运输系统。

综观运输系统发展的 4 个阶段,运输系统的发展总是与社会经济系统的发展密切相关。在工业革命以前,社会还处在农业经济阶段,社会化大生产尚未到来,分工与协作还不明显,经济规模较小,以牲畜、人力和水力等自然力为动力的运输方式尚能满足社会经济对交通运输的要求。进入工业革命后,随着社会化大生产的到来和发展,社会经济在领域间或区域间的分工与协作程度越来越高,经济规模也在不断扩大,要求一种运量大、运输成本低、运输周期短、受自然条件制约小的运输方式的出现就显得更为迫切,蒸汽机技术的发明和钢铁工业的发展也使这种新的运输方式的出现成为可能,于是铁路运输成了这一时期的主导运输方式。在完成工业革命进入工业化社会后,第一产业在国民经济中的比重明显减少,第二产业在国民经济中的比重明显提高,特别是生产高值工业品和消费品的轻工业在工业中的比重越来越大。因此,所运送货物的平均价值明显增加,而货物的平均体积和重量却减少;货运量的增长速度逐渐减缓,大宗货运量占总运输量的比重下降。由于生产结构、产品结构发生了变化,对运输业提出了迅速、方便、安全等侧重于运输质量的更高要求,客运方面提出了便捷、安全、舒适的高要求。公路、航空和管道运输系统正是在这样的背景下产生和发展起来的。综合运输系统则是后工业化社会的必然产物。综合运输从全社会角度出发,在以最少的人力、物力、财力完成社会对运输的一定要求的情况下,使各种运输方式合理分工、相互配合、协调发展,满足社会可持续发展的需要。

(二)公路物流运输系统的发展

1.世界公路物流运输系统的发展历史

最早的道路是在公元前约3 000年为运输建造金字塔的材料而修建的大道,大约在公元前2000年修建了巴比伦街道和欧洲琥珀道路。公元前500年前后修建的用以连接东西方通商用的丝绸之路,曾对繁荣东西方贸易起到重要的桥梁作用。大约从公元前700年至公元前300年,古希腊出于军事、通商和宗教等目的,修建了通往神殿的道路。在古代道路中,最有名的是罗马帝国道路,这是罗马帝国为其统治而修建的。据载,当时用很多道路把以罗马为中心的29条放射形道路连接起来,而且都是石板路面。

产业革命开始后,道路交通运输进入了以马车为运输工具的马车交通时代。以前的沙土路被车轮压出很深的车辙,路面遭到破坏。作为防治措施,需要铺砌路面,但是它已不同于罗马帝国时代的石板路面,所设计的路面施工方法都是用碎石,这就是现代路面的开端。碎石路虽然造价高,但是对马车很适合。不但马蹄子不打滑,铁车轮扬起的尘土也少。这些尘土在下雨时又填满碎石的空隙,起到了黏结作用。

1892年以汽油为燃料的汽车的出现标志着道路交通运输进入了以汽车为运输工具的公路运输阶段。从前的马车依靠畜力,而汽车用机械力,并以内燃机为动力。从这一点来说,这是道路运输史上的一次革命。但是,初期的汽车不仅故障多,性能也差,汽车保有量也少;许多公路实际上是由原来的马车路改建而成的,技术等级低,也未形成网络。这样的状况一直延续到1920年汽车自动生产线的发明。从1892年发明汽车到1920年发明汽车自动生产线,这个时期是公路运输发展的初期阶段。这阶段汽车技术性能和道路质量差、数量少,公路运输还只是水运和铁路运输的辅助方式。

到19世纪20年代,从美国能大批量地生产廉价的汽车以后,由于提高了车辆性能,降低了运输费,加快了运行速度,作为公路交通运输工具的汽车才获得迅速的发展。到1945年,世界汽车保有量已超过6 000万辆,单美国就有3 100万辆。可是,汽车的速度和数量增加以后,以往的碎石路面被汽车交通不断破坏,就难于保持路面的良好状态。因此产生了如何确保路面耐久性以及防尘的问题,这样就有了在碎石上铺沥青材料的施工方法。自此,现代的沥青路面也得以发展,这也是混凝土路面的开始。1920~1945年是公路运输发展的中期阶段,这阶段尽管汽车性能和路面质量提高了,但陆地长途运输仍旧由铁路承担,公路运输主要起与铁路联运的作用。

1945年以后,公路运输的发展进入近期阶段。近期阶段的公路运输以大力建设高速公路和发展长途运输为主要特征。1950～1990 年,前联邦德国高速公路从 2 128km 增加到 8 822km;1956～1980 年,美国平均每年修筑 3 000km 高速公路;日本从 1965 年完成第一条高速公路的修建到 1988 年止,已有 3 910km 高速公路。至 1984 年,全世界共有 55 个国家和地区(不包括前苏联)拥有高速公路,总里程在 13.5 万 km 以上,其中拥有 1 000km 以上的国家和地区就有 17 个。高速公路和以往的普通公路不同,承担着城市间的长途运输任务,发挥了门到门运输的优点,在一定程度上替代了铁路的长途运输功能。

2. 我国公路交通运输系统的发展历史与现状

我国公路运输的发展历史可分为 3 个阶段:

(1)发展初期(20 世纪初至 20 世纪 40 年代末)

早在公元前 500 年,我国就已经修成了著名的丝绸之路(境内部分)。但进入近代以后,我国公路交通运输系统的发展大大落后于西方工业化国家。从我国 1901 年进口第一辆汽车,1903 年修建广西镇南至龙州第一条公路算起,经过半世纪的发展,到 1950 年,我国汽车保有量仅为 5.01 万辆,通车公路里程仅为 8.09 万 km。我国汽车保有量和通车公路里程分别占世界总量的 0.05% 和 0.8%。

(2)低速增长期(20 世纪 50 年代初至 20 世纪 80 年代末)

20 世纪 50 年代初开始,我国的公路交通运输事业有了很大发展。至 1990 年年底,全国公路里程已达 102 万 km,基本形成遍及全国的公路运输网。除青藏高原的 1 个县城以外,全国其他所有县均已通车,90% 的乡和 2/3 的村镇通了公路。我国的主要干线公路,即由首都北京连接各省、市、自治区的政治经济中心和通往各大港口、铁路干线枢纽以及重要工农业基地的干线公路有 70 多条,总长度在 11 万 km 以上。其中以北京为中心的放射线 12 条,长度约 2.3 万 km;南北纵线 28 条,长度约 3.8 万 km;东西横线 32 条,长度约 4.7 万 km。截至 1989 年,我国的民用汽车保有量达到 550 万辆,公路客运周转量达 2 662 亿人·km,货运周转量达 3 375亿 t·km。表 1-1 是我国 1950～2010 年全国公路总里程的增长情况。全国公路总里程的增长表现为较高的增长率、较低的里程增量,这跟我国的公路里程基数少有关。与发达国家相比,我国公路运输的落后状况仍未彻底改变。

我国历年公路里程与密度增长统计 表 1-1

年　份	里程(万 km)	密度 (km/km^2)	里程增量(万 km)	平均年增长率(%)
1952	9.50	0.010	—	—
1957	14.41	0.015	4.91	0.98
1962	46.35	0.048	31.94	6.39
1965	51.45	0.054	5.10	1.70
1970	63.67	0.066	12.22	2.44
1975	78.36	0.082	14.69	2.94
1980	88.33	0.092	9.97	1.99
1985	94.24	0.098	5.91	1.18
1990	102.83	0.107	8.59	1.72
1995	115.70	0.121	12.87	2.57
2000	167.98	0.17	52.28	10.36
2005	193.05	0.20	25.07	5.01
2009	386.08	0.40	193.03	48.26
2010	398.40	0.41	41.00	13.70

(3)快速增长期(20 世纪 90 年代以后)

进入 20 世纪 90 年代以来,我国各地兴起了公路建设的新高潮,公路里程迅速增长,等级迅速提高。1988 年 10 月 31 日上海——嘉定 18.5km 的高速公路建成通车,标志着我国大陆高速公路通车里程实现零的突破,更是标志着我国公路建设已跨入新的历史阶段。二十余年来,我国高速公路建设按照"统筹规划,条块结合,分层负责,联合建设"的方针,逐步实行了"国家投资,地方筹资,社会集资,利用外资"和"贷款修路,收费还贷,滚动发展"的投资政策,高速公路的建设速度、工程质量和发展水平取得了很大的进步。截至 2010 年,全国高速公路通车里程达 7.41 万 km。"十一五"期间新增高速公路里程占全部高速公路的 44.5%,年均增长 12.6%。高速公路进一步实现了大规模跨省贯通,加强了各大区域间的经济交流,分担了各省、经济区之间的客货运输,通道效应日趋显著,我国高速公路建设继续保持高速发展。我国公路总里程和高速公路通车总里程在国际上已仅次于美国,居世界第二位,但公路网密度依然很低,技术等级也较差。

表 1-2 是 2009 年我国与发达国家公路规模和构成的对比。

我国与发达国家公路规模和构成比较 表 1-2

国家	公路总里程(万 km)	密度(km/km^2)	国道公路(万 km)	高速公路(km)	其他(万 km)	高速公路密度($km/万 km^2$)
美国	623.56	0.67	55.80	88 730	558.91	94.75
加拿大	93.60	0.09	24.90	16 570	66.80	16.66
德国	63.98	1.85	4.17	11 400	58.69	329.07
法国	81.25	1.47	2.86	10 300	77.48	186.96
意大利	30.54	1.01	4.65	6 957	25.00	230.93
日本	113.75	3.01	5.75	6 114	107.41	161.82
中国	386.08	0.40	11.04	65 000	104.19	67.27
英国	36.45	1.58	1.54	3 303	34.59	143.58
澳大利亚	86.40	0.11	4.63	1 160	81.65	1.50

3. 我国公路物流运输系统存在的问题

与发达国家的公路运输系统相比,我国公路交通运输系统的差距主要表现在以下 6 个方面。

(1)公路网的数量不足

全国农村公路(含县道、乡道、村道)里程达 345.50 万 km。全国通公路的乡(镇)占全国乡(镇)总数的99.97%,通公路的建制村占全国建制村总数的99.55%;其中,通硬化路面的乡(镇)占全国乡(镇)总数的 97.43%。但全国依然还有相当数量的乡、村未通公路,它们绝大多数地处边远山区,交通闭塞,经济基础差,生活比较贫困,与发达国家相比更是相差甚远。我国目前公路网的密度仅为 $0.44km/km^2$,远低于发达国家 $0.84km/km^2$的平均水平。

(2)公路网的质量差

在我国现有的 398.4 万 km 公路中,二级及其以上公路里程为 50.19 万 km,占公路总里程的 11.8%;高速公路里程达 7.41 万 km,占公路总里程的 1.86%。绝大部分为简易黑色路面或碎石路,其中 60% 以上已超过使用期限,有待修复。

(3)公路网布局不合理

原有公路建设缺少整体规划和优化,大多以省(市)行政区为中心,偏重于自成体系,不适应横向联系的需要。就全国的公路布局分析，沿海地区的公路网密度高于内地，公路网密度分布不均，加重了经济发展的不均衡。

(4)公路抵御自然灾害的能力低

许多公路路段在设计和施工中就没有很好地解决防范自然灾害的问题，以致于竣工投入使用后，各种路毁现象频繁发生，给经济带来巨大的损失。

(5)运输组织形式和管理技术落后

许多发达国家，公路运输业都从分散经营走向联合经营，实行统一管理，取得了明显的经济效益。目前我国社会车辆过多，占全国民用汽车的90%以上，这些社会车辆分散在全国几十万个机关、企事业单位和私人企业中，车辆维护条件差、经营管理水平低、车辆使用效率低、运输成本高等造成极大的运力浪费。

思 考 题

1. 何谓系统？系统有哪些类型？举例分析系统的基本特征。
2. 分析现代运输与物流的关系。
3. 分析我国公路交通运输系统的发展历史、现状和趋势。
4. 简述公路运输系统的地位、作用与基本特征。

参 考 文 献

[1] 邱荣祖.公路交通运输系统工程[M].厦门:厦门大学出版社,2001.
[2] 高自友,孙会君.现代物流与交通运输系统[M].北京:人民交通出版社,2003.
[3] 刘南.交通运输学[M].杭州:浙江大学出版社,2009.
[4] 张理,李雪松.现代物流运输管理[M].北京:中国水利水电出版社,2005.
[5] 陈秋双.现代物流系统概论[M].北京:中国水利水电出版社,2005.
[6] 王长琼.绿色物流[M].北京:化学工业出版社,2004.
[7] 陈贻龙,邵振一.运输经济学[M].北京:人民交通出版社,1999.
[8] 王长琼.物流系统工程[M].北京:中国物流出版社,2009.
[9] 黎明.2009年我国物流业发展的特点及2010年展望[J].铁路采购与物流,2010,2:25-27.
[10] 蓝庆新.物流全球化及我国对外物流系统优化策略[J].玉林师范学院学报,2003,24:7-9.
[11] 袭浩.论物流及物流管理[J].现代管理,2006,7:252-255.

第二章　现代物流运输方式与设施

第一节　铁路运输系统

一、铁路运输系统的特点与功能

铁路运输系统是国家的经济大动脉，是现代最重要的货物运输方式之一，对货物的异地交换起到非常重要的作用。下面从铁路运输的技术性能和经济指标等方面阐述铁路运输的特点。

（一）铁路运输的特点

1. 铁路运输的主要优点

（1）运输能力大

通常，一列货车可装 2 000 ~ 3 500t 货物，重载列车则可装载 20 000 多吨货物；一般单线单向年最大货物运输能力达 1 800 万 t，复线达 5 500 万 t，运行组织水平较好的国家，单线单向年最大货物运输能力达 4 000 万 t，复线单向年最大货物运输能力超过 1 亿 t。因此，铁路运输能力大。

（2）运输成本较低

由于铁路运输采用大功率机车牵引列车运行，可承担长距离、大运输量的运输任务，且机车的运行阻力较小、能源消耗低，因此，铁路运输的成本较低。

（3）受自然气候条件的限制较小

由于铁路运输具有高度的导向性，所以只要行车设施无损坏，在任何自然气候条件下，列车均可以安全行驶，铁路运输是较可靠的运输方式。

（4）客货运输到发时间准确性高

由于铁路运输统一调度，并且具有专用路权，可以独自按计划运行，因此能保证运输到发时间的准确性。

（5）环境公害问题较少

铁路运输单位功率所能牵引的货物重量大约比汽车高 10 倍，铁路货运对空气和地面的污染低于公路及航空运输。因此，铁路运输更加节能，环境污染程度更小。

除此之外，铁路运输还有运输速度快，通用性能好，运行平稳、可靠和平均运距较长等优点。

2. 铁路运输的主要缺点

（1）初期投资大、建设周期长

铁路运输通常需要铺设轨道、建造桥梁和隧道，并且需要消耗大量钢材、木材，工程艰巨、复杂，其初期投资及建设周期均大大超过其他运输方式。

（2）营运缺乏弹性、机动性较差

铁路运输只有达到一定的运输量，才能保证其经济性，其营运缺乏弹性。此外，由于铁路运输不能随着客源和货源所在地变更营运路线，只能在固定线路上运行，因此其机动性较差。

(3)货物滞留时间长、货损较高

由于铁路货运在运输的过程中需要编组，导致货物在运输途中滞留时间过长。此外，多次装卸搬运作业，可能造成货物的损坏，这就导致部分客户不敢将高价值的商品交由铁路承运。

(二)铁路运输系统的主要功能

尽管从20世纪90年代以来，我国高速公路和民航运输获得了飞跃式发展，对铁路运输形成了强有力的竞争，但是，铁路运输在国民经济中的支柱作用和在我国综合交通运输网络中的重要地位是其他运输方式难以替代的。铁路运输系统担负的主要功能有以下3方面。

1. 担负大宗低值货物的中、长距离运输

铁路运输最显著的特点是载运质量大、运行成本低、能源消耗少，因此，铁路运输在大宗、大流量、低值货物的中长距离运输方面具有绝对优势。

2. 担负大流量、高密度的城际中短途旅客运输

由于铁路运输到发时间准确性高、安全性好、运行速度较快，因此，铁路运输在流量较大、密度较高的城际中短途旅客运输业中具有很强的竞争优势，是最适合我国经济地理特征和人们收入水平的区域骨干运输方式。

3. 担负货物的集装箱运输

集装箱运输是铁路货物运输的一种重要方式，适合于装运贵重、易碎和怕潮、怕湿的货物，如金属、矿石、煤炭、谷物、化工产品及石油产品等。

二、铁路运输的技术装备与设施

(一)铁路机车

铁路车辆本身没有动力装置，无论是客车还是货车，都必须把许多车辆连接在一起编成一列，由机车牵引才能运行。因此，铁路机车是列车的动力来源，机车的数量和牵引力的大小对列车的行驶速度与服务质量都有很大影响。

目前，世界上较常使用的机车主要有3种，表2-1列出了3种不同类型机车的性能比较。

3种不同类型机车性能比较 表2-1

类　型	原 动 力	造　价	运行速度与马力	维护难易度	环 境 污 染
蒸汽机车	蒸汽	低	最小	较易	严重
内燃机车	内燃机	高	较高	较难	较大
电力机车	电能	高	最高	较易	无

1. 蒸汽机车

蒸汽机车(Steam Locomotive)是利用蒸汽机，把燃料(一般用煤)的热能转变成机械能，以此来牵引列车的一种机车。蒸汽机车的结构比较简单，主要由锅炉、蒸汽机、车架走行部和煤水车四大部分组成，其造价也相对低廉，但它的运行速度和马力都较小，并且热效率较低，伴随着科学技术的进步和现代铁路运输高效率、低成本、零污染的要求，蒸汽机车已逐渐被其他新型铁路机车所取代。蒸汽机车外观如图2-1a)所示。

2. 内燃机车

内燃机车(Diesel Locomotive)是指以内燃机作为原动力,通过传动装置驱动车轮的机车。根据机车上内燃机的种类,可分为柴油机车和燃气轮机车。由于燃气轮机车的效率低于柴油机车以及耐高温材料成本高、噪声大等原因,所以其发展落后于柴油机车。在中国,内燃机车习惯上指的是柴油机车。

与蒸汽机车相比,内燃机车的热交换效率较高,而且内燃机车的独立性很强,其准备时间比蒸汽机车短,启动快,通过能力好。此外,内燃机车的可靠性、耐久性和经济性都较好,乘务员工作环境和旅客乘车环境得到很大的改善,因此内燃机车的发展速度很快。其缺点是机车结构较复杂,运营及制造成本较高,且维护难度较大。内燃机车外观如图 2-1b)所示。

3. 电力机车

电力机车(Electric Locomotive)是指由牵引电动机驱动车轮的机车。由于其所需电能通过电气化铁路供电系统的接触网或第三轨供给,所以是一种非自带能源的机车。电力机车具有功率大、启动速度快、运载能力强、准备作业时间短、维修量少、运营费用低、爬坡能力强以及无空气污染、便于实现多机牵引等优点。因此,使用电力机车牵引车辆,可以提高列车运行速度和承载质量,从而大幅度地提高铁路的运输能力和通过能力。但电力机车必须首先创建一套完整的供电系统,其建设投资要比采用蒸汽机车或是内燃机车大得多。电力机车外观如图 2-1c)所示。

a)蒸汽机车　b)内燃机车

c)电力机车

图 2-1　机车类型

(二)铁路车辆

铁路车辆是运送旅客和货物的工具,本身没有动力装置,需要把车辆连接在一起由铁路机车牵引,才能在线路上运行。

铁路车辆按照用途不同可以分为客车和货车两大类。

1. 客车

客车分旅客运送、旅客服务和特殊用途 3 种车辆。目前,中国铁路客车根据旅客旅行生活的需要和长、短途旅客的不同要求，主要分为以下几种：硬座车（YZ）、软座车（RZ）、硬卧车（YW）、软卧车（RW）、行李车（XL）、餐车（CA）、邮政车（UZ）、试验车（SY）。高速铁路客车或动车组列车中还有一等软座车（ZY）、二等软座车（ZE）。此外，还有公务车（GW）、卫生车（WS）、医疗车（YL）、维修车（WX）、宿营车（SY）等。括号内字母为车辆基本型号。

2. 货车

货车是指以运输货物为主要目的的铁路车辆。有些铁路车辆并不直接参加货物运输，而是用于铁路线路施工、桥梁架设及轨道检测等作业，但它们也归入铁路货车类。

1）货车分类

铁路货车种类很多，根据运输货物的类型不同，铁路货车可以细分为通用货车、专用货车及特种用途车辆3种。通用货车指能装运多种货物的车辆，如棚车、敞车、平车等。专用货车指专供运输某类货物的车辆，如罐车、冷藏车、家畜车、水泥车、毒品车、集装箱车、长大货物车、小汽车运输车等。特种用途车辆指用于特殊作业或实现特殊功能的车辆，包括救援车、机械车、宿营车、发电车、检衡车、除雪车等。

2）货车车号

（1）基本型号

货车的基本型号代表车辆种类，用大写的汉语拼音字母来表示，这些字母多数是各类货车名称的第一个汉字的汉语拼音首字母，但也有个别例外。部分铁路货车基本型号如表2-2所示。

部分铁路货车基本型号表 表2-2

车种		基本型号	车种		基本型号
通用货车	棚车	P	专用货车	毒品车	W
	敞车	C		家畜车	J
	平车	N		水泥车	U
专用货车	煤车	M		粮食车	L
	罐车	G		特种车	T
	沙石车	A		冷藏车	B
	集装箱车	X		矿石车	K
	长大货物车	D		守车	S

（2）辅助型号

辅助型号用以区分同种货车的不同构造形式，一般用数字或数字与字母的组合来表示，作为下标缀在基本型号的右下角。

基本型号与辅助型号组合在一起，就指定了某个具体的车型，如P_{58}，X_{6B}等。

（3）车号编码

货车车号编码一般由编在车辆的基本型号和辅助型号之后的一个7位数的数字表示，通常按车种和车型来编排，常见的几种铁路货车车号编码如表2-3所示。

货车车号是识别车辆最基本的标记。一个完整的货车标记应包括基本型号、辅助型号和车号。如：C_{60A}4785928，C是基本型号，表示类别为敞车；60是辅助型号，表示重量系列或顺序系列；A也是辅助型号，表示车辆的材质或结构；4785928则代表车号。

铁路货车车号编码表 表 2-3

车种	车号范围	车种	车号范围
棚车	3000000 ~ 3499999	保温车	7000000 ~ 7231999
敞车	4000000 ~ 4899999	毒品车	8000000 ~ 8009999
平车	5000000 ~ 5099999	家畜车	8010000 ~ 8039999
集装箱车	5200000 ~ 5249999	水泥车	8040000 ~ 8059999
矿石车	5500000 ~ 5531999	粮食车	8060000 ~ 8064999
长大货物车	5600000 ~ 5699999	特种车	8065000 ~ 8074999
罐车	6000000 ~ 6309999	守车	9000000 ~ 9049999

(三)铁路线路

1. 铁路线路的定义

铁路线路是指由路基、桥隧建筑物和轨道组成的一个整体的工程结构，是为了进行铁路运输所修建的固定路线，是机车车辆和列车运行的基础。

2. 铁路线路的分类

铁路线路分为正线、站线、段管线、岔线及特别用途线。其中，正线是指连接车站并贯穿车站的线路；站线是指站内除正线以外的到发线、调车线、牵出线、货物线及站内指定用途的其他线路；段管线是指机务、车辆、工务、电务等段专用并由其管理的线路；岔线是指在区间或站内接轨，通向路内外单位的专用线路；特别用途线是指安全线和避难线。

3. 铁路线路的等级

铁路等级是铁路的基本标准，设计铁路时，首要任务就是确定铁路等级。我国铁路的等级通常分为三级，用罗马数字 I、II、III 表示。等级的划分是根据具体线路在路网中的作用和远期年客货运量来确定的。所谓的远期年客货运量，是指具体线路在交付运营后第 10 年，其重车方向的货运量和客车对数折算的货运量之和，每天 1 对旅客列车按 1.0 个百万吨(Mt)货运量计算。I 级铁路是指在路网中起到骨干作用的铁路，远期年客货运量在 20Mt 以上。II 级铁路分两种情况，一是指在路网中起骨干作用的铁路，远期年客货运量小于 20Mt；二是指在路网中起联络、辅助作用的铁路，远期年客货运量在 10Mt 以上。III 级铁路是指为某一区域服务，具有地区运输性质的铁路，远期年客货运量在 10Mt 以下。

(四)铁路路基

铁路路基是承受轨道重力及列车载荷的结构，是轨道的基础，是保证列车运行的重要建筑物。

路基由路基体和附属设施两部分组成。路基面、路肩和路基边坡构成路基体。路基附属设施是为了保证路肩强度和稳定所设置的排水设施、防护设施与加固设施等。排水设施有排水沟等，防护设施如种草、种树等，加固设施有挡土墙、扶壁支挡结构等。

(五)铁路轨道

铁路轨道简称铁轨，是列车运行的基础。轨道引导列车行驶方向，承受机车车辆的压力，并把压力扩散到路基或桥隧结构物上。轨道主要由钢轨、连接零件、轨枕、防爬设备以及道床等组成。道床是铺在路基面上的道砟层，通常在道床上铺设轨枕，在轨枕上架设钢轨，钢轨和钢轨之间则用联结零件互相扣连，钢轨的类型决定了轨道的强度和稳定性。

第二节　公路运输系统

一、公路运输系统的特点与功能

公路运输是指在公路上使用机动车辆或人力车、畜力车等非机动车辆载运货物的一种运输方式，是现代交通运输最重要方式之一。与之相近，还有一个容易混淆的概念，那就是汽车运输。相比之下，公路运输的外延更大，但由于现代公路运输所用运输工具主要是汽车，因此，公路运输一般即指汽车运输。下面从公路运输的技术经济角度介绍公路运输的主要特点。

（一）公路运输的特点

1. 公路运输的主要优点

（1）快速直达

由于汽车运输途中不需中转、滞留，因此相对而言，汽车运输的运送速度比较快。汽车除了可以沿公路网运行外，还可以深入工厂、矿山、车站、码头、农村、山区、城镇街道及居民区等，空间活动领域大，这一特点是其他任何运输工具所不具备的，因而汽车运输在直达性上有明显的优势。

（2）灵活方便

汽车运输具有机动灵活、运输方便的特点。首先，汽车运输既可以成为其他运输方式的有效衔接，又可以自成体系，机动灵活；其次，汽车运输对货物批量大小的要求，具有很强的弹性，既可以单车运输，又可以拖挂运输；再次，汽车运输在时间上的自由度很大，通常可以按客户规定的时间提供运输服务。

（3）操作简单

与火车、轮船和飞机相比，汽车的驾驶技术比较容易掌握，培养一名合格的汽车驾驶员所需的时间和成本投入比火车、轮船和飞机驾驶员少很多。

（4）初期投资较小

与铁路运输相比，汽车运输不需铺设轨道，且载货汽车的购买成本较低，因此，汽车运输的初期建设投资成本较小。

2. 公路运输的主要缺点

（1）运输能力较小

一般汽车运输的载质量为几吨至几十吨，无法与火车、轮船的巨大载质量相比，因此相对于铁路运输而言，公路运输的运输能力是有限的。

（2）运输成本较高

汽车运输的总成本构成包括固定成本和变动成本两个部分，对于运输企业而言，固定成本的支出是基本固定的。由于汽车运输的运输量小，相对于铁路运输和水路运输而言，货物每吨公里的运输成本较高。

（3）生产率较低

由于汽车运输的单车单次载运量较小，不能形成规模优势，很多需要装卸搬运的场合却没有装卸搬运设备而需要使用手工劳动来完成。因此，汽车运输相对于铁路运输和水路运输而言，生产效率较低。

除此之外，汽车运输还有空气污染较大，不适宜远程运输，车辆运行中振动大、货损、货差高等缺点。

（二）公路运输系统的主要功能

在现代交通运输发展过程中，世界各国普遍遵循一个共同的发展规律，即水路、铁路运输发展在先，公路运输则后来居上。我国公路运输近几年得到了快速的发展，在整个运输领域占有重要的地位，并发挥着越来越重要的作用。公路运输在现代交通运输领域担负的主要功能有以下 3 个方面。

1. 独立承担经济运距内的运输

公路运输的经济运距主要指的是中短途运输（我国规定 50km 以内为短途运输，200km 以内为中途运输，200km 以上是长途运输），即 200km 以内的运输主要是由公路运输来担负。

2. 参与长途和大批量货物的运输

由于近年来高速公路里程的不断增加和半挂车运输市场的兴起，汽车运输在长途和大批量货物的运输市场中已占得一席之地，从原先的中短途运输逐渐发展成为短、中、长途运输并举的局面。随着高速公路的不断兴建，这一趋势将愈演愈烈。

3. 成为其他运输方式的有效补充和衔接

由于汽车运输具有灵活、自由、活动区域大等优点，当水路、铁路或航空运输担负主要运输任务时，公路运输可以发挥自身优势，与其他运输方式紧密衔接，完成货物起点和终点处的集散运输。

二、公路运输的技术装备与设施

（一）公路运输车辆

由于公路运输主要的载运工具是汽车，以下内容均以汽车为例。

1. 汽车的定义

汽车是借助于自身动力装置驱动，且具有 4 个或 4 个以上车轮的非轨道无架线车辆，是公路运输最核心的装备。

2. 汽车的分类

现代汽车种类繁多，分类方法各有不同，较常见的有如下几种分类方法。

1）按总体结构分

按总体结构不同，汽车分为单车和汽车列车。

（1）单车

单车是汽车的基本形式，常用 4×2、4×4、6×4、6×6 等符号表示驱动特点。前一个数字代表车轮总数（双胎并装仍算一个车轮），后一个数字代表驱动轮数，若所有车轮均为驱动轮即称为全轮驱动汽车，越野汽车一般都采用这种布置形式。

（2）汽车列车

汽车列车是由牵引车或单车拖带全挂车或半挂车组成的运输工具，根据拖挂形式的不同，又可分为半挂结构汽车列车、全挂结构汽车列车和双挂结构汽车列车。

2）按用途分

按用途不同，根据汽车分类标准，可将汽车分为载货汽车、越野汽车、自卸汽车等 8 大类，如表 2-4 所示。

汽车的车辆类型代号

表 2-4

车型	载货汽车	越野汽车	自卸汽车	牵引汽车	专用汽车	客车	轿车	备用分类号	半挂车
车辆类型代号	1	2	3	4	5	6	7	8	9

(1)载货汽车

载货汽车俗称卡车,载货汽车主要用于运输货物,也可牵引挂车。各国对载货汽车的分级方法和标准不尽相同。在我国,载货汽车是按汽车最大总质量来分类的,可分为重型载货车、中型载货车、轻型载货车和微型载货车 4 类。

(2)越野汽车

越野汽车一般是全轮驱动,主要用于在无路或坏路上载运人员和货物或牵引各种装备。根据其最大总质量不同,可分为超重型、重型、中型和轻型越野车。

(3)自卸汽车

自卸汽车带有液压卸车装置,可自动后翻或侧翻,使货物依靠自身重力自行卸下,具有较大的动力和较强的通过能力,主要用于矿区、工地运输矿石、砂土等散装货物。按其最大总质量不同,自卸汽车可分为重型、中型和轻型自卸汽车。

(4)牵引汽车

牵引汽车是指专门用于牵引挂车或半挂车的汽车。与普通载货汽车不同的是,牵引汽车无载货车厢且车架、轴距、后悬均较短,动力较大。根据牵引车承载挂车方式的不同,牵引汽车可分为全挂牵引车和半挂牵引车两种。在当前国家大力倡导发展甩挂运输的大背景下,牵引汽车的发展和完善势不可挡。

(5)专用汽车

专用汽车是指装有专用车厢或专用装备,从事专门运输或专门作业的汽车。专用汽车可分为一般专用汽车和工矿生产用汽车两大类。一般专用汽车是将普通载货汽车改装后用于运输特殊货物或完成各种特定作业的汽车;工矿生产用汽车是指专门设计和自成系列的,在专用道路上行驶或在特定的区域内使用的汽车。

(6)客车

客车是指具有长方形闸形车厢,主要用于载运人员及其随身行李、物品的汽车。按照车身长度不同,可将客车分为大型客车、中型客车、轻型客车和微型客车四类。

(7)轿车

轿车是指用于运载人员及其随身物品,座位布置在两轴之间的四轮汽车。按照发动机排量大小,可分为高级、中高级、中级、普通型和微型轿车五种。

(8)半挂车

半挂车是承载货物的平台或容器,本身没有动力,通过鞍式牵引座与牵引车相连接后形成一个整体,在货物运输领域应用广泛。由于半挂车相对独立,因此,在货物抵达目的地或者要将货物转运时可通过直接交付或交换半挂车完成,减少了中间的装卸搬运工序,显著提高了运输效率,并且大大降低了货物的货损、货差,在大宗货物的运输中具有明显的优势。

(二)公路

1. 公路的定义与分类

公路是指连接城市、乡村和工矿基地,主要供汽车行驶并具备一定技术标准和设施的道路。公路按行政等级可分为：国家公路、省公路、县公路和乡公路（简称为国、省、县、乡道）以及专用公路五个等级。一般把国道和省道称为干线，县道和乡道称为支线。

2. 公路的等级及使用年限

公路按使用任务、功能和适应的交通量可分为高速公路、一级公路、二级公路、三级公路和四级公路五个等级。各级公路远景设计年限：高速公路和一级公路为20年，二级公路为15年，三级公路和四级公路为10年，也可根据实际情况适当调整。

（1）高速公路

高速公路专供汽车分向、分车道行驶，并全部控制出入的干线公路，具有重要的政治、经济意义。

（2）一级公路

一级公路为连接重要政治、经济中心，通往重点工矿区、港口、机场，专供汽车分道行驶并部分控制出入的多车道公路。

（3）二级公路

二级公路为连接政治、经济中心或大工矿区、港口和机场等的公路。一般能适应按各种车辆折合成中型载货汽车的远景设计年限15年，年平均日交通量为3 000～7 500辆。

（4）三级公路

三级公路为沟通县以上城市的公路。一般能适应按各种车辆折合成中型载货汽车的远景设计年限10年，年平均日交通量为1 000～4 000辆。

（5）四级公路

四级公路为沟通县、乡（镇）和村等，主要供汽车行驶的双车道或单车道公路。一般能适应按各种车辆折合成中型载货汽车的远景设计年限10年，年平均日交通量为：双车道1 500辆以下，单车道200辆以下。

（三）场站

公路运输场站分客运场站和货运场站两种，本节主要介绍货运场站。

1. 货运场站功能

货运场站是交通运输业的一个通俗名称，泛指货物集结和待装运、转运的场所，其规模和功能视交通量的大小、交通的便利性及地价等因素而定。随着市场的需要，货运场站的功能已经从简单的货物集结、转运拓展到配送、流通加工甚至信息服务，有的配载中心、零担货运站本身就兼有配送中心的一系列功能。具体来说，公路货运场站的功能表现在以下几个方面。

（1）物流过程的连接点

公路货运场站是公路与铁路、水路、航空等各种运输方式的连接据点，必须具有接单、分拣、分装、倒装、运输配送的综合功能。

（2）商流活动的连接点

货运场站是生产厂、批发商和零售商之间的连接点，具有储存、流通加工、信息处理和售后服务等功能。

（3）国际物流活动的连接点

货运场站也可设置为国内物流和国际物流的连接据点，具有进口代理、通关报检以及保税等特殊功能。

2. 货运场站设备

货运场站是办理货物运输业务的车站，发挥着货物集散以及货物运输信息传递等功能。

因此，货运场站主要设备应包括：资讯系统通用设备、仓储设备、装卸搬运设备、集装设备、拣选设备以及流通加工设备等。

3. 货运场站附属设施

货运场站附属设施主要有停车场（库）、汽车保养场、汽车修理厂以及汽车加油站等。

第三节　水路运输系统

一、水路运输系统的特点与功能

水路运输是利用船舶、排筏和其他浮运工具，通过各种水道运送旅客和货物的一种运输方式。水路运输按其航行的区域可以分为内河运输与海洋运输，海洋运输又可分为沿海运输与远洋运输。通过内河运输和海洋运输，将内陆经济腹地与世界联通，使处于运输交汇口的港口城市产生了内陆经济腹地和国际港口城市两个极为宽阔的辐射面。

（一）水路运输的特点

1. 水路运输的主要优点

（1）投资少，建设费用低

水上运输工具主要在自然水道上航行，航路是天然的，只要建立一些停泊码头和装卸设备即可通航，因而其投资较少，建设与维护费用均较低。

（2）运量大，运输成本低

水路运输非常适合于大宗货物的运输，如我国长江干线上的大型顶推船队，其载货量已达3万t，相当于普通铁路列车的6～10倍。此外，水路运输的运输成本也很低，约为铁路运输的1/25～1/20，公路运输的1/100。

（3）通航能力大

水路运输主要利用江、河、湖泊和海洋的“天然航道”进行，通航能力几乎不受限制。

（4）劳动生产率高

这主要是由于船舶运量大，而它的劳动力需求量并不与运量的增加成等比例增加。

（5）运行持续性强

商船出航，所携带的燃料、粮食及淡水，可历时数十日，商船还拥有一定的独立生活的设施设备，使其运行持续能力远非其他运输方式可比。

2. 水路运输的主要缺点

（1）速度较低

水路运输中货船体积大，水流阻力高，风力影响大。因此，决定了水路运输的速度较低。如果要提高船行速度，燃料消耗会大大增加，运输的经济性会降低。

（2）运输风险较大

水路运输的外界营运条件复杂且变化无常。海运航线大都较长，要经过不同的地理区域和不同的气候地带，而且内河水道的水位和水流速度随季节不同变化很大，有些河段还有暗礁险滩，因而水路运输的风险较大。

（3）管理较复杂

水路运输具有多环节性，需要港口、船舶、供应、通信导航和货运代理等企业以及国家有关职能部门等多方面的密切配合才能顺利完成。因而,水路运输管理工作是较为复杂的。

(4)受自然气象条件影响较大

水路运输过程由于受自然条件、气候条件影响较大,因而呈现较大的波动性及不平衡性。

(二)水路运输系统的主要功能

近年来,随着公路、铁路、航空等运输方式的迅猛发展,水路运输所承担的运输份额正在减少。但是,从现代运输和综合运输的角度看,水路运输的重要作用无可替代。

总的说来,水路运输担负的主要功能如下。

1. 低值、笨重和散装货物的长距离运输

水路运输是目前各种交通运输方式中兴起最早、历时最长的运输方式,其技术经济特征是投资省、成本低、载质量大,特别适合承担部分原料和半成品等散货(如建材、煤炭、矿石、石油、粮食)的长距离运输。

2. 大宗货物特别是集装箱货物的运输

集装箱运输是指以集装箱这种大型容器为载体,将货物集合组装成集装单元进行运输的一种现代化运输方式。我国目前已形成了以集装箱海运为枢纽,以铁路、公路和沿海内河集装箱运输系统为支持,以航运企业为运输载体的集装箱运输体系。随着集装箱多式联运的不断开展,水路运输的重要作用将愈加凸显。

3. 外贸货物的进出口运输

随着我国对外开放的不断深入以及世界经济一体化的形成,我国外贸进出口总额逐年上升,水路运输作为国际贸易的主要运输方式,必将发挥着越来越重要的作用。

二、水路运输的技术装备与设施

(一)船舶

1. 船舶的主要类型

船舶指的是依靠人力、风帆或发动机等动力,能在水中、水面或水下移动的运载工具,是各类船只的总称,可分为客船、货船、作业船、娱乐船和军用船等几种类型。用于载运旅客及其行李的船舶称为客船;若客船能兼载货物,则称为客货船;用于载运货物的船舶称为货船;用于专门作业的船舶称为作业船,如疏浚船、捕鱼船及海事巡逻艇等;用于休闲、娱乐的船舶称为娱乐船,如娱乐用游艇、比赛用帆船等;用于完成特定军事任务的船舶称为军用船。

在上述的几种船舶中,货船的品种最多,应用领域也更广泛,常见的有杂货船、集装箱船、散货船、液货船、冷藏船、滚装船、载驳船和驳船、推船及拖船等。这里着重对货船的种类作一详细说明。

1)杂货船(General Cargo Ship)

杂货船是指装运包装、桶装以及成捆、成箱或成卷的机器设备、建筑材料、日常用品等各种物品的船舶。由于品种多,货源不足,装卸速度慢,停滞时间长等因素的影响,杂货船的载质量一般不会很大。为了便于装货、理货和清舱,杂货船一般设有2~3层甲板,且机舱大多设在船的中后或尾部,以便将船舶中部方整的船体设置为货舱。随着集装箱运输的发展及国际贸易产品结构的转变,世界各国在普通杂货船的基础上竞相发展多用途杂货船,其既可载运一般杂货,又可载运散货、集装箱甚至滚装货,以实现多用途和高效能的目标。

2)集装箱船(Container Ship)

集装箱船是指专门用于运输集装箱货物的船舶。随着国际贸易的开展和集装箱多式联运的不断深入,集装箱船得到了突飞猛进的发展。按照装运集装箱的程度不同,可分为以下三种类型:①全集装箱船,这是一种专门用于载运集装箱的船舶,不装运其他类型的货物;②半集装箱船,这种船仅将中部区域作为集装箱专用舱位,而船的两端货舱用于装运普通杂货;③可变换集装箱船,这是一种多用途船,其货舱内装载集装箱的结构为可拆装式的,可根据需要随时调整,调整后的集装箱船可用于装运其他普通杂货,能很好地提高船舶的利用率。

3)散货船(Bull Cargo Ship)

散货船是指用于散装运输谷物、煤、矿砂、盐、水泥等大宗非包装类货物的船舶。散货船具有以下几个特点:①散货船的货种单一、货源充足、装载量大,便于使用专用的码头装卸设备,如大型抓斗,气力、机械输送机等,装卸效率较高;②散货船驾驶室和机舱一般都设置在尾部,货舱口比杂货船的货舱口大;③散货船由于货种单一,常为单程运输,即回程空载,为了使船舶拥有较好的空载性能,散货船配有较多的压载水舱,作为空载返航时压载之用。

4)液货船(Liquid Cargo Ship)

液货船是指专门用于运载散装液态货物的船舶。最早的液货船是用来运输原油的,称为油船。由于液体散货的理、化性质差别很大,为了保证所运输物品的质量,提供更优质、高效的服务,液货船的种类不断增多。按照所载运货物的品种不同,液货船可分为如下三类:①油船,是指专门用于载运散装原油及成品油的船舶,分原油船和成品油船两种;②液化气船,是指专门用于载运液化了的天然气和液化了的石油气的船舶;③液体化学品船,是指运输各种液体化学品如醚、苯、醇、酸等的专用船。因液体化学品种类繁多,一艘船舶往往需要同时配载多种理、化性质不同的化学品,这就对船舶的构造和材质方面提出了更高的要求。

5)冷藏船(Refrigerated Ship)

冷藏船是指使鱼、肉、水果、蔬菜等易腐食品处于冻结状态或某种低温条件下进行载运的专用运输船舶。冷藏船的货舱为冷藏舱,常隔成若干个舱室。每个舱室是一个独立的封闭的装载空间。舱壁、舱门均为气密,并覆盖有泡沫塑料、铝板聚合物等隔热材料,使相邻舱室互不导热,以满足不同货种对温度的不同要求;同时,为了使货物抵达目的地时仍然能保持较好的新鲜度,冷藏舱的上下层甲板之间或甲板和舱底之间的高度不宜太大,以防货物堆积过高而压坏下层货物;此外,由于冷藏货物批量较小,因此,冷藏船的吨位都不大,通常在数百吨至数千吨之间。虽然冷藏船的承载吨位较小,但其航行速度却较高,一般在20km/h左右。

6)滚装船(Roll on/Roll off Ship)

滚装船又称“开上开下”船,或称“滚上滚下”船,是指专门用于装运以载货车辆为货物单元的船舶。装船或卸船时,通过设在滚装船尾部(或设在船首部、船舷部)的跳板,将载货车辆直接开进、开出货舱或使用牵引车、叉车等将载有货物的半挂车及轮式托盘等装进货舱或将其卸下。

7)载驳船(Barge Carrier)

载驳船又称子母船,是专门用于载运驳船的船舶。其作业过程是先将货物装上驳船(尺度统一的船,又称子船),再将驳船装上载驳船(又称母船),运至目的港后,利用载驳船自带的吊驳起重机将驳船卸入水中,后装载另一批驳船,载驳船即可开航,而驳船则由推船或拖船分送至目的港卸载货物并待另一次装载。载驳船的优点是不需码头和堆场,且自身带有吊驳起重机，装卸效率高，停泊时间短，运输成本低，便于河海联运。其缺点是造价高，需配备多套驳船以便周转，同时，为了安全起见，需在泊稳条件好的宽敞水域作业。

8）驳船、拖船及推船

（1）驳船（Barge）。驳船是指本身无动力装置或只设简单的推进装置，依靠拖船或推船带动的或由载驳船运输的平底船。其主要特点是设备简单、吃水浅、载货量大。驳船通常用于转运那些由于吃水深等原因不便进港靠泊的大型货船的货物，也可与拖船或推船组成驳船队，航行于狭窄水道和浅水航道，并可根据货物运输要求而随时编组，适合内河各港口之间的货物运输。

（2）拖船（Tugboat）。拖船是指专门用于拖曳其他船只或浮动建筑物的船舶。其船身较小，而功率较大，自身并不载运旅客或货物。拖船有海洋拖船、内河（长江）拖船和港作拖船之分。海洋拖船又可分为远洋拖船和沿海拖船，可在相应的航区进行拖曳运输作业，并可执行救援任务；内河拖船主要在内河进行拖曳作业；港作拖船主要在港内作业，如协助大型船舶靠离码头、出入船坞等。

（3）推船（Pusher）。推船也称顶推船，是指专门用于顶推驳船或驳船队的机动船，有强大的功率和良好的操作性能，在我国习惯称为推船。推船系由拖船发展而来，顶推船队的特点是运量大、成本低、队形易于操纵。推船船首部装有顶推设备和与驳船的连接装置。与拖船相比，顶推运输时驳船在前、推船在后，整个船队有较好的机动性，阻力较小、航速较高，且驳船上不需另设舵设备和操舵人员，从而大大降低了运输成本。

2. 船舶的主要设备

船舶要完成航行、靠离泊及装卸搬运等作业，必须拥有用于推进船舶的动力设备以及控制船舶方向、完成船舶靠泊、辅助货物装卸并保证船舶和人员安全的舾装设备。常见船舶的主要设备及大致安装位置如图 2-2 所示。

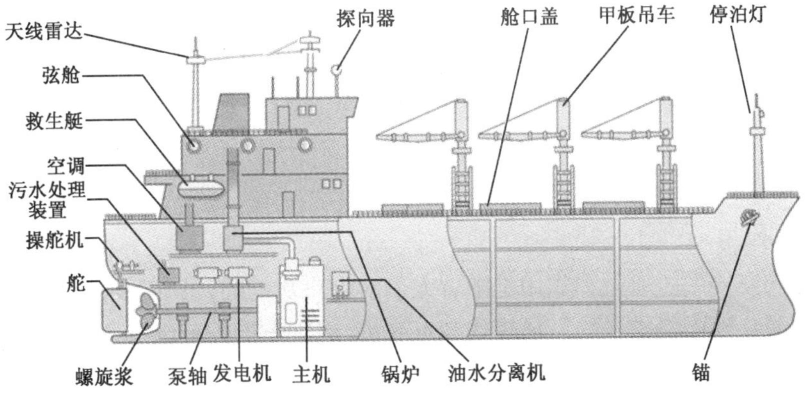

图 2-2　船舶的主要设备

1）动力设备

船舶必须配置一整套符合规范要求的动力装置和辅助设备，才能在水上航行。船舶动力装置是指为保证船舶正常营运而设置的动力设备，它为船舶提供各种能量并使用这些能量来保证船舶安全航行、人员正常工作、货物完好运输，包括三个主要部分。

（1）主动力装置。主动力装置又称推进装置，是为船舶提供推进动力，保证船舶以一定速度航行的各种机械设备的总称，是整艘船舶的心脏。主动力装置包括主机、传动设备、轴系、推进器等。其工作过程如下:启动主机,主机发出动力驱动传动设备和轴系工作,进而带动推进器运转,推进器通常是螺旋桨,在水中旋转时就能使船舶前进或后退。

(2)辅助动力装置。辅助动力装置指产生除推进装置所需能量以外的其他各种能量,满足船舶航行、生产作业和生活需要的设备,包括为全船提供电力、照明和其他动力的装置,如船舶电站、辅助锅炉装置和液压动力装置。

(3)其他辅机和设备。随着运输船舶性能的不断完善以及货物运输要求的不断提高,船舶的辅机和其他一些设备也日趋复杂,包括各种管路系统、机舱自动化设备和全船自动控制系统等。

2)舾装设备

按照舾装部位不同,船舶舾装分为外舾装和内舾装两部分:外舾装包括舵设备、锚设备、系泊设备、救生设备、关闭设备、拖带和顶推设备,以及梯子、栏杆、桅杆等设施;内舾装又称居装,包括舱室的分隔与绝缘材料的安装,船用家具与卫生设施的布置,厨房冷藏与空调系统的组装以及船用门窗及通风设备等的安装。下面介绍几种主要的船舶舾装设备。

(1)舵设备。舵设备是指控制船舶航向的设备,是舵、舵机、传动装置及其支承部件和操舵装置的总称。舵设备的操纵过程如下:驾驶人员操纵舵轮或手柄,或由自动舵发出信号,通过传动装置带动舵机,再由舵机带动舵的转动来控制船首方向。

(2)锚设备。锚设备是船舶在海上抛锚时所使用的装置和机械的总称。锚设备主要由锚、锚链和锚机三部分组成。船舶抛锚停泊是常用停泊方法,其过程大致是:将以锚链或锚索连接的锚抛入水中着地,并使其啮入土中,锚产生的抓力与水底固结起来,这样便可把船舶牢固地系留在预定的位置。

(3)系泊设备。系泊是船舶的主要停泊方式,指的是用链条、缆绳或锚将船舶系驻在指定位置的作业过程,常在船舶靠泊码头、系泊浮筒、傍靠他船及拖带驳船时使用。

(4)其他舾装设备

除了上述三种主要的舾装设备外,船舶舾装还应配备用于装卸货物的装卸搬运设备,用于船舶通风、散热的通风设备,用于保障人员安全的救生设备以及用于保证货物质量的冷藏、空调设备等。

(二)港口

1.港口的作用

港口在经济发展中的地位和作用是随着人们对港口功能的认识以及港口对社会经济发展所作的贡献的深化而不断扩展的。从现代观点来看,港口正发挥着以下主要的作用。

(1)港口是海运和陆运的交接点

多数情况下,港口既是海运也是陆运的终端,港口能顺利实现货物在船舶与车辆、船舶与船舶之间的换装,港口运营活动包含货物装卸、分拣、储存、流通甚至交易,是海运和陆运的交接点。

(2)港口是工业活动基地

工业特别是对物流有较大依赖的制造业离不开高效率的港口。港口本身是从事工业的重要场所。港口设施和工业用地的布局可以有机地结合起来,以尽量提高运输、储存和流通加工的效率。临港工业所需的原材料通过船舶运输可以直抵企业,而无需中转,原材料经过加工,产成品可以再通过码头出口,这样大大提高了运输效率及经济效益,对所在地区乃至整个国家的经济发展都具有重要的作用。

(3)港口逐渐成为综合物流的中心

现代物流强调货物在流通环节中应将运输、装卸搬运、储存、配送、包装、流通加工、信息服务等各大功能要素有机的整合起来,而港口正具有从事这种整合服务的区位优势和有利条件。

2. 港口的分类

由于港口与港口之间在功能、位置、规模、能力、自然条件等方面的差异,不同的港口对国家国民经济发展的影响是不一样的。因此世界上很多国家都根据用途功能、地理位置、国家政策等对港口进行了分类。

1)按港口用途分

(1)商港。商港又称贸易港,是以一般商船和货物运输为服务对象的港口。如上海港、香港港、鹿特丹港、神户港、汉堡港和纽约港等,都是世界上著名的商港。

(2)工业港。工业港主要是供大型工矿企业输入原材料和输出产品而专门设置的港口,又称业主码头。如上海宝钢码头和武汉工业港即属此类。

(3)军港。军港是指为军用舰艇驻泊、给养、训练和作战设置的专用港口。它在港口选址、总体布置和陆域设施等方面均有特殊要求,如美国的珍珠港和中国的旅顺港。

(4)渔港。渔港是供渔船停泊、修理、给养和渔货装卸、冷藏加工及保鲜储运的港口,需具有生产、贸易和分运的功能,如中国的舟山港。

(5)旅游港。旅游港是专为游艇停泊和保管而设计的特定形式的港池、码头及陆域设施的港口,常称为游艇基地。如日本大阪港游艇基地和无锡太湖灵山大佛旅游区的旅游客运码头均属此类。

(6)避风港。避风港指专为船舶遇到突发性风暴时避风用的港口,如日本琉球群岛中的奄美大岛港。

2)按地理位置分

(1)海港。海港是指位于海岸线或海湾内的港口,在自然地理和水文气象条件方面具有海洋性质。位于开敞海面岸边或天然掩护不足的海湾内的港口,通常需修建相当规模的防波堤,如大连港、青岛港、连云港港、基隆港以及意大利的热那亚港等。此外,也有完全靠天然掩护的大型海港,如东京港、香港港、悉尼港等。

(2)河口港。河口港是指位于河流入海口处或受潮汐影响的河口段内,具有河流水文特性的港口,可兼为海船和河船服务。河口港一般有大城市作依托,水陆交通便利,内河水道往往深入内地广阔的经济腹地,承担大量的货流量,故世界上许多大港都建在河口附近,如鹿特丹港、伦敦港、纽约港、列宁格勒港、上海港等。河口港的特点是,码头设施沿河岸布置,离海不远而又不需建防波堤,如岸线长度不够,可增设挖入式港池,即人工开挖海岸或河岸。

(3)河港。河港是指位于天然河流或人工运河上的港口,包括湖泊港和水库港。湖泊港和水库港水面宽阔,有时风浪较大,故同海港有许多相似处,如需修建防波堤等。

3)按国家政策分

(1)国内贸易港。国内贸易港是经营国内贸易,专供本国船舶出入的港口。外国船舶除特殊情况外,不得任意出入。

(2)国际贸易港。国际贸易港又称开放港,是指进行国际贸易,依照条约或法令所开放的港口。任何航行于国际航线的外籍船舶,经办理手续,均准许进出港口,但必须接受当地航政机关和海关的监督。我国实行对外开放政策,大部分港口都是国际贸易港。

(3)自由港。自由港指所有进出该港的货物，允许其在港内储存、装配、加工、整理、制造再转运到他国，均免征关税。只有在转入内地时才收取一定的关税，如香港港即为自由港。

3. 港口设备

1)港口水域设施

港口水域设施主要包括港池、航道与锚地。

(1)港池。港池是指港口内供船舶停泊、作业、驶离和转头操作用的水域。港池要有足够的面积和水深，要求风浪小和水流平稳。港池有的是由天然地势形成的；有的是由人工建筑物掩护而成的；有的则是人工开挖海岸或河岸形成的(称挖入式港池)。

(2)航道。航道是指在内河、湖泊、港湾等水域，为保证船舶安全航行所开辟的具备一定水深、宽度及航标的水道，是水运的基础设施，由可通航水域、助航设施和水域条件等组成。

(3)锚地。锚地是指港口中供船舶安全停泊、避风、海关边防检查、检疫、装卸货物和进行过驳编组作业的水域，又称锚泊地或泊地。

2)港口陆域设施

港口陆域设施主要包括码头与泊位、仓库与堆场、运输线路以及装卸机械等。

(1)码头与泊位。码头是指供船舶停靠、货物装卸和旅客上下用的水工建筑物，是港口的主要组成部分。广义的码头还包括与之配套的仓库、堆场、道路、铁路和其他设施。泊位指的是港区内供船舶安全停泊并进行装卸作业所需要的水域及其相应设施。一个泊位只能停泊一艘船舶，一个码头往往要同时停泊多艘船舶，故需设置多个泊位。

(2)仓库与堆场。港口仓库与堆场常统称为库场，是港口货物装卸、转运、保管、交接的场所，是水运货物的主要集散地，在水路运输中起到重要作用。其主要用途是储存准备装船的货物，或储存从船上卸下准备运走的货物。

(3)运输线路。完成货物在港口的集散除了充分利用水路外，还必须依靠陆路交通。港口铁路和道路系统是港口陆域的重要设施。

(4)装卸机械。港口装卸机械是指从事船舶和车辆的货物装卸，库场的货物堆码、拆垛和转运，以及船舱内、车厢内、仓库内货物搬运等作业的起重运输机械的总称。港口装卸机械需具有较高的工作速度和生产效率，并能适应频繁、连续作业的要求。按作业方式不同，港口装卸机械一般可分为起重机械、输送机械和装卸搬运机械三种基本类型。

第四节　航空运输系统

一、航空运输系统的特点与功能

航空运输是一种使用飞机(或其他飞行器)运送人员、物资和邮件的运输方式。航空运输系统包括飞机、机场、空中交通管理系统和飞行航线四个基本部分。这四个部分有机地结合，在空中交通管理系统的控制和管理下，共同完成航空运输的各项业务活动。

(一)航空运输的特点

1. 航空运输的主要优点

随着经济建设的高速发展，社会活动节奏的不断加快，航空运输发展迅猛。航空运输之所以能在短短半个多世纪内得到快速的发展，与其自身的优点是分不开的。与其他运输方式相比，航空运输的主要优点表现在以下 4 个方面。

(1)速度快

这是航空运输的最大特点和优势。例如，现代喷气式客机，巡航速度为 800 ~ 900km/h，比汽车、火车快 5 ~ 10 倍，比轮船快 20 ~ 30 倍。距离越长，航空运输所能节约的时间越多，快速的特点也越显著。

(2)机动性大

飞机在空中飞行，受航线条件限制的程度比汽车、火车、轮船小得多。它可以将地面上任何距离的两个地方连接起来，可以定期或不定期飞行。尤其对灾区的救援、供应、边远地区的急救等紧急运输任务，航空运输的优势更显突出。

(3)舒适、安全

喷气式客机的巡航高度一般在 10km 左右，飞行不受低空气流的影响，平稳舒适。现代民航客机的客舱宽畅，噪声小，机内有供膳、视听等设施，旅客乘坐的舒适程度较高。由于科学技术的进步和对民航客机适航性严格的要求，航空运输的安全性比以往已大大提高。

(4)基本建设周期短、投资少

发展航空运输，从设备条件上讲，只需要添置飞机和修建机场。这与修建铁路和公路相比，一般说来建设周期短、占地少、投资省、收效快。据计算，在相距 1 000km 的两个城市间建立交通线，若载客能力相同，修筑铁路的投资是开辟航线的 1.6 倍，铁路修筑周期为 5 ~ 7 年，而开辟航线只需 2 年。

2. 航空运输的主要缺点

(1)运载量小

由于飞机机舱容积有限，航空运输的运载量较小，因而，航空运输不适合于大批量货物的运输。

(2)运输费用高

航空运输是在五种运输方式中费用最高的，它只适合运输贵重物品，若运输廉价物品，则经济效益会大大降低。

(3)难以实现"门到门"运输

通常情况下，航空运输都难以实现客货的"门到门"运输，必须借助其他运输工具(主要是汽车)来转运。

(4)容易受恶劣气候影响

恶劣天气可能造成飞机延误和偏航，在航空运输途中，若遭遇寒流侵袭甚至会有一定的危险。

(二)航空运输系统的主要功能

现代航空运输是社会生活和经济生活的一个重要组成部分，是目前发展最快的一种现代交通运输方式，其担负的主要功能如下。

1. 在普通客货运输方面

航空运输主要承担着国际客运和国内中、长途旅客的运输以及鲜活易腐等特种货物和价值高、时效性强的货物的运输。另外，在一些其他运输工具运输耗时长或运输困难地区，航空运输也占据着较大的市场份额。

2. 在特种作业方面

航空运输担负着人工降雨、防火护林、化学灭火等特种作业的运输任务。

3. 在紧急救援方面

当发生自然灾害如洪水、地震时，航空运输在国家抗洪抢险、抗震救灾等活动中确保救灾人员和物资以及伤、病员在第一时间的运输起到关键作用。

4. 在军事活动方面

航空运输在速度、距离、机动性和隐蔽性等方面具有独具的优势，是远程兵力投送及后勤补给的重要手段。特别是在一些特重大军事任务中，航空运输发挥着极其重要的作用。

二、航空运输的技术装备与设施

（一）航空器

1. 定义

航空器是指在大气层中飞行的飞行器，包括重于空气的和轻于空气的两类，如飞机、飞艇、滑翔机、热气球等。飞机是航空运输的主要运输工具，是由动力装置产生前进推力，由固定机翼产生升力，在大气层中飞行的重于空气的航空器。无动力装置的滑翔机、以旋翼作为主要升力的直升机以及在大气层外飞行的航天飞机都不属飞机的范围。

下面以飞机为例，对航空器构造及种类做一简单介绍。

2. 构造

飞机的主要构造包括机身、机翼、动力装置、起落装置、操纵系统和机载设备。

（1）机身

机身是飞机上用来装载人员、货物、武器和机载设备的部件，它将机翼、尾翼、起落架等部件连成一个整体。在轻型飞机和歼击机上，还常将发动机装在机身内。飞行中机身的阻力占全机阻力的30% ~50%。因此，良好的机身流线型对于减小飞机阻力，改善飞行性能具有重要作用。

（2）机翼

机翼安装在机身上，是飞机的重要部件之一。其最主要作用是产生升力，同时也可以在机翼内布置弹药仓和油箱，在飞行中还可以收藏起落架。另外，在机翼上还安装有改善起飞和着陆性能的襟翼和用于飞机横向操纵的副翼，有的还在机翼前缘装有缝翼等增加升力的装置。

（3）动力装置

动力装置是飞机的发动机以及保证发动机正常工作所必需的系统和附件的总称。根据所用发动机的类型，飞机动力装置可由下面的全部或部分系统组成：①发动机及其起动、操纵系统；②发动机固定装置；③飞机燃油系统；④飞机滑油系统；⑤发动机散热装置；⑥防火和灭火装置；⑦进气和排气装置。

（4）起落装置

起落装置是指飞机在陆上、雪（冰）上或水上停放、滑行、起降时用于支持其重量并吸收撞击能量的装置，由吸收着陆撞击能量的机构、减振器、机轮和收放机组成。飞机主轮上装有各自独立的制动装置，前轮则可偏转，便于在地面滑行时控制方向。

（5）操纵系统

飞机操作系统分为主操纵系统和辅助操纵系统。主操纵系统指对升降舵、方向和副翼三个主要操纵面的操纵；辅助操纵系统指对调整片、增举装置和水平安定面等的操纵。

(6)机载设备

机载设备包括飞机仪表、通信设备、导航设备、环境控制、生命保障和能源供给等设备。

3. 分类

(1)按飞行速度分

飞机按照飞行速度不同,可以分为亚音速飞机(即飞行速度与音速之比或称马赫数 $M \leqslant 0.75$)、跨音速飞机($0.75 < M < 1.2$)和超音速飞机($1.2 \leqslant M \leqslant 5.0$)三类。

(2)按航程距离分

可分为远程飞机、中程飞机、近程飞机和短程飞机四类。远程飞机的航程大约在 8 000km 以上,最大起飞质量在 150 000kg 以上,对机场及跑道要求高,主要用于洲际飞行;中程飞机的航程约在 3 000 ~ 5 000km,起飞质量在 100 000kg 以上,适用于各大洲内主要航线上的飞行;近程飞机的航程在 3 000km 以下,最大起飞质量在 40 000kg 以上,适用于在国内主要航线上飞行;短程飞机的航程一般在 1 000km 以下,最大起飞质量也在 40 000kg 以上,主要适用于在大城市与中、小城市或中、小城市之间航线上飞行,又称支线飞机。

(3)按发动机类型分

按发动机类型不同,飞机可分为活塞式、涡轮螺旋式、涡轮喷气式和涡轮风扇喷气式四类。活塞式飞机是以汽油式发动机为动力,带动螺旋桨旋转从而产生推动力的飞机;涡轮螺旋式飞机是以燃气涡轮式发动机为动力,带动螺旋桨旋转进而产生推动力的飞机;涡轮喷气式飞机是由燃气涡轮式发动机向后面的汽缸里喷射出高速气流从而产生推动力的飞机;涡轮风扇式飞机是在涡轮喷气式飞机的前部(后部)加上一个风扇从而产生推动力的飞机。

此外,按照飞机结构不同,还可以将飞机作如下分类:如按发动机数量可分为单发动机飞机、双发动机飞机、三发动机飞机和四发动机飞机;按机翼数量可分为双翼机和单翼机;按机翼是否固定可分为定翼机和旋翼机(即直升机)。

(二)航空港

1. 定义

航空港是航空运输飞机场及其服务设施、设备的总称,是航空运输网络中的重要节点,同时也是航空运输的起点、终点和经停点。

2. 组成

航空港与飞机场是两个含义不同的概念,但在民用航空领域中往往被人们混用。飞机场通常简称机场,是供飞机起飞、降落、停放及组织、保障飞行活动的场所,包括为飞机飞行服务的各种建筑物和设施、设备。而航空港的外延比飞机场更广,大型的航空港除了飞机场外,还有为客、货运输服务的其他相关设施,如货运站、机务维修区等。

航空港通常由下面几个部分组成。

(1)飞行区

飞行区是机场的主要组成部分,是用于飞机起飞、着陆和滑行的区域,包括跑道滑行道、停机坪以及各种保障飞行所需的设施、设备,如导航设施、指挥系统及气象自动观测系统等,还包括保证飞机起飞和着陆的净空保护区。

(2)客货运输服务区(航站区)

它是飞行区与航空港其他部分的交接部,是为旅客、货物提供机下运输服务的区域,包括航站楼、停机坪、站前停车场以及货运站或货运中心等。

(3)机务维修区

机务维修区包括维修机坪、维修机库、维修工厂或维修车间等，是为飞机上各种设备提供维修服务的场所。

(4)输油系统

输油系统包括油料储存和飞机加油设备等。

(5)消防和急救设备

航空港应储备有各种消防器材和急救设备，以防飞机失事和失事后进行抢救之用。

(6)流动便利设备

如升降平台、手推车、牵引车、传送带和运货叉车等，主要用于在航空港内短距离装运货物。

(7)进出航空港的地面交通系统

进出航空港的地面交通系统通常指公路，也包括铁路、地铁(或轻轨)和水运码头等。其功能是把航空港和附近城市连接起来，将旅客和货物及时运进或运出航站楼。进出航站楼的地面交通系统是否畅通将直接影响空运业务。

第五节　管道运输系统

一、管道运输系统的特点与功能

管道运输是利用管道装备设施等，通过一定压力差驱动货物(多为液体、气体、粉粒、颗粒形状)沿着管道流向目的地的一种现代运输方式。管道运输是大宗流体货物运输最有效的方式，其运输形式是靠物体在管道内顺着压力方向顺序移动来实现的。

(一)管道运输的特点

1. 管道运输的主要优点

(1)运量大

不同于车、船等其他运输方式，输送管道可以连续运行，因此，管道运输的运量较大。据统计，一条管径为720mm的管道可以每年运送易凝高黏原油2 000多万吨，一条管径1 200mm的原油管道年运输量可达1亿t。

(2)投资小，占地面积少

管道输送流体能源，主要依靠间隔为60~70km设置的增压站提供压力能，设备比较简单，投资较小。此外，由于管道埋于地下，只有泵站、首末站占用一些土地，因而占地较少。

(3)运费低廉，效益好

管道运输连续不间断，不存在空载问题，因而运输效率高、运营效益好。实践证明，管道口径越宽，运输距离越远，运输量越大，运输成本就越低。

(4)受地理条件和气候因素的影响小

管道可以从河流、湖泊、铁路、公路下部穿过，也可以翻越高山，横穿沙漠，一般不受地形与坡度等地理条件的限制。此外，由于管道埋于地下，因此，管道运输基本不受气候影响，可以长期稳定运行。

(5)沿线无噪声,环境污染小

管道运输沿线不产生噪声,环境污染也较小,能很好地满足绿色物流的需要。同时,由于产品在密闭环境下运输,有利于保证产品的数量和质量。

2. 管道运输的主要缺点

(1)调节运量及改变方向的幅度较小,而且不易扩展管线,灵活性较差。

(2)运输对象单一,通用性较差。若运输量降低较多并超出其合理运营范围时,运输成本会显著增大,其优越性便难以发挥。

(3)使用地点固定。例如一旦油田产量递减或枯竭,则该段原油管道即报废,而不像其他运输工具那样可移往他处使用。

(二)管道运输系统的主要功能

管道运输业是中国新兴运输行业,是继铁路、公路、水路、航空运输之后的第五大运输业,它在国民经济和社会发展中起着十分重要的作用。管道运输利用地下管道将原油、天然气、成品油、矿浆、煤浆等介质送到目的地,通常需要与铁路运输或汽车运输、水路运输配合才能完成全程输送。管道运输是一种以管道输送流体货物的方式,是综合运输网中干线运输的特殊组成部分。其主要功能有以下几个方面。

1. 承担原油、成品油等油品的干线运输

管道运输是原油和成品油等油品物资最主要的运输方式。全球的管道运输承担着很大比例的油品物资运输。在部分国家,管道运输完成的运量甚至接近公路运输完成的运量。

2. 承担油田伴生气和气田气等天然气的运输

因天然气密度小、体积大,故在陆地上用管道输送几乎成了天然气输送的唯一方式。

3. 担负煤、铁矿石等矿物的运输

除了在油、气领域的应用外,近年来,管道运输系统也被进一步研究用于解决煤、铁矿石、磷矿石、铜矿石、铝矾土和石灰石等矿物的浆液运输。

二、管道运输的技术装备与设施

现代管道运输起源于1865年美国宾夕法尼亚的第一条原油管道,距今已有140余年历史。下面分别以油品、天然气运输和固体物料的浆液运输为例,介绍管道运输的技术装备与设施。

(一)油品管道运输装备

无论是输送轻油还是重油,油品管道系统均由输油站、输油管线路以及其他附属设施等组成。输送轻质油或低凝点原油的管道不需要加热,油品经一定距离后,管内油温等于管线埋深处的地温,这种管道称为等温输油管,它无须考虑管内油流与周围介质的热交换。对易凝、高黏油品,不能采用这种方法输送,因为当油品黏度极高或其凝固点远高于管路周围环境温度时,每公里管道的压降将高达几个甚至几十个大气压,这种情况下,加热输送是最有效的方法。热油输送管道不仅要考虑摩阻的损失,还要考虑散热损失,输送工艺更为复杂。油品管道运输系统的主要设施及装备如下。

1. 输油站

(1)首站

输油管道的起点称为首站,多靠近油田或工厂,其任务主要是接受来自油田或海运的原油，或来自炼油厂的成品油，经计量后加压向下一站输送。此外，还有发送清油管器、油品化验、收集和处理污油等辅助作业。有的首站还兼有油品预处理任务，如原油的脱盐、脱水、脱机械杂质、加添加剂或热处理等。

首站的主要生产设施有：油管区、泵机组、阀门组（包括清管器发送装置）、油品及量级标定装置和油品加热装置等，还有与主要作业配套的水、电、燃料、消防等辅助作业设施、设备。

首站的输油流程一般包括：①集油并经计量后储存于油罐中；②向下游站输油，有辅助增压泵抽取管中的存油，经计量后再由输油主泵增压后输入出站干线，如需加热，则常在计量后经加热装置加热后再进主泵；③向下站发送清管器，有时还要接受油田来油管道送来的清管器；④站内循环和倒换油罐；⑤管道的超压保护和出站压力调节。

（2）末站

输油管道末站位于管道的终点，收受、计量、储存由输油管输来的油，并分配到各消费单位，或改换其他运输工具，如转换成铁路、公路或水路继续运输。

末站的首要任务之一是解决管道运输和其他运输方式之间运输量的不均衡问题。为保证管道能连续按经济输量运行，作为转运油库的末站，需设置足够的油罐。油罐区容量大小要根据转运方式的运转周期、一次运量、运输条件及管道运输量等因素综合考虑。若转换为海运，则一次装油量大、周期长、又要受台风等气候条件的影响，故需要较大的储油罐区。

（3）中间输油站

输油管道沿途设有中间泵站，其任务是给油品提供能量（压力能、热能），它可能只是给油品加压的泵站，也可能是给油品加热的加热站，或者是既加热又加压的热泵站。中间站的主要设备有输油泵、加热炉、阀门等设备。

2. 输油管线路

长距离输油管的线路（管线）部分包括管道本身，沿线阀室，通过河流、公路、山谷等的穿（跨）越构筑物以及沿线简易公路、自控线路和巡逻人员住所等。

3. 附属设施

管道附属设施主要包括管道沿线修建的通信线路工程，供电线路工程和便于检修等工作的道路工程。此外，还有管理机构、维修机构及生活基地等设施。

（二）天然气管道运输装备

长距离输气管道由首站输气站、中间输气站和终点储气库组成。输气站主要是为天然气加压、净化、混合和计量，此外，输气站还有压力调节和发送清管器的功能。总的来说，天然气管道运输系统的主要设施及装备有以下几种。

1. 输气管

输气管分为矿场输气管、干线输气管和城市配气网的输气管。矿场输气管将从气田井场采集的天然气送往集气站和处理厂。干线输气管的全部管段与输气站互有联系，任何管段或输气站的工作情况发生变化，必将影响全部输气管或整个管道系统的正常工作。城市输气管由输气干线和配气管线组成，它们构成城市配气管网，将天然气输送给千家万户。

2. 压气机组

压气机组是压气站的主要设备，由压缩机和与之配套的原动机系统组成，其功能是提高进入压气站的气体的压力，使气体按一定的流量沿管道输送。用于长距离输气管道的压气机有往复式和离心式两种，前者的压缩比高，效率也较高，便于调节排量，一般用于要求升压幅度较大的起点或终点充气站，而离心式压气机可在固定排量和可变压力下运行，故特别适用于中间压气站。

3. 储气装置

储气装置有储气罐和地下储气管束两种形式。储气罐又分为低压储气罐（储气压力1～6kPa）和高压储气罐（储气压力0.8～2MPa）。通常，高压储气罐比低压储气罐经济，地下储气罐比高压储气罐经济，而干线输气管道末端储气又比储气管束经济。

4. 加热装置

在寒冷地区，为了防止从气体中分离出的液体在分离器底部结冰而堵塞排污管线，或气流经节流装置后生成水化物，常在输（压）气站上装有加热装置。输（压）气站上的加热装置，多采用小型低压锅炉，密闭循环流程。

5. 添味器

气体的添味，主要是为了便于检查输气以及用户使用时是否有气体漏失。天然气中不含硫化氢，是无味的，在输送和使用这种无味气体时，即使有气体漏出也很难发现，容易引起着火、爆炸和中毒事故。因此，在将无味气体输向用户前，应在配气站给气体加入一种添加剂，使气体具有强烈的刺鼻的气味，一旦有气体漏出，可第一时间发现，以便保证用户安全。

（三）固体物料的浆液管道运输装备

用管道输送各种固体物质的基本措施是将待输送固体物质破碎为粉粒状，再与适量的液体配制成可泵送的浆液，通过长输管道输送这些浆液到目的地后，再将固体与液体分离送给客户。目前，浆液管道主要用于输送煤、铁矿石、磷矿石等矿物质，配制浆液的主要是水，也有少数采用燃料或甲醇等液体做载体。

固体物料的浆液管道运输系统的基本组成部分与输气、输油管道大致相同，在此不再赘述。

第六节　综合运输系统

一、综合运输系统概述

（一）综合运输系统的含义

综合运输系统是指由水路运输、公路运输、铁路运输、航空运输和管道运输各种现代化运输方式分工协作、有机结合，所形成的技术先进、布局合理、结构优化的运输网络，是交通运输的宏观体系。简单地说，综合运输系统就是指在将货物从出发地运往目的地的过程中使用两种或两种以上的运输方式，并且在运输过程中统筹资源、合理规划，使资源消耗最小，经济效益最大。

近年来，我国综合交通运输系统的建设取得了举世瞩目的成就，各种运输方式迅速发展与完善，使我国长期存在的交通运输对国民经济发展的瓶颈制约得到有效缓解。然而，随着世界能源形势的日趋严峻以及我国节能减排的客观要求，土地、能源、环境等因素对交通运输的制约作用日益明显，因此，充分发挥各种运输方式的比较优势，建设资源集约型、环境友好型的综合交通运输体系是我国经济、社会、环境协调发展的战略选择，是交通运输发展的必然方向，对我国国民经济的可持续发展具有举足轻重的作用。

（二）综合运输在现代物流中的地位与作用

1. 综合运输在现代物流中的地位

（1）综合运输是发展现代物流的基础

现代物流的发展趋势呈现出全球化、多功能化、系统化、信息化和标准化的特征。在经济全球化的大背景下，生产要素的流动也日益全球化和国际化。企业特别是跨国企业逐渐从全球的角度来构建生产和营销网络，原材料、零部件的采购和产品销售的全球化相应地带来了物流活动的全球化。在这种形势下，单一的运输方式已经无法满足货物流动的需要，迫切要求建立起一种能将货物安全、快速、准确送达目的地的综合运输体系。总的来说，物流离不开运输，发展现代物流离不开综合运输的支持，综合运输是发展现代物流的基础和保障。

（2）综合运输是现代物流各环节协调发展的先决条件

现代物流的基本特点表现为在服务对象空间移动的全过程中，为其提供跨越行业、运输方式和区域界限的全方位计划、组织、实施、控制和管理服务，而综合运输是保证这一过程中社会生产、运输、分配、消费等各环节正常运转和协调发展的先决条件，对保障物流活动持续、健康发展起着重要作用。

（3）综合运输是发展国际物流的重要保证

国际贸易对本国经济发展、国民生活水平提高和竞争实力增强都有着重要的影响，近年来，世界各国都十分重视开展国际贸易。国际贸易是因自然资源的分布不均和国际分工而产生的，而货物和商品的转移，带动了国际物流的产生和发展。由于国际物流是在不同的国家之间进行的，因此具有周期长、距离远、风险性大等特点。单一的运输方式已经无法满足用户的需求，只有依靠两种或两种以上运输方式的协同合作和有机结合，才能满足国际物流活动的要求，因此，综合运输对于国际物流的开展具有举足轻重的作用，是发展国际物流的重要保证。

2. 综合运输在现代物流中的作用

（1）综合运输有利于降低物流成本

综合运输系统通过对各种独立的运输方式进行统筹规划和合理优化，使得铁路、公路、航空、水路和管道运输之间相互协调，形成了优势互补、连接贯通、分工合作的交通运输体系，可以缩短物流时间，提高物流速度，减少装卸搬运次数，提高客户服务水平，减少货物损失，降低物流费用。

（2）综合运输有利于实现物流的集约化

综合运输的显著特点是通过建立综合物流中心，将两种或两种以上不同的物流中心集约在一起，成为一个有综合职能并且高效的物流中心，如可将铁路货站和公路货站集约而成综合物流中心，也可将铁路货站、公路货站、港口码头集约在一起而成为综合物流中心。综合物流中心的建立，有利于物流系统的集约化经营，对于减少资源的浪费，提高物流过程的组织效率和经济效益具有十分重要的意义。

（3）综合运输有利于实现物流各环节的有机衔接

运输是物流的重要功能要素之一，在整个物流活动中发挥着极其重要的作用。运输活动犹如一座桥梁，将物流的各个环节连接成一条有效的供应链。在现代物流活动中，综合运输的作用愈发凸显，综合运输是现代物流不可或缺的部分，一个完整的供应链需要靠综合运输这一条主线来将各个环节有机的串联起来。

(4)综合运输有利于实现物质的大范围空间流动

物流是指物品从供应地到接收地的实体流动过程,根据实际需要,将运输、储存、装卸搬运、包装、流通加工、配送、信息处理等基本功能实施有机结合。物流中的"流"是最重要的活动,也是物流管理追求的目的。综合运输可以在全球范围内实现原材料及产成品的及时、快速、准确的传递,有利于实现物质在大范围内的空间流动,为打造高效的现代物流体系打下坚实的基础。

(5)综合运输有利于搭建"绿色"物流体系

综合运输是多种运输方式的集成,它把传统运输方式下相互独立的海运、陆运、空运等各个运输手段按照科学、合理的流程组织起来,从而使客户获得最佳的运输路线、最短的运输时间、最高的运输效率、最安全的运输保障和最低的运输成本,对于有效利用资源、搭建"绿色"物流体系具有重要的作用。

二、综合运输系统构成

综合运输系统由载运机具系统、综合运输网络系统和综合运输枢纽系统等组成。

(一)载运机具系统

载运机具系统,它包括运输工具和装卸机械两大组成部分。运输工具是实现旅客和货物的运送和集散;装卸机械是实现旅客和货物上下运输工具的位移和运输枢纽内的空间组合,一方面将运输对象送入运输工具,另一方面将运输对象从运输工具内取出。运输工具和装卸机械两者是紧密相连的,其两者的运作过程相辅相成、相互配合,两者的功能将直接影响整个综合运输体系的运转效率。

(二)综合运输网络系统

综合运输网络系统简称综合运网,是指在一定空间范围(国家或地区)内,以现代综合运输管理技术和信息技术为基础,以安全、便捷、快速和经济为目标,由各种运输方式的运行线路和网络枢纽等固定技术装备分工协作、有机结合而组成的综合体。

综合运网是运输业的主要物质基础,在运输业的发展中占有举足轻重的地位,其网络布局、通过能力和技术装备等是衡量整个运输业发展状况和运营水平的重要指标,直接影响着运输系统的功能。下面对综合运输网络系统的运输线路和层次结构做一简要分析。

1.运输线路

根据运输网同国民经济和生产力地域组成的关系,可将组成全国综合运输的各种交通线路,按照以下功能结构进行建设。

(1)骨干线路(主干线路)

这是全国运输网的骨干和大动脉,它将大城市、重要海港、主要工矿区和主农产品基地联系起来,把各个大经济区、省、自治区、直辖市联成一个有机的整体。在我国,一般情况下,骨干线路由铁路主要干线和沿海以及长江主干流组成,但在一些地区,如西藏、新疆等西部城市,公路干线为其骨干线路。骨干线路承担着综合运输物质基础的重要作用。

(2)开发线路

开发线路是指骨干线路向边疆地区和新开发区的延长。这种线路对开发资源、改变原有生产力分布的不平衡性具有巨大意义,在国民经济中起先行作用。

(3)给养线路

这是联系主干线路和工业、农业以及矿产品，运输肥料、工矿设备、粮食和日用品等给养物资的线路，它可以是铁路、公路，也可以是大河的支流或人工运河。因许多工农业地区并不分布在主干线上，必须用相关线路将其连结起来，因此在整个运输网中有着不可替代的作用。

(4)腹地线路

腹地线路是指分布在广大农村和工矿区内部的交通线，一般呈网状分布，像微血管一样贯穿全国各地区。腹地线路一般为二级以下公路和小河航线，在城市工矿区腹地线路有时也采用铁路和高级公路。

(5)企业专用线路

企业专用线路是指为工矿企业和乡镇、大型农场内部生产服务的交通线，既构成企业内部的生产线，又将自身和企业外部的运输系统紧密联结，是一种重要的运输线路。

2. 层次结构

综合运输网络的层次结构是根据地理条件、行政区划分、交通设施设备等状况确定的。在我国，综合运输网络分为国家级、省级和地县级三个层次。

(1)国家级综合运输网络

国家级综合运输网络是国家的运输大动脉，是构成综合运输网的主骨架，主要研究国家交通运输大通道，为建立完善的综合运输交通体系服务。其目的是使五种交通运输方式有机结合、分工协作、布局合理、连接贯通，形成完整的交通运输综合体，从而实现“人便其行、货畅其流”的宏伟目标。

(2)省级综合运输网络

省级综合运输网络主要研究省(自治区或直辖市)内部运输主干道及省内运输线路与国家运输网络的接口，以建设大交通，破解“边缘化”，加快崛起步伐。

(3)地级综合运输网络

地级综合运输网络主要研究县市交通规划布局以及县市内部运输线路与省级运输网络乃至国家级运输网络的联结和贯通。地级综合运输网络的建设与完善，是城市实现内外联系与交流的桥梁和纽带，对城市经济的发展和腾飞有着巨大作用。

(三)综合运输枢纽系统

1. 综合运输枢纽的含义

关于综合运输枢纽，交通运输领域专家们给出了多种不同的定义，但都有着基本一致的认识，即综合运输枢纽具有以下三个方面的特征。

(1)在地理位置上，综合运输枢纽地处在两种及以上的运输方式衔接地区或客货流重要集散地。

(2)在运输网络上，综合运输枢纽是多条运输干线通过或连接的交汇点，是运输网络的重要组成部分，连接不同方向客货流，对运输网络的畅通起重要作用。

(3)在运输组织上，综合运输枢纽承担着各种运输方式的客货到发，同种运输方式的客货中转及不同运输方式的客货联运等运输作业。

我国城市化进程的加快，交通运输业的发展以及现代先进物流管理理念的引进，为综合运输枢纽赋予了新的内涵。总的说来，综合运输枢纽是指在两条或者两条以上交通运输线路的交会、衔接处形成的，具有运输组织与管理、中转换乘与换装、装卸储存、多式联运、信息流通和辅助服务等功能的综合性设施。

2. 综合运输枢纽的功能

作为交通运输的生产组织基地和交通运输网络中客货集散、转运及过境的场所，综合运输枢纽是保证客货运输质量，提高客货运输效率的关键环节。综合运输枢纽的功能主要体现在以下三个方面。

(1)提供集散和中转服务，带动区域经济发展

综合运输枢纽一般地处区域主要中心城市，为所在地区或城市的经济发展和居民生活提供客货运输服务，是城市对外联系的桥梁和纽带。

(2)保障客货运输连续性，完成运输服务全过程

以信息化、网络化为基础，改进运输组织方式，实现各种运输方式一体化管理，完成运输服务全过程，是提高运输效率，降低运输成本，节约资源，实现交通可持续发展的有效途径，而综合运输枢纽正是实现这一目标的关键。

(3)吸引和疏散客货流，促进交通运输产业健康发展

交通运输产业发展的基础是日益增长的运输需求，在经济高度发达的现代社会，交通运输产业正向着综合集成和一体化运输的方向发展，以满足客货运输多样化的需求。综合运输枢纽作为运输网络上的节点，集信息传递、设备管理和组织运营于一体，吸引并疏散大量的客货流，是综合运输系统发展的重要支撑。

3. 综合运输枢纽的分类

对综合运输枢纽进行适当分类，目的是为了更加深入地研究综合运输枢纽与经济、社会、城市发展的关系以及各种运输方式在枢纽内的衔接关系，从而应用正确的方法，对各种综合运输枢纽进行规划，以实现旅客和货物换乘或转运的高效与便捷。

因综合运输枢纽的形成依赖大量客货运输需求源，而客货流产生的基础是较大的人口和产业规模，故综合运输枢纽有着与城市共生的特性。人们在规划全国或区域综合运输枢纽时，通常将综合运输枢纽理解为枢纽城市，而在规划各种运输方式相衔接的具体的综合运输枢纽时，又将综合运输枢纽理解为客货集散或中转的枢纽场站。因此，研究综合运输枢纽首先要区分开宏观综合运输枢纽和实体综合运输枢纽这两个概念。实体综合运输枢纽依托宏观综合运输枢纽而存在，宏观综合运输枢纽包含着一个或多个实体综合运输枢纽，两者的涵义有很大区别。

1)宏观综合运输枢纽

宏观综合运输枢纽是指运输干线的连接或交汇点所在的枢纽城市。

根据其在国民经济和综合运输网络中所起的作用和服务范围不同，可分为：

①国家级综合运输枢纽，如杭州、宁波、徐州等城市。

②区域性综合运输枢纽，如柳州、梧州等城市。

③一般综合运输枢纽。

2)实体综合运输枢纽

实体综合运输枢纽是指具体承担客货流集散和中转作业的运输场站。与单一运输方式枢纽不同，实体综合运输枢纽至少衔接两种以上运输方式。

(1)按实体综合运输枢纽中承担客货运量的主要运输方式，实体综合运输枢纽分为：

①港口型综合运输枢纽。

②机场型综合运输枢纽。

③公路场站型综合运输枢纽。

④铁路（城轨）车站型综合运输枢纽。

（2）按交通方式的组合方式不同，实体综合运输枢纽可分为：

①铁路—公路运输枢纽，其由陆路干线组成，分布于内陆地区，是综合运输枢纽的主要形式。

②水路—公路枢纽，其由水路与公路运输组成，水路为承担客货运量的主要运输方式，公路则以集散客货为主。

③水路—铁路—公路运输枢纽，因水路有海运和河运之分，此类枢纽又分为三种：海运—河运—铁路—公路枢纽，海运—铁路—公路枢纽和海运—铁路—公路枢纽。前两种都以海运为主，并有庞大的水、陆联运设施系统，如中国的上海，荷兰的鹿特丹，俄罗斯的圣彼得堡；后一种有些以铁路大宗运输为主，有些则以水运为主，如中国的武汉。

④综合运输枢纽，此类枢纽是综合运输枢纽发展的高级阶段，一般由铁、公、水、空、管五种运输方式组成，有些则无水运而由其余四种运输方式组成。上海、北京、武汉等地均已形成五种运输方式联合的综合运输枢纽。

三、综合运输系统规划

（一）综合运输系统规划的任务

综合运输系统规划是指在一定地域范围内对交通运输系统进行总体战略部署，即根据国民经济发展的要求，从当地具体的自然条件和经济条件出发，通过综合平衡和多方案的比较，确定交通运输发展方向和地域空间分布。综合运输是实现国民经济对运输要求的重要手段，也是编制运输方式总体规划的基本依据。总的来说，综合运输系统规划的任务包括 3 个方面。

（1）查明所规划地区的自然条件、自然资源、经济地理条件、现有经济基础和历史发展特点、工农业生产布局等，从而确定对交通运输的需求量。

（2）确定规划区的交通运输发展方向，拟订交通运输发展的合理规模。

（3）选择交通运输系统中各种运输方式的适用地区并进行合理组织和布局。

（二）综合运输系统规划的内容

在综合运输的总体规划中，基本内容包括三个组成部分。

（1）提出交通运输系统发展的依据，包括交通运输系统发展的方向、性质和规模，即交通运输系统发展规划。

（2）研究交通运输系统中各种运输方式的空间分布，包括综合运输布局形式，用地结构和功能，这部分称为综合运输系统的布局规划。

（3）研究交通运输系统各专项工程的规划。

（三）综合运输系统场站布局

1. 综合运输系统场站布局的基本要求

综合运输系统场站的布局，主要是指综合运输系统内部各种场站设施的合理配置，内部布局合理与否，对整个综合运输系统的运转效率有着重要影响，其基本要求如下。

（1）综合运输系统内各种运输设施的布局，应服从交通运输网的规划，从交通运输网布局的全局出发。

(2)充分保证各种交通运输方式之间的相互协调与分工协作。

(3)方便城市生产和居民生活,尽量避免和减少对城市的不良影响,如各种交通运输线路应尽量避免穿越城市等。

(4)综合运输系统场站的布局,在能力上要留有余地,以适应社会、经济不断发展的要求,同时,也不能不顾实际、盲目超前,造成运输能力闲置和资源的浪费。

2. 综合运输系统场站布局规划方法

综合运输系统是组织交通运输并保证交通运输网络畅通的基本条件。综合运输系统场站的合理布局,是根据对社会经济发展和交通需求的预测结果利用交通规划和网络优化的理论和方法,综合考虑交通发生吸引源的分布情况、交通运输条件以及自然环境等因素,对场站的数量、地理位置、规模和与其他场站的相互关系进行优化和调整,实现整个综合交通运输系统运输效率的最大化。

目前,我国综合运输系统场站规划与布局研究中采用的方法主要有:单纯的数学物理模型,如解析重心法、微分法及交通运输效益成本分析法等;最优化方法,如线性规划、混合整数规划等。这些方法虽然可以较好地反映场站的运营机理,但缺乏从路网整体角度来考虑,而只是从静态的、抽象的角度研究场站的规划与布局,没有考虑场站所处交通运输网络的动态变化对整个综合运输网络带来的影响,也无法反映交通运输网络的节点层与其他层面的互动关系,因而计算结果可靠性较差,通常只能为定性分析提供参考。

近年来,很多学者逐渐尝试把交通规划、交通物流理论应用到综合交通运输系统场站的规划与布局研究中,力图反映场站所在区域交通运输网络的动态变化特性,从场站的运行机理及其与交通运输网络之间的动态关系入手,把交通规划的四阶段理论与物流学的物流节点选址模型相结合,运用运筹学的方法,对交通运输系统场站布局规划的新模型和新方法进行探索和研究。

四、综合运输组织

交通运输任务的完成,是依靠综合运输体系的高效运转而实现的。而整个综合运输体系的运转,又依赖各种运输方式的相互协调与有机结合。因此,必须建立一个合理的交通运输组织结构,才能更好地推动交通运输体系的有效运转。

广义的综合运输组织,是指在既有综合运输网络上,在一定的管理体制的调节与控制下,通过各种运输方式的有机结合,发挥各种运输方式的比较优势,实现货物高效运转和人员合理流通的一系列过程;狭义的综合运输组织则指为完成某一具体任务而采用的运输方案的实施过程。以下从综合运输组织的目的、作用和管理三个方面着手,对其进行详细介绍。

(一)综合运输组织的目的

(1)使客、货流合理流动,实现货物、人员的流量均衡与流向合理。

(2)使整个交通运输体系灵活、高效运转。通过合理的综合运输组织工作,使运输业能以最少的投入达到最大的产出,提高运输业的经济效益与社会效益。

(3)使整个交通运输体系服务质量最优。通过对各种运输装备、运输能力的研究和最有效的综合运输组织过程的探讨,提高运输生产能力和运营效率,为全社会提供安全、便捷、经济、舒适的高质量运输服务。

(二)综合运输组织的作用

(1)根据运量情况和区域分布,对本企业的运力进行合理调度,并与其他企业进行有效的调剂,能有效的协调运输能力与运量的平衡,从而提高整个交通运输体系的社会效益和经济效益。

(2)通过实施合理的运输方案,能保证载运工具的安全运载与高效运行,从而降低运输成本,提高运输企业的利润。

(3)通过统筹安排和科学规划,能有效地保证运输生产中的协作与衔接,从而提高运输企业的服务质量和顾客满意度。

(4)通过对运输体系内的薄弱环节进行有效组织和及时改进,可以提高整个运输体系的运转效率和操作灵活性。

(5)通过对综合运输规划工作和管理工作进行检验和评价,可以提高综合运输组织的管理水平,对于改善日后的工作具有很好的指导意义。

(三)综合运输组织的管理

建立高效率的、相互衔接的、灵活运转的综合运输系统的组织管理体系,以及责、权、利三者统一的经济责任制,是发挥综合运输系统管理组织职能的重要方面,对于提高综合运输系统管理效率和管理水平有着十分重要的作用。

1. 单一运输方式的组织管理概述

(1)铁路运输组织管理

我国铁路有国家铁路、地方铁路、专用铁路和铁路专用线四类。实现铁道部、铁路局和站段三级管理。铁道部对国家铁路的营运实行集中领导,统一指挥全路日常运输调度工作,管理铁路国际联运和对外技术交流与合作;铁路局是根据铁路营运管理需要而设置的运输企业,是铁路运输经营活动的主体;铁路站段是按照铁路运输不同专业设置的基层生产单位,主要完成旅客上下和货物装卸作业,也有供机车及车辆维修或添加燃料的设施。

(2)公路运输组织管理

公路运输的管理与组织是指公路运输的生产组织和行政管理。从宏观上讲,政府的管理部门负责制订规划、方针和政策,颁布有关的法令规章,管理公路运输事业。从微观上讲,公路运输企业围绕运输业务建立必要的管理机构和规章制度,并进行计划、组织、指挥和监控等工作。

(3)水路运输组织管理

水路运输组织管理按照运输路线及运输距离分为内河运输、沿海运输和远洋运输三类。水路运输必须依靠港口来实现旅客的上下和货物的装卸,因此,水路运输的组织管理包括水运系统的管理和港口系统的管理。

(4)民航运输组织管理

为了将旅客和货物安全、快速地送达目的地,促进民航运输事业的健康发展,民航运输组织管理扮演着极其重要的角色,其职责主要体现在以下四个方面:一是建立、完善机场安全生产制度;二是督促检查安全生产工作,及时消除安全事故隐患;三是组织实施机场应急预案,及时、有效处理机场突发事件;四是统一协调、管理机场的生产运营,为航空运输企业及其他驻场单位、旅客和货主提供公平、公正的服务。

(5)管道运输组织管理

管道运输组织管理是指在管道运行过程中,利用技术手段对管道运输实行统一指挥和调度,以保证管道在最优化状态下长期安全而平稳的运行,从而获得最佳经济效益。管道运输组织管理包括管道输送计划管理、管道输送技术管理、管道输送设备管理和管道线路管理。前两者又合称为管道运行管理,是管道运输管理的中心。

2. 综合交通运输中的结合部

所谓的综合交通运输结合部,就是在运输生产经营活动中,为了共同的目的,由几个系统和系统的几个要素,共同负责、共同管理形成相互交叉、相互依存的区域和环节。随着现代交通运输业生产规模的逐渐扩大和分工的不断细化,综合管理与协调工作日趋复杂和重要。而综合管理与协调工作又大量集中在各运输管理部门、各运输方式以及同一运输方式各区域、各工种之间的"结合部"上。结合部的管理已成为运输企业经营管理的一个突出问题。

在综合交通运输系统中,主要有以下几类结合部。

(1)过程结合部

过程结合部指在运输过程中,由各工种协同完成某一特定功能的作业过程。这种结合部是最基本、最普遍的形态,如铁路运输中的接发列车作业、调车作业、机车出入库作业、施工作业等。

(2)空间结合部

空间结合部指各部门、各单位间相互衔接、密切联系,又共同管理、共同负责的区域。如不同运输方式的枢纽站,管辖区域的分界处,公路和城市的结合处等。

(3)时间结合部

时间结合部指在连续的运输生产过程中,各工种、各工序必须在规定的时刻按要求完成的作业项目和内容。它类似于时间网络图中的"节点",如铁路的列车交会、区间封锁、交接班、客货运输交接等。

(4)设备结合部

设备结合部指运输设备在维修、管理、使用之间的相互关系。运输生产的连续性要求设备必须始终保持良好的运行状态。而设备的修、管、用有时归不同部门负责,需有一整套相互结合的管理措施,如车辆和集装箱的租赁和调运、运输设备的承包等。

(5)环境结合部

环境结合部指与运输生产不可分割,而又对其发生重要影响的各种外部因素和条件、如运行秩序、治安状况、站车关系、港船关系等。

(6)职能结合部

职能结合部指各运输管理部门的职能、职责、职权的相互交叉和联系。职能结合部的范围很广,表现在纵向、横向、内部、外部的分工协作等各个方面,如计划、规章等。

3. 结合部的组织管理

(1)建立结合部的有序状态

聚集在结合部的各系统或系统的各个要素,不少是处于无序状态的。调整好各系统或要素之间的相互关系,使之从无序转为有序,是进行协调的首要任务和基本内容。要从结构、排列、层次、程序等方面进行整体优化,确定各自的职责范围,统筹规划、紧密衔接、相互协调,形成整体能力,发挥有效功能。

(2)确定结合部的管理标准

为了使结合部的各要素处于有序状态，提高协调的效果，应当建立结合部管理标准或控制标准，按照"5W1H"(Why，What，When，Where，Who，How)的要求，明确规定：为什么做？做什么？何时做？何地做？谁来做？怎么做？每个要素都在明确无误的标准下有规则运行，就可以使结合部处于有效管理状态。

(3)把握结合部的分析方法

比较有效的结合部分析方法大致有：过程分析、关联分析、矩阵分析、失效树分析、网络分析、统计分析等。综合运输系统结合部的管理是个较新的课题，它的理论和方法已开始在实践中经受检验，收到初步的成效，并将在今后的实践中不断发展和完善。

五、我国综合运输面临的问题与发展趋势

1. 我国综合运输面临的主要问题

综合运输体系的核心是各种运输方式的集成，目标是发挥不同运输方式的组合效率，优化资源配置，形成城乡之间协调、城市群内畅通、区域之间无瓶颈、国际通道无障碍的现代运输体系。影响综合运输开展的因素是多方面的，发展综合运输任重而道远。在我国，综合交通运输体系的建设主要面临以下几个问题。

(1)部门分割，各自为政

中国的交通运输管理长期实行分运输方式的管理模式，交通运输主管部门多，分布在原交通部、民航总局、管道局、建设部、农业部、邮政局等若干个部门，各个部门在规划方面都各行其是，各自为政，自行体系。由于管理部门分割和部门利益冲突的影响，使得我国各种交通运输方式在服务网络有效联结、交通资源合理配置、交通信息有效传递等方面效果不佳，导致目前我国交通运输业的资源利用效率不高，无谓地消耗着本已极度稀缺的资源。

根据2008年国务院机构改革方案，为优化交通运输布局，发挥整体优势和组合效率，加快形成便捷、通畅、高效、安全的综合运输体系，组建了交通运输部。将交通部、中国民用航空总局的职责以及建设部的指导城市客运的职责整合划入该部。成立交通运输部后，虽有利于优化资源、提高效率，但整合过程中各部门的利益冲突将无法避免。受技术条件的限制，交通运输业从机构合并到功能整合直至产业升级最终实现综合运输尚需时日。

(2)综合运输仍属初级阶段，总体水平亟待提高

近年来，我国政府采取一系列政策、措施加大了交通基础设施的投资和建设力度，综合运输化进程明显加快，长期以来交通运输对国民经济的瓶颈制约得到初步缓解。特别是高等级公路、高速铁路、城市轨道、港口设施、集装单元化运输以及民航业均得到快速发展，市场融资能力明显增强，各种运输方式的运输能力和技术装备水平也有相应提高，有效地满足了运输需求，降低了运输成本，提高了运输质量。

在取得巨大进步的同时，也应看到其存在的不足。虽然近十余年是我国运输业发展速度最快的时期，但我国交通运输体系整体潜力尚未得到充分发挥，还存在各种各样的问题。比如，运输网络未全面铺开，运输企业规模小和组织结构落后，城市交通阻塞状况恶化，公路超载和乱收费现象严重，运输管理和法制建设不完善，交通安全问题形势严峻，运输市场的正常秩序尚未完全建立，运输业发展与资源、环境的矛盾凸显等。为了全面建设现代化的综合运输体系，必须从根本上改变目前行业整体水平较低的现状。

(3)网络布局不尽完善，区域发展很不均衡

我国幅员辽阔，地区间自然条件迥异，决定了不同地区发展交通运输业存在“先天性”差异。比如，东部地区以平原为主，气候宜人，环境优美，经济发达，运输量大，交通基础设施的建设便较快，总体发展水平也较高。相比之下，西部地区多为山地、丘陵和戈壁、沙漠，气候干燥，生态恶化，交通运输业的发展较为滞后。虽然近年来，国家加大了对中西部地区交通运输基础设施建设的投入与扶持，但区域间总体不平衡状况尚未从根本上发生改变，这就极大地阻碍了综合运输系统的建设与发展。

为了改变我国交通网络现有布局，促进各地区协同发展，更快更好地建设综合运输系统，要求在重点解决干线交通运输的同时，加快与其连接的次干线和支线网络的建设，提高路网密度和农村的通达程度，形成层次清晰、结构合理的网络系统；要以区域协调发展的思想加快西部地区的交通基础设施建设；要综合考虑各层次路网的功能需求和社会效益，促进西部大开发，增强西部地区的经济发展能力；要注重老、少、边、穷地区的公路建设，积极改善农村交通条件，体现社会公平发展的原则，实现社会的可持续发展。

2. 我国综合运输的发展策略

根据我国交通运输现状、未来社会经济发展对交通运输的需求、资源和环境条件以及世界科技发展趋势，未来我国现代综合运输体系的发展策略如下。

(1)以加快发展为主题，在发展中进行结构优化

目前，交通运输紧张状况虽已得到缓解，但这是一种低水平的、暂时的、非全面性的缓解，各种运输方式的交通基础设施依然薄弱，交通运输系统整体效率和服务质量不高，运输成本尚未有效降低，还不能有效地满足我国工业化和城市化发展的需要。如果没有交通运输的大发展和及时提供足够的基础条件，保证其应有的机动性和便利性，我国的工业化进程就会受到制约，人们的生活质量也将受到很大的影响。因此，未来我国的综合运输体系的建设，还需要继续以发展为主题，继续支持各种运输方式完成大的发展过程，通过增加总量规模，提高我国交通运输的机动性和通达性，增强对未来社会经济发展的支持能力，并在发展过程中按照各种运输方式的合理分工与协作，加快符合未来发展需求的主导运输方式的发展，通过增量调整和存量升级，使各种运输方式之间的结构和布局逐步趋于优化。

(2)发挥多种运输方式优势，建设综合运输大通道

综合运输大通道(交通轴)是综合运输网络和国家经济发展的命脉，是跨区域间最重要的连接，其发达程度既代表着一个国家交通运输的发展水平，也是区域经济发展规模与发展水平的重要影响因素。通道内城市、人口、产业密集，经济规模总量大，居民收入水平相对较高，区域内部以及跨区域之间的人员和货物交流量大等特点，决定了大通道运输需求总量庞大，且具有集中和多样性，为各种运输方式的共存与发展奠定了基础。

大通道是国家社会经济的主要集中带和发展带，是各种运输方式骨干线路必经的地区，同时也是各种运输方式承担运输量最大、在综合运输体系中作用最明显的线路，多种运输方式共同组成通道综合运输系统，既是通道地区社会经济发展的要求，也是交通运输发展的必然结果。

(3)以可持续发展和需求管理为新理念，建设符合我国国情的综合运输体系

交通运输可持续发展，在于从战略的角度做到交通运输发展与经济社会发展、人们生活质量提高、土地资源利用、环境保护等之间确立一种协调发展的辨证比例关系。世界发达国家讲的可持续发展，是建立在他们已完成了交通运输的大发展，拥有了雄厚的基础上的，而我国的

交通运输规模远落后于发达国家，必须同时解决发展与环境保护问题，坚持交通运输可持续性发展的思想，为我国经济社会持续、快速、健康、协调发展奠定物质基础。

在运输方式的选择上，不能简单地以占用土地的多少来衡量，关键要看是否更符合未来的发展趋势，是否更有利于经济发展，是否更有利于整体路网布局的完善和效率与效益的提高。

交通需求管理是为解决交通基础设施的无限扩展，并不能根本解决运输量不断增长的问题。为此，政府应通过一些理性的手段，引导人们自觉地调整消费观念和交通行为方式：一是建立与我国国情和资源禀赋相适应的综合运输体系，发展公共交通，在结构上实现交通模式的优化；二是创造条件和鼓励人们采用资源消耗较少的交通模式；三是不断促进交通行业的技术进步。

(4)以干支线路协调和区域协调为发展思想，完善综合运输网络布局

建设综合运输体系过程中，在重点解决干线交通运输的同时，应加快与其连接的次干线和支线网络的建设，提高路网密度和农村的通达程度，形成层次结构合理的网络系统，适应地区经济、农村经济和城市化发展的需要，加深区域内的分工与协作，促进城市与农村共同发展以及全面建设小康社会目标的实现。要以区域协调发展的思想加快西部地区的交通基础设施建设，要综合考虑各层次路网的功能需求和社会效益，促进西部大开发，增强西部地区的经济发展能力。要注重老、少、边、穷地区的公路建设，积极改善农村交通条件，体现社会公平发展的原则，支持社会的可持续性发展。

(5)统一政策、规划和体制管理，实现运输“一体化”

交通运输是一个非常复杂的庞大系统，具有极强的基础性和社会性特征。综合运输体系的形成必须依靠政府的力量进行推动，要在政策、规划、技术标准、信息传输、经营规则以及管理体制上进行统一的协调和宏观调控，避免各种运输方式或部门各自规划、分散建设、自成体系，最终导致系统效率低、成本高、资源浪费；尤其是对综合运输枢纽的建设以及信息化等技术标准的制订，更需要从综合运输体系的发展战略上进行统一的规划与指导。

综合交通运输枢纽，是多种运输方式实现一体化发展的全程“无缝”物理连接和逻辑连接的关键，必须以战略的高度在规划综合运输网络的同时，对综合交通运输枢纽进行统一布局规划，加强包括各城市在内的各有关部门的协调，强调城间运输与城市交通的衔接配合。采取指定部门(单位)负责、联合建设、共同使用的方式，加快建设。

(6)积极推进交通运输信息化、智能化的进程，发展集约型交通

人类不可能通过无限制地扩张设施和服务来满足运输需求，只有改进方式、挖掘潜力、提高效率，才能克服空间约束性。随着经济的发展和社会的进步，交通基础设施能力与使用者需求之间的矛盾将会日益突出，必须依靠科技进步，采用现代化的装备和管理技术，改进整个交通运输系统的运行组织方式，才能更大幅度地提高交通基础设施的使用能力、效率，以及安全性能等。

世界发达国家已开始把注意力从修建更多交通基础设施、扩大交通网络规模转移到采用高新技术来改造现有运输系统及其管理体系上。交通运输信息化和智能运输系统(ITS)的建设，已成为21世纪现代化交通运输体系的发展方向。ITS的广泛推广应用，将有助于实现由单一的基础设施扩张向集约型交通发展的转变，是解决现代交通发展问题的重要手段。“以信息化、网络化为基础，加快智能型交通的发展”是我国交通运输业实现跨越式发展、缓解资源和环境压力的有效途径，是实现我国交通运输现代化的关键。同时，在交通发展的全过程中，要始终贯彻以人为本的思想，从交通运输政策和规划的制订开始，就应把人类对各种交通运输服务的需要，如安全、便捷、舒适、智能等要素加以全面考虑。

(7)在交通基础设施建设中搭建综合运输体系发展平台

交通基础设施是综合运输体系的基础和平台，对运输结构、服务水平有着关键性的影响。我国的综合交通基础设施网络正处于大建设、大发展时期，未来较长时期内我国的客货运输需求规模仍呈增长态势。根据我国资源禀赋和工业化、城镇化发展趋势，预计到2035年左右才能基本完成交通基础设施建设任务。从现有交通设施存量和系统运输能力来看，我国综合运输体系还不能完全适应当前庞大的经济总量规模与未来经济社会发展的需要，因此今后一是要继续扩大交通基础设施规模，提高运输能力，以现代化的交通运输设施提供能力充足的现代化运输服务，适应运输需求不断增长和出行方式不断变化的挑战，支持经济长期平稳较快发展和社会持续发展；二是要充分利用我国交通设施建设相对于发达国家的后发优势，在交通基础设施网络建设过程中着眼于综合运输体系的建设，优化交通结构，强调网络化发展和网络化的物理衔接，为一体化的运输服务和先进适用的技术装备应用提供基础。

(8)发挥政府宏观调控和发展政策的引导作用

改革开放以来，市场机制对交通运输发展起到了重要作用。由于政府资金短缺，收费公路等经营性交通设施发展受到重视，而且几乎所有交通建设项目，无论政府推动还是市场主体推动，都会产生良好的经济效益或社会效益。随着经济社会发展，政府被要求更多地从社会公众和以人为本的角度出发，更加注重社会公平，切实保障交通普遍服务，促进交通运输公共服务的均等化。今后交通发展在继续发挥市场作用的基础上，必须重视政府的作用。一是交通领域市场机制的建立、完善需要政府管理体制改革的推动；二是交通运输领域存在市场失灵的现象，需要发挥政府在资源配置中的作用。目前，我国交通基础设施建设远未完成、交通运输的市场化改革任重道远、体制改革还待深化等，这些发展都需要政府的宏观调控或发展政策的引导。综合交通运输体系必须顺应发展趋势，强化并完善政府在基本公共服务领域中的主导作用，充分发挥市场在其他领域的资源配置与调节作用，进一步调动各方面的积极性，加快综合交通运输体系的建设，提高发展质量与效率。

思 考 题

1. 现代物流运输方式分为哪几种？各种运输方式分别具有什么特点？
2. 简述铁路车辆的类别及适用领域。
3. 简述公路的分类以及等级划分。
4. 货运船舶主要有哪几种？各自的承运对象是什么？
5. 简述管道运输系统的特点及主要功能。
6. 简述综合运输在现代物流中的地位与作用。
7. 综合运输枢纽的功能有哪些？

参 考 文 献

[1] 方光罗，王金萍. 物流设施与设备[M]. 大连：海洋出版社，2006.
[2] 李文斐，张娟，朱文利，等. 现代物流装备与技术实务[M]. 北京：人民邮电出版社，2006.
[3] 王桂姣. 物流技术与装备[M]. 北京：中国财政经济出版社，2007.
[4] 张弦，沈雁. 物流设施与设备[M]. 上海：复旦大学出版社，2006.
[5] 唐四元，鲁艳霞，仝瑜，等. 现代物流技术与装备[M]. 北京：清华大学出版社，2008.

[6] 肖生苓.现代物流装备[M].北京:科学出版社,2009.
[7] 刘源,李庆民.现代物流技术与装备[M].北京:中国物资出版社,2009.
[8] 陈子侠,彭建良.物流技术与物流装备[M].北京:中国人民大学出版社,2010.
[9] 刘南.交通运输学[M].杭州:浙江大学出版社,2009.
[10] 郭晓汾,王国林.交通运输工程学[M].北京:人民交通出版社,2006.
[11] 王庆云.交通运输发展理论与实践(上、下册)[M].北京:中国科学技术出版社,2006.
[12] 鲍香台,何杰.运输组织学[M].南京:东南大学出版社,2009.
[13] 董千里.交通运输组织学[M].北京:人民交通出版社,2008.
[14] 罗仁坚.中国综合运输体系理论与实践[M].北京:人民交通出版社,2009.
[15] 沈志云,邓学钧.交通运输工程学[M].北京:人民交通出版社,2003.

第三章　物流运输需求预测

最近几十年,作为探讨事物未来发展状况的预测工作已越来越引起人们的重视,尤其是在当今科学、技术和经济迅猛发展的时代,人类社会正向着更为错综复杂的方向发展。物流运输业作为一个特殊而又独立的生产和公共服务部门,对推进社会经济发展具有重大作用,是国家最重要和最基本的基础设施之一,也是社会扩大再生产和发展商品经济的先决条件。但是,长期以来,我国物流运输系统规划设计不合理、基础设施薄弱、技术装备落后、管理水平低的现象普遍存在,严重制约了宏观经济效益的提高和社会经济的发展。随着大数据时代的到来,物流运输行业面临着数据量的大规模增长。大数据是继云计算、物联网之后又一次颠覆性的技术变革,对企业的决策和运作将产生巨大影响。传统的主观预测已无法满足大数据时代的要求。为此,对物流运输系统进行科学预测,既很有必要,又势在必行。它将为系统合理的规划与科学的管理提供决策依据,使物流运输业得到相应的发展,从根本上改变目前的"瓶颈"状况,以适应经济发展的需要。

第一节　概　　述

一、物流运输需求预测的概念与意义

(一)物流运输需求的概念与特征

1. 物流运输需求的概念

物流运输的需求是在一定的时期内和一定的价格水平下,社会经济生活在货物空间位移方面所提出的具有支付能力的需要。物流运输需求必须具备两个条件,即具有实现位移的愿望和具备支付能力。缺少任一条件,都不能构成实现的物流运输需求。

物流运输需求是由于自然资源地区分布不均衡,生产力布局与资源产地的分离,生产力布局与消费群体的空间分离,地区间商品品种、质量、性能、价格上的差异等三个原因而产生的。自然资源是大自然赋予人类的巨大财富,然而,自然资源不平衡是一种自然地理现象。生产力的布局不仅要考虑自然资源分布状况,还要考虑社会经济、技术发展水平,两者不可能完全一致。人类的经济活动必然要求自然资源储藏丰富的地区向贫乏的地区流动,这就必然产生物流运输需求。由于各地区经济发展不平衡,生产力布局与消费群体的分离必然存在;生产力的布局同时决定了生产性消费的分布,而生产性消费的产生同消费同样存在分离,由于生产与消费的空间分离不可避免,就必然产生物流运输需求。不同地区之间、不同国家之间自然资源、技术水平、产业优势不同,产品的质量、品种、性能、价格等方面会存在很大差异,由此可引起物流在空间上的流动,产生运输需求。

物流运输需求由以下6个要素构成。

(1)物流运输需求量。也称流量,这是构成物流运输需求的主要指标,通常用货物运输量

或周转量来表示，用来说明货物运输需求的数量和规模。

(2)流向。指货物发生空间位移时的空间走向，表明货流的产生地和消费地分布。

(3)运输距离。也叫流程，指货物所发生的空间位移的起始地至到达地之间的距离。

(4)运送时间和送达速度。又称流时和流速，前者是指货物发生空间位移时从起始地至到达地之间的时间；后者是指货物发生空间位移时从起始地至到达地之间单位时间内位移的距离，在强调以客户为中心的物流服务要求下，流时和流速是极为重要的评价指标。

(5)运输价格。简称运价，是运输单位重量或体积的货物所需的运输费用。

(6)运输需求结构。是按不同货物种类、不同运输距离等对运输需求的分类。物流运输对象的品种越来越多，需求结构趋于复杂。

2. 物流运输需求的特征

(1)派生性

在经济生活中，如果一种商品或服务的需求是由另一种或几种商品或服务派生出来的，则称该商品或服务的需求为派生需求。引起派生需求的商品或服务需求为本源需求。物流运输需求是社会经济活动的需求派生出来的，因为客户提出位移要求的目的并不是位移本身，而是为实现生产或生活的目的，完成空间位移只是其为实现真正目的的一个必不可少的环节。所以，相对运输需求而言，社会经济活动是本源需求，运输需求是派生需求。因此，研究物流运输需求预测要以社会经济活动为基础。

(2)规律性

物流运输需求起源于社会经济活动，而社会经济的发展及增长速度具有一定的规律性。因此，运输需求也具有规律性。通常，经济繁荣带来运输需求的增长，经济萧条带来运输需求的下降。在国际物流运输中，由于运输需求是由世界经济和国际贸易派生出来的，其发展变化同世界经济和国际贸易密切相关，但由于国际贸易和国际运输的特点，世界经济活动的兴衰反映到国际物流运输需求上时往往有一定的时间滞后。

(3)不平衡性

物流运输需求的不平衡性体现在时间、空间和方向上。时间上的不平衡主要起因于农业生产的季节性、贸易活动淡旺季、节假日及旅游季节等。空间和方向上不平衡主要起因于资源分布、生产力布局、地区经济发展水平、运输网络布局等。

(4)个别需求的异质性

物流运输需求的异质性体现在部分特殊货物在运输过程中对物流需求的要求上，如对运输质量管理和工艺要求不同，对运输时间、运输速度以及运输环境要求不同，对运价水平要求不同等。如煤炭、石油、小汽车这些不同种类的货物对运输质量和运输工艺要求不同；鲜活易腐货物同一般货物在运输时间、运输速度以及运输环境条件上要求不同；高价值货物与低价值货物能够承担的运价水平的能力不同，等等。

(5)部分可替代性

在工业生产方面，当原料产地和产品市场分离时，人们可以通过生产位置的确定，在运送原料还是运送半成品或产品之间作出选择。例如某些地区间的煤炭运输可以被长距离高压输电线路替代等。

(二)物流运输需求预测的概念与意义

预测是对尚未发生或目前还不明确的事物进行预先的估计和推测，是在现时对事物将要发生的结果进行探讨和研究。预测(或预测工作)实际上是这样一个过程：从过去和现在已知的状况出发，利用一定的方法或技术去探索或模拟不可知的、未出现的或复杂的中间过程，推断出未来的结果。

预测作为一门探索未来的活动，早在古代就已经出现了。远在原始的氏族公社时期，就有专门从事预测的人。他们利用龟甲或兽骨去占卜（预测）战争的胜负、年成的好坏，以此决定本氏族或本部落的行动。历代的占卜士、星相家、预言家、能人、智士们都力图对未来做出预测，他们想出各种办法去探讨和说明未来，其工作常常被罩上迷信和神秘的色彩。他们成功的预言使人惊叹并被广为流传，例如诸葛亮在“隆中对”中对东汉末年政治形势所做的“三分天下”的预测就是如此。人们也常常把“先知”的桂冠赋予他们心目中的圣人，如关于耶稣和穆罕默德的传说中，就有很多关于他们的预言如何准确应验。

但是，有计划地进行“预测”，并逐渐形成一门科学，则是在科学高度发展的 20 世纪实现的。随着人类社会和科学技术的发展，预测的技术也得到了不断的发展，预测工作逐渐褪去了神秘的色彩，并从迷信和唯心主义走上了科学化的道路。科学的预测能够正确地向人们展现未来，使人们不再盲目地行动，可以有计划地发展自己。尤其是最近几十年，随着预测理论、方法和技术的不断丰富，预测的准确度和精确度都可以达到较高的水平，使预测工作在人类社会发展中所起的作用不可小觑。

预测存在于人类社会的各个领域，近些年来发展最快、最引人注目的是经济预测。经济是与人类生存密切相关的大事，经济预测工作早就受到了人们的重视。对物流运输系统进行预测，是交通运输系统分析的重要部分，也是交通运输系统投资、规划、评价、优化和管理决策的需要。一个国家、一个地区或部门，对物流运输系统进行投资建设，主要是由于现有物流运输能力不能满足需求量，更不能适应未来物流运输的需求。从宏观的角度来看，要对物流运输系统的投资作出合理的规划，即确定其在整个国民经济发展中的比重和各种运输方式之间的投资比例及投资方向，就必须对全局范围内的物流运输需求状况和总趋势作出科学的预测；从微观角度来看，一个具体的物流运输项目是否值得投资，什么时候投资，投资规模如何，也必须根据未来的运输需求来确定，否则很难作出科学合理的决策。

其次，物流运输需求的预测也是物流运输系统优化和评价的基础。物流运输系统的评价是对经过优化后的系统或现有系统的进一步认识，它包括对物流运输系统的经济评价、技术评价、社会评价和环境评价等。其中，进行经济评价离不开对物流运输系统未来需求量的预测。这是因为，一个交通运输系统的建造成本、投资规模和建成以后其寿命周期内的运营成本，主要取决于对需求量的预测；同样，一个物流运输系统建成以后，其寿命期内获利多少，也需要借助于逐年的未来运量才能衡量和计算。如果没有科学、合理的需求量为基础，就必然不能正确地衡量和估算物流运输系统的经济成本和经济效益，使经济评估失去真实性，导致投资决策的失误。

二、预测分类

预测与决策没有简单而统一的公式或规则可循，但是在进行预测与决策的时候，需要从事物本质上思考选择何种方式进行预测和决策。根据预测对象所属的领域及所要说明的问题性质，预测可以分为经济预测、社会预测、军事预测、科学预测、技术预测等；且在每个领域内，还可根据预测对象范围的大小分为宏观预测和微观预测等。但是，不论是哪个领域内的预测，它们在按以下几种方法分类时都是相似的。

（一）按预测结果分

从对预测结果的要求上讲，预测可以分为 3 类。

1. 定性预测

定性预测是研究和探讨预测对象在未来所表现的性质,如事物发展的总体趋势,事件发生和发展的各种可能性及其造成的影响,目前确定并将要执行的决策是否会达到制订决策的目的等。

进行定性预测时,主要是通过对历史资料的分析和对未来条件的研究,凭借预测者的主观经验和逻辑推理能力,对事物未来表现的性质进行推测和判断。常用的定性预测技术有各种调查法、类推法、经验法、对比法、主观概率法等。

2. 定量预测

定量预测是对预测对象未来的数量表现加以确定。如对总产值、销售量、利润额的预测等。

定量预测是在历史数据和统计资料的基础上,运用数学或其他分析技术,建立可以表现数量关系的模型,并利用它来计算预测对象在未来可能表现的数量。常用的定量预测技术有回归法、时间序列趋势外推法,经济计量学以及人工神经网络优化等其他方法。

3. 定时预测

定时预测是对预测对象未来的表现时间进行确定。如某项新技术能够应用于生产上的时间,产品更新换代的时机,某项决策达到预期效果的时间等。

定时预测一般是依靠人们的逻辑推理和判断进行的,因此,应用于定时预测的方法主要是各种调查分析法和类推法等。在对运输设备更新换代进行定时预测时,可采用成长曲线法。

(二)按预测期限分

从预测的期限上可以分为3类。

1. 短期预测

短期预测是对预测对象近期发展情况所做的预测。因为短期预测直接影响到当前的行动安排,所以需要有较高的精确度或准确度。

2. 中期预测

中期预测是对预测对象较长期的发展情况所做的预测,以为中期计划和决策提供依据。对中期预测结果精确度或准确度的要求比短期预测要宽松些。

3. 长期预测

长期预测是为了制订长远规划和战略决策所做的预测,对预测结果精确度或准确度的要求比中期预测又要低一些。

各种领域内的预测都有短期、中期、长期之分,但其期限的长短,对于不同的预测对象是不一样的。例如,对产品销售量的预测一般是半年以内为短期,半年到3年为中期,3年以上为长期;而对技术预测来说,常常以5年以内为短期,5~15年为中期,15年以上才为长期。预测期限的划分往往是与计划和决策期限的划分相一致的。

(三)按限制条件分

事物的发展是多种因素共同作用的结果,人们的决策也可能会对事物的发展起主要的影响作用。因此,人们选择的决策方案不同,事物发展的前景也可能会不同。所以,按照事物发展结果与决策的关系,预测可以分为两类。

1. 条件预测

条件预测是以决策方案作为主要限制条件所进行的预测,决策方案不同,得到的预测结果也不同。例如,企业销售产品进行与不进行广告宣传,所取得的销售效果将是不一样的。由于做广告要支出广告费,存在是否合算的问题,需要进行经济比较。因此,需要分别以做广告和不做广告为限制条件来预测销售量,这就是条件预测。在对多种决策方案进行比较选择时,所进行的预测大多是条件预测。

2. 无条件预测

无条件预测是不必考虑决策条件或决策方案对预测对象发展的影响所进行的预测。这是相对于上面讲的条件预测而言的。例如,企业对某种产品的生命周期所进行的预测就是无条件预测,因为可以认为产品生命周期的发展基本上是与该企业的决策无关的。

(四)按目标限制分

预测是为决策服务的,按照决策目标是否作为预测的限制条件,预测可分为两类。

1. 规范性预测

规范性预测是预先确定某一事物的发展目标,并以之作为规范,预测能否达到该目标、达到目标的时间以及达到目标所需要的条件和过程等。例如,某部门计划使本部门 2010 年的总产值要达到 2000 年的 2 倍,对能否达到这个目标,达到这个目标应采取哪些措施、作出哪些决策等方面所进行的预测,就是规范性预测。

2. 探索性预测

探索性预测是根据事物发展的历史资料和目前对未来条件的了解,预测事物未来发展变化的情况。如对产品需求量的预测等。

规范性预测和探索性预测的主要区别在于:前者是从需要出发去预测其实现的可能性,后者是从客观实际出发去预测可能达到的前景。它们是从两个不同的侧面为决策提供依据,都是进行决策所需要的。

三、预测的步骤

进行任何一种预测,其实际过程都可以分为两个阶段,见图 3-1。第一阶段是归纳过程:首先搜集与预测有关的资料,然后对资料进行分析、处理、提炼和概括,最后以模型的形式归纳出预测对象的基本演变规律。第二阶段是演绎或推论过程:利用得到的基本演变规律,根据对未来条件的了解和分析,推测(或计算)出预测对象在未来期间所可能表现的状况。在第二阶段中,需要综合考虑并分析各种确定的和不确定的因素对预测对象可能造成的影响,采用多种方法加以处理和修正,并进行必要的检验和评价,才能得到一个可供决策参考的预测结果。

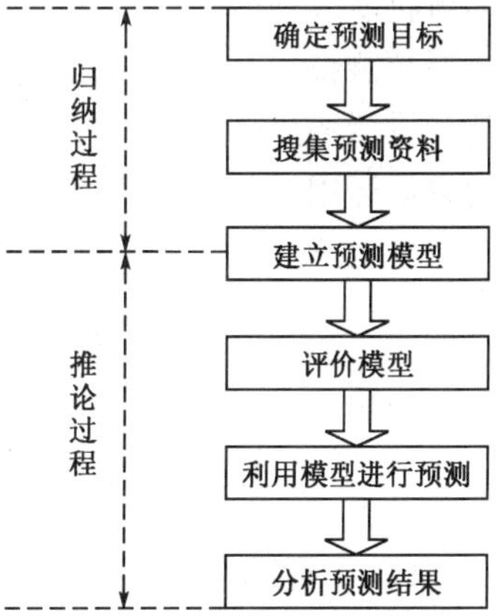

图 3-1 预测步骤

1. 确定预测目标

当对一个事物的发展变化进行预测时,首先要了解决策的要求,然后以此确定其属于哪类预测,应满足哪些标准等。如是短期预测,还是中期或长期预测;是定性预测,还是定量或定时预测;预测的范围多大;对预测结果的精确度有什么要求;拿出预测结果的最后期限等。这些都直接涉及对预测工作各阶段的具体要求和需要采用的具体做法。

2. 搜集预测资料

根据预测目标的具体要求，搜集进行预测所需要的各种资料。包括预测对象本身发展的历史资料，对预测对象发展变化起影响作用的各种因素的历史（包括目前）资料，形成这些资料的历史背景，以及各种影响因素在预测所要说明的未来期间内可能表现的状况。同时，对于搜集来的各种资料还要进行分析、加工和整理，判别资料的真实程度及可用程度。

3. 建立预测模型

预测模型是对预测对象发展规律的近似模拟。因此，在资料的搜集和处理阶段，应搜集到足够的可建立模型的资料，并采用一定的方法加以处理，尽量使它们能够反映出预测对象未来发展的规律性。然后利用选定的预测技术确定或建立可用于预测的模型。

4. 评价模型

根据搜集到的有关未来情况的资料，对得到的预测模型加以分析和研究，评价其是否能够应用于对未来情况的预测。如果认为事物在未来的发展将不再遵循预测模型所反映出的规律性，即预测模型不再适用于未来情况，则应舍弃该模型，重新建立可用于进行未来预测的模型。当没有理由认为模型不能应用于预测未来的情况时，才能利用该模型去进行预测。

5. 利用模型进行预测

根据搜集到的预测所要探讨期间的有关资料，利用经过评价所确定的预测模型，计算或推测出预测对象发展的未来结果。

6. 分析预测结果

得到预测结果之后，应对其加以分析和评价。通常的办法是根据常识和经验，检查、判断预测结果是否合理、与实际可能结果之间是否存在较大的偏差，以及未来条件的变化会对实际结果产生多大的影响等，以确定预测结果是否可信，并采取相应措施对预测结果加以修正，使之更接近于实际。此外，在条件允许的情况下，可以采用多种方法进行预测，然后经过比较或综合，确定出可信的预测结果。

预测是一项复杂的工作，它既要求预测者掌握多种预测技术，又要求预测者具有灵活运用这些预测技术的能力和经验。由于预测工作中研究的事物所表现的规律性要比自然科学研究的事物所表现的规律性复杂得多，而且所处的环境也复杂得多，因此，无论是搜集和处理资料、选择预测技术和预测模型，还是对预测结果进行分析和处理，都需要预测工作者进行主观的判断和灵活的处理，既没有统一的格式，也没有固定的方法，全靠预测工作者对知识、经验和能力的灵活运用。

第二节　物流运输需求常用预测方法

一、定性预测方法

（一）专家会议法

专家会议法又称经验判断法、头脑风暴法（Brainstorming）。这种方法是请熟悉有关预测问题的专家或技术人员参加专题讨论会，对所预测的问题畅所欲言，发表各自不同的意见。

1. 实施步骤

会议一般分 3 个阶段。

(1)明确问题。使会议的参加者明确要预测的问题是什么。

(2)发表意见。使到会的专家和技术人员对要预测的问题提出各种不同的看法,广泛发表意见。要允许甚至要争取使不同的意见发表出来,这是决策者的艺术之一。著名管理学家斯隆(A. P. Sloan)和德鲁克(P. Drucker)都强调"允许发表不同意见"是"管理的妙诀"。他们认为,这样做至少有3个好处:①可防止虚假的附和;②有助于产生可供选择的新方案;③促进想像,得到启发,以利纠正错误的想法,发现正确的答案。

(3)认真讨论。找出大家满意的答案。

2. 方法利弊

专家会议法有利的一面是在充分利用专家个人丰富的知识和经验的基础上,通过交换意见、互相启发,对过去发生的事情进行分析和评价,对未来的趋势进行探索和判断,因而能较全面地考虑到事件发生的可能性,从而达到预测的目标。另外,这种预测方法简单易行,节省时间。但是,这种方法也有不利的一面,由于参加会议的人数有限,不能更广泛地收集各方面的意见;由于是面对面地讨论,可能会出现少数人的正确意见屈服于多数人的错误意见,或者是大多数人受权威人士意见的左右,不能充分发表自己的意见和看法。

(二)德尔菲法

德尔菲(Delphi)法是20世纪60年代由美国著名的咨询机构——兰德公司创造的。该方法是以古希腊预言神殿所在的历史名城德尔菲命名的,又称专家调查法或专家意见法。

这种方法是预测单位根据预测的目的、要求,设计意见征询表,有选择地聘请一组专家,向他们提供与预测问题有关的情况和资料,并发放征询表,要求专家根据自己的经验进行判断,对征询表的问题作出回答。在实施过程中,专家们互不知道(背靠背),征询表不署名,这样就排除了相互之间的影响和心理干扰。预测人员把第一轮征询表收回后,将各位专家的意见归纳、整理、列表,作为参考资料再发给各位专家,使其将自己的判断与他人的意见进行比较,以修正自己的判断。这样,经过几轮的意见反馈,当各专家的意见比较统一以后,询问即结束。然后,预测人员进行意见汇总、统计、计算、分析、整理成预测报告。由于这种方法克服了专家会议法"面对面"时受心理因素影响较大的缺点,故被许多国家所采用。

1. 实施步骤

第1轮:提出预测主题。由专家们提供预测的项目,经过综合整理,编制出一份预测项目调查表,作为第二轮调查表发给专家。例如美国和加拿大锻造协会进行锻件和冷锻件潜在增长趋势的预测,第一轮时专家们共投出150多个应预测事件。

第2、3轮:请专家对调查表所列的项目作出评价,并阐明理由。其中,第3轮也可以就第2轮中有分歧的意见和问题,进一步征求专家们的意见,然后由评委对专家意见进行统计分析。

第4轮:此时意见已较集中,可以整理成为最终预测结果,写出预测报告书。

2. 方法利弊

德尔菲法的优点:首先是简单易行,且可靠性好,能够充分发挥人的智慧和经验,适用于没有足够信息资料的中、长期经济预测与科技预测,还可用于决策和技术咨询等方面。其次,对于难以用精确的数学模型处理,需要征求意见的人数较多、成员较分散、经费有限、难以多次开会或因某种原因不宜当面交换意见的问题,用这种方法预测效果较好。其缺点是:受人的主观因素影响较大(如:受权威人士的影响,受心理状态、个人兴趣、主观偏见的影响);预测需要的时间较长,适用于中、长期预测。

二、定量预测方法

(一)回归分析预测法

事物的变化和发展往往受到许多因素的影响。也就是说,事物之间往往存在着一定的因果关系。回归分析预测法就是根据事物内部因素变化的因果关系来预测事物未来的发展趋势。

回归分析预测模型按照变量的个数,可以分为一元回归分析和多元回归分析;按照变量之间的关系,又可以分为线性回归分析和非线性回归分析。

1. 一元线性回归预测方法

(1)回归模型

设 x 为自变量,y 为因变量,从统计学意义上说,希望由 x 的取值能确定 y 的平均值的大小,即希望因变量 y 的数学期望 $Ey=\mu(x)$,$\mu(x)$ 与 x 呈线性关系 $\mu(x)=a+bx$。用线性函数 $a+bx$ 来估计 y 的数学期望的问题,称为一元线性回归问题。

用数学表达式加以描述如下:

对于 x 每一个值,假设 $Ey=a+bx$ 且 x,y 服从正态分布,其方差 $\mathrm{D}y=\sigma^2$ 与 x 无关,即

$$y \sim \mathrm{N}(a+bx,\sigma^2)$$

其中 a,b,σ^2 都是未知参数,并且皆不依赖于 x。对 y 作这样的正态假设,相当于设

$$\begin{cases} y = a + bx + \varepsilon \\ \varepsilon \sim \mathrm{N}(0,\sigma^2) \end{cases} \tag{3-1}$$

其中 a,b,σ^2 都是与 x 无关的未知参数。用样本值

$$(x_1,y_1),(x_2,y_2),\cdots,(x_n,y_n)$$

来估计 a,b 及 σ^2。若记 a,b 的估计值为 a',b',则对于给定的估计值,将其记为 $\tilde{y}$,即

$$\tilde{y} = a' + b'x \tag{3-2}$$

称式(3-2)为 y 对 x 的线性回归方程。

(2)a、b 的估计

在式(3-1)的假设下,取 x 的几个不完全的值 $x_1,x_2,\cdots,x_n$ 作独立试验,得到一个样本 $(x_1,y_1),(x_2,y_2),\cdots,(x_n,y_n)$,对于每一个$(x_i,y_i)$有

$$y_i = a + bx_i + \varepsilon_i,\varepsilon_i \sim \mathrm{N}(0,\sigma^2) \quad (i=1,2,\cdots,n)$$

所以 $y\sim\mathrm{N}(a+bx_i+\varepsilon_i)(i=1,2,\cdots,n)$,其概率密度为

$$\frac{1}{\sigma\sqrt{2\pi}}\exp\left[-\frac{1}{2\pi\sigma^2}(y_i-a-bx_i)^2\right] \quad (i=1,2,\cdots,n)$$

由于 $y_1,y_2,\cdots,y_n$ 相互独立,所以$(y_1,y_2,\cdots,y_n)$的联合概率密度为

$$\begin{aligned} L(y_1,y_2,\cdots,y_n) &= \prod_{i=1}^{n}\frac{1}{\sigma\sqrt{2\pi}}\exp\left[-\frac{1}{2\pi\sigma^2}(y_i-a-bx_i)^2\right] \\ &= \left(\frac{1}{\sigma\sqrt{2\pi}}\right)^n\exp\left[-\frac{1}{2\pi\sigma^2}\sum_{i=1}^{n}(y_i-a-bx_i)^2\right] \end{aligned} \tag{3-3}$$

若应用极大似然法来估计 a,b,这时因 a,b 皆含在指数部分,显然,要 L 取得最大值,只要式(3-3)右端指数的平方和部分最小即可,也就是说只要函数

$$Q(a,b)=\sum_{i=1}^{n}(y_i-a-bx_i)^2 \tag{3-4}$$

取最小值。

取 Q 关于 a,b 的偏导数,并令它们等于零,即

$$\left.\begin{aligned}\frac{\partial Q}{\partial a}&=-2\sum_{i=1}^{n}(y_i-a-bx_i)=0\\ \frac{\partial Q}{\partial b}&=-2\sum_{i=1}^{n}(y_i-a-bx_i)x_i=0\end{aligned}\right\} \tag{3-5}$$

得到方程组为

$$\begin{cases}na+n\bar{x}b=n\bar{y}\\ n\bar{x}a+\sum_{i=1}^{n}bx_i^2=\sum_{i=1}^{n}x_iy\end{cases} \tag{3-6}$$

式中

$$\bar{x}=\frac{1}{n}\sum_{i=1}^{n}x_i,\bar{y}=\frac{1}{n}\sum_{i=1}^{n}y_i$$

式(3-6)称为正规方程组。其唯一的一组解为

$$a'=\bar{y}-b'\bar{x} \tag{3-7}$$

$$b'=\frac{\sum(x_i-\bar{x})(y_i-\bar{y})}{\sum(x_i-\bar{x})^2} \tag{3-8}$$

(3)相关系数与回归显著性检验

上面在 $y\sim N(a+bx,\sigma^2)$ 的前提下,按极大似然估计法的思想,推知使函数

$$Q(a,b)=\sum_{i=1}^{n}(y_i-a-bx_i)^2 \tag{3-9}$$

取最小值的 a 与 b 就是要寻求的 a',b'。当 y 不是正态分布时,人们也直接用上面 $Q(a,b)$ 的表达式来估计 a',b',即使 y 的观察值 y_i 与 $a+bx_i$ 偏差的平方和 $Q(a,b)$ 达到最小。这种估计法叫最小二乘法。

为了便于对 a',b' 进行统计分析,在此顺便引入几个常用记号,即

$$l_{xx}=\sum(x_i-\bar{x})^2$$

$$l_{yy}=\sum(y_i-\bar{y})^2$$

$$l_{xy}=\sum(x_i-\bar{x})(y_i-\bar{y})$$

记

$$l_{yy}=Q+U$$

$$Q=\sum(y_i-\tilde{y}_i)^2$$

$$U=\sum(\tilde{y}_i-\bar{y})^2$$

U 称为回归平方和,Q 称为残差平方和。$y_1,y_2,\cdots,y_n$ 的分散程度,即 y 的变动程度。

于是

$$\hat{b}=\frac{l_{xy}}{l_{xx}}$$

$$\begin{aligned}l_{yy}&=\sum(y_i-\bar{y})^2=\sum(y_i-y'_i+y'_i-\bar{y})^2\\&=\sum(y_i-y')^2+\sum(y'_i-\bar{y})^2\end{aligned}$$

可以分解为两部分,其中一部分是由于 x 对于 y 的线性相关关系引起的分散性(即回归平方和),另一部分是由于剩余部分引起的分散性(即残差平方和)。在总和 l_{yy} 中,U 所占的比重越大,就说明随机误差所占的比重越小,即回归越显著。记

$$r = \frac{\sum (x_i - \bar{x})^2}{\sqrt{\sum (x_i - \bar{x})^2}\sqrt{\sum (y_i - \bar{y})^2}}$$

$$= \frac{l_{xy}}{\sqrt{l_{xx}}\sqrt{l_{yy}}} \tag{3-10}$$

称 r 为相关系数。则有

$$\frac{U}{l_{yy}} = \frac{b'^2 l_{xx}}{l_{yy}} = \frac{l_{xy}^2}{l_{xx} l_{yy}} = r^2$$

这就是说,r^2 恰好等于回归平方和占总离差平方和的比值。因此,r 的大小可以描述两个变量 x 与 y 之间的线性相关的密切程度。

因 $l_{yy} \geqslant U \geqslant 0$,故 $0 \leqslant r^2 \leqslant 1$,即 $0 \leqslant |r| \leqslant 1$,所以 $|r|$ 越接近 0,U 在 l_{yy} 中所占的比例越小,x 与 y 变量之间的相关程度就越小;反之,$|r|$ 越接近 1,U 在 l_{yy} 中所占的比例越大,x 与 y 变量之间的相关程度就越密切;当 $|r| = 1$ 时,则有 $U = l_{yy}$,$Q = 0$,从而所有的点都在回归直线上,因此,x 与 y 变量之间存在着确定的直线关系,称 x 与 y 完全线性相关;当 $|r| = 0$ 时,则有 $U = b'^2 l_{xx}$,因而,$b' = 0$,故回归直线平行于 x 轴,这就表明 y 的变化与 x 改变毫无线性关系,此时称 x 与 y 完全线性无关。

关于 r 检验的临界值 r_α 可以从相关系数临界表上查到,根据检验水平 α 及样本容量 n 可查到相应的 r_α 值,当 $r > r_\alpha$ 时,则认为回归效果显著;当 $r \leqslant r_\alpha$ 时,则认为回归效果不显著。

(4)预测值 y_0 的置信区间估计

在取得有效模型后,就可以应用模型进行预测。当已知自变量 x_0,则利用式(3-2)求得 $y_0 = a' + b'x_0$。在预测中,往往还需要知道 y_0 的预测区间。在给定的置信水平 α 下,y_0 的预测区间为 $[y_0 - 2t_{1-\alpha}S, y_0 + 2t_{1-\alpha}S]$,其中

$$S = \sqrt{\frac{Q}{n - 2}}$$

式中:S——剩余标准差。

2. 一元曲线回归预测法

在实际问题中,有时因变量和自变量之间的依存关系并非都是线性形式,而是非线性形式,这时,求出的拟合模型就不再是一条直线,而是一条曲线,在统计上称之为非线性回归或曲线回归。非线性回归按照自变量的个数,可以分为一元非线性回归和多元非线性回归。曲线的形式也因实际统计资料的不同而有多种,如对数函数曲线、指数函数曲线、幂函数曲线等。在什么情况下,拟合什么样的曲线,有的要根据理论分析或过去积累的经验来确定,有的则必须根据实际资料的散点图来确定。通常的做法是,采用变量代换法把非线性回归问题转换成线性回归问题来处理,使线性回归分析的方法也能适用于非线性回归问题的研究。

(1)回归模型与代换

以指数函数曲线为例,说明如何采用变量代换法把非线性回归问题转换成线性回归问题来处理。设 y 与 x 变量之间的关系为

$$y = ae^{bx}$$

对上式两边取自然对数得

$$\ln y = \ln a + bx$$

令 $y' = \ln y, a' = \ln a$，于是就得到变量转换后的线性模型

$$y' = a' + bx$$

这样就可以用线性回归分析的方法计算参数 a', b，最后得到原模型的参数 $a = e^{a'}$。类似地可以得到对数函数曲线、双曲函数曲线、幂函数曲线的变量和参数变换关系，见表3-1。

非线性函数代换成线性函数回归分析 表3-1

函数类型	函数形式	代换后模型	代换后自变量	代换后因变量	参数 a	参数 b
指数函数	$y = ae^{bx}$	$y' = a' + b'x'$	$x' = x$	$y' = \ln y$	$a = e^{a'}$	$b = b'$
对数函数	$y = a + b\log x$	$y' = a' + b'x'$	$x' = \log x$	$y' = y$	$a = a'$	$b = b'$
双曲函数	$1/y = a + b/x$	$y' = a' + b'x'$	$x' = 1/x$	$y' = 1/y$	$a = a'$	$b = b'$
幂函数	$y = ax^b$	$y' = a' + b'x'$	$x' = \ln x$	$y' = \ln y$	$a = e^{a'}$	$b = b'$
皮尔函数	$y = K/(1 + ae^{-bt})$	$y' = a' - b't'$	$t' = t$	$y' = \ln(K/y - 1)$	$a = e^{a'}$	$b = b'$

(2)回归显著性检验

用原始数据作变换，而把非线性回归转换成线性回归的方法，已不能用线性回归显著性检验的方法进行相应的统计检验。这时相关系数 r 和剩余平方和 Q 的概念已与原有的不同，从而计算 r 和 Q 的公式也不能再使用。这时只能根据原始数据，按定义直接计算 Q，为区别起见，引入相关指数 R^2。

$$Q = \sum(y_i - \tilde{y}_i)^2$$

$$R^2 = \frac{U}{l_{yy}} = 1 - \frac{Q}{l_{yy}} \tag{3-11}$$

必须指出，R 与用变换后的数据(y', x')算出的 r，不是一回事。然而，R^2 与 r^2 却有类似的性质，即 R^2 越接近1，则所配置的曲线的效果越好。同时，还可以用剩余平方和 Q 或剩余标准差 S 的值来评价回归曲线的优劣。当然，Q 或 S 的值越小，效果也越好。

3. 多元线性回归预测法

当预测对象 y 受到多个因素 $x_1, x_2, \cdots, x_m$ 的影响，如果各个因素 x_i 与 y 的相关关系可以同时近似地用函数关系来表示，则可以用多元线性回归预测模型进行预测。其预测模型的基本形式为

$$y \sim (b_0 + b_1x_1 + b_2x_2 + \cdots + b_mx_m + \sigma^2) \tag{3-12}$$

式中的 $b_0, b_1, b_2, \cdots, b_m, \sigma^2$ 是与 $x_1, x_2, \cdots, x_m$ 无关的常数。

$$Ey = b_0 + b_1x_1 + b_2x_2 + \cdots + b_mx_m$$

称为 m 元回归超平面方程，简称 m 元回归方程。

设样本观测值为$(x_{k1}, x_{k2}, \cdots, x_{km}, y_k)(k = 1, 2, \cdots, n)$，记

$$Q(b_0, b_1, b_2, \cdots, b_m) = \sum(y_k - b_0 - b_1x_{k1} - b_2x_{k2} - \cdots - b_mx_{km})^2$$

应用最小二乘法，分别对各参数求偏导，可得到以下方程组

$$\begin{cases} l_{11}b_1 + l_{12}b_2 + l_{13}b_3 + \cdots + l_{1m}b_m = l_{10} \\ l_{21}b_1 + l_{22}b_2 + l_{23}b_3 + \cdots + l_{2m}b_m = l_{20} \\ \cdots\cdots \\ l_{m1}b_1 + l_{m2}b_2 + l_{m3}b_3 + \cdots + l_{mm}b_m = l_{m0} \end{cases} \tag{3-13}$$

式中 $$l_{ij} = \sum (x_{ki} - \bar{x}_i)(x_{kj} - \bar{x}_j) \quad (i,j = 1,2,\cdots,m)$$
$$l_{i0} = \sum (x_{ki} - \bar{x}_i)(y_k - \bar{y}_j) \quad (i = 1,2,\cdots,m)$$
$$l_{00} = \sum (y_k - \bar{y})^2 \quad (i,j = 1,2,\cdots,m)$$

其中 $k=1,2,\cdots,n$ 为样本数。

回归显著性检验应用 F 检验。仍以 l_{yy} 记总的变动平方和，即

$$l_{yy} = \sum (y_k - \bar{y})^2 = l_{00}$$

若记

$$U = \sum (\tilde{y}_k - \bar{y})^2$$
$$Q = \sum (y_k - \bar{y}_k)^2$$

则

$$l_{yy} = U + Q$$
$$S = \sqrt{\frac{Q}{n - m - 1}}$$

U 仍称为回归平方和，Q 仍称为残差平方和，S 仍称为剩余标准差。回归显著性按式(3-14)检验。

$$F = \frac{U/m}{Q/(n - m - 1)} \tag{3-14}$$

当 $F > F_{1-\alpha}(m,n-m-1)$ 时，认为回归效果显著，否则认为不显著。

在整个回归效果显著时，还需要进一步检验每个回归系数 $b_i(i=1,2,\cdots,m)$ 是否有为0的。

若记式(3-13)中系数 $l_{ij}(i,j=1,2,\cdots,m)$ 所组成的矩阵为 L，即

$$L = (l_{ij})_{m\times m}$$

L 的逆矩阵记为 $C=L^{-1}=(c_{ij})_{m\times m}$。令

$$t_i = \frac{b'_i - b_i}{\sqrt{c_{ii}}S} \tag{3-15}$$

可以证明 $t_i \sim t(n-m-1)$，要检验每个回归系数 $b_i(i=1,2,\cdots,m)$ 是否有为0的，只要假设 $b_i=0$，若成立，则根据式(3-15)，有

$$t_i = \frac{b'_i}{\sqrt{c_{ii}}S} \tag{3-16}$$

其中 $t_i \sim t(n-m-1)$。

当 $|t_i| > t_{1-0.5\alpha}(n-m-1)$ 时，否定原假设，认为 x_i 对 y 是有作用的；否则认为 x_i 对 y 没有作用，应予剔除，并重新回归建立模型。

又由于 t_i 是一个无量纲的量，它的值已消除了 b_i 的量纲单位选取的影响，因而 t_i 不但可作为检验的统计量，同时，还可以在 $t_i(i=1,2,\cdots,m)$ 之间进行大小比较，粗略地区分一下哪一个因素对 y 的影响更显著，$|t_i|$ 值大，x_i 对 y 的影响就更大些。这对决策中分清主次因素，抓住主要因素加以重点解决，是很有用的。

（二）指数平滑预测法

指数平滑预测法是根据过去的实际数和平滑值，通过加权平均来进行预测的。在数据时间序列中，不同期的数据处于不同的地位，近期数据的作用大，远期数据的作用小。因此，指数

平滑对数据时间序列中的各个数据进行加权处理，愈近的数据，其权数愈大。通过某种平均方式，消除历史统计序列中的随机波动，找出其中的主要发展趋势。根据平滑次数的不同，有一次指数平滑、二次指数平滑、三次指数平滑和高次指数平滑之分，但高次的很少用。指数平滑法最适合用于进行简单的时间分析和中、短期预测。

1. 指数平滑公式

对时间序列 $y_1, y_2, \cdots, y_T$，一次指数平滑公式为

$$S_t^{(1)} = \alpha y_t + (1-\alpha) S_{t-1}^{(1)} \quad (t = 1,2,\cdots,T) \tag{3-17}$$

式中：$S_t^{(1)}$——一次指数平滑值；

α——加权系数，$0 < \alpha < 1$。

从式(3-17)可以看出，α 的取值实际上体现了新观察值与原平滑值之间的比例关系。α 越大，y_t 在式(3-17)中的比例越大，当 $\alpha = 1$ 时，有

$$S_t^{(1)} = \alpha y_t$$

这时，t 期平滑值就等于 t 期观察值，即以当前信息为重，而不考虑以往的影响；反之，若 α 越小，则 $S_{t-1}^{(1)}$ 所占的比重就越大，当 $\alpha = 0$ 时，有

$$S_t^{(1)} = S_{t-1}^{(1)}$$

这时，本期平滑值就等于上期平滑值，而没有考虑当前数据 y_t 所载的信息。α 值的选择在指数平滑法中是非常重要的，一般取 0.01 ~ 0.3。

所谓二次指数平滑就是以一次指数平滑值代替式(3-17)中的 y_t，再进行一次平滑。故二次指数平滑公式为

$$S_t^{(2)} = \alpha S_t^{(1)} + (1-\alpha) S_{t-1}^{(2)} \tag{3-18}$$

同理，三次指数平滑公式为

$$S_t^{(3)} = \alpha S_t^{(2)} + (1-\alpha) S_{t-1}^{(3)} \tag{3-19}$$

P 次指数平滑公式为

$$S_t^{(p)} = \alpha S_t^{(p-1)} + (1-\alpha) S_{t-1}^{(p)} \tag{3-20}$$

式中：$S_t^{(2)}$、$S_t^{(3)}$、$S_t^{(p)}$——分别为二次、三次、P 次指数平滑值。

2. 预测模型

大多数时间序列的趋势变化，常常呈现水平趋势、线性趋势或二次曲线趋势（趋势的斜率不断地增长变化）。这 3 种趋势变化都可以用合适的指数平滑预测模型来表达。

(1) 水平趋势

水平趋势是指被预测量近期在一个水平附近上下波动。对这类目标的类似于简单移动平均的指数平滑预测模型为

$$y'_{T+L} = S_t^{(1)} \quad (L = 1,2,\cdots) \tag{3-21}$$

式中：L——预测年数。

(2) 线性趋势

当时间序列存在线性趋势时，则需要用到二次指数平滑值。线性趋势指数平滑预测模型为

$$y'_{T+L} = a_T + b_T L \quad (L = 1,2,\cdots) \tag{3-22}$$

$$a_T = 2S_T^{(1)} - S_T^{(2)}$$

$$b_T = \frac{\alpha}{1-\alpha}\left(S_T^{(1)} - S_T^{(2)}\right)$$

(3)二次曲线趋势

这是一种最常见的非线性趋势变化情况。二次曲线趋势指数平滑预测模型为

$$y'_{T+L} = a_T + b_T L + 0.5c_T L^2 \quad (L = 1,2,\cdots) \tag{3-23}$$

式(3-23)中的 a_T, b_T, c_T 的估计公式分别为

$$a_T = 3S_T^{(1)} - 3S_T^{(2)} + S_T^{(3)}$$

$$b_T = \frac{\alpha}{2(1-\alpha)^2}[(6-5\alpha)S_T^{(1)} - 2(5-4\alpha)S_T^{(2)} + (4-3\alpha)S_T^{(3)}]$$

$$c_T = \frac{\alpha^2}{(1-\alpha)^2}(S_T^{(1)} - 2S_T^{(2)} + S_T^{(3)})$$

(三)马尔可夫预测法

马尔可夫是俄国数学家。20世纪初,他在研究中发现自然界中有一类事物的变化过程仅与事物的近期状态有关,而与事物的过去状态无关,这种特性称为无后效性。具有这种特性的随机过程称为马尔可夫过程。设备维修与更新、人才结构变化、资金流向、市场需求变化等许多经济与社会行为都可以用这一类过程来描述,其应用范围非常广泛。

1. 马尔可夫过程分析的基本原理

最简单的马尔可夫过程是马尔可夫链,即时间和状态均为离散的马尔可夫过程。如果用数学语言来描述就是:把发生状态转移的时刻记为 $t_1, t_2, \cdots, t_n, \cdots$,在 t_n 时发生的转移称为第 n 转移;并假设在每一时刻 $t_n(n=1,2,\cdots)$,$x_n = x(t_n)$ 可能取得状态为 $a_1, a_2, \cdots, a_k$,则称

$$P\{x_n = a_j \mid x_{n-1} = a_i\} \quad (i,j = 1,2,\cdots,k)$$

为转移概率。如果有

$$P\{x_n = a_j \mid x_{n-1} = a_{i1}, \cdots, x_i = a_{in-1}\}$$
$$= P\{x_n = a_j \mid x_{n-1} = a_i\} \quad (j, i_1, \cdots, i_{n-1} = 1,2,\cdots,k)$$

即过程在 t_n 时所处的状态仅与 t_{n-1} 时的状态有关,而与 t_{n-1} 之前的状态无关,则称这一随机变化过程为马尔可夫过程或马尔可夫链。

如果进一步假设:在 $x_{n-1} = a_i$ 的条件下,第 n 次转移出现 $x_n = a_j$ 的概率与 n 无关,那么就可以把这一概率记为 P_{ij},即

$$P_{ij} = P\{x_n = a_j \mid x_{n-1} = a_i\} \quad (i,j = 1,2,\cdots,k; n = 1,2,\cdots)$$

并称它为马尔可夫链的(一步)转移概率。

马尔可夫过程分析是一种动态随机数学模型。它是建立在系统"状态"和"状态转移"的概念上的。所谓系统,就是所研究的事物。所谓状态,就是表示系统的一组最小变量。当确定了一组变量的值时,也就确定了系统某一时刻的行为,并说系统处于某一状态。系统状态常用向量表示,故称为状态向量。当系统由一种状态变为另一个状态时,我们称之为状态转移。显然,这类系统由一种状态转移到另一种状态完全是随机的,所以常用转移概率和转移矩阵来描述。

为了论述和计算的需要,引入下述有关概念。

(1)概率向量

对于任意的行向量(或列向量),如果每个元素非负且总和等于1,则该行向量(或列向量)称概率向量。

(2)概率矩阵

由概率向量构成的方阵称概率矩阵。如果概率矩阵中元素皆为正数(不包括零),则称为

正规概率矩阵。

(3)转移矩阵

设系统的状态共有 n 个,系统由状态 i 一次转移到状态 j 的概率为 P_{ij},则系统一次转移概率的全体,组成一矩阵,称为转移矩阵,用形式 $P=[p_{ij}]_{n\times n}$ 表示,矩阵 P 的每一行为一概率向量。它表示由 i 状态转移到其他各状态的概率。由上面的讨论可知,转移矩阵必是概率矩阵,其运算规则与矩阵相同。

如果系统的状态不只经过一次转移,而是经过多次转移,则可以用 k 步转移矩阵来描述。记 k 步转移矩阵为 $P^{(k)}$。由定义可知

$$P^{(k)}=P^{(k-1)}\cdot P$$

$$P^{(k)}=P^{k} \tag{3-24}$$

就是说,k 步转移矩阵只不过是在以前转移的基础上再进行一次转移,所以 k 步转移矩阵就是一次转移矩阵的 k 次方。

设系统互不相容的状态有 n 个。系统的初始状态向量 $S^{(0)}$ 为

$$S^{(0)}=[s_1^{(0)},s_2^{(0)},\cdots,s_n^{(0)}]$$

$s_i^{(0)}$ 为处在状态 i 的初始概率。记经过 k 步转移后处在状态 i 的初始概率 $s_i^{(k)}$。可以证明

$$S^{(k)}=S^{(0)}\cdot P^{(k)} \tag{3-25}$$

2. 马尔可夫过程分析在预测中的应用

当要预测一个企业或一种事物(如运输方式分担率、设备更新等)的未来状态,或其中一种状态转移到另一种状态的概率时,可以运用上面的马尔可夫预测模型。但是,在使用这种预测模型前,必须注意上面讲的马尔可夫过程分析的一些假设条件:

①转移概率矩阵必须逐期保持不变,即不随时间的变化而变化。这种过程称为平稳分布的马尔可夫过程。

②预测期间状态的个数必须保持不变。以市场占有率预测为例,必须假定在预测期间市场竞争对手的数目保持不变,既没有新的厂家打入市场,也没有一个企业停产。

③状态的转换仅受前一周期的影响。例如,顾客的购货行为仅受上期购货的影响,而与已往的习惯无关。否则,就需用高阶马尔可夫模型描述。

如果现实问题符合上述假定,则构成一阶马尔可夫链,并可据此建立预测模型。具体步骤如下。

(1)确定系统的状态

首先把预测所要研究的目标归纳成一组“状态”。各状态之间应互不相容,且所有的状态共同构成一完备事件组。

(2)确定转移矩阵

建立马尔可夫预测模型的重要环节之一是确定转移概率。有时可以根据历史统计数据计算比例数或统计事件发生的频率,依此确定转移概率和状态发生的概率。但是,必须对这些数据进行仔细的审查,去掉不大可能重复发生的异常数据,同时还要考虑到目前的发展趋势。此外,在进行市场预测时,利用抽样调查也可以确定转移概率。当手头缺少真实资料,无法获得有关未来的统计数据时,还可用主观概率法估计转移概率。

(3)进行预测计算

运用式(3-25)就可计算得到各期预测值。实际应用中,往往需要通过不断调整初始状态和转移概率,对多种预测方案进行分析评价,最后得出一个较为客观的预测结论。

(四)灰色系统预测法

灰色系统理论提供了若干可用于预测的方法,相对而言,GM(1,1)是一种需要建模数据量少、计算较简单、结果较可靠的灰色系统模型,在经济预测中有着较广泛的应用。

1. GM(1,1)模型

设原始数据序列为

$$X^{(0)} = (x_1^{(0)}, x_2^{(0)}, \cdots, x_n^{(0)}) \tag{3-26}$$

对原始数据序列作一次累加生成,得到 $X^{(0)}$ 的 1-AGO 序列

$$X^{(1)} = (x_1^{(1)}, x_2^{(1)}, \cdots, x_n^{(1)}) \tag{3-27}$$

其中 $x_k^{(1)} = \sum x_i^{(0)}(k=1,2,\cdots,n;i=1,2,\cdots,k)$。

近邻均值生成序列为

$$Z^{(1)} = (z_1^{(1)}, z_2^{(1)}, \cdots, z_n^{(1)}) \tag{3-28}$$

其中 $z_{(k)}^{(1)} = 0.5x_{(k)}^{(1)} + 0.5x_{(k-1)}^{(1)}(k=1,2,\cdots,n)$。

则 GM(1,1)的形式为

$$x_{(k)}^{(0)} + az_{(k)}^{(1)} = b \tag{3-29}$$

白化方程(或影子方程)为

$$\frac{\mathrm{d}x^{(1)}}{\mathrm{d}t} = ax^{(1)} = b \tag{3-30}$$

白化方程的时间响应函数即为 GM(1,1)预测模型

$$x_{(t)}^{(1)} = \left(x_{(0)}^{(1)} - \frac{b}{a}\right)\mathrm{e}^{-at} + \frac{b}{a} \tag{3-31}$$

2. 参数估计

设矩阵 $A=(a,b)^{\mathrm{T}}, Y=(x_2^{(0)}, x_3^{(0)}, \cdots, x_n^{(0)})^{\mathrm{T}}$,

$$B = \begin{bmatrix} -z_{(2)} & 1 \\ -z_{(3)} & 1 \\ \vdots & \vdots \end{bmatrix}$$

则式(3-31)的最小二乘估计满足

$$A = (B^{\mathrm{T}}B)^{\mathrm{T}}B^{\mathrm{T}}Y \tag{3-32}$$

求解上式可以得到参数 a、b 的最小二乘估计。

3. 数据序列检验

为取得具有足够高精度的预测模型,需要对数据序列进行准光滑检验和准指数规律检验。设 $\rho_{(k)}$ 为光滑比,有

$$\rho_{(k)} = \frac{x_{(k)}^{(0)}}{x_{(k-1)}^{(1)}} \tag{3-33}$$

若 $\rho(k)$ 满足条件:

(1) $\rho_{(k+1)} < \rho_{(k)} (k = 2,3,\cdots,n-1)$;

(2) $\rho_{(k)} \in [0,\varepsilon] (k = 3,4,\cdots,n)$;

(3) $\varepsilon < 0.5$。

则原始数据序列为准光滑。

根据准指数规律的定义,设 $\sigma_{(k)}$ 为级比

$$\sigma_{(k)} = \frac{x_{(k)}^{(1)}}{x_{(k-1)}^{(1)}} \tag{3-34}$$

若 $\sigma_{(k)}$ 满足 $\sigma_{(k)} \in [1,m](k=2,3,\cdots,n), m-1<0.5$，则 $X^{(1)}$ 具有准指数规律。

一般来说，经济统计数据大多能满足准光滑检验和准指数规律检验，如果不能满足，需经过适当处理，如再作一次累加处理等。

（五）季节指数预测法

由于气候条件、社会风俗习惯等各方面的原因，许多预测对象的经济行为表现出明显的周期波动。如交通量在一天中的周期波动、运输量在一年中的周期波动等。季节指数预测法是一种简单适用的处理季节性周期波动数据的方法，其模型形式为

$$y_t = f_{(t)} \cdot F_j \tag{3-35}$$

其中 $f_{(t)}$ 是时间序列中的长期趋势变动函数，可以通过回归分析、指数平滑、灰色系统等方法建立。F_j 是季节指数，它表示季节性变动幅度的大小，$j=1,2,\cdots,K$。K 为一个季节周期内季节阶段的个数。如以季度为周期，则 $K=4$，以月为周期，则 $K=12$。季节指数预测法按下列步骤进行。

（1）求每年数据中各季节的指数。假设有 N 年统计数据，年季节分段数为 K，序列总长度 $T=N\times K$。记第 i 年 j 季的统计数据为 y_{ij}，定义各季节指数为本季节实际数据与全年数据平均值之比，即

$$F_{ij} = \frac{y_{ij}}{\sum_{j=1}^{k} y_{ij}/K} \quad (i=1,2,\cdots,N; j=1,2,\cdots,K)$$

（2）求平均季节指数 F_j。

$$F_j = \frac{1}{N}\sum_{i=1}^{N} F_{ij} \tag{3-36}$$

（3）用平均指数消去数据中的季节周期波动。

$$y'_{ij} = \frac{y_{ij}}{F_j} \tag{3-37}$$

（4）用消去季节波动的数据 y'_{ij} 建立最终预测模型 $f_{(t)}$。

（5）用式(3-35)进行预测。

严格说，季节指数预测法是一种辅助方法。它往往用于时间序列的预处理，消除其周期波动，以提高预测模型的精度，用消去季节波动的数据 y'_{ij}，建立最终预测模型 y_t，还需要依靠其他方法。

（六）组合预测

预测值和实际值之间的差异是客观存在的，预测的这种不确定性源自两个方面：一是未来事件内在的不确定性；二是预测模型本身的不确定性。正是这种不确定性的客观存在，引发了经济学家对减少预测不确定性、提高预测精度的研究热情，这也成为预测技术日益发展的原动力，组合预测方法也就应运而生。组合预测是相对于单项预测而言的，由于经济数据往往具有时变性的特点，所以单项预测常常表现出“时好时坏”的性质，预测的精度和准确度很难控制。组合预测则力图克服这一方面的缺陷，以实现预测结果的最优。

组合预测的本质是把各个竞争模型得到的预测结果赋予不同的权重，进而组合出一个单一的预测，从而减少预测误差，提高预测精度。其核心问题之一就是权重的选择。

组合预测方法大致可分为两大类:一是方差—协方差组合预测法;二是基于回归的组合预测方法。前者的核心思想是使预测误差的平方和最小,其最优组合权重是关于预测误差的方差和协方差的一个简单函数,权重之和为1,没有截距项;后者的基本思想是通过对预测包容性的检验,实行变权重组合预测或非线性组合预测。这里主要介绍前者,重点介绍其中的预测结果组合。

1. 等权重法

顾名思义,等权重法就是赋予每种预测结果相同的权重。等权重法又称等权平均组合预测法。这种方法最显著的特点就是简单易行,既不用考虑每种预测方法的准确性,又无须关注不同预测误差之间的相差性。在实证分析中,等权重法往往表现出良好的组合预测效果。

$$f_t = \frac{1}{m}\sum_{i=1}^{m} f_{i,t} \tag{3-38}$$

其中$f_{i,t}$表示在t时刻利用第i种方法(或第i个模型)得到的预测结果,f_t表示t时刻组合预测的结果。等权重法的特点是m种单项预测方法的加权系数完全相等,即把各单项预测方法同等对待。等权重法一般适用于对各单项预测方法的预测精度缺乏了解的情况,此方法不需要知道单种预测方法的预测值$f_{i,t}$误差之间的相互关系,只要事先了解这些预测值有相近的误差,即可应用等权重法。等权重法预测得到的结果比用单一的预测方法得出的结果更可靠,风险更小。但等权重法的缺点也是显而易见的:第一,在实践中,无论依据什么样的评价标准,每种预测方法的预测效果不可能完全一致,赋予每个预测结果等权重忽视了单一预测方法之间的差异性;第二,由于不确定性的存在,不同预测方法在不同时期往往表现出不同的预测效果,简单地赋予等权重无法刻画出不同预测方法的时变特征。例:用5种预测方法得到某地区2020年货运量预测值分别为193万t、189万t、212万t、230万t、203万t,使用等权重法预测,得出该地区2020年货运量的组合预测结果为$f_t = 1/5 \times (193 + 189 + 212 + 230 + 203) = 205.4$(万t)。

2. 最小方差法

假设两种单一预测方法的预测结果都是无偏的,且在任意时刻t,其方差分别为δ_1^2,δ_2^2,设k为赋予结果1的权重,$1-k$为赋予结果2的权重,则组合预测结果的方差δ_c^2可以表示为

$$\delta_c^2 = k^2\delta_1^2 + (1-k)^2\delta_2^2 + 2\rho k\delta_1(1-k)\delta_1 \tag{3-39}$$

其中ρ为两种单一预测结果的相关系数。选择权重是为了使预测结果方差最小,因此,等式右边对k求导,并使之等于零,且$\rho = 0$,可以得出

$$k = \frac{\delta_2^2}{\delta_1^2 + \delta_2^2} \tag{3-40}$$

$$f = kf_1 + (1-k)f_2 \tag{3-41}$$

由式(3-40)确定的权重是建立在两种单一预测方法预测效果不变的前提下的,但是,通常随着时间的推移,每种单一预测方法的预测效果是会发生变化的。

(七)人工神经网络预测法

人工神经网络是对人脑的抽象、简化和模拟。它不但具有处理数值数据的一般计算能力,而且具有处理知识的思维、学习和记忆的能力。神经网络最初应用于模式识别,现已经扩展到控制、预测、组合优化等方面,并且在管理决策中也得到了较好的应用。目前在函数逼近、模式

识别等方面应用最为广泛且较为成功的是 BP 神经网络方法。下面就 BP 神经网络预测法作简单介绍。

1. BP 神经网络模型

BP 神经网络是用反向传播学习算法(Back-Propagation Algorithm,BP 算法)训练的一种多层前馈型非线性映射网络,网络中各神经元接受前一级的输入,并输出到下一级,网络中没有反馈连接。图 3-2 为 BP 神经网络的模型结构,设三层 BP 神经网络中输入层、隐藏层、输出层神经元分别为 i、j、k,则三层的节点数分别为 ni、nj、nk,三层节点阈值分别 θ_i、θ_j、θ_k,输入层节点 i 与隐藏层节点 j 之间、隐藏层节点 j 与输出层节点 k 之间的权值为 w_{ij}、w_{jk},各节点的输入为 x,输出为 y。图中 O 表示各层节点。

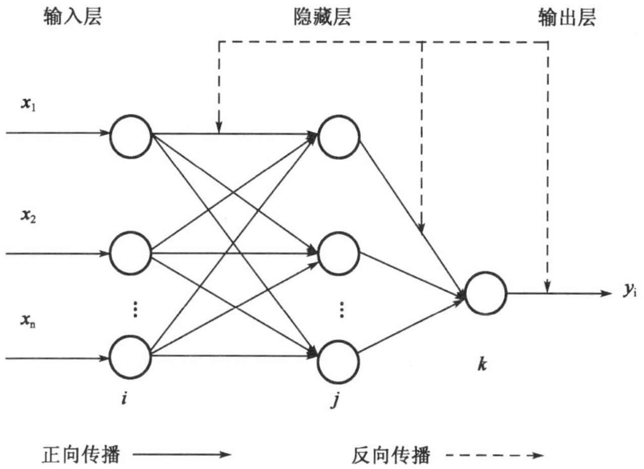

图 3-2 BP 神经网络模型

2. BP 神经网络自学习

BP 神经网络在自学习过程中包括以下两个过程:

(1)正向传播过程

正向传播时,输入层的神经元负责接收传入的样本数据,传送到隐藏层各神经元进行处理后,将结果传到输出层神经元。其中隐藏层可以是单层结构也可以是多层结构。

(2)误差反向传播过程

如果输出层的输出值不符合预期的输出值,就进入误差反向传播过程。误差反向传播是将具有误差的输出值通过隐藏层逐层反传到输入层,同时将误差传递给各层来获得各层的误差反馈,这种误差反馈能够进行权值修正。

过程(1)、(2)是循环进行的。误差通过输出层,用梯度下降法进行修正权值和阈值,权值和阈值不断进行修正的过程,也叫做神经网络的学习训练过程。神经网络的学习训练过程反复进行至输出值的误差到预定预期的范围内或者事先设定的学习训练次数时停止。

3. BP 神经网络算法实现步骤

以输出层为例分析 BP 神经网络算法流程,流程见图 3-3。

(1)初始化

$$\{x_{m,i},\ d_{m,k} \mid m = 1,2,\cdots,nm; i = 1,2,\cdots,ni; k = 1,2,\cdots,nk\}$$

式中:$x_{m,i}$——已经归一化的输入样本;

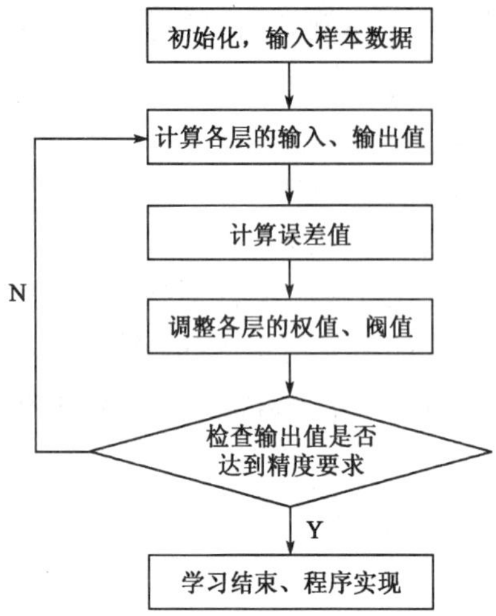

图 3-3 BP 神经网络算法程序实现流程图

$d_{m,k}$——已经归一化的输出样本。

(2)计算隐藏层、输出层各节点的输入和输出

$$x_k = \sum_{j=1}^{nj} w_{jk} \cdot y_j + \theta_k$$

式中:x_k——输出层节点输入;

w_{jk}——隐藏层节点 j 与输出层节点 k 之间的权值,赋予(-0.1,0.1)区间上的随机数;

y_j——隐藏层节点输出;

θ_k——输出层节点阈值,赋予(-0.1,0.1)区间上的随机数。

$$y_k = \frac{1}{1 + e^{-x_k}}$$

式中:y_k——输出层节点输出。

(3)计算误差值

$$E_m = \sum_{k=1}^{nk} \frac{(y_k - d_{m,k})^2}{2}$$

式中:E_m——第 m 个单样本点误差。

$$\frac{\partial E_m}{\partial x_k} = y_k(1 - y_k)(y_k - d_{m,k})$$

式中:$\frac{\partial E_m}{\partial x_k}$——输出层各节点单样本点误差的变化率。

(4)调整各层权值、阈值

$$w_{jk}^{a+1} = w_{jk}^{a} - \eta \frac{\partial E_m}{\partial x_k} y_j + b(w_{jk}^{a} - w_{jk}^{a-1})$$

$$\theta_k^{a+1} = \theta_k^{a} - \eta \frac{\partial E_m}{\partial x_k} + b(\theta_k^{a} - \theta_k^{a-1})$$

式中:w_{jk}^{a+1}——输出层的权值;

θ_k^{a+1}——输出层的阈值;

a——迭代次数;

η——学习率,$\eta \in (0,1)$;

b——动量因子,$b \in (0,1)$。

(5)检查精度

令 $m = m + 1$,按照以上步骤直到第 mn 个样本,当总误差函数 $\sum_{m=1}^{mn} E_m$ 小于预先设定的值后结束训练。检查样本是否进行循环计算,检查网络总误差是否达到事先设定的精度 0.001,如果是则学习结束,程序实现;如果没有达到精度要求,则返回步骤(2)重新开始。

令 $m = 1$,则神经网络($i = 1,2,\cdots,ni;k = 1,2,\cdots,nk$)样本为($x_{m,i}, d_{m,k}$)。

4. BP 神经网络在预测中的应用

BP 神经网络可以应用于多因素干扰下的预测,避免多个模型的建立及复杂的运算。在对物流中心进行选址预测时,传统的方法较少对物流中心的影响因素量化进行考虑,主要原因是

影响因素过多，采用传统数学建模难以进行求解。而BP神经网络就能很好地解决这个问题，其规避了传统的数学建模，通过调用MATLAB软件中的神经网络工具箱来求得预测结果。下面采用一个简化的物流中心选址预测来介绍BP神经网络的预测步骤。

(1)建立选址的指标体系

物流中心选址的确定需要注重考虑其影响因素，以求选址结果贴切实际，合理可行。物流中心选址问题受自然条件、社会经济、配套设施等因素影响。其中自然条件包括气候条件、水文条件、地质条件等；社会经济包括政府政策、人均收入、候选地面积、候选地地价、经营环境等；配套设施包括交通运输、道路设施、通信条件、防火设施、供水供电设施等。在这里综合各方面因素选择8个因素作为指标系：地质条件、水文条件、交通运输、候选地地价、候选地面积、经营环境、通信条件、道路设施。

(2)建立模糊评价矩阵

搜集已有的正在运营的物流中心和备选方案中8个指标相关的数据资料，由于指标系中的数据既有定量的又有定性的，故对不同的指标采用不同的隶属度函数，再确定各个指标的等级隶属度。选择10个已有的正在运营的物流中心案例作为神经网络的训练集，10个备选方案作为神经网络的评价集，对8个指标进行量化得到模糊评价矩阵(略)。

(3)BP神经网络的训练

由于物流中心选址的指标系为8，故输入层单元数为8，隐藏层设为1，输出层单元数设为1，学习因子取(0.1,0.8)之间的随机值，初始值包括权值和阈值，取(0,1)的随机值，向BP神经网络中导入上文中得出的评价矩阵进行训练，直到训练精度符合初始设定精度0.001后停止训练。

下面是神经网络训练的部分代码：

```
%以已有的正在运营的10个物流中心作为训练集得到的评价矩阵经归一化处理后作为输入
    P=[1.00 1.00 1.00 1.00 1.00 1.00 1.00 1.00;
       0.80 0.87 0.89 0.82 0.78 0.80 0.75 0.33;
       0.67 0.93 0.22 0.75 1.00 0.80 0.49 0.66;
       0.92 0.80 0.89 0.92 0.89 0.80 1.00 1.00;
       0.87 0.93 1.00 1.00 1.00 1.00 1.00 1.00;
       0.80 0.72 0.89 0.82 0.89 0.80 0.75 1.00;
       0.67 0.72 0.67 0.66 0.67 0.60 0.49 0.66;
       0.72 0.80 0.78 0.75 0.78 0.80 0.75 0.66;
       0.60 0.60 0.56 0.58 0.56 0.60 0.49 0.66;
       0.47 0.47 0.44 0.41 0.44 0.40 0.49 0.35]
%目标向量
    T=[1.00 0.79 0.74 0.81 0.96 0.83 0.69 0.75 0.58 0.51];
%创建一个BP神经网络，每一个输入向量的取值范围为[0,1]，隐含层有8个神经元，输出层有1个神经元，隐含层的激活函数为%tansig，输出层的激活函数为%logsig，网络的训练函数选择traingd
    net=newff(minmax(p'),[17,1],{'tansig','logsig'},'trainlm');
    net=train(net,p',t)
```

```
y = sim(net,p')
error = y - t
net.trainParam.goal = 0.001;
```

经过 10 次训练后，网络误差达到事先设定的精度 0.001，停止训练(图 3-4)。

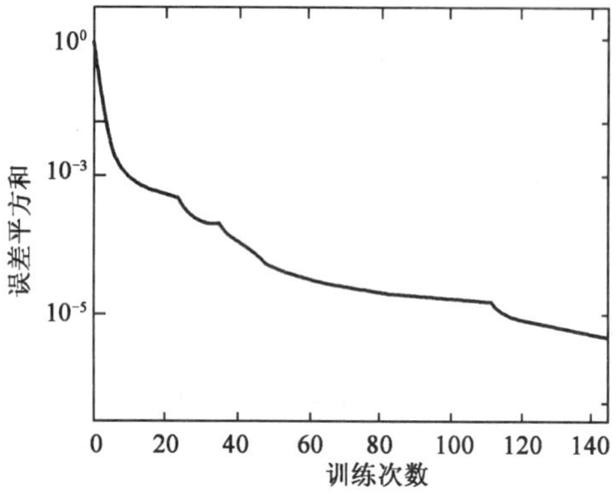

图 3-4 BP 神经网络训练结果

(4)BP 神经网络的评价

将物流中心选址的 10 个备选方案的矩阵导入 BP 神经网络中进行评价，分别得到各自的 BP 神经网络输出值。

下面是神经网络评价的部分代码：

```
y0 = sim(net,p_fore')
y0 = Columns 1 through 6 0.4814 0.0981 0.3092 0.1713 0.2953 0. 9922
Columns 7 through 10 0.4510 0.2506 0.0240 0.5143
```

以输出值的大小对备选方案的优劣进行排序。数值越大的越优，则备选方案 6 为最优方案，输出值为 0.9922，考虑在备选方案 6 处建立物流中心。

BP 神经网络能够根据所提供的数据，通过学习和训练，找出输入与输出的内在联系，从而求取问题的解。具有自适应功能，能弱化指标权重确定中人为因素的影响，使得 BP 神经网络在处理多因素印象的非线性关系问题上具有优势，成为一种广为使用且较为实用的智能预测方法。

(八)其他预测法

除了上述几种较为常用的预测方法外，还有一些比较专用的预测方法，如多目标预测技术、系统动力学模拟、神经网络系统方法等。因此，预测技术是一个内容极为丰富且在不断发展的技术领域，在对运输系统进行预测时，应根据问题的特点，选择合适的预测方法，以保证预测取得成功。

第三节 物流运输需求量预测

交通运输需求量预测是交通运输系统规划的重要组成部分。现代交通规划理论预测习惯分为 4 个阶段进行，即交通产生预测、交通分布预测、交通方式分担预测、交通分配预测。这 4 个阶段预测模式在城市交通规划领域已被广泛应用，理论和技术上已趋于成熟。而在区域交通运输规划领域，由于涉及的地域范围广大、单位众多、管理层次复杂等，难于完全按传统的 4 个阶段模式进行预测，要求根据区域的大小、特征、背景，确定需要预测的内容，选择合适的预测方法，进行区域交通运输需求量预测工作。本节就区域交通运输需求量预测普遍面临的问题展开论述，先讨论综合交通运输需求量预测，然后分析运输方式分担预测，以确定特定运输方式的分担比例和分担运输量，最后讨论具体路段交通量预测。

一、经济预测

一个地区的经济水平决定着该地区内部与外界的供应和需求水平，也就决定着该地区内部与外界的人与货物的流动数量。所以,经济预测是在进行交通生成预测之前,除了人口之外另一个必须得到的数据。一个地区的经济水平以及该地区未来的经济发展趋势,是进行经济预测的目的所在。

表3-2是某城市1995年到2009年社会商品零售额的时间序列。应用指数平滑预测法,一、二、三次指数平滑值列于表中。

社会商品零售额时间序列

表3-2

序号 t	年　份	X_t（百万元）	$S_t^{(1)}$（百万元）	$S_t^{(2)}$（百万元）	$S_t^{(3)}$（百万元）	预测值（百万元）	相对误差（%）
0	1995	24.40	24.40	24.40	24.40	24.00	0.00
1	1996	26.10	24.91	24.55	24.45	25.52	2.23
2	1997	34.40	27.76	25.51	24.77	31.49	8.45
3	1998	40.00	31.43	27.29	25.52	37.95	5.13
4	1999	40.00	34.00	29.30	26.66	40.75	1.88
5	2000	36.50	34.75	30.94	27.94	39.38	7.90
6	2001	40.00	36.33	32.55	29.32	40.64	1.60
7	2002	50.00	40.43	34.92	31.00	47.54	4.92
8	2003	50.40	43.42	37.47	32.94	50.80	0.79
9	2004	65.00	49.89	41.19	35.42	61.51	5.36
10	2005	64.80	54.37	45.15	38.34	65.99	1.84
11	2006	69.80	59.00	49.30	41.63	70.71	1.30
12	2007	78.00	64.70	53.92	45.31	77.65	0.45
13	2008	106.20	77.15	60.89	49.99	98.77	7.00
14	2009	131.00	93.30	70.61	56.17	124.25	5.16

根据式(3-23)得到二次指数平滑预测模型为

$$y = 124.25 + 17.55(L - 2\,009) + 0.76(L - 2\,009)^2 \quad (L = 2\,010, 2\,011, \cdots)$$

模型的平均相对误差为3.602%。用上式预测该市2010年、2011年和2012年的社会商品零售额分别为142.55百万元、162.39百万元和181.84百万元。

社会商品零售额预测是宏观经济预测,有时还需要对运输企业内部的一些经济指标进行预测,为生产管理与决策提供科学依据。

经济预测中往往还需要建立经济指标之间关系的数学模型,以便可以根据其中的一个指标预测另一个指标的变化趋势。表3-3是某地区所属6个县2009年农业总产值与粮食总产量统计数据,拟建立农业总产值与粮食总产量关系的数学模型。分别用线性函数、指数函数、幂函数和对数函数进行回归分析,并从中选择一个效果最好的模型。

粮食总产量与农业总产值

表3-3

县代号	1	2	3	4	5	6
粮食总产量(万t)	300	240	430	310	220	200
农业总产值(亿元)	12.0	8.0	20.0	12.0	7.0	6.0

回归分析结果表明(表3-4),四种函数的回归效果都达到极显著水平,但相对而言,幂函数的回归效果最好。因此,选择幂函数回归模型作为农业总产值与粮食总产量关系的数学模型。

回归分析结果

表3-4

函数类型	函数形式	参数 a	参数 b	统计量 R^2	统计量 F	回归效果
线性函数	$y=a+bx$	106.9	16.28	0.997 1	1 393.55	极显著
幂函数	$y=a+x^b$	64.48	0.63	0.997 5	1 620.00	极显著
指数函数	$y=ae^{bx}$	153.27	0.036	0.974 8	154.93	极显著
对数函数	$y=a+b\log x$	−146.81	187.25	0.977 2	171.40	极显著

除了指数平滑和回归分析预测法外，灰色系统方法、投入产出法、马尔可夫过程等也可以用于经济预测。

二、物流运输需求量预测

综合物流运输需求量是指一定时期、一定社会经济结构下进行社会经济活动所产生的物流运输的数量。影响货物运输量的主要因素如下。

(1)国民经济发展规模和速度。

(2)经济结构，特别是工业内部的结构。例如重工业每万元产值提供的运量远比轻工业高，采掘工业的货运量又大于加工工业的货运量。

(3)能源及火力电站建设布局。能源及火力电站建设布局对货运量有着直接的影响。

(4)冶金工业发展规模、速度和布局。例如生产钢和铝，需要运输大量的原料、燃料，并需发展电力工业，所以冶金工业发展规模、速度和布局对货运量增长具有重大影响。

(5)基本建设投资、房建工程数量。据统计，我国每亿元基建投资产生 35 万 ~ 40 万 t 建筑材料的运量。可见基本建设投资、房建工程数量与货运量增长关系密切。

物流运输需求量的预测方法很多，常用的方法有调查法、德尔菲法、回归分析法、平滑预测法、生长曲线法、马尔可夫链预测法等，也可用两种或两种以上的预测方法的组合预测。

(一)定性预测

当缺乏完整有效的原始数据时，可采用定性预测运输量，即使是掌握了历史数据和统计资料，具备定量预测条件时，定性预测也可作为定量预测的补充。预测可采用调查法、德尔菲法、专家会议法等进行。

1. 调查法

客运量调查的区域范围包括直接吸引区和间接吸引区，直接吸引区是指车站所在地及其附近地区被车站直接吸引的城市和居民点的总区域，间接吸引区是指车站直接吸引范围以外、由于中转等原因而被吸引的城市和居民点的总区域。

客运量调查可分为综合调查、节假日调查、日常调查、专题调查等。调查的内容主要包括：旅客发送人数(指办理客运的车站、港口、航空港站在一定时期内始发的旅客人数)，旅客到达人数(指在一定时期内某一车站、港口、航空港站到达的旅客人数)，旅客中转人数，出行目的，出行里程等。

经过调查，可以了解影响客运量的主要因素，经汇总分析，可对未来年份的客运量进行估计，也为其他预测方法的应用提供基础数据。

2. 德尔菲法

德尔菲法也是一种常用的定性预测方法。根据上述介绍，德尔菲法具体过程如下。

（1）提出问题：用德尔菲法预测某港未来的货船量情况。

（2）聘请专家：聘请5位经济学家、5位科技专家、5位企业家，发放意见征询表，要求每人对该服务区域内未来（以第4年为例）的运输量进行预测，分为最高运输量、最可能运输量和最低运输量3种情况。

（3）意见汇总、整理、计算、分析：经过3轮的意见反馈，得到运输量预测统计见表3-5。

（4）根据统计表3-5，可以求出需要预测的运输量。

取第3轮的预测数，用平均数求解：

$$\text{最低运输量平均值} = 15\,248/12 = 1\,271(\text{万 t}\cdot\text{km})$$

$$\text{最可能运输量平均值} = 20\,286/12 = 1\,691(\text{万 t}\cdot\text{km})$$

$$\text{最高运输量平均值} = 29\,125/12 = 2\,427(\text{万 t}\cdot\text{km})$$

$$\text{四年交通量预测值} = (1\,271 + 1\,691 + 2\,427)/3 = 1\,796(\text{万 t}\cdot\text{km})$$

德尔菲法预测运输量（万 t·km）　　表3-5

专家组		第1轮			第2轮			第3轮		
		最低	最可能	最高	最低	最可能	最高	最低	最可能	最高
经济学家	A	1 000	1 500	2 000	1 100	1 500	2 100	1 200	1 600	2 200
	B	1 200	1 300	2 100	1 000	1 600	2 300	1 700	1 900	2 500
	C	900	1 400	1 900	1 000	1 300	1 800	1 200	1 500	2 200
	D	1 320	1 550	2 530	1 350	1 400	2 600	1 200	1 800	2 800
科技专家	A	890	1 230	1 980	900	1 530	2 310	1 200	1 650	2 150
	B	1 250	1 560	1 980	1 000	1 560	2 530	1 100	1 800	3 000
	C	780	1 300	1 800	500	1 350	1 900	750	900	1 700
	D	980	1 560	2 000	1 000	1 200	1 900	1 100	1 500	2 000
企业家	A	1 240	1 860	2 480	1 364	1 860	2 604	1 488	1 984	2 728
	B	979	1 353	2 178	990	1 683	2 541	1 320	1 815	2 365
	C	992	1 488	1 984	1 091	1 488	2 083	1 190	1 587	2 182
	D	1 350	2 100	2 850	1 500	1 950	2 700	1 800	2 250	3 300
合计		12 881	18 201	25 782	12 795	18 421	27 368	15 248	20 286	29 125

（二）定量预测

定量预测可取得更为可靠准确的结果，在掌握了有效的历史数据和统计资料的情况下，一般要进行定量预测。表3-6是某地区近5年分季度的木材运输量统计资料。以下介绍如何应用指数平滑预测、灰色系统预测和组合预测对该地区木材物流运输需求量进行短期预测。

1. 指数平滑预测

木材运输量受木材生产、社会经济状况、企业运力、道路和气候等诸因素的影响，这些因素影响的综合结果表现为季节波动和趋势性。季节波动是由于木材生产的季节性特点和林区道路受到气候季节性变化的制约所决定的；若剔除了这种季节波动后，则木材运输量还具有一定的基本趋势变化。由于木材运输量有比较明显的季节波动，因此要求按季度进行预测，以便制订运输季度计划。若直接应用指数平滑方法对原始数据进行处理（过程略），结果平均相对误差为15.00%，预测的精度较低。造成预测精度低的主要原因是数据季节波动幅度大，以至淹没了基本趋势变化。因此，进行木材运输量预测时，先应用季节指数法消除季节波动，然后再应用指数平滑方法进行趋势变化预测,有助于提高预测精度。

木材运输量原始值(m^3) 表 3-6

年份(年)	第1季度	第2季度	第3季度	第4季度	年度合计
2005	11 500	9 094	11 181	17 273	49 048
2006	15 005	6 942	11 710	16 152	49 809
2007	12 295	13 246	11 893	21 785	59 219
2008	10 224	8 028	15 237	22 395	55 884
2009	11 978	8 210	16 709	21 650	58 547

根据式(3-36)计算季节指数:$F_1=0.94$,$F_2=0.66$,$F_3=0.91$,$F_4=1.49$,用季节指数消去数据中的季节周期波动,对数据作指数平滑处理,则得到表 3-7 所示的一、二、三次指数平滑处理结果,平均相对误差为 6.68%,预测精度有了较大的提高。

经季节指数法处理的指数平滑结果(m^3) 表 3-7

年份(年)	季度	X_t	$S_t^{(1)}$	$S_t^{(2)}$	$S_t^{(3)}$	预测值	相对误差(%)
2005	1	12 234	12 234	12 234	12 234	12 234	0.00
	2	13 779	12 698	12 373	12 276	13 249	3.85
	3	12 287	12 574	12 433	12 323	12 746	3.73
	4	11 593	12 280	12 387	12 342	12 020	3.68
2006	1	15 963	13 385	12 687	12 446	14 540	8.91
	2	10 518	12 525	12 638	12 503	12 164	15.64
	3	12 868	12 628	12 635	12 543	12 521	2.70
	4	10 840	12 091	12 472	12 522	11 380	4.98
2007	1	13 080	12 388	12 447	12 499	12 323	5.79
	2	20 070	14 693	13 121	12 686	17 402	13.29
	3	13 069	14 206	13 446	12 914	15 192	16.25
	4	14 621	14 330	13 711	13 153	15 010	2.66
2008	1	10 877	13 294	13 586	13 283	12 407	14.07
	2	12 164	12 955	13 397	13 317	11 992	1.41
	3	16 744	14 092	13 605	13 404	14 863	11.23
	4	15 030	14 373	13 836	13 533	15 146	0.77
2009	1	12 743	13 884	13 850	13 628	13 730	7.75
	2	12 439	13 451	13 730	13 659	12 820	3.06
	3	18 362	14 924	14 088	13 788	16 295	11.26
	4	14 530	14 806	14 304	13 943	15 449	6.32

根据式(3-23)得到二次指数平滑预测模型为

$$y = 15\,492.71 + 409.12(L-2\,009) + 21.21(L-2\,009)^2 \quad (L = 2\,010, 2\,011, \cdots) \tag{3-42}$$

应用该模型,可进行 2010 年各季节的木材运输需求量预测,先应用式(3-42)计算初步预测值,即

第 1 季度：$Y_1 = 15\,923$

第 2 季度：$Y_2 = 16\,396$

第 3 季度：$Y_3 = 16\,911$

第 4 季度：$Y_4 = 17\,468$

再利用季节指数对初步预测结果进行修正，得到最终预测结果，即

第 1 季度：$Y_1' = Y_1 \cdot F_1 = 14\,968$

第 2 季度：$Y_2' = Y_2 \cdot F_2 = 10\,821$

第 3 季度：$Y_3' = Y_3 \cdot F_3 = 15\,389$

第 4 季度：$Y_4' = Y_3 \cdot F_3 = 26\,027$

2. 组合预测

为了应用组合预测方法，先采用 2 种单一预测进行预测。这里分别使用 G(1,1) 模型预测和三次指数平滑预测。

(1) G(1,1) 模型预测

G(1,1) 模型具有需要的建模数据少、计算量小、结果可靠等优点，因此当原始数据比较缺乏时，这种预测方法具有其特殊作用。例如，若仅取得表 3-6 的年度合计数据，则按下列步骤建立 G(1,1) 预测模型。

①生成一次累加序列和邻均值生成序列。原始数据序列为

$$X^{(0)} = (x_1^{(0)}, x_2^{(0)}, \cdots, x_n^{(0)}) = (49\,048, 49\,809, 59\,219, 55\,884, 58\,547)$$

对原始数据序列作一次累加生成，得到 $X^{(0)}$ 的 1-AGO 序列

$$X^{(1)} = (49\,048, 98\,857, 158\,076, 213\,960, 272\,507)$$

近邻均值生成序列为

$$Z^{(1)} = (49\,048, 73\,953, 128\,467, 186\,018, 243\,234)$$

②数据序列检验。为取得有足够高精度的预测模型，需要对数据序列进行准光滑检验和准指数规律检验。根据式(3-33)，可求得光滑比为：$\rho_{(3)} = 0.599$，$\rho_{(4)} = 0.354$，$\rho_{(5)} = 0.274$。

$\rho_{(k)}\ (k = 3, 4, \cdots, n)$ 满足条件：

a. $\rho_{(k+1)} < \rho_{(k)}\ (k = 2, 3, \cdots, n-1)$；

b. $\rho_{(k)} \in [0, \varepsilon]\ (k = 3, 4, \cdots, n)$；

c. $\varepsilon < 0.5$。

根据式(3-34)计算的 $\sigma_{(k)}$ 级比为：$\sigma_{(3)} = 1.599$，$\sigma_{(4)} = 1.354$，$\sigma_{(5)} = 1.274$，基本满足 $\sigma_{(k)} \in [1, m]\ (k = 2, 3, \cdots, n)$，$m - 1 < 0.5$，$X_{(1)}$ 具有准指数规律。

③参数的最小二乘估计。由 $A = (a, b)$，$Y = (49\,809, 59\,219, 55\,884, 58\,547)^{\mathrm{T}}$，

$$B = \begin{bmatrix} -73\,953 & 1 \\ -128\,467 & 1 \\ -186\,018 & 1 \\ -243\,234 & 1 \end{bmatrix}$$

满足条件 $A = (B^{\mathrm{T}}B)^{\mathrm{T}}B^{\mathrm{T}}Y$，求得，$a = -0.038\,5$，$b = 49\,546.299$，于是建立 GM(1,1) 预测模型

$$x'^{(1)}_{(t)} = 1\,352\,904\mathrm{e}^{-0.038\,5t} - 1\,303\,850$$

④误差检验与预测模型应用。利用原始序列和模拟值计算残差和相对误差，见表 3-8。

平均相对误差为4.46%。

误差检验　　表3-8

序号 k	$X^{(0)}$	$X'^{(1)}_{(k)}$	$\varepsilon_{(k)}=X'^{(1)}_{(k)}-X^{(0)}$	δ^2	$\lvert\varepsilon_{(k)}\rvert/X^{(0)}$(%)
2	49 809	53 102	3 294	10 850 436	6.61
3	59 219	55 186	-4 032	16 257 024	6.81
4	55 884	57 352	1 469	2 157 961	2.63
5	58 547	59 604	1 057	1 117 249	1.02

应用模型预测2010年和2011年的运材量分别为61 943m^3和64 374m^3。

(2)指数平滑预测

应用三次指数平滑对表3-8的年度合计数据进行处理,结果见表3-9。建立二次预测模型

$$f_2=58\,312.7+1\,667.19(L-2\,009)+82.91(L-2\,009)^2\quad(L=2\,010,2\,011,\cdots)$$

三次指数平滑结果(m^3)　　表3-9

年份(年)	X_t	$S_t^{(1)}$	$S_t^{(2)}$	$S_t^{(3)}$	预测值
2005	49 048	51 598.80	51 919.23	51 928.49	54 643.34
2006	49 809	51 061.86	51 662.02	51 848.54	50 506.00
2007	59 219	53 509.00	52 216.11	51 958.82	49 360.35
2008	55 884	54 221.50	52 817.73	52 216.49	57 469.44
2009	58 547	55 519.15	53 628.16	52 639.99	57 864.71

应用模型预测2010年和2011年的运材量分别为60 063m^3和61 979m^3。

(3)组合预测

应用式(3-39)计算权重$k=0.768\,1$,建立组合预测模型$f=0.768\,1f_1+0.231\,9f_2$,应用模型预测2010年和2011年的运材量分别为61 507m^3和63 818m^3。

三、交通运输方式分担预测

交通运输方式分担预测又称交通运输方式划分预测或交通运输方式选择预测,主要指对公路运输与铁路、水路、航空、管道运输方式之间的分担量预测。

1. 专家经验法

在充分调查研究的基础上,分析预测铁路、水路等运输方式区段运输能力。当它们的运能小于其运能时,考虑经济运距、直达性、安全性等因素,按适当比例将部分客货发送量从铁路、水路等客货运中分流出来,由公路运输分担。当铁路、水路等运输方式的运能大于其运能时,则考虑它们与公路运输间的竞争协作关系,慎重选择它们的合理分担率。

上述两种情况下分担率的确定都要广泛征求专家的意见,进行反复研究论证。在此基础上,还可以结合一些概率预测技术如马尔可夫过程分析等,进行预测分担率预测计算,力求使结果可靠、可信。若用马尔可夫过程分析预测公路运输方式分担率,需要调查各种运输方式目前的运输市场占有率,即确定初始状态,同时,通过对历史数据计算比例、各运输方式发展的趋势预测或统计事件发生的概率,确定转移概率。

假定表3-10是按上述方法确定的转移概率,并已知公路、铁路和水路3种运输方式当前的市场占有率分别为0.52、0.30、0.18。应用马尔可夫过程分析可预测公路、铁路和水陆3种运输方式未来期的分担率。

3 种运输方式转移概率　　表 3-10

现状＼未来	公路运输	铁路运输	水路运输
公路运输	0.65	0.25	0.10
铁路运输	0.45	0.30	0.25
水路运输	0.40	0.30	0.30

将上述情况表达为初始状态和转移矩阵的形式，为

$$S^{(0)} = [0.52, 0.30, 0.18]$$

$$P = \begin{bmatrix} 0.65 & 0.25 & 0.10 \\ 0.45 & 0.30 & 0.25 \\ 0.40 & 0.30 & 0.30 \end{bmatrix}$$

假设近期内转移概率基本不变，根据马尔可夫过程分析的原理和预测模型(3-25)，计算得到未来期 3 种运输方式的分担率 $S^{(1)}$ 为

$$S^{(1)} = S^{(0)} \cdot P = [0.545, 0.274, 0.181]$$

因此，公路、铁路和水路 3 种运输方式未来期的分担率分别为 0.545、0.274、0.181。

2. 直接预测法

直接预测法，即用一个模型来完成交通运输需求量、分布和方式分担预测的全过程，从而避免了 4 阶段预测模型存在的一些缺陷，该方法已成为交通运输系统预测的一个研究方向。直接预测法需要掌握基年、预测年区域内各节点间公路、铁路等运费、运距以及运输全过程时间，基年区域内公路、铁路等 OD 分布表等。依据上述资料建立分担率预测模型

$$P_m = a_0 R_m^{a_1} C_m^{a_2} T_m^{a_3} F_m^{a_4} \tag{3-43}$$

式中：P_m——第 m 种运输方式客流或货流分担比例；
R_m——第 m 种运输方式的服务可靠性；
C_m——第 m 种运输方式的相对运输服务费；
T_m——第 m 种运输方式的相对运达时间；
F_m——第 m 种运输方式的相对运输频率；
a_0、a_1、a_2、a_3、a_4——方程参数，可通过回归分析方法计算。

运输方式的服务可靠性是所选方式按计划时间交货量占运输货物量的比例，可通过统计方法进行计算。当缺乏数据时，可采用等级评分加以确定。相对运输服务费是可利用运输方式中的最小运输服务费与某种运输方式的运输费之比。类似地，运输方式的相对运达时间等于可利用运输方式中的最短运达时间与某种运输方式的运达时间之比；相对运输频率等于某种运输方式的运输频率与可利用运输方式中的最大运输频率之比，其中运输频率表示日发运次数。以下以长春市洗衣机厂洗衣机产品的发运数据为例，来说明模型的建立和应用方法。表 3-11 是有关该厂基年的发运统计数据。

(1)计算第 m 种运输方式的服务可靠性 R_m

运输方式的服务可靠性是一个比较难定量描述的变量。因此，采用 5 级等级评分确定，1 分表示差，1.5 分表示次差，2 分表示中等，2.5 分表示次好，3 分表示好。由于汽车运输具有门

对门运输的优点，基本上可以保证按计划时间交付货物。因此，认为汽车运输的服务可靠性 R_1 比铁路运输的服务可靠性 R_2 好。

长春市洗衣机厂洗衣机产品的发运数据　　表 3-11

送达地	总运量（台）	铁路运输				汽车运输			
		运距（km）	运量（台）	运次（次）	运价（元/t）	运距（km）	运量（台）	运次（次）	运价 元/（t·km）
哈尔滨	1 909	242	688	3	10.7	330	1 221	21	0.61
沈阳	1 556	305	420	2	12.5	323	1 136	16	0.61
大庆	656	402	210	1	14.4	362	446	6	0.61
齐齐哈尔	350	532	210	1	16.2	684	140	2	0.61
景州	677	547	420	2	17.3	658	257	4	0.61
丹东	382	607	210	1	19.6	596	172	3	0.61
牡丹江	1 313	597	840	4	18.5	704	473	7	0.61
大连	2 926	762	1 890	9	22.0	786	1 036	15	0.61
佳木斯	627	730	420	2	23.0	805	207	3	0.61

注：铁路运价为单位重量（t）从货物发运地到送达地的运输费。

（2）计算第 m 种运输方式的相对运输服务费 C_m

汽车的运输服务费 c_1 等于运价乘以运距。铁路运输服务费 c_2 由铁路运费、保险费和其他服务费 3 部分组成。铁路运费等于运价乘以运距；保险费和其他服务费与货物类型有关。第 m 种运输方式的相对运输服务费 C_m 按式（3-44）计算

$$C_m = \frac{\min\{c_1, c_2, \cdots, c_m\}}{c_m} \quad (m = 1,2,\cdots,M) \tag{3-44}$$

式中：M——运输方式数。

（3）计算第 m 种运输方式的相对运达时间 T_m

设汽车的运达时间 T_1，铁路的运达时间 T_2。则

$$t_1 = \frac{\text{运距}}{v_1}$$

$$t_2 = \frac{\text{运距}}{v_2} + t_0$$

式中：v_1、v_2——汽车、铁路平均技术速度，km/h；

t_0——铁路运输方式货物在货场的平均停留时间，按 72h 计算。

$$T_m = \frac{\min\{t_1, t_2, \cdots, t_m\}}{t_m} \quad (m = 1,2,\cdots,M) \tag{3-45}$$

（4）计算第 m 种运输方式的相对运输频率 F_m

运输方式 m 的相对运输频率按式（3-46）计算

$$F_m = \frac{f_m}{\max\{f_1, f_2, \cdots, f_m\}} \quad (m = 1,2,\cdots,M) \tag{3-46}$$

计算结果见表 3-12。

指标计算结果　表3-12

送达地	R_1	R_2	c_1	c_2	C_1	C_2	t_1	t_2	T_1	T_2	F_1	F_2	P_1	P_2
哈尔滨	3	1	201.30	90.40	0.45	1	7.33	76.03	1	0.10	1	0.14	0.64	0.36
沈阳	3	1	197.03	97.60	0.50	1	7.18	77.08	1	0.09	1	0.13	0.73	0.27
大庆	2.5	1	220.82	105.20	0.48	1	8.04	78.70	1	0.10	1	0.17	0.68	0.32
齐齐哈尔	2.5	1	417.24	112.40	0.27	1	15.20	80.87	1	0.19	1	0.50	0.40	0.60
景州	2.5	1	401.38	116.80	0.29	1	14.62	81.12	1	0.18	1	0.50	0.38	0.62
丹东	2	1	363.56	126.00	0.35	1	13.24	82.12	1	0.16	1	0.33	0.45	0.55
牡丹江	2	1	429.44	121.60	0.28	1	15.64	81.95	1	0.19	1	0.57	0.36	0.64
大连	2	1	479.46	135.60	0.28	1	17.47	84.70	1	0.21	1	0.60	0.35	0.65
佳木斯	2	1	491.05	139.60	0.28	1	17.89	84.17	1	0.21	1	0.67	0.33	0.67

(5)参数估计

对式(3-43)的两边取自然对数,得到修正模型

$$P'_m = a'_0 + a_1R'_m + a_2C'_m + a_3T'_m + a_4F'_m \tag{3-47}$$

其中 $P'_m = \ln P_m, a'_0 = \ln a_0, R'_m = \ln R_m, C'_m = \ln C_m, F'_m = \ln F_m$。

修正模型是多元线性方程,应用多元线性回归分析方法,求得 $a'_0 = 1.214, a_1 = 0.2322$, $a_2 = 1.0934, a_3 = 0.2347, a_4 = 0.4388$。统计量 $F = 83.24 > F_{0.99}(4,13) = 5.21$,模型极显著相关。运输方式分担率预测模型为

$$P_m = 1.214R_m^{0.2322}C_m^{1.0934}T_m^{0.2347}F_m^{0.4388} \tag{3-48}$$

(6)模型应用

通过调查和预测,得到预测年某两分区间之间的运距、运费、运次、运价等数据,并求得 $R_1 = 2, C_1 = 0.28, T_1 = 1, F_1 = 1; R_2 = 1, C_2 = 1, T_2 = 0.227, F_2 = 0.5$,分别把两组数据代入式(3-48),计算得到汽车运输方式和铁路运输方式的分担率分别为0.36和0.64。

思　考　题

1. 何谓物流运输需求?简析其特征。
2. 进行交通运输系统预测的意义是什么?
3. 公路交通运输系统预测的作用是什么?
4. 简述专家会议法。专家会议法有何利弊?
5. 如表3-13所示是某路段近年交通量值,试用二次指数平滑法建立线性模型,并预测2011年的交通量($\alpha = 0.2$)。

某路段近年交通量值　表3-13

年份(年)	2006	2007	2008	2009	2010
交通量(万辆)	58	59	60	66	62

参 考 文 献

[1] 初良勇,田质广,谢新连.组合预测模型在物流需求预测中的应用[J].大连海事大学学报:自然科学版,2004,30(4):43-46.

[2] 王隆基,张仲鹏.基于BP神经网络的物流预测方法[J].起重运输机械,2005,(5):30-32.
[3] 韩於羹.应用数理统计[M].北京:北京航空航天大学出版社,1998.
[4] 刘思峰.灰色系统理论及其应用[M].开封:河南大学出版社,1991.
[5] 邱荣祖.G(1,1)模型在木材运输量预测中的应用[J].林业建设,1995(6):34-35.
[6] 邱荣祖.林业汽车运输企业运输量的预测[J].森林工程,1998,14(1):7-9.
[7] 邱荣祖.EQ-140型运材车经济使用年限的研究[J].林业科学,1993,29(6):569-572.
[8] 张跃,邹寿平,宿芬.模糊数学方法及其应用[M].北京:煤炭工业出版社,1992.
[9] 汪同三,张涛.组合预测——理论、方法及应用[M].北京:社会科学文献出版社,2008.
[10] 钱学森.创建系统学[M].太原:山西科学技术出版社,2001.
[11] 朱剑英.智能系统非经典数学方法[M].武汉:华中科技大学出版社,2001.
[12] 徐宗本,张讲社,郑亚林.计算智能中的仿生学:理论与算法[M].北京:科学出版社,2003.
[13] 郎茂祥,傅选义,朱广宇.预测理论与方法[M].北京:清华大学出版社,2011.
[14] 王硕,张礼兵,金菊良.系统预测与综合评价方法[M].合肥:合肥工业大学出版社,2006.
[15] 潘超杰.基于BP人工神经网络的物流配送中心选址决策[J].知识经济,2010(9):10-11.

第四章　物流运输系统优化理论与方法

第一节　物流运输系统优化概述

一、物流运输系统优化理论

在物流运输系统中存在很多优化问题，需要用到一些数学规划模型以及求解算法，而这些模型和算法的数学基础就是最优化理论与方法。物流运输系统由于其本身的特殊性，如在物流系统中普遍存在的效益背反现象，决定了对于物流运输系统的优化要从系统的角度考虑物流活动其他环节的效益，在考虑物流系统总体效益的前提下建立优化问题的数学模型和约束条件。对于各种各样的极小化或极大化问题，往往可以通过事物各种量之间的规律关系，用含有多个变量的函数在一定条件下的极值问题来进行描述，称之为最优化问题或数学规划问题。

最优化理论与算法是一个重要的数学分支，它所研究的问题是讨论在众多的方案中什么样的方案最优以及怎样找出最优方案。这类问题普遍存在。例如，工程设计中怎样选择设计参数，使得设计方案满足设计要求，又能降低成本；资源分配中，怎样分配有限资源，使得分配方案既能满足各方面的基本要求，又能获得好的经济效益；生产安排评价中，选择怎样的计划方案才能提高产值和利润；原料配比问题中，怎样确定各种成分的比例，才能提高质量，降低成本；城建规划中，怎样安排工厂、机关、学校、商店、医院、住户和其他单位的合理布局，才能方便群众，有利于城市各行各业的发展；农田规划中，怎样安排各种农作物的合理布局，才能保持高产稳产，发挥地区优势；军事指挥中，怎样确定最佳作战方案，才能有效地消灭敌人，保存自己，有利于战争的全局；在人类活动的各个领域中，诸如此类，不胜枚举。最优化这一数学分支，正好为这些问题的解决，提供理论基础和求解方法，是一门应用广泛、实用性强的学科。

最优化问题数学模型的一般形式为

$$\text{opt } z = f(x)$$

$$s.t. \begin{cases} c_i(x) = 0 & (i = 1,2,\cdots,m) \\ c_i(x) \geqslant 0 & (i = m+1, m+2,\cdots,p) \end{cases}$$

二、最优化方法

所谓最优化，就是在一定的约束条件下，如何求出使目标函数最大(或最小)的解。求解最优化问题的方法称为最优化方法。最优化方法是优化过程的关键和核心，常见的物流运输系统优化方法有数学规划法、动态规划法、探索法和分割法，另外运筹学中的博弈论和统计决策也是较好的优化方法；其中应用最广泛的是数学规划法。数学规划是系统工程中最重要的分析方法之一，包括线性规划、非线性规划、整数规划、目标规划等；是研究系统如何在一定约束条件下达到某一评价目标最大(或最小)的一种决策方法，即从系统工程思想出发，在定性分析的指导下建立数学规划模型。

数学规划模型的一般形式是

$$\max(\min)\ f(x_i) \tag{4-1}$$

$$s.t.\begin{cases} g_j(x_i) \leqslant 0 & (4\text{-}2) \\ h_l(x_i) = 0 & (4\text{-}3) \end{cases}$$

式(4-1)是系统目标的评价准则,通常称之为目标函数;式(4-2)和式(4-3)是系统必须满足的限制条件的数学描述,称之为约束条件。

建立系统最优化模型的过程实质上是通过定性分析,把环境对系统的限制和系统的评价目标,用促使系统状态发生变化的因素来进行描述的过程。若去掉式(4-2)和式(4-3)这两个约束条件,称其为无约束最优化问题;反之,则称为约束最优化问题。根据对系统目标函数和约束条件的描述形式的差别,数学模型也可分为线性规划(Liner Programming,简称 LP)模型和非线性规划(Nonliner Programming,简称 NP)模型等。

建立优化数学模型是求解优化问题的基础,有了正确、合理的模型,才能选择适当的方法来求解。优化变量、目标函数和约束条件是最优化问题数学模型的 3 个基本要素。

第二节　线 性 规 划

一、线性规划的概念

线性规划问题是运筹学中最基本的优化模型。如果式(4-1)~式(4-3)都是线性函数,则该数学规划模型称为线性规划问题。

在生产管理和经营活动中,人们总是会遇到下列两类问题:一类是如何合理地使用有限的人力、物力、财力等资源,得到最好的经济效果;另一类是一项任务确定后,如何统筹安排,尽量做到用最少的人力、物力、财力等资源去完成这一任务,如完成一定运输任务且运费最省或完成一组运输任务且空车里程最短。

二、线性规划问题及其数学模型

(一)线性规划的实例

1. 运输问题

例 4-1　假定某制造企业有三个生产厂,并且建立了五个地区性仓库,先把产品运到仓库存放,将来再向用户供应。三个生产厂每周生产的产品数量、五个仓库每周需要量以及从各厂运到各仓库的运输费(每件)如表 4-1 所示。试建立使总运费最低的数学模型。

从各厂运到各仓库的每件产品运输费(元/件)　　表 4-1

生产厂＼仓库	1	2	3	4	5	生产能力(件)
1	2	1	3	1	2	600
2	4	2	1	3	1	400
3	2	1	1	3	4	500
需求量(件)	200	250	300	550	200	

解:令 x_{ij}为从工厂 i 装运到仓库 j 的件数,则 $i=1,2,3;j=1,2,3,4,5$。因为件数不能为负,故 $x_{ij}\geqslant 0(i=1,2,3;j=1,2,3,4,5)$。

总运费 $z=2x_{11}+x_{12}+x_{13}+x_{14}+2x_{15}+4x_{21}+2x_{22}+x_{23}+3x_{24}+x_{25}+2x_{31}+x_{32}+x_{33}+3x_{34}+4x_{35}$

从各工厂运送至各仓库的数量不能超过各工厂的生产能力,因此有

$$x_{11}+x_{12}+x_{13}+x_{14}+x_{15}\leqslant 600$$

$$x_{21}+x_{22}+x_{23}+x_{24}+x_{25}\leqslant 400$$

$$x_{31}+x_{32}+x_{33}+x_{34}+x_{35}\leqslant 500$$

此外,还要保证每个仓库的需求量得到满足,则有

$$x_{11}+x_{21}+x_{31}=200$$

$$x_{12}+x_{22}+x_{32}=250$$

$$x_{13}+x_{23}+x_{33}=300$$

$$x_{14}+x_{24}+x_{34}=550$$

$$x_{15}+x_{25}+x_{35}=200$$

因此,满足上述约束条件并使运费最小的数学模型可以归纳为

$$\min z=2x_{11}+x_{12}+x_{13}+x_{14}+2x_{15}+4x_{21}+2x_{22}+x_{23}+3x_{24}+x_{25}+2x_{31}+x_{32}+x_{33}+3x_{34}+4x_{35}$$

$$s.t.\begin{cases}x_{11}+x_{12}+x_{13}+x_{14}+x_{15}\leqslant 600\\x_{21}+x_{22}+x_{23}+x_{24}+x_{25}\leqslant 400\\x_{31}+x_{32}+x_{33}+x_{34}+x_{35}\leqslant 500\\x_{11}+x_{21}+x_{31}=200\\x_{12}+x_{22}+x_{32}=250\\x_{13}+x_{23}+x_{33}=300\\x_{14}+x_{24}+x_{34}=550\\x_{15}+x_{25}+x_{35}=200\\x_{ij}\geqslant 0\quad(i=1,2,3;j=1,2,3,4,5)\end{cases}$$

2.投资问题

例 4-2 某集团有一批资金用于五个物流公司的投资,用于各物流公司时所得投资收益率如表 4-2 所示。

各物流公司的投资收益率 表 4-2

物流公司	A	B	C	D	E
收益(%)	12	8	6	4	9

由于某种原因,用于物流公司 A 的投资不大于其他各物流公司投资之和,用于物流公司 B 和 E 的投资总和要不少于物流公司 C 的投资,用于运输公司 D 的投资不少于总投资的四分之一,试确定该集团净收益最大的投资分配数学模型。

解:设用 $x_i(i=1,2,3,4,5)$分别表示用于物流公司 A、B、C、D、E 的投资百分比,有 $x_1+x_2+x_3+x_4+x_5=1,x_i\geqslant 0$;集团投资总收益可以表示为

$$z=0.12x_1+0.08x_2+0.06x_3+0.04x_4+0.09x_5$$

用于物流公司 A 的投资不大于其他各物流公司投资之和，故 $x_1 \geq x_2 + x_3 + x_4 + x_5$；

用于物流公司 B 和 E 的投资总和要不少于物流公司 C 的投资，故 $x_2 + x_5 \geq x_3$；

用于运输公司 D 的投资不少于总投资的四分之一，故 $x_4 \geq 1/4$。

因此，满足上述条件并使集团净收益最大的投资分配数学模型可以归纳为

$$\max z = 0.12x_1 + 0.08x_2 + 0.06x_3 + 0.04x_4 + 0.09x_5$$

$$s.t. \begin{cases} x_1 + x_2 + x_3 + x_4 + x_5 = 1 \\ x_1 - x_2 - x_3 - x_4 - x_5 \leq 0 \\ x_2 - x_3 + x_5 \geq 0 \\ x_4 \geq \dfrac{1}{4} \\ x_i \geq 0 \quad (i = 1,2,3,4,5) \end{cases}$$

3. 生产计划安排

例 4-3 某电器厂生产甲、乙、丙 3 种产品，每种产品的生产都要经过零件加工、表面处理和装配 3 个工艺过程。表 4-3 所示为各产品在各工艺过程所消耗的工时、该厂在各工艺过程的每周可用工时以及各产品所能带来的利润。试建立使总利润最大的数学模型。

各产品在各工艺过程所消耗的工时(h) 表 4-3

工 艺 过 程	单位产品所耗工时			每周可用工时(h)
	甲	乙	丙	
零件加工	4.2	6.1	5.3	8 300
表面处理	0.4	0.7	0.3	3 700
装配	1.1	1.9	1.4	4 100
单位产品利润(元)	7	9	8	

解：设甲、乙、丙 3 种产品的每周计划产量分别为 x_1, x_2 和 x_3 件，产量不能为负，故有 $x_j \geq 0$；设可获总利润为 f，则

$$f = 7x_1 + 9x_2 + 8x_3$$

各工艺过程的消耗工时都不能超过各自每周的可用量，则

$$\begin{cases} 4.2x_1 + 6.1x_2 + 5.3x_3 \leq 8\,300 \\ 0.4x_1 + 0.7x_2 + 0.3x_3 \leq 3\,700 \\ 1.1x_1 + 1.9x_2 + 1.4x_3 \leq 4\,100 \end{cases}$$

因此，满足上述约束并使总利润最大的数学模型可以归纳为

$$\max f = 7x_1 + 9x_2 + 8x_3$$

$$s.t. \begin{cases} 4.2x_1 + 6.1x_2 + 5.3x_3 \leq 8\,300 \\ 0.4x_1 + 0.7x_2 + 0.3x_3 \leq 3\,700 \\ 1.1x_1 + 1.9x_2 + 1.4x_3 \leq 4\,100 \\ x_j \geq 0 \quad (j = 1,2,3) \end{cases}$$

（二）线性规划的数学模型

由于具体问题的不同，线性规划问题可能有不同的形式，其目标函数可以是最大化或最小化；有或者没有约束条件；约束条件可以是等于、大于或小于；决策变量可以是非负，也可以是无符号限制。

1. 线性规划问题的一般形式

线性规划问题的数学模型的一般形式可以归纳为

$$\max(\min)\ f(x) = c_1x_1 + c_2x_2 + \cdots + c_nx_n \tag{4-4}$$

$$s.t.\begin{cases} a_{i1}x_i + a_{i2}x_2 + \cdots + a_{in}x_n = b_i \quad (i = 1,2,\cdots,p) & (4\text{-}5) \\ a_{i1}x_i + a_{i2}x_2 + \cdots + a_{in}x_n \geqslant b_i \quad (i = p+1,\cdots,m) & (4\text{-}6) \\ x_j \geqslant 0 \quad (j = 1,2,\cdots,q) & (4\text{-}7) \\ x_j \geqslant\leqslant 0 \quad (j = q+1,\cdots,n) & (4\text{-}8) \end{cases}$$

式中：$f(x)$——目标函数；

x_j——变量；

c_j、b_i、a_{ij}——给定的常数；

p、m——有 p 个等式约束和 $m-p$ 个不等式约束；

$x_j \geqslant 0$——非负变量约束；

$x_j \geqslant\leqslant 0$——变量 x_j 可取正值、负值或零，这样的变量称为符号无限制变量或自由变量。

2. 线性规划问题的标准形式

一般，规定线性规划问题的标准形式为

$$\max \sum_{j=1}^{n} c_jx_j \tag{4-9}$$

$$s.t.\begin{cases} \sum_{j=1}^{n} a_{ij}x_j = b_i \quad (i = 1,\cdots,m) & (4\text{-}10) \\ x_j \geqslant 0 \quad (j = 1,\cdots,n) & (4\text{-}11) \end{cases}$$

3. 线性规划问题的标准化

由于优化目标和约束条件因实际情况而有所不同，可以将非标准形式的线性规划问题转化为标准形式。

（1）目标函数最小化转为求目标函数最大化

若目标函数为最小化，即 $\min z = CX$。则只需将目标函数最大化变换为求目标函数最小化，即令 $z' = -z$，于是得到 $\max z' = -CX$。

（2）不等式约束条件转化为等式约束

①若约束方程为"≤"不等式，则可在不等式的左端加入非负松弛变量，把原不等式变为等式。例如：

原不等式为 $\sum_{j=1}^{n} a_{ij}x_j \leqslant b_i (i = 1,2,\cdots,m)$，则可以引进松弛变量将其变成如下等式形式

$$\begin{cases} \sum_{j=1}^{n} a_{ij}x_j + x_{n+i} = b_i \quad (i = 1,2,\cdots m) \\ x_{n+i} \geqslant 0 \quad (i = 1,2,\cdots m) \end{cases}$$

②若约束方程为"≥"不等式，则可在不等式的左端减去非负松弛变量，把原不等式变为等式。例如：

原不等式为 $\sum_{j=1}^{n} a_{ij}x_j \geqslant b_i (i = 1,2,\cdots,m)$，则可以引进松弛变量将其变成如下等式形式

$$\begin{cases} \sum_{j=1}^{n} a_{ij}x_j - x_{n+i} = b_i \quad (i = 1,2,\cdots m) \\ x_{n+i} \geqslant 0 \quad (i = 1,2,\cdots m) \end{cases}$$

(3)自由变量转化为非负变量

若变量 x_j 为自由变量，则可令 $x_j = x_j' - x_j''$，其中，$x_j' \geqslant 0, x_j'' \geqslant 0$。

例 4-4 将例 4-2 的模型转化为标准形式。

解：对于含有"≥"和"≤"的 3 个不等式约束，需要将它们转换成等式约束，因此，必须分别加入松弛变量 x_6, x_7, x_8。

$$\max z = 0.12x_1 + 0.08x_2 + 0.06x_3 + 0.04x_4 + 0.09x_5$$

$$s.t.\begin{cases} x_1 + x_2 + x_3 + x_4 + x_5 = 1 \\ x_1 - x_2 - x_3 - x_4 - x_5 + x_6 = 0 \\ x_2 - x_3 + x_5 - x_7 = 0 \\ x_4 - \dfrac{1}{4} - x_8 = 0 \\ x_i \geqslant 0 \quad (i = 1,2,3,4,5,6,7,8) \end{cases}$$

三、线性规划问题的求解

(一)图解法

1. 图解法的基本思想

图解法的基本思想是利用坐标图像，从几何直观概念来解释线性规划的几何意义。首先将约束条件加以图解，在二维坐标平面内画出其可行域，然后就可以方便地利用目标函数与可行区域的关系求得最优解。图解法不仅简单而且直观，有助于了解线性规划问题求解的基本原理。

2. 图解法的具体应用

例 4-5 用图解法求解下列线性规划问题。

$$\max z = x_1 + x_2$$

$$s.t.\begin{cases} 3x_1 + 2x_2 \leqslant 12 \\ x_1 + 2x_2 \leqslant 8 \\ x_1 \geqslant 0 \\ x_2 \geqslant 0 \end{cases}$$

解：所有约束条件形成的区域是图 4-1 中阴影部分 $OABC$，顶点 O、A、B、C 的坐标值分别为 (0,0)，(0,4)，(2,3)，(4,0)。因此，凸多边形 $OABC$ 为该问题的可行域，在该区域内的内部及边界上的每一个点都是可行解。

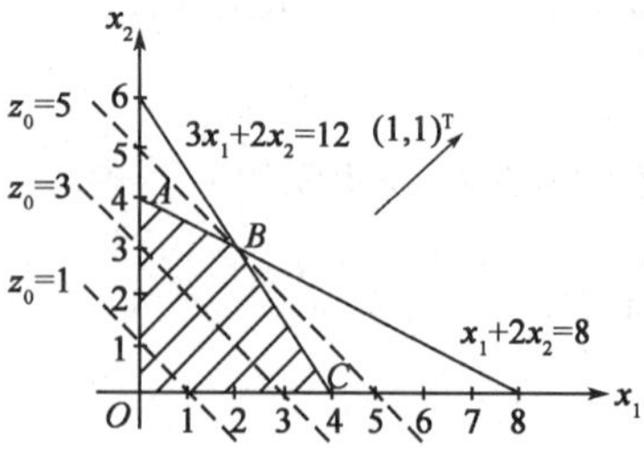

图 4-1 例 4-5 的图形描述

对于目标函数 $z = x_1 + x_2$，若令 $z = z_0$ 为一常数，则目标函数在坐标平面上表现为一条确定的直线，当 z_0 取不同的值时，那么目标函数在平面坐标上是一组平行直线束，直线的斜率为 −1。显然，当目标函数的等值线束 $z = x_1 + x_2$ 沿着和其法线方向 $(1,1)^T$ 移动时，目标函数值增加，当移动到顶点 B 时，取得最大值，于是 B 点即为最优解。此时

$$x_1 = 2, x_2 = 3$$

对应的目标函数值的最大值为

$$\max z = 2 + 3 = 5$$

例 4-6 用图解法求解以下线性规划问题

$$\max z = x_1 + x_2$$

$$
s.t.\begin{cases}-2x_1+x_2\leqslant 2\\ x_1-2x_2\leqslant 2\\ x_1\geqslant 0\\ x_2\geqslant 0\end{cases}
$$

解:该线性规划问题的可行域如图 4-2 所示,该可行域无界。等值线性函数 $z=x_1+x_2$ 沿其法线方向 $(1,1)^{\mathrm{T}}$ 移动,可以无限制地移动下去,并一直与可行域相交。该线性规划问题目标函数的最大值趋于无穷大,无最优解。

从以上例子可以看出,对于两个变量线性规划问题的图解法,可以得到如下结论:

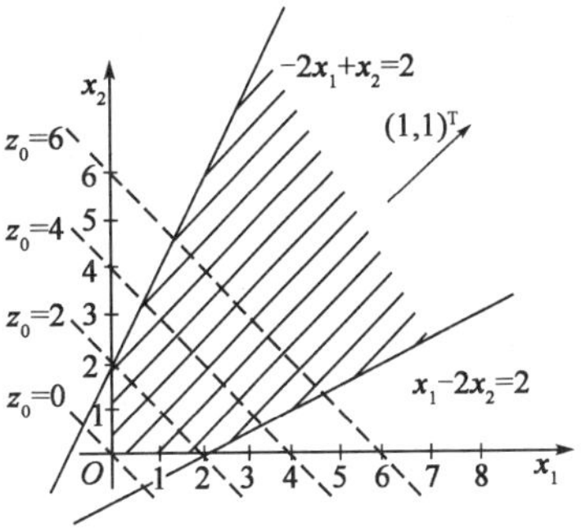

图 4-2　例 4-6 的图形描述

(1)线性规划问题的可行域是由各约束条件确定的多个半平面的交集所构成的一个有界或无界的凸多边形。

(2)若一个线性规划问题存在最优解,则至少有一个最优解在可行域的顶点上;若在两个顶点上同时得到最优解,那么这两个顶点连线上的点都是最优解。

(3)若可行域呈现无界区域,则可能有最优解,也可能出现最优解无界的情形,这时称无最优解或最优解不存在。

(4)若可行域为空集,即无可行解,也就无最优解。

以上结论对于含有两个以上变量的线性规划问题同样适用,但必须将二维平面内的直线推广到多维空间中的超平面,将二维平面内的凸多边形推广为多维空间中的多面凸集,将二维平面内直线的交点推广为多面凸集的顶点。

(二)线性规划问题解的概念

1. 可行解

满足全部约束条件的向量 $X=(x_1,x_2,\cdots,x_n)^{\mathrm{T}}$ 称为可行解。

2. 最优解

能使目标函数达到最优值的可行解称为最优解。

3. 基

对于线性规划问题的标准型

$$
\max Z = CX \tag{4-12}
$$

$$
\begin{cases}AX = b & (4\text{-}13)\\ X\geqslant 0 & (4\text{-}14)\end{cases}
$$

设 A 是秩为 m 的 $m\times n$ 阶矩阵,则 A 中任意 m 个线性无关的列向量,构成的线性无关组,称为线性问题的一个基,记为 B。

4. 基向量

设 $B=(P_{j1},P_{j2},\cdots,P_{jm})$ 为线性规划问题的一个基,则称 $P_{j1},P_{j2},\cdots,P_{jm}$ 为关于基 B 的基向量,A 中的其他列向量称为非基向量。

5. 基变量

与基向量 P_j 相对应的变量 $x_j(j=1,2,\cdots,m)$ 称为基变量;反之,对应于非基向量的变量称为非基变量。

6. 基本解

设 $R(A)=m, m<n$,故该线性方程有无穷多个解。设前 m 个变量的系数列向量线性无关,于是 $AX=b$ 可写成

$$\begin{bmatrix} a_{11} \\ a_{21} \\ \vdots \\ a_{m1} \end{bmatrix} x_1 + \begin{bmatrix} a_{12} \\ a_{22} \\ \vdots \\ a_{m2} \end{bmatrix} x_2 + \cdots + \begin{bmatrix} a_{1m} \\ a_{2m} \\ \vdots \\ a_{mm} \end{bmatrix} x_m = \begin{bmatrix} b_1 \\ b_2 \\ \vdots \\ b_m \end{bmatrix} - \begin{bmatrix} a_{1m+1} \\ a_{2m+1} \\ \vdots \\ a_{mm+1} \end{bmatrix} x_{m+1} - \cdots - \begin{bmatrix} a_{1n} \\ a_{2n} \\ \vdots \\ a_{mn} \end{bmatrix} x_n \tag{4-15}$$

令非基变量 $x_{m+1}=x_{m+2}=\cdots=x_n=0$ 代入式(4-15),由线性代数知识可知,得到唯一解 $x=(x_1,x_2,\cdots,x_n,0,0,\cdots,0)^{\mathrm{T}}$。称这个解为线性规划问题关于基 B 的一个基本解。

7. 基本可行解

满足非负条件 $x \geqslant 0$ 的基本解称为基本可行解。

8. 可行基

对应于基本可行解的基称为可行基。

(三)单纯形法

解线性规划问题著名的单纯形法是由美国数学家 G. B. Dantzig 在 1947 年首次提出的,该方法的理论基础为:若线性规划问题有最优解,则一定可以在极点上达到。单纯形法的基本思路是:将线性规划问题转化为标准形式,从可行域中选择一个基本可行解开始迭代,转换到另一个基本可行解,每一次迭代使目标函数值得到改善而趋于最优,经过若干次迭代,当目标函数值达到最优时,问题就得到了最优解。

1. 用消去法求解线性规划问题

现在通过用消去法求解线性规划问题的例子来说明上述思想。采用消去法,首先等价地把一组约束条件不等式变成等式,并给出一组基本可行解,称这个解为初始解,然后将它代入目标函数中,经过检验判断决定是否还要继续进行迭代,直至求得最优解。

例 4-7 某汽车配件厂生产甲、乙两种产品,单位利润分别为 5 000 元和 6 000 元,生产单位产品所需电力及原材料情况如表 4-4 所示。若供应的电力每天不超过 48kW,供应的原材料每天不超过 120t,问如何制订日生产计划,使两种产品总利润最大?

生产单位产品所需电力及原材料 表 4-4

产品	甲	乙	可供应资源量
电力(kW)	3	1	48
原材料(t)	3	4	120
单位产品利润(千元)	5	6	

解:设 x_1, x_2 分别为甲、乙两种产品的日产量,于是,该问题的线性规划数学模型为

$$\max z = 5x_1 + 6x_2$$

$$s.t. \begin{cases} 3x_1 + x_2 \leqslant 48 \\ 3x_1 + 4x_2 \leqslant 120 \\ x_1 \geqslant 0 \\ x_2 \geqslant 0 \end{cases}$$

引入松弛变量 x_3,x_4，把线性规划问题为标准形式

$$\max z = 5x_1 + 6x_2$$

$$s.t.\begin{cases}3x_1 + x_2 + x_3 = 48 \\ 3x_1 + 4x_2 + x_4 = 120 \\ x_1,x_2,x_3,x_4 \geqslant 0\end{cases}$$

在求解线性规划的实际问题中，未知数的个数一般大于方程的个数，且系数矩阵的秩等于方程的个数，所以约束方程组的解有无穷多个。消去法解题的基本思想是要先获得一个易于求解的等价方程组，解出这个简单的等价方程组，就同时得到了原方程组的解。

给出该方程的初始解，很明显，令 $x_1=0,x_2=0$，即得 $x_3=48,x_4=120$。有 $X^{(1)}=(0,0,48,120)^{\mathrm{T}}$，这一组值称为基本可行解。其中，非零的变量是基本变量或称基变量，零变量是非基本变量或称非基变量。此时，两种产品均不安排生产，电力和原材料全部没有利用，相应的总利润 $z^{(1)}=0$。

因此，相当于求解方程组

$$\begin{cases}x_3 = 48 - 3x_1 - x_2 \\ x_4 = 120 - 3x_1 - 4x_2\end{cases}$$

的非负解，并使目标函数

$$z = 5x_1 + 6x_2 + 0 \to \max$$

目标函数中非基变量的系数均为正，于是，若将中任意一个变量不取零值，则目标函数值可以增加。选 x_2 为新的基本可行解中的基变量（因为它比 x_2 的利润率大），而置换或取代 x_3，x_4 二者之一，使其变为零变量。

为了使目标函数值尽可能地得到改善，希望 x_2 尽量地增大，但 x_2 的增加必须保证其他变量的非负，故 $x_2\leqslant 30$。当 $x_2=30$ 时，$x_1=0,x_3=18,x_4=0$。新的基变量为 x_2,x_3；新的非基变量为 x_1,x_4。因此，新的基本可行解为 $X^{(2)} = (0,30,18,0)^{\mathrm{T}}$，相应的目标函数值 $z^{(2)} = 180$。

可以写出用新的非基变量来表示基变量的表达式及用新的非基变量来表示目标函数的表达式。

$$\begin{cases}x_2 = 30 - \dfrac{3}{4}x_1 - \dfrac{1}{4}x_4 \\ x_3 = 18 - \dfrac{9}{4}x_1 + \dfrac{1}{4}x_4\end{cases}$$

$$z = 180 + \frac{1}{2}x_1 - \frac{3}{2}x_4$$

从上式中非基变量 x_1 的系数为正可知目标函数值还可进一步改善，同样为了使目标函数值尽可能地得到改善，希望 x_1 尽量地增大，但 x_1 的增加必须保证其他变量的非负，故 $x_1 = \min\left(30/\dfrac{3}{4},18/\dfrac{9}{4}\right) = 8$，此时 $x_2=24,x_3=0,x_4=0$。新的基变量为 x_1,x_2；新的非基变量为 x_3,x_4。因此，新的基本可行解为 $X^{(3)} = (8,24,0,0)^{\mathrm{T}}$，相应的目标函数值 $z^{(3)} = 184$。

此时，用新的非基变量来表示基变量的表达式及用新的非基变量来表示目标函数的表达式，有

$$\begin{cases} x_1 = 8 - \frac{1}{9}x_3 + \frac{1}{9}x_4 \\ x_2 = 24 + \frac{1}{3}x_3 - \frac{1}{3}x_4 \end{cases}$$

$$z = 184 - \frac{2}{9}x_3 - \frac{13}{9}x_4$$

由于此时式中所有非基变量的系数均为负数，且 $x_3 \geqslant 0, x_4 \geqslant 0$，意味着目标函数值不可能再增加。因此，$X^{(3)} = (8,24,0,0)^{\mathrm{T}}$ 为该线性规划的最优解，$z^{(3)} = 184$ 为该线性规划的最优值。这说明安排甲产品生产 8 个单位，乙产品生产 24 个单位，可获得最大利润 184 千元。

由消去法可以看出，求最优解的过程，是从一个基本可行解到另一个基本可行解逐步迭代进行的，而相应的目标函数值一次比一次好，经过几次迭代即可获得最优解。因此，求一个线性规划问题的最优解就可以转化为如何将此问题转化为标准形式，并求出对应的基本可行解，通过观察用非基变量表示的目标函数表达式，分析目标函数值能否加以改善，如果目标函数中非基变量的系数都是非正，则相应的基本可行解就是线性规划问题的最优解，相应的目标函数中的常数项就是最优值。

2. 单纯形解法

(1)初始基本解的确定

引入必要的辅助变量使约束条件不等式变成等式，并使之成为适合进行单纯形解法计算的标准形式。对于一个求最大值的线性规划问题，如果含有 n 个决策变量和 m 个线性无关(或独立)的不等式约束时，一般就有 m 个松弛变量，则共计有 $n+m$ 个变量。若使其中的 n 个变量取值为零，称其为零变量(非基变量)，从而使其他 m 个变量求解得到一定的非负值，称之为非零变量(基变量)，非零变量和零变量一起，可以表示一个基本可行解。

将目标函数和约束条件写成方程组。

$$\begin{aligned} x_1 \qquad\qquad + a_{1m+1}x_{m+1} + \cdots + a_{1n}x_n &= b_1 \\ x_2 \qquad + a_{2m+1}x_{m+1} + \cdots + a_{2n}x_n &= b_2 \\ \ddots \qquad\qquad\qquad & \\ x_m + a_{mm+1}x_{m+1} + \cdots + a_{mn}x_n &= b_m \\ -z + c_1x_1 + c_2x_2 + \cdots + c_mx_m + c_{m+1}x_{m+1} + \cdots + c_nx_n &= 0 \end{aligned}$$

为了便于迭代运算，可将上述方程组写成增广矩阵

$$\begin{array}{cccccccc|c} -z & x_1 & x_2 & \cdots & x_m & x_{m+1} & \cdots & x_n & b \end{array}$$

$$\left[\begin{array}{cccccccc|c} 0 & 1 & 0 & \cdots & 0 & a_{1m+1} & \cdots & a_{1n} & b_1 \\ 0 & 0 & 1 & \cdots & 0 & a_{2m+1} & \cdots & a_{2n} & b_2 \\ \vdots & \vdots & \vdots & \vdots & \vdots & \vdots & \ddots & \vdots & \vdots \\ 0 & 0 & 0 & \cdots & 1 & a_{mm+1} & \cdots & a_{mn} & b_m \\ 1 & c_1 & c_2 & \cdots & c_m & c_{m+1} & \cdots & c_n & 0 \end{array}\right]$$

若将 z 看做不参与基变换的基变量，它与 $x_1, x_2, \cdots, x_m$ 的系数构成一个基，这时可采用行

初等变换将 $c_1,c_2,\cdots,c_m$ 变换为零，使其对应的系数矩阵为单位矩阵，得到：

$$
\begin{array}{cccccccc|c}
-z & x_1 & x_2 & \cdots & x_m & x_{m+1} & \cdots & x_n & b \\
0 & 1 & 0 & \cdots & 0 & a_{1m+1} & \cdots & a_{1n} & b_1 \\
0 & 0 & 1 & \cdots & 0 & a_{2m+1} & \cdots & a_{2n} & b_2 \\
\vdots & \vdots & \vdots & \vdots & \vdots & \vdots & \ddots & \vdots & \vdots \\
0 & 0 & 0 & \cdots & 1 & a_{mm+1} & \cdots & a_{mn} & b_m \\
1 & 0 & 0 & \cdots & c_m & c_{m+1}-\sum_{i=1}^{m}c_ia_{im+1} & \cdots & c_n-\sum_{i=1}^{m}c_ia_{in} & -\sum_{i=1}^{m}c_ib_i
\end{array}
$$

可根据上述增广矩阵得单纯形表的一般格式，如表 4-5 所示。

单纯形表的一般格式 表 4-5

$C_j\rightarrow$			c_1	$\cdots$	c_m	c_{m+1}	$\cdots$	c_n	θ_i
C_B	X_B	b	$x1$	$\cdots$	$\cdots$	x_{m+1}	$\cdots$	x_n	
c_1	x_1	c_1	1	$\cdots$	0	a_{1m+1}	$\cdots$	a_{1n}	θ_1
c_2	x_2	c_2	0	$\cdots$	0	a_{2m+1}	$\cdots$	a_{2n}	θ_2
$\vdots$	$\vdots$	$\vdots$	$\vdots$	$\vdots$	$\vdots$	$\vdots$	$\ddots$	$\vdots$	$\vdots$
c_m	x_m	c_m	0	$\cdots$	1	a_{mm+1}	$\cdots$	a_{mn}	θ_m
σ_j			0	$\cdots$	0	$c_{m+1}-\sum_{i=1}^{m}c_ia_{im+1}$	$\cdots$	$c_n-\sum_{i=1}^{m}c_ia_{in}$	

表 4-5 中，顶行 C_j 填入各变量的目标函数系数；

X_B 列填入基变量；

C_B 列填入基变量的目标函数系数，与基变量相对应，会随着基变量的改变而改变；

b 列填入约束方程组右端的常数，即初始变量的解值，也会随着基变量的改变而改变；

θ_i 列的数字是在确定换入变量后，按 θ 规则（最小比值规则）计算后填入，以确定换入变量和换出变量；

最后一行称为检验数行，对应各非基变量 x_j 的检验数为

$$\sigma_j = c_j - \sum_{i=1}^{m}c_ia_{ij} \quad (j = 1,2,\cdots,n)$$

（2）最优性检验

在确定初始基本可行解后，就可以开始基本可行解的转换过程，通过转换使目标函数值有所改善。显然，在每次获得基本可行解后，需要先建立一个判别准则，以便知道当前的基本可行解是否是最优解。

定理 4-1 （最优性判别定理）若 $x' = (0,0,\cdots,0,b_1',b_2',\cdots,b_m')^{\mathrm{T}}$ 为对应于基 B 的基本可行解，且对一切 $j=1,2,\cdots,n$ 恒有 $\sigma_j = c_j - \sum_{i=1}^{m}c_ia_{ij} \leqslant 0$，即一切非基变量的检验数都为非正，则 x' 为最优解。

定理 4-2 （无最优解判别定理）若 $x' = (0,0,\cdots,0,b_1',b_2',\cdots,b_m')^{\mathrm{T}}$ 为一基本可行解，存在 $\sigma_k > 0(1 \leqslant k \leqslant n)$，并且对应的 x_k 的系数列向量 $P_k \leqslant 0$，则该线性规划问题没有最优解。

（3）基本可行解的改进

若在最优性检验中，初始基本可行解不是最优解，且不属于无最优解的情况，则进行基变换。

对于求最大值的线性规划问题，旋转检验数为正值最大的那一列作为换入列，其变量作为换入变量。则根据 $\max(\sigma_j > 0) = \sigma_k$，确定第 K 列为换入列，其变量 x_k 为换入变量以换入基底。

计算检验比 θ_i，以确定换出行和换出变量。问题是如何选择适当的基向量与非基向量之间的变换，能使目标函数值得到改善。

θ 规则（最小比值规则）：

$$\theta_l = \min(\theta_i) = \min\left(\frac{b_i}{a_{ik}} \mid a_{ik} > 0\right) = \frac{b_l}{a_{lk}}$$

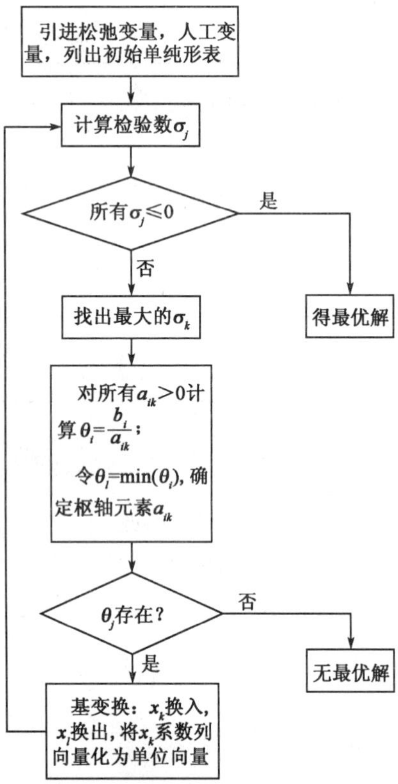

图 4-3　单纯形法的计算流程

可确定 x_l 为换出变量，即第 L 行为换出行；与此同时，得到以换入列（第 k 列）和换出行（第 L 行）相交叉的换入变量的系数 a_{lk}，称之为枢轴元素（或主元素）。

（4）旋转运算

在确定了换入变量和换出变量后，要把换入变量和换出变量的位置进行对换，也就是说，把换入变量所对应的系数列向量变成单位向量，即对系数矩阵的增广矩阵进行"行初等变换"，使旋转主元素变为 1，该列上的其他元素变为 0。

单纯形法的计算流程如图 4-3 所示。

例 4-8　求解以下线性规划问题。

$$\max f(x) = 4x_1 + 3x_2$$

$$s.t.\begin{cases} x_1 + x_2 + x_3 = 50 \\ x_1 + 2x_2 + x_4 = 80 \\ 3x_1 + 2x_2 + x_5 = 140 \\ x_j \geqslant 0 \quad (j = 1,2,\cdots,5) \end{cases}$$

解：取 $B = (x_3, x_4, x_5)$，$b = (50,80,140)^{\mathrm{T}} > 0$，得到初始单纯形表，如表 4-6 所示。

例 4-8 的初始单纯形表　　表 4-6

$C_j \to$			4	3	0	0	0	θ_i
C_B	X_B	b	x_1	x_2	x_3	x_4	x_5	
0	x_3	50	1	1	1	0	0	50
0	x_4	80	1	2	0	1	0	80
0	x_5	140	3 *	2	0	0	1	140/3→（换出行）
σ_j		0	4	3	0	0	0	

由表 4-6 可以看出，x_1 对应列和 x_5 对应行的交叉处的元素为主元素，以" * "标记。以"3 * "为主元素进行旋转变换，即对表 4-6 进行初等行变换，同时以 x_1 取代 x_5 成为新的基底变量，于是得到新的单纯形表，如表 4-7 所示。

例 4-8 的二次单纯形表 表 4-7

$C_j \to$			4	3	0	0	0	θ_i
C_B	X_B	b	x_1	x_2	x_3	x_4	x_5	
0	x_3	10/3	0	1/3	1	0	-1/3	10→(换出行)
0	x_4	100/3	0	4/3	0	1	-1/3	25
4	x_1	140/3	1	2/3	0	0	1/3	70
	σ_j	560/3	0	1/3	0	0	-4/3	

检查表 4-7 的检验数 σ_j，由于 $\sigma_2 = 1/3 > 0$，说明将它调入基底可以继续使目标函数的值增加；根据 θ 规则的计算，x_3 应调出基底，这样重复前面的计算步骤，可以得到表 4-8。

例 4-8 的最终单纯形表 表 4-8

$C_j \to$			4	3	0	0	0	θ_i
C_B	X_B	b	x_1	x_2	x_3	x_4	x_5	
0	x_2	10	0	1	3	0	-1	
0	x_4	20	0	0	-4	1	1	
4	x_1	40	1	0	-2	0	1	
	σ_j	190	0	0	-1	0	-1	

由于表 4-8 中所有检验数 σ_j，都已经是负数或 0，这表明目标函数已不可能再增大，于是得到了最优解 $x = (40,10,0,20,0)^{\mathrm{T}}$，目标函数值为 $f = 190$。

四、整数规划问题

(一)整数规划问题的提出

在前面讨论的线性规划问题中，有些最优解可能是分数或小数，但在实际应用过程中，常常要求解答必须是整数(称为整数解)。例如工人的人数、机器设备的台数、货物运输中集装箱的箱数、设置的网点数等，都必须是整数才有实际意义。为了满足整数解的要求，初看起来，似乎只要把已得到的带有分数或小数的解经过"舍入化整"就可以了。但这常常是不可行的，因为化整后得到的解不一定是可行解；或者虽然是可行解，但不一定是最优解。因此，在数学规划中，根据实际问题所建立的数学模型，除目标函数和约束函数是线性函数外，还要求决策变量取整数值，这类问题称为线性整数规划，简称整数规划。其中，如果要求所有变量取整数值，则称为纯整数规划；如果要求部分变量取整数值，则称为混合整数规划；如果要求变量只取 0 或 1，则称 0-1 规划。

例 4-9 某厂拟用集装箱托运甲乙两种货物，每箱的体积、重量、可获利润以及托运所受限制如表 4-9 所示。

货物的体积、重量、可获利润及托运限制表 表 4-9

货 物	体积(m^3/箱)	重量(百 kg/箱)	利润(百元/箱)
甲	5	2	20
乙	4	5	10
托运限制	$24m^3$	13 百 kg	

解:设 x_1、x_2 分别为甲、乙两种货物的托运箱数,由于托运箱数不能为分数,因此,必须加上取非负整数的限制,其数学模型为

$$\max z = 20x_1 + 10x_2$$

$$s.t.\begin{cases}5x_1 + 4x_2 \leqslant 24 \\ 2x_1 + 5x_2 \leqslant 13 \\ x_1, x_2 \geqslant 0,\text{且均为整数}\end{cases}$$

若不考虑整数的约束,很容易求得最优解为 $x_1 = 4.8$,$x_2 = 0$,$\max z = 96$。但 x_1 是托运甲种货物的箱数,此时它不是整数,所以不能满足整数规划的约束。如果采用四舍五入取整处理得:$x_1 = 5$,$x_2 = 0$,此时为不可行解(破坏了关于体积的限制);如果采用舍去尾数取整的办法处理得:$x_1 = 4$,$x_2 = 0$,此时为可行解,但不是最优解,因为当 $x_1 = 4$,$x_2 = 0$ 时,$z = 80$;但当 $x_1 = 4$,$x_2 = 1$(可行解)时,$z = 90$。

由上例可以看出,将其相应的线性规划的最优解"化整"处理,虽然是最容易想到的方法,但往往得到的不是整数规划的最优解,甚至根本不是可行解。因此有必要对整数规划的解法进行专门研究。

整数规划问题和对应的松弛问题之间既有联系,又有本质的区别。整数规划问题的可行域是其对应的松弛问题的可行域的一个子集。如果松弛问题无可行解,则整数规划问题亦无可行解。如果松弛问题的最优解是整数解,则它也是整数规划问题的最优解。整数规划问题的最优目标函数值一定不会优于其对应的松弛问题的最优目标函数值,因此,松弛问题的最优值是整数规划问题的目标函数的一个下界。

(二)整数规划问题的解法

1. 穷举法

类似于求解线性规划问题的图解法,对于二维整数规划问题也有相应的几何方法——穷举法。这种方法简单、直观,有利于更好地理解整数规划模型及其最优解的性质。

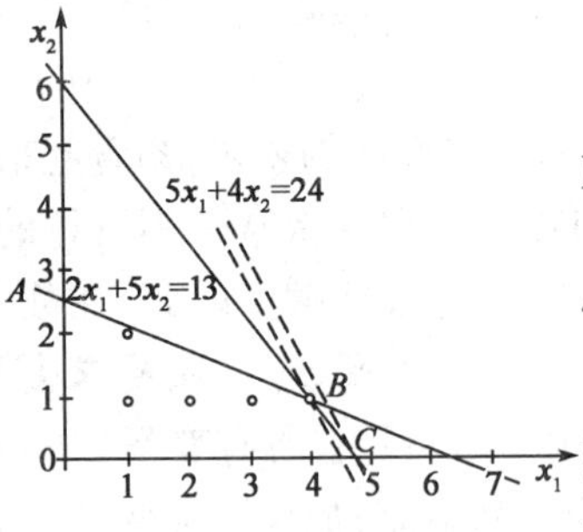

图 4-4 例 4-10 图

例 4-10 用穷举法求例 4-9 中的整数规划问题的最优解。

解:(1)先作出该整数规划问题的线性规划问题的可行域,如图 4-4 所示,在可行域内标记出所有代表整数可行解的点。

(2)作出目标函数的等值线,按线性规划的图解法找出线性规划模型的最优点 $C(4.8,0)$。

(3)让目标函数的等值线从 C 点朝可行域内平移,首次碰到的整数可行解 $B(4,1)$ 就是该整数规划问题的最优解,最优值为 90。

2. 分枝定界法

当整数可行解个数很多时,穷举法往往是不可行的。仅通过讨论部分整数可行解就得到整数规划问题最优解的方法称为部分枚举法或隐枚举法。分枝定界法就是一种隐枚举法。它是 20 世纪 60 年代初由 Land 和 Doig 提出并经 Dakin 修正的一种整数规划求解法,由于该方法灵活且便于用计算机求解,所以目前已成为解整数规划的重要方法之一。

(1)分枝定界法的基本思路

分枝定界法是以巧妙地枚举整数规划的可行解的思想为依据的,其基本思路是先将整数规划去掉整数约束,得到线性规划解。有下列三种情况:①如果相应的线性规划问题的最优解

已满足整数条件，则该整数解就是原整数规划问题的最优解；②如果相应的线性规划问题无最优解，则原整数规划问题也一定无最优解；③如果相应的线性规划问题的最优解不符合整数条件，则利用分解技术，将要求解的整数规划问题分解为几个子问题（子域）的和，这个过程叫做分枝；如果对每个子问题的可行域进行探测，以确定问题的上下界，这个过程叫做定界，通过分枝和找到更好的整数解来不断修改问题的上下界，不断降低上界，提高下界，最后使得上界等于下界，就可以求得最优的整数解。

（2）分枝定界法的步骤

以最大化问题为例，介绍分枝定界法的实施步骤。

①去掉原整数规划问题 P 的整数约束，得到其松弛问题 p'，若 p' 没有最优解，则 P 也没有最优解，若 p' 的最优解符合整数条件，则该整数最优解就是 P 的最优解。

②确定初始上、下界。若观察到了问题 P 的一个整数解可行解，则将其目标函数值记为下界（目标函数求最大），若观察不到，则可取下界为零；取松弛问题 p' 的最优解为上界。

③若 p'的最优解不符合整数条件，则任选一个不符合整数条件的变量 x_j，其值为 b_j，用符号$[b_j]$表示不超过实数 b_j 的最大整数，构造两个互斥的约束条件：$x_j \leqslant [b_j]$ 和 $x_j \geqslant [b_j]+1$ 。将这两个约束条件分别加到问题 P 的约束条件之中，得到p' 的两个分枝：p'_1 和 p'_2。分支的过程砍掉了 $[b_j] < x_j < [b_j]+1$ 的非整数区域内，缩小了搜索的范围，并将一个（子）问题分解成了两个问题。对于不符合整数条件的子问题，继续按上述方法进行新的分枝，并求解其相应的线性规划问题，直到不需要再分枝，从而在求得的整数解中找到 P 的最优解为止。

④若某枝相应的线性规划子问题 p'_k 的最优解已符合整数条件，则该枝停止继续分枝。此时，该分枝是"树叶"，p'_k 的最优解就是 p_k 的最优解。若该目标函数值优于当前下界，则将该最优解的目标函数作为新的下界。

⑤若某枝相应的线性规划子问题 p'_k 无最优解，则 p_k 也无最优解，该分支也是树叶。

⑥若某枝相应的线性规划子问题 p'_k 有最优解，但不满足整数条件，且其目标函数值不优于当前整数解的最优值，则该分枝是"枯枝"，需要剪枝。

⑦若某枝相应的线性规划子问题 p'_k 有最优解，但不满足整数条件，且其目标函数值优于当前的上界，则该分枝需要继续分枝，所有分枝可以形成一个树形图。

⑧每求出一次符合整数条件的可行解时，都要考虑修改当前下界，选择迄今为止最好的整数可行解所对应的目标函数值作为下界；每求解完一对分枝，都要考虑修改上界，挑选迄今为止在所有未被分枝的问题的目标函数值中最大的一个作为上界。在分枝定界法的求解过程中，上界不断减小，下界不断增大。

⑨在解完所有分枝，修改了上、下界后，若有上界 = 下界，则此时得到了问题 P 的最优解。

例 4-11 用分枝定界法法求解整数规划问题 P

$$\max z = -2x_1 + x_2$$

$$s.t. \begin{cases} 5x_1 + 4x_2 \leqslant 20 \\ -3x_1 + x_2 \leqslant 3 \\ x_1, x_2 \geqslant 0 \text{ 且为整数} \end{cases}$$

解：由于(0,0)为可行解，得目标函数值的下界 $\underline{f} = 0$，用单纯形方法求解该整数规划问题的松弛问题，求得最优解为 $\bar{x}_1 = \dfrac{8}{17}$，$\bar{x}_2 = \dfrac{75}{17}$，最大值$f_0 = \dfrac{59}{17}$，则 $\bar{f} = f_0 = \dfrac{59}{17}$。松弛问题求得的解不满足整数约束，选择变量 x_1，引入两个互斥的约束条件：$x_1 \leqslant 0$，$x_1 \geqslant 1$ 将整数规划问

题分解成子问题 P_1 和 P_2。

子问题 P_1

$$\max z = -2x_1 + x_2$$

$$s.t.\begin{cases}5x_1 + 4x_2 \leqslant 20 \\ -3x_1 + x_2 \leqslant 3 \\ x_1 \leqslant 0 \\ x_1, x_2 \geqslant 0 \text{ 且均为整数}\end{cases}$$

子问题 P_2

$$\max z = -2x_1 + x_2$$

$$s.t.\begin{cases}5x_1 + 4x_2 \leqslant 20 \\ -3x_1 + x_2 \leqslant 3 \\ x_1 \geqslant 1 \\ x_1, x_2 \geqslant 0 \text{ 且均为整数}\end{cases}$$

求解子问题 P_1 对应的松弛问题,得最优解 $\bar{x}_1=0$, $\bar{x}_2 = 3$,最大值 $f_1 = 3$,这个解满足整数约束,因此此时将下界 $\bar{f}$ 修改成 $\bar{f} = f_1 = 3$,同时子问题 P_1 成为树叶。

求解子问题 P_2 对应的松弛问题,得最优解 $\bar{x}_1 = 1$, $\bar{x}_2 = \frac{15}{4}$,最大值 $f_2 = \frac{7}{4}$,这个解不满足整数约束,但是它给出的上界 $\frac{7}{4}$ 小于最优值的下界 3,因此不必再分解,已经得到整数规划的最优解 $x_1^* = 0, x_2^* = 3$,最优值 $F^* = 3$ 。

第三节　动 态 规 划

一、动态规划的概述

动态规划(Dynamic Programming)是解决多阶段决策过程最优化的一种数量化方法,动态规划是由美国学者贝尔曼(R. Bellman)所建立的。在工程技术、企业管理、工农业生产及军事等部门都有广泛的应用。动态规划首先将复杂的问题分解成相互联系的若干阶段,每一个阶段都是一个最优化子问题,然后逐阶段进行决策,当所有阶段决策都确定了,整个问题的决策也就确定了。动态规划中阶段可以用时间表示,这就是“动态”的含义,当然,对于与时间无关的一些静态问题也可以人为地引入“时间”,将其转化成动态问题。

(一)动态规划的基本概念

1. 多阶段决策问题

在实际中,人们常常遇到这样一类决策问题:即由于过程的特殊性,要将决策的全过程依据时间或空间划分为若干个相联系的阶段,在各阶段中,人们都需要作出方案的选择,我们称之为决策,并且一个阶段的决策,常常影响到下一个阶段的决策,从而影响整个过程的活动。这样,各个阶段所确定的决策就构成一个决策序列,常称之为策略。由于各个阶段可供选择的决策往往不止一个,因而就可能有许多决策以供选择,这些可供选择的策略构成一个集合,我们称之为允许策略集合(简称策略集合)。每个策略都相应地确定一种活动的效果,我们假定这个效果可以用数量来衡量。由于不同的策略常常导致不同的效果，因此，如何在允许策略集合中选择一个策略，使其在预定的标准下达到最好的效果，常常是人们所关心的问题，我们称这样的策略为最优策略，这类问题就称为多阶段决策问题。

例 4-12 求解最短路线问题：给出一个路径网络图，如图 4-5 所示。

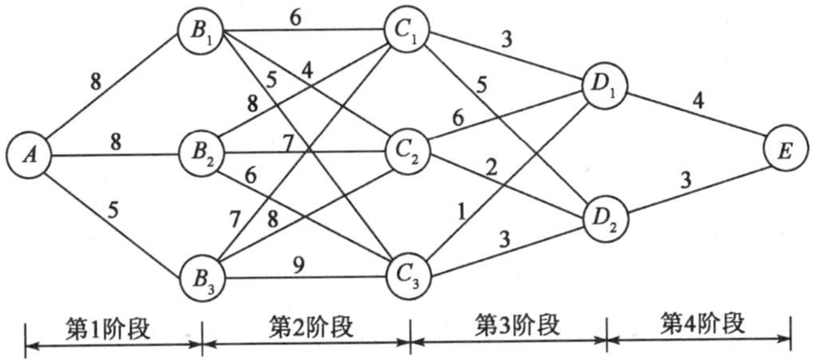

图 4-5 路径网络图

从 A 点要运送一批货物到 E 点，其两点之间的联系表示公路网，连线上的数字表示两点间的运输距离（或运输费用），试选择一条由 A 到 E 的运输路线，使总距离最短（或总费用最小）。

我们把从 A 到 E 的路线自然地分为 4 个阶段：从 A 到 B 为第 1 阶段，从 B 到 C 为第 2 阶段，从 C 到 D 为第 3 阶段，从 D 到 E 为第 4 阶段。每个阶段都有几条可供选择的路线，例如从 A 到 B 有 3 条路线 $A \to B_1$、$A \to B_2$ 和 $A \to B_3$；从 B_1 到 C 有 3 条路线 $B_1 \to C_1$、$B_1 \to C_2$ 和 $B_1 \to C_3$ 等，这显然是一个多阶段决策问题。

2. 动态规划的主要术语

(1)阶段

把问题分成几个相互联系的有顺序的几个环节，以便能按一定的次序去求解，这些环节即称为阶段(Stage)。描述阶段的变量称为阶段变量，一般都是离散的，记作 $k(k=1,2,\cdots)$。阶段数可以是有限的，也可以是无限的。如例 4-12 中，$k=1,2,3,4$。

(2)状态

某一阶段的出发位置称为状态(State)。它表示每个阶段开始时所面临的自然状况或客观条件，它描述了过程的过去、现在和将来的状况，又称为不可控因素，通常一个阶段包含若干状态。例如例 4-12 中第 2 阶段有 3 个状态 B_1、B_2 和 B_3。显然，下阶段的状态即为上一阶段的终点。因而各阶段所取的状态确定后，整个过程也就完全确定了。通常用 S_k 表示是第 k 阶段的状态集合，用 s_k 表示第 k 阶段的某一具体的状态。如在例 4-12 中 $S_2=\{B_1,B_2,B_3\}=\{s_2^{(1)},s_2^{(2)},s_2^{(3)}\}$。

对于动态规划，其状态必须满足两个条件，即

①能描述问题的过程。

②满足无后效性，即如果某阶段的状态给定以后，则在这阶段以后过程的发展不受这一阶段以前各状态的影响。如在例 4-12 中，如果已经在 C_2 位置，就只须考虑从 C_2 走哪一条路线到 E 最短，而不必考虑从 A 是怎样走到 C_2 的。

(3)决策

当一个阶段的状态确定后，可以作出各种选择从而演变到下一阶段的某个状态，这种选择手段称为决策(Decision)。

描述决策的变量称为决策变量，它可用一个数、一组数或一个向量来描述。常用 $u_k(s_k)$ 表示第 k 阶段当状态处于 s_k 时的决策变量，它是状态变量的函数。在实际问题中，决策变量的取值往往被限制在某一范围之内，该范围被称为允许决策集合。常用 $D_k(s_k)$ 表示第 k 阶段从状态 s_k 出发的允许决策集合，显然有 $u_k(s_k) \in D_k(s_k)$。

如在例 4-12 的第 2 阶段中，若从状态 B_1 出发，就可作出三种不同的决策，其允许决策集合 $D_2(B_1)=\{C_1,C_2,C_3\}$，若选取的点为 C_2，则 C_2 是状态 B_1 在决策 $u_2(B_1)$ 的作用下的一个新的状态，记为 $u_2(B_1)=C_2$。

(4)策略

对于 n 阶段决策问题，由第一阶段到第 n 阶段全过程的决策所构成的任一可行决策序列，称为一个策略(Policy)，记为 $p_{1,n}(s_1)$，即 $p_{1,n}(s_1) = \{u_1(s_1),u_2(s_2),\cdots,u_n(s_n)\}$。

从第 k 阶段到第 n 阶段的过程称为全过程的后部 k 段子过程，其相应的决策序列称为后部 k 段子策略，简记为 $p_{k,n}(s_k)$，即 $p_{k,n}(s_k) = \{u_k(s_k),u_{k+1}(s_{k+1}),\cdots,u_n(s_n)\}$。

另外，从第 1 阶段到第 k 阶段的过程称为全过程的前部 k 段子过程，其相应的决策序列称为子前部 k 段策略，简记为 $p_{1,k}(s_1)$，即 $p_{1,k}(s_1) = \{u_1(s_1),u_2(s_2),\cdots,u_k(s_k)\}$。

在实际问题中，可供选择的策略有一定的范围，此范围称为允许策略集合，其中使问题达到最优效果的策略称为最优策略。

(5)状态转移方程

前一阶段的终点就是后一阶段的起点，前一阶段的决策选择导出了后一阶段的状态，这种关系描述了由 k 阶段到 $k+1$ 阶段状态的演变规律。描述相邻两阶段状态与决策相互关系的方程称为状态转移方程。若第 k 阶段的状态 s_k 和 u_k 给定，则 $k+1$ 阶段的状态 s_{k+1} 随之而定，s_{k+1} 与 s_k，u_k 之间存在函数关系，记作 $s_{k+1} = T(s_k,u_k)$。

(6)指标函数

指标函数是衡量多阶段决策过程优劣的准则。用 $V_{k,n}$ 表示。常见的指标函数的形式是：

①某过程和它的任一子过程的指标是它所包含的各阶段的指标的和。

②某过程和它的任一子过程的指标是它所包含的各阶段的指标的乘积。

指标函数的最优值称之为最优指标函数，记为 $f_k(s_k)$。

(7)最优策略和最优路线

使指标函数 $V_{k,n}(s_k,p_{k,n})$ 达到最优值的策略 $p_{k,n}^*$ 称为第 k 后部子过程中的最优策略；使指标函数 $V_{1,n}(s_1,p_{1,n})$ 达到最优值的策略 $p_{1,n}^*$ 称为全过程中的最优策略，简称最优策略。

按最优策略 $p_{1,n}^*$ 和状态转移方程 $s_{k+1}^* = T(s_k^*,u_k^*)$ 得出的状态序列 $s_1^*,s_2^*,\cdots,s_{n+1}^*$ 称为最优路线。

(二)最优化原理

动态规划所依据的原理是最优化原理，在多决策过程中最优策略序列具有如下性质：从给定的初始状态出发，经第一步决策所获得的最优策略序列，对所有后续各步来说也是最优的。

动态规划的研究对象，仍然是最优化问题，它与一般规划问题稍有不同的是：从模型上说，它具有明显的序列性和阶段性。从方法上说，它是多步决策过程，通过递推关系使过程不断转移。

概括起来有以下几个特点。

(1)过程或系统在每一阶段的状态只有少量的状态参数来表征。这些参数最好是一维状态参数。

(2)在过程或系统的每一步,从允许决策集合 $D_k(s_k)$ 中选取一个决策 $u_k(s_k)$ 。

(3)决策作用使过程的状态参数由一组数值变为另一组数。

(4)选择决策的目的在于求得某个指标(或目标函数)的最优值。这个指标是状态参数和决策参数的函数。

(三)动态规划的基本思想

可归纳出动态规划的基本思想如下。

(1)首先将问题的过程划分成若干个相互联系的阶段,正确地选择问题的状态变量和决策变量以及定义指标函数的具体形式,从而将一个大问题转化成一系列同类型问题的子问题,然后逐个求解。即从问题的边界条件开始,逐段递推寻优,在每一个子问题的求解中,均利用它前面的子问题的优化结果,依次进行,最后一个子问题所得到的最优解就是整个问题的最优解。

(2)在多阶段决策过程中,动态规划方法是既把当前一阶段和未来各阶段分开,又把当前效益和未来效益结合起来考虑的一种最优化方法。因此,每阶段决策的选取是从全局来考虑的,与该阶段的最优选择答案一般不同。

(3)在求解整个问题的最优策略时,由于初始状态是已知的,而每阶段的决策都是该阶段状态的函数,故最优策略所经过的各阶段状态便可逐次变换得到,从而确定了最优路线。

二、动态规划的基本方法

为了求出例 4-12 的最短路径,一个简单的方法是:可以求出所有从 A 到 E 可能走法的路线长度并加以比较。从 A 到 E 共有 18 条路线,每条路线有 4 个阶段,要做 3 次加法,要求出最短路线需做 54 次加法运算和 17 次比较运算,这就是穷举法。当问题的阶段数很多、各段的状态很多时,穷举法的计算量就会大大增加,甚至出现不能寻求最短路线的问题。

根据最优化原则建立的动态过程基本求解方法有两种:逆序解法(后向动态规划方法)和顺序解法(前向动态规划方法)。这两种方法除了寻优方向不同外,状态转移方程、指标函数的定义和基本方程形式一般也有差异,但并无本质上的区别,下面分别予以介绍。

(一)逆序递推法

寻优的方向与多阶段决策过程的实际行进方向相反,从最后一个阶段开始计算,并逐段前推,求得全过程的最优决策,这种方法称为逆序递推法。逆序递推法的计算步骤是:利用已知条件,从 $k=n$ 开始由后向前推算,求得各阶段的最优决策和最优指标函数,最后算出 $f_1(s_1)$ 时便得到最优指标函数值。然后,再从 $k=1$ 开始,利用状态转移方程 $s_{k+1} = T(s_k, u_k)$ 确定最优路线 $s_1^*, s_2^*, \cdots, s_{n+1}^*$ 和最优策略 $u_1^*, u_2^*, \cdots, u_n^*$ 。

例 4-13 用逆序递推法求解例 4-12 的最短路线问题。

解:(1)给出动态规划基本要素

①阶段:一共 4 个阶段,$N=4$。

②状态变量:各阶段的状态 x 为标量,两个边界条件分别是 $s_1=A$ 和 $s_5=E$;其他状态为 $s_2=B_1, B_2$ 或 B_3;$s_3=C_1, C_2$ 或 C_3;$s_4=D_1$ 或 D_2。

③决策:各阶段的可行决策见表 4-10。

④状态转移方程:当阶段、状态和决策确定后,即确定了状态转移。

⑤指标函数：$f_N(x_1)=\min\limits_{\{u_k\}\in U}\sum\limits_{k=1}^{4}r(s_k,u_k)$，$r(s_k,u_k)$ 表示状态 s_k 通过策略 u_k 变换到状态 s_{k+1} 产生的损益。在例 4-13 中，指标函数为路线的长度（费用）。

各阶段的可行决策 表 4-10

k	各阶段状态	各阶段决策	各决策损益 r_k
1	$s_1:A$	$u_1:A\to B_1,A\to B_2,A\to B_3$	$r(x_1,u_1)$:8,9,5
2	$s_2:B_1,B_2,B_3$	$u_2:B_1\to C_1,B_1\to C_2,B_1\to C_3,B_2\to C_1,B_2\to C_2,$ $B_2\to C_3,B_3\to C_1,B_3\to C_2,B_3\to C_3$	$r(x_2,u_2)$:6,4,5,8,7,6,7,8,9
3	$s_3:C_1,C_2,C_3$	$u_3:C_1\to D_1,C_1\to D_2,C_2\to D_1,C_2\to D_2,$ $C_3\to D_1,C_3\to D_2,$	$r(x_3,u_3)$:3,5,6,2,1,3
4	$s_4:D_1,D_2$	$u_4:D_1\to E,D_2\to E$	$r(x_4,u_4)$:4,3

（2）求解最短路径问题

①从第 4 阶段开始，当 $k=4$ 时，状态变量 s_4 可取两种状态 D_1 和 D_2，它们到 E 的距离分别为 4 和 3。即

$$f_4(D_1)=4,u_4(D_1)=E;f_4(D_2)=3,u_4(D_2)=E$$

②当 $k=3$ 时，有

$$f_3(C_1)=\min\{3+f_4(D_1),5+f_4(D_2)\}=\min\{3+4,5+3\}=7,u_3(C_1)=D_1$$
$$f_3(C_2)=\min\{6+f_4(D_1),2+f_4(D_2)\}=\min\{6+4,2+3\}=5,u_3(C_2)=D_2$$
$$f_3(C_3)=\min\{1+f_4(D_1),3+f_4(D_2)\}=\min\{1+4,3+3\}=5,u_3(C_3)=D_1$$

因为上面后两式数值相同，所以可在两者中任选一种方式，均为最优。

③当 $k=2$ 时，有

$$f_2(B_1)=\min\begin{Bmatrix}6+f_3(C_1)\\4+f_3(C_2)\\5+f_3(C_3)\end{Bmatrix}=\min\begin{Bmatrix}6+7\\4+5\\5+5\end{Bmatrix}=9,u_2(B_1)=C_2$$

$$f_2(B_2)=\min\begin{Bmatrix}8+f_3(C_1)\\7+f_3(C_2)\\6+f_3(C_3)\end{Bmatrix}=\min\begin{Bmatrix}8+7\\7+5\\6+5\end{Bmatrix}=11,u_2(B_2)=C_3$$

$$f_2(B_3)=\min\begin{Bmatrix}7+f_3(C_1)\\8+f_3(C_2)\\9+f_3(C_3)\end{Bmatrix}=\min\begin{Bmatrix}7+7\\8+5\\9+5\end{Bmatrix}=13,u_2(B_3)=C_2$$

④当 $k=1$ 时，有

$$f_1(A)=\min\begin{Bmatrix}8+f_2(B_1)\\9+f_2(B_2)\\5+f_2(B_3)\end{Bmatrix}=\min\begin{Bmatrix}8+9\\9+11\\5+13\end{Bmatrix}=17,u_1(A)=B_1$$

⑤利用最优决策序列 $u_1(A)=B_1,u_2(B_1)=C_2,u_3(C_2)=D_2,u_4(D_2)=E$ 得出最优路线，即最短路线是 $A\to B_1\to C_2\to D_2\to E$。

（二）正向递推法

与逆序递推法相反，正向递推法的寻优方向与过程的行进方向相同，计算时从第一段开始

逐段向后递推，计算后一阶段要用到前一阶段的寻优结果，最后一段计算的结果就是全过程的最优结果。

例 4-14 用正向递推法求解例 4-12 的最短路线问题。

解：(1)当 $k=0$ 时，有

$$f_0(x_1)=f_0(A)=0$$

(2)当 $k=1$ 时，有

$$f_1(B_1)=8, u_1(B_1)=A$$
$$f_1(B_2)=9, u_1(B_2)=A$$
$$f_1(B_3)=5, u_1(B_3)=A$$

(3)当 $k=2$ 时，有

$$f_2(C_1)=\min\begin{Bmatrix}6+f_1(B_1)\\8+f_1(B_2)\\7+f_1(B_3)\end{Bmatrix}=\min\begin{Bmatrix}6+8\\8+9\\7+5\end{Bmatrix}=12, u_2(C_1)=B_3$$

$$f_2(C_2)=\min\begin{Bmatrix}4+f_1(B_1)\\7+f_1(B_2)\\8+f_1(B_3)\end{Bmatrix}=\min\begin{Bmatrix}4+8\\7+9\\8+5\end{Bmatrix}=12, u_2(C_2)=B_1$$

$$f_2(C_3)=\min\begin{Bmatrix}5+f_1(B_1)\\6+f_1(B_2)\\9+f_1(B_3)\end{Bmatrix}=\min\begin{Bmatrix}5+8\\6+9\\9+5\end{Bmatrix}=13, u_2(C_3)=B_1$$

(4)当 $k=3$ 时，有

$$f_3(D_1)=\min\begin{Bmatrix}3+f_2(C_1)\\6+f_2(C_2)\\1+f_2(C_3)\end{Bmatrix}=\min\begin{Bmatrix}3+12\\6+12\\1+13\end{Bmatrix}=14, u_3(D_1)=C_3$$

$$f_3(D_2)=\min\begin{Bmatrix}5+f_2(C_1)\\2+f_2(C_2)\\3+f_2(C_3)\end{Bmatrix}=\min\begin{Bmatrix}5+12\\2+12\\3+13\end{Bmatrix}=14, u_3(D_2)=C_2$$

(5)当 $k=4$ 时，有

$$f_4(E)=\min\begin{Bmatrix}4+f_3(D_1)\\3+f_3(D_2)\end{Bmatrix}=\min\begin{Bmatrix}4+14\\3+14\end{Bmatrix}=17, u_4(E)=D_2$$

(6)最优决策序列为 $u_4(E)=D_2, u_3(D_2)=C_2, u_2(C_2)=B_1, u_1(B_1)=A$。所以，最优路线为 $A\to B_1\to C_2\to D_2\to E$，与逆序递推法完全相同。

(三)逆序递推法与正向递推法的主要区别

1. 状态变量的含义不同

在逆序递推法中，状态变量 s_k 是第 k 阶段的出发点；而在正向递推法中，x_k 则是第 k 阶段的终点。

2. 决策过程和结果不同

在逆序递推法中，每一段的决策是对于给定的出发点选择符合要求的终点，即决策过程是顺序的；而在正向递推法中，每一段的决策则是对于给定的终点选择符合要求的出发点，即决

策过程是逆序的。

3. 状态转移方程不同

逆序递推法中，第 k 阶段的输入状态为 s_k，决策为 u_k，由此决定的输出为 s_{k-1}；而在正向递推法中，第 k 阶段的输入状态为 s_k，决策为 u_k，由此决定的输出为 s_{k+1}。

4. 指标函数的定义不同

在逆序递推法中，最优指标函数 $f_k(x_k)$ 定义为第 k 阶段从状态 s_k 出发，到过程终点的后部子过程的最优效益值，$f_1(x_1)$ 是整体最优函数值；而在正向递推法中，最优指标函数 $f_k(x_k)$ 定义为第 k 阶段从状态 s_k 返回，到过程始点的前部子过程的最优效益值，$f_N(x_N)$ 是整体最优函数值。

三、动态规划的应用

(一) 货物装载问题

1. 一维装载问题

例 4-15 载质量为 10t 的载货汽车，运输 4 种不同的货物，每种货物的单位质量及相应单位价值如表 4-11 所示，试问应如何装载可使总价值最大？

货物重量和价值系数 表 4-11

货物编号	重量(t)	价 值 系 数
1	3	3
2	2	1
3	4	2
4	5	4

解：设第 i 种货物装载的件数为 $x_i(i=1,2,3)$，则问题可以描述为

$$\max z = 3x_1 + x_2 + 2x_3 + 4x_4$$

$$s.t.\begin{cases}3x_1 + 2x_2 + 4x_3 + 5x_4 \leqslant 10 \\ x_1, x_2, x_3, x_4 \geqslant 0 \text{ 且均为整数}\end{cases}$$

按照货物种类划分为 4 个阶段，把装载问题化为动态规划问题。用逆序递推法，状态变量 s_j 表示装载第 j 种至第 4 种货物的总重量，决策变量 x_1,x_2,x_3,x_4，状态转移方程有 $s_1 \leqslant 10, s_2 = s_1 - 3x_1, s_3 = s_2 - 2x_2, s_4 = s_3 - 4x_3$。最优值函数 $f_k(s)$ 是总重量不超过 s 时装载第 k 种至第 4 种货物的最大价值。显然，$f_1(10)$ 是所求的最大总价值。

$$\begin{aligned}
f_1(10) &= \max_{\substack{3x_1+2x_2+4x_3+5x_4 \leqslant 10 \\ x_1,x_2,x_3,x_4 \geqslant 0 \text{且均为整数}}} \{3x_1 + x_2 + 2x_3 + 4x_4\} \\
&= \max_{\substack{2x_2+4x_3+5x_4 \leqslant 10-3x_1 \\ x_1,x_2,x_3,x_4 \geqslant 0 \text{且均为整数}}} \{3x_1 + x_2 + 2x_3 + 4x_4\} \\
&= \max_{\substack{10-3x_1 \geqslant 0 \\ x_1 \geqslant 0 \text{且为整数}}} \{3x_1 + \max_{\substack{2x_2+4x_3+5x_4 \leqslant 10-3x_1 \\ x_2,x_3,x_4 \geqslant 0 \text{且均为整数}}} (x_2 + 2x_3 + 4x_4)\} \\
&= \max_{\substack{0 \leqslant x_1 \leqslant 3 \\ x_1 \text{为整数}}} \{3x_1 + f_2(10 - 3x_1)\} \\
&= \max\{0 + f_2(10), 3 + f_2(7), 6 + f_2(4), 9 + f_2(1)\}
\end{aligned}$$

其中:

$$f_2(10)=\max_{\substack{2x_2+4x_3+5x_4\leqslant 10\\ x_2,x_3,x_4\geqslant 0\text{且均为整数}}}\{x_2+2x_3+4x_4\}=\max_{\substack{4x_3+5x_4\leqslant 10-2x_2\\ x_2,x_3,x_4\geqslant 0\text{且均为整数}}}\{x_2+2x_3+4x_4\}$$

$$=\max_{\substack{10-2x_2\geqslant 0\\ x_2\geqslant 0\text{且为整数}}}\{x_2+\max_{\substack{4x_3+5x_4\leqslant 10-2x_2\\ x_3,x_4\geqslant 0\text{且均为整数}}}(2x_3+4x_4)\}$$

$$=\max\{0+f_3(10),1+f_3(8),2+f_3(6),3+f_3(4),4+f_3(2),5+f_3(0)\}$$

$$f_2(7)=\max_{\substack{2x_2+4x_3+5x_4\leqslant 7\\ x_2,x_3,x_4\geqslant 0\text{且均为整数}}}\{x_2+2x_3+4x_4\}=\max_{\substack{4x_3+5x_4\leqslant 7-2x_2\\ x_2,x_3,x_4\geqslant 0\text{且均为整数}}}\{x_2+2x_3+4x_4\}$$

$$=\max_{\substack{7-2x_2\geqslant 0\\ x_2\geqslant 0\text{且均为整数}}}\{x_2+\max_{\substack{4x_3+5x_4\leqslant 7-2x_2\\ x_3,x_4\geqslant 0\text{且均为整数}}}(2x_3+4x_4)\}$$

$$=\max\{0+f_3(7),1+f_3(5),2+f_3(3),3+f_3(1)\}$$

以此类推,可以得到

$$f_2(4)=\max\{0+f_3(4),1+f_3(2),2+f_3(0)\}$$

$$f_2(1)=0+f_3(1)$$

再计算$f_3(s)$的值。

$$f_3(10)=\max_{\substack{4x_3+5x_4\leqslant 10\\ x_3,x_4\geqslant 0\text{且均为整数}}}\{2x_3+4x_4\}=\max_{\substack{5x_4\leqslant 10-4x_3\\ x_3,x_4\geqslant 0\text{且均为整数}}}\{2x_3+4x_4\}$$

$$=\max_{\substack{10-4x_3\geqslant 0\\ x_3\geqslant 0\text{且为整数}}}\{2x_3+\max_{\substack{5x_4\leqslant 10-4x_3\\ x_4\geqslant 0\text{且为整数}}}4x_4\}$$

$$=\max\{0+f_4(10),2+f_4(6),4+f_4(2)\}$$

$$f_3(8)=\max\{0+f_4(8),2+f_4(4),4+f_4(0)\};f_3(7)=\max\{0+f_4(7),2+f_4(3)\}$$

$$f_3(6)=\max\{0+f_4(6),2+f_4(2)\};f_3(5)=\max\{0+f_4(5),2+f_4(1)\}$$

$$f_3(4)=\max\{0+f_4(4),2+f_4(0)\};f_3(3)=0+f_4(3);f_3(2)=0+f_4(2)$$

$$f_3(1)=0+f_4(1);f_3(0)=0$$

最后,计算$f_4(s)$的值。

$$f_4(10)=\min_{\substack{5x_4\leqslant 10\\ x_4\geqslant 0\text{且为整数}}}4x_4=8,x_4=2;f_4(8)=\min_{\substack{5x_4\leqslant 10\\ x_4\geqslant 0\text{且为整数}}}4x_4=4,x_4=1$$

$$f_4(7)=f_4(6)=f_4(5)=4,x_4=1;f_4(4)=f_4(3)=f_4(2)=f_4(1)$$

$$=f_4(0)=0,x_4=0$$

将$f_4(s)$的值代入$f_3(s)$、$f_2(s)$和$f_1(s)$各式:

$$f_3(10)=8,x_4=2;f_3(8)=4,x_3=2,x_4=0\text{或}x_3=0,x_4=1;$$

$$f_3(7)=f_3(6)=f_3(5)=4,x_4=1;f_3(4)=2,x_3=1;$$

$$f_3(3)=f_3(2)=f_3(1)=f_3(0)=0;$$

$$f_2(10)=8,x_4=2;f_2(7)=5,x_2=1,x_4=1;f_2(4)=2,x_3=1;f_2(1)=0;$$

$$f_1(10)=8,x_4=2\text{或}x_1=1,x_2=1,x_4=1$$

因此,得到两组最优解:

(1) $x_1=1,x_2=1,x_4=1$;

(2) $x_4=2$。

这两组最优解都是载质量达到汽车的最大载质量,货物价值等于8。

2. 二维装载问题

当装载问题中不止重量这一种限制条件，还增加了车辆容积限制，则一维装载问题转化为二维装载问题。

例 4-16 有一辆最大运货量为 12t，最大容量为 $10m^3$ 的某种类型卡车，用于装载两种货物 A、B，它们的单件重量分别为 3t、4t，体积分别为 $1m^3$、$5m^3$，价值分别为 2、3，求合理装载的最大效益。

解：用逆向递推法求解。

$$f_2(12,10) = \max_{\substack{3x_1+4x_2\leqslant 12\\ x_1+5x_2\leqslant 10\\ x_1,x_2\geqslant 0\text{且均为整数}}} \{2x_1 + 3x_2\} = \max_{\substack{3x_1\leqslant 12-4x_2\\ x_1\leqslant 10-5x_2\\ x_1,x_2\geqslant 0\text{且均为整数}}} \{2x_1 + 3x_2\}$$

$$= \max_{\substack{12-4x_2\geqslant 0\\ 10-5x_2\geqslant 0\\ x_2\geqslant 0,\text{整数}}} \{3x_2 + \max_{\substack{3x_1\leqslant 12-4x_2\\ x_1\leqslant 10-5x_2\\ x_1,x_2\geqslant 0\text{且均为整数}}} 2x_1\} = \max_{\substack{x_2\leqslant 3\\ x_2\leqslant 2\\ x_2\geqslant 0,\text{整数}}} \{3x_2 + f_1(12-4x_2, 10-5x_2)\}$$

$$= \max\{f_1(12,10), 3+f_1(8,5), 6+f_1(4,0)\}$$

$$f_1(12,10) = \max_{\substack{3x_1\leqslant 12\\ x_1\leqslant 10\\ x_1\geqslant 0,\text{整数}}} \{2x_1\} = 8, x_1 = 4$$

$$f_1(8,5) = \max_{\substack{3x_1\leqslant 12\\ x_1\leqslant 10\\ x_1\geqslant 0,\text{整数}}} \{2x_1\} = 4, x_1 = 2$$

$$f_1(4,0) = \max_{\substack{3x_1\leqslant 12\\ x_1\leqslant 10\\ x_1\geqslant 0,\text{整数}}} \{2x_1\} = 0, x_1 = 0$$

$$f_2(12,10) = \max\{f_1(12,10), 3+f_1(8,5), 6+f_1(4,0)\} = \max\{8, 3+4, 6+0\} = 8$$

所以，最优方案为 $x_1=4, x_2=0$，即装 A 种货物 4 件，不装 B 种货物，最大价值为 8。

(二)设备更新问题

例 4-17 设某台设备的年收益及平均维修费和更新净值费用如表 4-12 所示。试做今后 5 年内的更新决策，使总效益最大。

设备的年收益及平均维修费和更新净值费用 表 4-12

使用年数	0	1	2	3	4	5
效益 $r(k)$	5	4.5	4	3.75	3	2.5
维修费 $w(k)$	0.5	1	1.5	2	2.5	3
更新费 $C(k)$	0.5	1.5	2.2	2.5	3	3.5

解：把 5 个年份看成是 5 个决策阶段，状态参数 s 取年初，某一阶段的决策变量只有两个，K 表示保留，R 表示更新。

(1) 当 $k=5$ 时，有

$$f_5(s) = \max\begin{cases} r(s) - w(s), u_5 = K \\ r(0) - w(0) - C(s), u_5 = R \end{cases}, s \in \{1,2,3,4\}$$

计算过程见表 4-13。

第一阶段的可行决策　表4-13

s	u_5	$d(s,u_5)$	$u_5^*(s)$	$f_5(s)$
1	K R	$4.5-1=3.5$ $5-0.5-1.5=3$	K	3.5
2	K R	$4-1.5=2.5$ $5-0.5-2.2=2.3$	K	2.5
3	K R	$3.75-2=1.75$ $5-0.5-2.5=2$	R	2
4	K R	$3-2.5=0.5$ $5-0.5-3=1.5$	R	1.5

(2)当 $k=4$ 时,有

$$f_4(s)=\max\begin{cases}r(s)-w(s)+f_5(s+1),u_4=K\\r(0)-w(0)-C(s)+f_5(1),u_4=R\end{cases},s\in\{1,2,3\}$$

计算过程见表4-14。

第二阶段的可行决策　表4-14

s	u_4	$d(s,u_4)$	$u_4^*(s)$	$f_4(s)$
1	K R	$4.5-1+2.5=6$ $5-0.5-1.5+3.5=6.5$	R	6.5
2	K R	$4-1.5+2=4.5$ $5-0.5-2.2+3.5=5.8$	R	5.8
3	K R	$3.75-2+1.5=3.25$ $5-0.5-2.5+3.5=5.5$	R	5.5

(3)当 $k=3$ 时,有

$$f_3(s)=\max\begin{cases}r(s)-w(s)+f_4(s+1),u_3=K\\r(0)-w(0)-C(s)+f_4(1),u_3=R\end{cases},s\in\{1,2\}$$

计算过程见表4-15。

第三阶段的可行决策　表4-15

s	u_3	$d(s,u_3)$	$u_3^*(s)$	$f_3(s)$
1	K R	$4.5-1+5.8=9.3$ $5-0.5-1.5+6.5=9.5$	R	9.5
2	K R	$4-1.5+5.5=8.5$ $5-0.5-2.2+6.5=8.8$	R	8.8

(4)当 $k=2$ 时,有

$$f_2(s)=\max\begin{cases}r(s)-w(s)+f_3(s+1),u_2=K\\r(0)-w(0)-C(s)+f_3(1),u_2=R\end{cases},s\in\{1,2\}$$

计算过程见表4-16。

第四阶段的可行决策　　表4-16

s	u_2	$d(s,u_2)$	$u_2^*(s)$	$f_2(s)$
1	K	$4.5-1+8.8=12.3$	R	9.5
	R	$5-0.5-1.5+9.5=12.5$		

(5)当 $k=1$ 时,有

$$f_1(s)=\max\begin{cases}r(s)-w(s)+f_2(s+1),u_1=K\\ r(0)-w(0)-C(s)+f_2(1),u_1=R\end{cases},s\in\{0\}$$

计算过程见表4-17。

第五阶段的可行决策　　表4-17

s	u_1	$d(s,u_1)$	$u_1^*(s)$	$f_1(s)$
0	K	$5-0.5+12.5=17$	K	17
	R	$5-0.5-0.5+12.5=16.5$		

由此可得最优决策是(K,R,R,R,K)。总收益为17,即第1年购买新设备,第2、3、4年年初各更新一次,第5年继续使用到年底。

(三)采购——库存问题

例4-18　某配送中心要制订某一种产品在今后3个时期的采购计划,据估计在今后三个时期,市场对该产品的需求量如表4-18所示。

产品各时期的需求量　　表4-18

时期(k)	1	2	3
需求量(d_k)	4	6	4

假定该配送中心采购每批产品的采购成本为3千元;每单位产品的采购价为1千元;每个时期采购的最大的批量为12个单位;每个时期末未售出的产品,每单位需存储费0.5千元。假定在第一个时期初和第3个时期末的库存量为0。试问该配送中心该如何安排各个时期的采购与库存,才能在满足市场需要的条件下,使总成本最小。

解:按3个时期将问题分为3个阶段,由题意知,在第 k 时期内的生产成本为

$$c_k(x_k)=\begin{cases}0 & (x_k=0)\\ 3+x_k & (0<x_k\leqslant 12)\\ \infty & (x_k>12)\end{cases}$$

第 k 时期末库存量为 v_k 时的存储费用为

$$h_k(v_k)=0.5v_k$$

故第 k 时期内的总成本为

$$c_k(x_k)+h_k(v_k)$$

(1)当 $k=1$ 时,有

$$f_1(v_1)=\min_{x_1=\min(v_1+4,12)}[c_1(x_1)+h_1(v_1)]$$

应采购的最大批量为12,故 v_1 的值介于0至8之间,分别计算有

$$f_1(0)=\min_{x_1=4}[3+4+0.5\times 0]=7$$

同理得:$f_1(1)=8.5$,$f_1(2)=10$,$f_1(3)=11.5$,$f_1(4)=13$,$f_1(5)=14.5$,$f_1(6)=$

16，$f_1(7)=17.5$，$f_1(8)=19$

(2) 当 $k=2$ 时，有

$$f_2(v_2)=\min_{x_2=\min(v_2+6,12)}[c_2(x_2)+h_2(v_2)+f_1(v_2+6-x_2)]$$

因第3时期末的库存量为0，故 v_2 的值介于0至 $\min[d_3,12-6]=4$ 之间，分别计算有

$$f_2(0)=\min_{0\leqslant x_2\leqslant\min(v_2+6,12)}\begin{Bmatrix}c_2(0)+h_2(0)+f_1(6)\\c_2(1)+h_2(0)+f_1(5)\\c_2(2)+h_2(0)+f_1(4)\\c_2(3)+h_2(0)+f_1(3)\\c_2(4)+h_2(0)+f_1(2)\\c_2(5)+h_2(0)+f_1(1)\\c_2(6)+h_2(0)+f_1(0)\end{Bmatrix}=\min\begin{Bmatrix}0+16\\4+14.5\\5+13\\6+11.5\\7+10\\8+8.5\\9+7\end{Bmatrix}=16,x_2=0\text{ 或 }6$$

$f_2(1)=17.5$，$x_2=0$ 或 7；$f_2(2)=18$，$x_2=8$；$f_2(3)=20.5$，$x_2=9$；$f_2(4)=21.5$，$x_2=10$

(2) 当 $k=3$ 时，因要求期末的库存量为0，即 $v_4=0$，故有

$$f_3(0)=\min_{0\leqslant x_3\leqslant 4}[c_3(x_3)+h_3(0)+f_2(4-x_4)]$$

$$=\min\begin{bmatrix}c_3(0)+f_2(4)\\c_3(1)+f_2(3)\\c_3(2)+f_2(2)\\c_3(3)+f_2(1)\\c_3(4)+f_2(0)\end{bmatrix}=\min\begin{bmatrix}0+21.5\\4+20.5\\5+18\\6+17.5\\7+16\end{bmatrix}=21.5,x_3=0$$

再按计算的顺序反推算，可找出每个时期的最优采购决策为：$x_1=4$；$x_2=10$；$x_3=0$。其相应的总成本为21.5千元。

应该指出的是，动态规划是求解某类问题的一种方法，是考察问题的一种途径，而不是一种特殊的算法，它不像线性规划那样有统一的数学模型和算法（例如单纯形法），而必须对具体问题进行具体分析，针对不同的问题，运用动态规划的原理和方法，建立起相应的模型，然后再用动态规划方法去求解。因此，除了要对动态规划的基本原理和方法正确理解外，还应以丰富的想像力去建立模型，用灵活的技巧去求解。

在应用动态规划法求解优化问题时存在"维数障碍"。在大多数问题中，函数 $\{f_k(s_k)\}$ 必须以状态集合 s_k 内格点上的数值来表示，在计算机上计算时，每递推一段，都必须把前一段算出的最优值函数在相应的状态集合上的全部值存入内存中，当问题的维数增大时，所需的内存量成指数倍增长，因此，当问题的维数超过3维时，用通常的动态规划方法是不可取的。此外，当指标函数较复杂时，该方法的求解也甚为繁琐。

第四节 智能优化算法

传统的优化方法存在一些难以克服的局限性，主要表现在以下几个方面。

(1) 单点运算方式大大限制了计算效率的提高。传统优化方法是从一个初始解出发，每次迭代中也只对一个点进行计算，这种方法很难发挥出现代计算机高速计算的性能。

(2) 容易陷入局部最优。传统的优化方法要求每一步迭代都向改进方向移动，即每一步都要求能够降低目标函数值，显然这种方法只有对于单峰分布性质的解空间才能进行有效的

搜索,并得到问题的最优解。而对于多峰空间,一旦算法进入某个局部的低谷,就只能局限在这个低谷区域内,不可能搜索该区域之外的其他区域,即不具有全局搜索能力。

(3)对目标函数和约束函数有要求。传统的优化方法通常对复杂的目标函数或约束函数感到束手无策;而在实际中,目标函数或约束函数却常常是很复杂的,比如说高阶,或者目标函数呈跳跃性变化。

智能优化方法是一门计算机科学。它的理论工作相对较薄弱,其知识点主要在于介绍各种优化算法的基本思想、计算步骤和计算机实现的技巧。智能优化算法对各类复杂的优化问题有很强的适应性,因为它们大多给出的只是一个基本的计算思想和步骤,因此改进算法步骤以获得更好的计算性有着很大的创新空间。

一、模拟退火算法

模拟退火(Simulated Annealing,简称 SA)最早的思想由 Metropolis 在 1953 年提出,Kirkpatrick 在 1983 年成功地应用到组合优化问题中,目前该算法已在工程中得到了广泛的应用,如生产调度、控制工程、机器学习、神经网络、图像处理等领域。模拟退火算法是一种通用的随机搜索算法,是对局部搜索算法的扩展。模拟退火算法源于对热力学中退火过程的模拟,在某一给定初温下,通过缓慢下降温度参数,使算法能够在多项式时间内给出一个近似最优解。

(一)模拟退火算法的基本原理

退火是一种物理过程,金属物体被加热到一定温度后,它的所有分子在状态空间自由运动,随着温度的逐渐下降,分子停留在不同的状态,分子运动逐渐趋于有序,最后以一定的结构排列。统计力学的研究表明,在同一个温度,分子停留在能量小的状态的概率比停留在能量大的状态的概率要大,当温度趋向 0 时,分子停留在最低能量状态的概率趋向于 1。

模拟退火算法是一种基于上述退火原理建立的随机搜索算法。该方法求解优化问题的出发点是基于物理中固体物质的退火过程与一般组合优化问题之间的相似性:组合优化问题的解类似于金属物体的状态,组合优化问题的最优解类似于金属物体的最低能量状态,组合优化问题的费用函数类似于金属物体的能量。由初始解 i 和控制参数初值 t 开始,对当前解重复"产生新解→计算目标函数差→接受或舍弃"的迭代,并逐步衰减 t 值,算法终止时的当前解即为所得近似最优解,这是基于蒙特卡罗迭代求解法的一种启发式随机搜索过程,同时在优化过程中采用 Metropolis 准则作为搜索策略,以避免陷入局部最优,并最终趋于问题的全局最优解。退火过程由冷却进度表(Cooling Schedule)控制,包括控制参数的初值 t 及其衰减因子 Δt 、每个 t 值时的迭代次数 L 和停止条件 S。

(二)Metropolis 准则

从物理系统倾向于能力较低的状态,而热运动又妨碍它准确落入最低态的物理原理出发,采样时着重取那些有重要贡献的状态,可以较快地达到较好的结果。1953 年,Metropolis 等提出了重要性采样法,用来产生固体的状态序列。具体做法如下。

首先给定一粒子相对位置表征的初始状态 i 作为当前状态。然后用摄动方法使随机选取的某个粒子的位移随机地产生一微小变化,得到一个新状态 j。

(1)若 $E(j)\leqslant E(i)$,则状态转换被接受。

(2)若 $E(j)>E(i)$,则状态转换的概率为

$$P_{\mathrm{T}}(i \to j) = \exp\left(-\frac{E_i - E_j}{KT}\right) \tag{4-16}$$

式中:K——物理学中的波尔兹曼常数;

T——材料的温度。

(3)产生随机数 r,并与式(4-16)比较,若 $P_{\mathrm{T}} \geqslant r$,则接受状态 j;若 $P_{\mathrm{T}} < r$,则拒绝状态 j,保持 i 不变。

由式(4-16)可知,对同样的接受概率,因为 T 为分母,在高温下可接受的新状态能量差大一些;而在低温下则接受的能量差较小,这与不同温度下热运动的影响一致。当温度趋于零时,$E(j) > E(i)$ 的新状态 j 都不能被接受。也就是说,当温度很高时,系统处于各状态的概率几乎相等,而当 SA 开始做广域的随机搜索;随着温度的下降,状态概率的差别开始扩大,对能量的变化逐渐敏感,即只能处于能量较小的状态;当温度趋于零时,系统只能处于最小能量的状态,此时,SA 就获得了全局最优解。

(三)模拟退火算法的基本步骤

模拟退火算法中新解的产生和接受可分为如下 4 个步骤。

第 1 步是由一个产生函数从当前解产生一个位于解空间的新解;为便于后续的计算和接受,减少算法耗时,通常选择由当前新解经过简单地变换即可产生新解的方法,如对构成新解的全部或部分元素进行互换等,注意到产生新解的变换方法决定了当前新解的邻域结构,因而对冷却进度表的选取有一定的影响。

第 2 步是计算与新解对应的目标函数差。因为目标函数差仅由变换部分产生,所以目标函数差的计算最好按增量计算。事实表明,对大多数应用而言,这是计算目标函数差最快的方法。

第 3 步是判断新解是否被接受,判断的依据是一个接受准则,最常用的接受准则是 Metropolis 准则:若 $\Delta t' < 0$ 则接受 S'作为新的当前解 S,否则以概率 $\exp(-\Delta t'/T)$ 接受 S'作为新的当前解 S。

第 4 步是当新解被确定接受时,用新解代替当前解,同时修正目标函数值。此时,当前解实现了一次迭代。可在此基础上开始下一轮试验。而当新解被判定为舍弃时,则在当前解的基础上继续下一轮试验。

模拟退火算法的实现步骤如下(以目标函数求最小为例)。

(1)初始化:初始温度 T(充分大),初始解状态 S(是算法迭代的起点),每个 T 值的迭代次数 L。

(2)对 $k = 1, \cdots, L$ 进行第(3)至第(6)步。

(3)产生新解 S',并计算增量 $\Delta t' = C(S') - C(S)$,其中 $C(S)$ 为评价函数。

(4)若 $\Delta t' < 0$ 则接受 S'作为新的当前解,否则以概率 $\exp(-\Delta t'/T)$ 接受 S'作为新的当前解。

(5)如果满足终止条件则输出当前解作为最优解,结束程序,终止算法,终止条件通常取为连续若干个新解都没有被接受。

(6)T 逐渐减少,且 $T \to 0$,然后转第(2)步。

(四)模拟退火算法评价

模拟退火算法与初始值无关,即算法求得的解与初始解状态 S(算法迭代的起点)无关;模拟退火算法具有渐近收敛性,已在理论上被证明是一种以概率1收敛于全局最优解的全局优化算法。但在实际应用过程中,必须在算法设计过程中同时满足以下条件:

(1)初始温度足够高;

(2)热平衡时间足够长;

(3)终止温度足够低;

(4)降温过程足够慢;

以上条件在实际应用过程中很难同时得到满足,而且SA会接受性能较差的解,所以其最终解有可能比运输过程中遇到的最好解性能差,因此在SA运行过程中常常要记录遇到的最好可行解(历史最优解),当算法停止时,输出这个历史最优解。

二、禁忌搜索算法

禁忌搜索(Tabu Search,简称TS)算法最早由Glover于1977年提出,并用来求解整数规划问题,它是对局部邻域搜索的一种扩展,是一种全局逐步寻优算法,是对人类智力过程的一种模拟。通过引入一个灵活的存储结构和相应的禁忌准则来避免迂回搜索,并通过特赦规则来赦免一些被禁忌的优良状态,进而保证多样化的有效探索,以最终实现全局优化。TS算法是一种局部搜索能力很强的全局迭代寻优算法。迄今为止,TS算法在组合优化、生产调度、机器学习、电路设计和神经网络等领域取得了很大的成功,近年来又在函数全局优化方面得到较多的研究,并大有发展的趋势。

(一)禁忌搜索算法的基本原理

局部搜索的缺点在于太贪婪地对某一个局部区域及其邻域搜索,导致一叶障目,不见泰山。而禁忌搜索就是对于已找到的一部分局部最优解,有意识地避开它(但不是完全隔绝),从而获得更多的搜索区间,因此具有较强的"爬山能力"。为了回避局部邻域常常陷入局部最优的主要不足,禁忌搜索算法用一个禁忌表记录下已经到达过的局部最优点。在下一次搜索中,利用禁忌表中的信息不再或有选择地搜索这些点,以此来跳出局部最优点。禁忌表模仿了人类的记忆功能,禁忌搜索因此得名,所以称它是一种智能优化算法。

禁忌搜索算法采用了邻域选优的搜索方法,为了能逃离局部最优解,算法必须能够接受劣解,也就是每一次迭代得到的解不必一定优于原来的解。但是,一旦接受了劣解,迭代就可能陷入循环,为了避免循环,算法将最近接受的一些移动放在禁忌表中,在以后的迭代中加以禁止。即只有不在禁忌表中的较好解(可能比当前解差)才被接受作为下一次迭代的初始解。随着迭代的进行,禁忌表不断更新,经过一定迭代次数后,最早进入禁忌表的移动就从禁忌表中解禁退出。

(二)禁忌表和特赦准则

1.禁忌表

在禁忌搜索算法中,禁忌表是用来防止搜索过程中出现循环,避免陷入局部最优的。它通常记录最近接受的若干次移动,在一定次数之内禁止再次被访问,过了一定的次数后,这些移动从禁忌表中退出,又可以重新被访问。禁忌表是禁忌搜索算法中的核心。

(1)禁忌对象

顾名思义,禁忌对象指的是禁忌表中被禁的那些变化元素。禁忌对象的选择十分灵活,可以是最近访问过的点、状态、状态的变化以及目标值等。如排序问题中把两两交换的对象作为禁忌对象,例如背包问题中选择“取”或“不取”某物品为禁忌对象,分组问题中把某元素和它被分到的组联系在一起,构成一个有序数对作为禁忌对象,还有些问题中可以把目标值直接放入禁忌表中作为禁忌对象。归纳起来,有如下 3 种:①以状态本身或者状态的变化作为禁忌对象。②以状态分类或者状态分量的变化作为禁忌对象。③将目标值作为禁忌对象。

在这三种做法中,第一种做法的禁忌范围适中,第二种做法的禁忌范围较小,第三种做法的禁忌范围较大。如果禁忌范围较大,则可能陷入局部最优解;反之,则容易陷入循环。

(2)禁忌长度

禁忌长度就是禁忌表的大小,即被禁对象不允许选取的迭代次数。一个禁忌对象进入禁忌表后,只有经过一个确定的迭代次数,才能从禁忌表中退出。禁忌表的大小在很大程度上影响着搜索速度和解的质量。如果选择的好,可有助于识别出曾搜索过的区域。实验表明,如果禁忌表长度过小,那么搜索过程就可能进入死循环,整个搜索将围绕着相同的几个解徘徊;相反,如果禁忌表长度过大,那它将在相当大的程度上限制了搜索区域,好的解就有可能被跳过,导致不会改进解的效果反而增加算法运算时间。因此一个好的禁忌表长度应该是尽可能小却又能避免算法进入循环。

2. 特赦准则

在禁忌搜索算法的迭代过程中,会出现候选集中的全部对象都被禁忌,或某一对象被禁忌,但若解禁则其目标值将有非常大的改进,在这样的情况下,为了达到全局的最优,我们会让一些禁忌对象重新可选。这种方法称为特赦,相应的规则称为特赦准则。衡量标准就是定义一个渴望水平函数,渴望水平函数通常选取当前迭代之前所获得的最好解的目标值或此移动禁忌时的目标值作为渴望水平函数。

(三)禁忌搜索算法的基本步骤

禁忌搜索算法的搜索过程可简单描述如下。

Step1　选定一个初始解 $Xnow$ 及置禁忌表 H 为空集。

Step2　若满足停止规则,则停止计算,输出结果;否则,在 $Xnow$ 的邻域 $N(H,Xnow)$ 中选出满足禁忌要求的候选集 $Can\_N(Xnow)$;在 $Can\_N(Xnow)$ 中选一个评价值最佳的解替换 $Xnow$,并把与该最佳解相对应的禁忌对象替换最早进入禁忌表的禁忌对象,更新历史纪录 H,重复 Step2。

在求解中还要注意禁忌对象、禁忌长度、候选集、评价函数、特赦规则、记忆频率信息以及终止规则的设计。

(四)禁忌搜索算法的评价

相对于模拟退火算法和遗传算法,TS 是另一种搜索特点不同的启发式算法。禁忌搜索算法的不足之处在于对初始解有较强的依赖性,好的初始解能使 TS 算法很快就找到好解,而较差的初始解则会降低 TS 算法的收敛速度;另外,TS 算法的迭代过程是串行的,仅是单一状态的转换,而非并行搜索。为了更好的发挥禁忌搜索算法的搜索功能,近年来,学者们已经提出了许多改进的方法,如禁忌清单长度随着迭代次数的改变而改变。在不断发展的研究中,禁忌搜索算法将更好地发挥它的作用。

三、遗传算法

遗传算法(Genetic Algorithm,简称 GA)是由美国密歇根大学的 John H. Holland 教授于 20

世纪60年代末到70年代初提出的。它借用了生物遗传学的观点,通过自然选择、遗传、变异等作用机制,实现各个体适应性的提高。这一点体现了自然界中“物竞天择、适者生存”的进化过程。

(一)遗传算法的基本原理

生物在其延续生存的过程中,逐渐适应其生存环境,使得其品质不断得到改良,这种生命现象称为进化。生物的进化是以集团的形式共同进行的,这样的一个团体称为群体,组成群体的单个生物称为个体,每个个体对其生存环境都有不同的适应能力,这种适应能力称为个体的适应度。按照达尔文的进化论,那些具有较强适应环境变化能力的生物个体具有更高的生存能力,容易存活下来,并有较多的机会产生后代;相反,具有较低生存能力的个体则被淘汰,或者产生后代的机会越来越少,直至消亡。

迄今为止,遗传算法已有了许多发展,但一般来说,其基本过程是:首先采用某种编码方式将解空间映射到编码空间,可以是位串、实数、有序串、树或图,Holland最初的遗传算法是基于二进制串的,类似于生物染色体结构,易于用生物遗传理论解释,各种遗传操作也易于实现。但是,在具体问题中,直接采用解空间的形式进行编码,可以直接在解的表现型上进行遗传操作,从而易于引入特定领域的启发式信息,可以取得比二进制编码更高的效率。实数编码一般用于数值优化,有序串编码一般用于组合优化。每个编码对应问题的一个解,称为染色体或个体。一般通过随机方法确定起始的一群个体,称为种群,在种群中根据适应值或某种竞争机制选择个体,使用各种遗传操作算子(包括杂交,变异等)产生下一代(下一代可以完全替代原种群,即非重叠种群;也可以部分替代原种群中一些较差的个体,即重叠种群),如此进化下去,直到满足期望的终止条件。

(二)遗传算法的构成要素

1.种群和种群规模

种群是由染色体构成的,每个个体就是一个染色体,每个染色体对应着问题的一个解。种群中个体的数量称为种群大小或者种群规模。种群规模的增大通常将导致运算时间的增大,在一些特殊情况下,群体规模也可能采用与遗传代数相关的变量,以获取更好的优化效果。

2.编码

对优化问题进行编码,此时,一个解的编码为一个染色体,组成编码的元素称为基因。编码的目的主要是用于优化问题解的表现形式和利于之后遗传算法中的计算。所以染色体与要优化的问题的解如何进行对应,就需要通过基因来进行表示,即对染色体进行正确的编码。不同编码方式的运行时间和适应度函数值以及目标函数值计算的复杂程度不同,并且编码方式也影响着解空间的大小。如在背包问题中,常采用0-1编码,而在车辆路线问题中常采用自然数编码的方式。

3.遗传算子

GA中最常用的算子有如下几种。

(1)选择算子(Selection/Reproduction)

选择算子从群体中按某一概率成对选择个体,某个体 x_i 被选择的概率 P_i 与其适应度值成正比,即具有更高适应值的个体应具有更高的被选择的概率。

最通常的实现方法是轮盘赌(Roulette Wheel)模型。计算每个染色体的相对适应度

F_j/F_i，记为 P_j，然后再计算每个染色体的累积概率，即从适应度值最小的染色体开始，每个染色体 j 的累积概率都等于其之前染色体的概率和加上 P_j。轮盘赌的选择策略可以这样实现，先随机产生一个[0,1]内的数 r，然后看它落在哪个区域，即假设 $P_{i-1} < r < P_i$，则选择染色体 i。这类似于轮盘赌中的转盘，相对适应度大的染色体所占的扇形面积较大，这样骰子落入其中的概率就越大，被选择的概率也就越大。

(2)交叉算子(Crossover)

交叉是最重要的遗传算子，它同时对两个染色体进行操作，组合两者的特性产生新的后代。交叉的最简单的方式就是在双亲的染色体上随机地选择一个断点，将断点的右端相互交换，从而形成新的后代。

双亲的染色体是否进行交叉由交叉率来进行控制，交叉率定义为各代中产生的后代数与种群中总的个体数的比。显然，较高的交叉率将达到更大的解空间，从而减小停止在非最优解上的机会，但是交叉率太高，会因过多搜索不必要的解空间而耗费大量的计算时间。

(3)变异算子(Mutation)

变异是对个体的某些基因值做变动，在染色体上自发地产生随机的变化。一种简单的变异方式是替换一个或者多个基因。遗传算法引入变异算子的目的有两个：一是使遗传算法具有局部的随机搜索能力，当遗传算法通过交叉算子已接近最优解邻域时，利用变异算子可以加速向最优解收敛；二是使遗传算法可维持群体的多样性，以防止出现过早收敛现象。

变异率定义为种群中变异基因数在总基因数中的百分比。变异率控制着新基因导入种群的比例。若变异率太低，一些有用的基因就难以进入选择；若太高，即随机的变化太多，那么后代就可能失去从双亲继承下来的好特性，这样算法就会失去从过去的搜索中学习的能力。

上述各种算子的实现是多种多样的，而且许多新的算子正在不断地提出，以改进 GA 的某些性能。系统参数(个体数 n，交叉概率 P_c，变异概率 P_m 等)对算法的收敛速度及结果有很大的影响，应视具体问题选取不同的值。

(三)遗传算法的基本步骤

标准遗传算法的步骤如下：

(1)构造满足约束条件的染色体，遗传算法不能直接处理解空间的解，必须通过编码将解表示成适当的染色体；编码的目的主要是用于优化问题解的表现形式和利于之后遗传算法中的计算。

(2)随机产生初始群体，初始群体是搜索开始时的一组染色体，其数量应适当依据问题规模选取。

(3)计算每个染色体的适应度，适应度反应了染色体的优劣程度，遗传算法要找最优的染色体，也就是要找适应度值最大的染色体；适应函数基本上依据优化问题的目标函数而定。

(4)使用复制、交叉和变异算子产生新群体，这三个算子是遗传算法的基本算子，分别反应了生物进化过程的不同阶段和不同形式。

(5)重复步骤(3)和步骤(4)，直到满足终止条件。

(四)遗传算法评价

和其他现代启发式算法相比，遗传算法在解搜索过程中的特点是不仅能在搜索初期改善解，而且在搜索的后期解也能得到一定的改善，但是其在搜索初期时的改善速度较其他算法来说是相对较慢的。从搜索角度，遗传算法具有如下优点：

（1）不必非常明确地描述问题的全部特征，通用性和鲁棒性强，能很快适应问题和环境的变化；对领域知识依赖程度低，不受搜索空间限制性假设的约束，不必要求连续性、可导或单峰等。

（2）从多点进行搜索，如同在搜索空间上覆盖的一张网，搜索的全局性强，不易陷入局部最优；具有隐并行性，非常适合于并行计算。

四、蚁群算法

蚁群算法（Ant Colony Algorithm）也称蚂蚁算法，是在20世纪90年代初由意大利学者M. Dofigo提出的，它是根据蚂蚁觅食原理而设计的一种群体智能算法。据研究，当蚂蚁找到食物并将它搬回来时，就会在它经过的路上留下一种"外激素"，其他蚂蚁闻到这种激素的"味道"，就沿该路线去觅食，而且还会沿着最短的路径奔向食物。目前，蚁群算法的研究已经由单一的TSP领域渗透到多个应用领域，从一维静态优化问题到多维动态优化问题，从离散问题到连续问题。同时蚁群算法在模型改进及与其他仿生优化算法的融合方面也取得了相当丰富的研究成果，展现出广阔的发展前景。

（一）蚁群算法的基本原理

蚁群算法是采用人工蚂蚁的行走路线来表示待求解问题可行解的一种方法。各个蚂蚁在没有事先告诉他们食物在什么地方的前提下开始寻找食物。当一只找到食物以后，它会向环境释放一种信息素，吸引其他的蚂蚁过来，这样越来越多的蚂蚁会找到食物。有些蚂蚁并没有像其他蚂蚁一样总重复同样的路，他们会另辟蹊径，如果令开辟的道路比原来的其他道路更短，那么，渐渐，更多的蚂蚁被吸引到这条较短的路上来。最后，经过一段时间运行，可能会出现一条最短的路径被大多数蚂蚁重复着。图4-6是一个基于蚁群算法的人工蚁群系统寻找最短路径的例子。

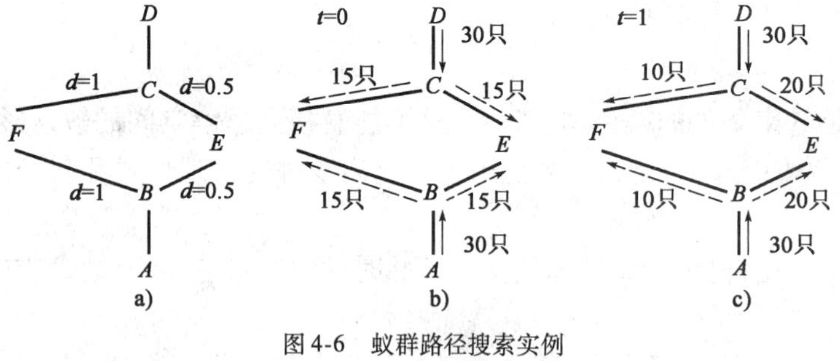

图4-6 蚁群路径搜索实例

如图4-6a）所示，假设C和F之间、B和F之间以及B和C之间（通过E）的距离为1，E位于B和C的中央。

考虑在等间隔等离散世界时间点（t=0,1,2,…）的蚁群系统情况。假设每单位时间有30只蚂蚁从A到B，另30只蚂蚁从D到C，其行走速度都为1（一个单位时间所走距离为1），在行走时，一只蚂蚁可在时刻t留下浓度为1的信息素。为简单起见，设信息素在时间区间（$t+1$, $t+2$）的中点$t+1.5$时刻瞬时完全挥发。在$t=0$时刻无任何信息素，但分别有30只蚂蚁在B和C等待出发。它们选择走哪一条路径是完全随机的，因此在两个节点上蚁群可各自一分为二，走两个方向［图4-6b)］。但在$t=1$时刻，从A到B的30只蚂蚁在通向F的路径上发现一条浓度为 15 的信息素，这是由 15 只从 B 走向 F 的先行蚂蚁留下来的；而在通向 E 的路径上它们可以发现一条浓度为 30 的信息素路径，这是由 15 只走向 BE 路径的蚂蚁所留下的气息与 15 只从 C 经 E 到达 B 留下的气息之和。这时，选择路径的概率就有了偏差，向 C 走的蚂蚁数将是向 H 走的蚂蚁数的 2 倍[图 4-6c)]。对于从 E 到 D 来的蚂蚁也是如此。这个过程一直会持续到所有的蚂蚁最终都选择了最短的路径为止。

这样，我们就可以理解蚁群算法的基本思想：如果在给定点，一只蚂蚁要在不同的路径中选择，那么，那些被先行蚂蚁大量选择的路径（也就是信息素留存较浓的路径）被选中的概率就更大，较多的信息素意味着较短的路径，也就意味着较优的解。

（二）基本蚁群算法的实现

在蚁群优化算法中，一个有限规模的人工蚁群体，可以相互协作地搜索用于解决优化问题的较优解。每只蚂蚁根据问题所给出的准则，从被选的初始状态出发建立一个可行解，或是解的一个组成部分。在建立蚂蚁自己的解决方案中，每只蚂蚁都搜集关于问题特征（例如，在 TSP 问题中路径的长度即为问题特征）和其自身行为（例如，蚂蚁倾向于沿着信息素强度高的路径移动）的信息。并且正如其他蚂蚁所经历的那样，蚂蚁使用这些信息来修改问题的表现形式。蚂蚁既能共同地行动，又能独立地工作，显示出了一种相互协作的行为。它们不使用直接通讯，而是用信息素指引着蚂蚁之间的信息交换。人工蚁使用一种结构上的贪婪启发法搜索可行解。根据问题的约束条件列出了一个解，作为经过问题状态的最小代价（最短路径）。每只蚂蚁都能够找出一个解，但很可能是较差解。蚁群中的个体同时建立了很多不同的解决方案，找出高质量的解是群体中所有个体之间全局相互协作的结果。

在蚁群算法中，以下四个部分对蚂蚁的搜索行为起到了决定的作用。

（1）局部搜索策略

根据所定义的邻域概念（视问题而定），经过有限步的移动，每只蚂蚁都建立了一个问题的解决方案。应用随机的局部搜索策略选择移动方向。这个策略基于以下两点：①私有信息（蚂蚁的内部状态或记忆）；②公开可用的信息素轨迹和具体问题的局部信息。

（2）蚂蚁的内部状态

蚂蚁的内部状态存储了关于蚂蚁过去的信息。内部状态可以携带有用的信息用于计算所生成方案的价值、优劣度或每个执行步的贡献。而且，它为控制解决方案的可行性奠定了基础。在一些组合优化问题中，通过利用蚂蚁的记忆可以避免将蚂蚁引入不可行的状态。例如在 TSP 问题中，利用蚂蚁的记忆可以记录蚂蚁已经走过的城市，并将它们置于一个禁忌表中，禁止蚂蚁再重复经过这些城市，进而能够满足 TSP 问题的约束条件，从而有效地避免了将蚂蚁引入不满足 TSP 问题约束条件的状态。因此，蚂蚁仅仅使用关于局部状态的信息和可行的局部状态行为结果的信息，就可以建立可行的解决方案。

（3）信息素轨迹

局部的、公共的信息既包含了一些具体问题的启发信息，又包含了所有蚂蚁从搜索过程的初始阶段就开始积累的知识。这些知识通过编码以信息素轨迹的形式来表达。蚂蚁逐步建立了时间全局性的激素信息。这种共享的、局部的、长期的记忆信息，能够影响蚂蚁的决策。蚂蚁何时向环境中释放信息素和释放多少信息素，应由问题的特征和实施方法的设计来决定。蚂蚁可以在建立解决方案的同时释放信息素（即时地、逐步地），也可以在建立了一个方案后，返回所有经过的状态（即时地、延迟地），也可以两种方法一同使用。正反馈机制在蚁群优化算法运行过程中起的重要作用是:选择的蚂蚁越多,一个步得到的回报就越多(通过增加信息素),这个步对下一只蚂蚁就变得越有吸引力。总的来说,所释放信息素的量与蚂蚁建立(或正在建立的)解决方案的优劣程度成正比。这样,如果一个步为生成一个高质量的方案做出了贡献,那么它的品质因数将会增长,且正比于它的贡献。

(4)蚂蚁决策表

蚂蚁决策表是由信息素函数与启发信息函数共同决定的,也就是说,蚂蚁决策表是一种概率表。蚂蚁使用这个表来指导其搜索朝着搜索空间中最有吸引力的区域移动。利用移动选择决定策略中基于概率的部分和信息素挥发机制,避免了所有蚂蚁迅速地趋向于搜索空间的同一部分。当然,探寻状态空间中的新节点与利用所积累的信息,这两者之间的平衡是由策略中随机程度和信息素轨迹更新的强度所决定的。

一旦一只蚂蚁完成了它的使命,包括建立一个解决方案和释放信息素,这只蚂蚁就将"死掉",即它将从系统中被删除。

(三)蚁群算法的基本步骤

蚁群觅食的过程与TSP问题的求解非常相似,蚁群算法也首先在著名的TSP问题上获得了成功,而TSP问题也成为了学者们研究蚁群算法的主要测试问题之一。下面以TSP问题为例,说明基本蚁群算法的求解过程。

TSP问题:给定n个城市的集合$G=\{c_1,c_2,\cdots,c_n\}$及城市之间旅行路径的长短$d_{ij}(1\leqslant i\leqslant n,1\leqslant j\leqslant n,i\neq j)$。TSP问题是找到一条依次经过每个城市且回到起点的最短路径的回路。

TSP求解中,假设蚁群算法中的每只蚂蚁是具有下列特征的简单智能体。

(1)每次周游,每只蚂蚁在其经过的支路(i,j)上都留下信息素。

(2)蚂蚁选择城市的概率与城市之间的距离和当前连接支路上所包含的信息素余量有关。

(3)为了强制蚂蚁进行合法的周游,直到依次周游完成后,才允许蚂蚁游走已访问过的城市(可由禁忌表控制)。

蚁群算法中的基本变量和常数有:

m——蚁群中蚂蚁的总数;

n——TSP问题中城市的个数;

d_{ij}——城市i和城市j之间的距离,其中$i,j\in(1,n)$;

$\tau_{ij}(t)$——表示t时刻在路径(i,j)连线上残留的信息量,在初始时刻各条路径上信息量相等,并设$\tau_{ij}(0)=const$($const$为常数)。

蚂蚁$k(k=1,2,\cdots,m)$在运动过程中,根据各条路径上的信息量决定其转移方向。$p_{ij}^k(t)$表示在t时刻蚂蚁k由城市i转移到城市j的状态转移概率,是根据各条路径上残留的信息量$\tau_{ij}(t)$及路径的启发信息η_{ij}来计算的,表示蚂蚁在选择路径时会尽量选择离自己距离较近且信息素浓度较大的方向。

$$p_{ij}^k(t)=\begin{cases}\dfrac{[\tau_{ij}(t)]^{\alpha}\cdot[\eta_{ij}(t)]^{\beta}}{\sum\limits_{s\in allowed_k}[\tau_{is}(t)]^{\alpha}\cdot[\eta_{is}(t)]^{\beta}}, & j\in allowed_k\\ 0, & \text{其他}\end{cases}$$

式中：$allowed_k = \{C - tabu_k\}$——表示在 t 时刻蚂蚁 k 下一步允许选择的城市（即还没有访问的城市）；

$tabu_k(k = 1,2,\cdots,m)$——表示禁忌表，记录蚂蚁 k 当前已走过的城市；

α——表示信息启发因子，反映了蚁群在运动过程中所残留的信息量的相对重要程度；

β——表示期望启发式因子，反映了期望值的相对重要程度；

η_{ij}——表示由城市 i 转移到城市 j 的期望程度，被称为先验知识，MTSP 问题中一般取值 $\eta_{ij}(t) = \dfrac{1}{d_{ij}}$。

对蚂蚁 k 而言，d_{ij}越小，则 $\eta_{ij}(t)$ 越大，$p_{ij}^k(t)$ 也就越大。

为了避免残留信息素过多而淹没启发信息，在每只蚂蚁走完一步或者完成对所有 n 个城市的遍历后，要对残留信息素进行更新处理。路径(i,j)在$(t+n)$时刻时的信息量为

$$\tau_{ij}(t+n) = (1-\rho)\cdot\tau_{ij}(t) + \Delta\tau_{ij}(t)$$

$$\Delta\tau_{ij}(t) = \sum_{k=1}^{m}\Delta\tau_{ij}^k(t)$$

式中：ρ——表示信息素挥发系数，为了防止信息的无限积累，ρ 的取值范围为 $[0,1)$，用$1-\rho$ 表示信息的残留系数；

$\Delta\tau_{ij}(t)$——表示本次循环中路径(i,j)上的信息素增量，初始时刻 $\Delta\tau_{ij}(t) = 0$；

$\Delta\tau_{ij}^k(t)$——表示第 k 只蚂蚁在本次循环中留在路径(i,j)上的信息量。

基本蚁群算法的实现步骤如下。

第 1 步：初始化参数。时间 $t=0$，循环次数 $N_c = 0$，设置最大循环次数 N_{cmax}，令路径(i,j)的初始化信息量 $\tau_{ij}(t) = const$，初始时刻 $\Delta\tau_{ij}(0) = 0$。

第 2 步：将 m 只蚂蚁随机放在 n 个城市上。

第 3 步：循环次数 $N_c = N_c + 1$。

第 4 步：令蚂蚁禁忌表索引号 $k=1$。

第 5 步：$k = k+1$。

第 6 步：根据状态转移概率公式计算蚂蚁选择城市 j 的概率。

第 7 步：选择具有最大状态转移概率的城市，将蚂蚁移动到该城市，并把该城市记入禁忌表中。

第 8 步：若没有访问完集合 C 中的所有城市，即 $k<m$，跳转至第 5 步，否则，转第 9 步。

第 9 步：更新每条路径上的信息量。

第 10 步：若满足结束条件，循环结束输出计算结果，否则清空禁忌表并跳转至第 3 步。

基本蚁群算法的流程图如图 4-7 所示。

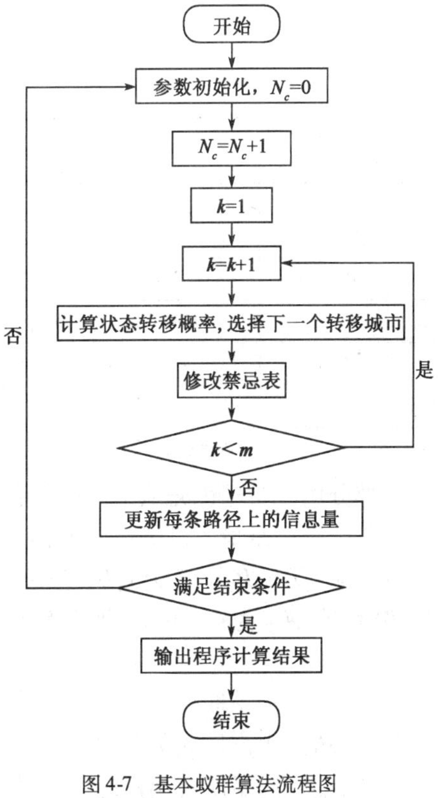

图 4-7　基本蚁群算法流程图

（四）蚁群算法评价

蚁群算法采用了正反馈机制，也可称为采用了一

种增强型学习系统，通过不断更新信息素达到最终收敛于最优路径的目的，这是蚁群算法不同于其他仿生优化算法最为显著的特点。与其他智能优化算法比较起来，基本蚁群算法的不足主要有以下几点。

(1)每次解构造过程的计算量大，算法搜索时间较长。

(2)算法容易出现停滞现象，即搜索进行到一定程度后，所有蚂蚁搜索到的解完全一致，不能对空间进一步进行搜索，不利于发现更好的解。

(3)基本蚁群优化算法本质上是离散的，只适用于组合优化问题，对于连续优化问题(函数优化)无法直接应用，限制了算法的应用范围。

但蚁群算法求解某些问题(如TSP问题)具有很大的优越性，它的成功运用吸引了国际学术界的普遍关注，学术界对此提出了各种有益的改进算法。

思 考 题

1. 为什么要进行物流运输系统优化？

2. 线性规划有什么特征？其建模和求解的基本思路是什么？

3. 动态规划有什么特征？其建模和求解的基本思路是什么？

4. 智能优化算法有什么特征？其求解思路与其他优化算法的根本区别是什么？

5. 某公司有两个生产厂 A_1、A_2，四个中转仓库 B_1、B_2、B_3、B_4，供应六家用户 C_1、C_2、C_3、C_4、C_5、C_6。各用户可直接从生产厂家进货，也可以从中转仓库进货，所需的运输费用(元/t)如表4-19、表4-20所示。

中转仓库和各用户从生产厂进货所需运输费用 表4-19

生产厂＼中转仓库与各用户	B_1	B_2	B_3	B_4	C_1	C_2	C_3	C_4	C_5	C_6
A_1	50	50	100	20	100	—	150	200	—	100
A_2	—	30	50	20	200	—	—	—	—	—

各用户从中转仓库进货所需运输费用 表4-20

中转仓库＼用户	C_1	C_2	C_3	C_4	C_5	C_6
B_1	—	150	50	150	—	100
B_2	100	50	50	100	50	—
B_3	—	150	200	—	50	150
B_4	—	—	20	150	50	150

注："—"表示不允许调运。

部分用户希望优先从某厂或某仓库进货，它们是：C_1—A_1，C_2—B_1，C_5—B_2，C_6—B_3。

各生产厂月最大供货量如下：A_1 为15万t，A_2 为20万t。各中转仓库每月最大周转量如下：B_1 为7万t，B_2 为5万t，B_3 为10万t，B_4 为4万t。用户每月的最低需求如下：C_1 为5万t，C_2 为1万t，C_3 为4万t，C_4 为3.5万t，C_5 为6万t，C_6 为2万t。

要求回答：

(1)该公司采取什么供货方案可以使总调运费用最小？

(2)增加生产厂或某个中转仓库的能力，对调运费用会产生什么影响？

(3)能否满足所有用户的优先供货要求？如果都满足需增加多少？

参考文献

[1] 陈宝林.最优化理论与算法[M].北京:清华大学出版社,2005.

[2] 黄平,孟永钢.最优化理论与方法[M].北京:清华大学出版社,2009.

[3] 运筹学教材编写组.运筹学[M].北京:清华大学出版社,2005.

[4] 汪定伟,王俊伟,王洪峰,等.智能优化算法[M].北京:高等教育出版社,2007.

[5] 彭秀兰,毛磊.物流运筹方法与工具[M].北京:机械工业出版社,2006.

[6] 吴清一.物流系统工程[M].北京:高等教育出版社,2004.

[7] 蔡临宁.物流系统规划——建模及实例分析[M].北京:机械工业出版社,2003.

[8] 冯树民.交通系统工程[M].北京:知识产权出版社,2009.

[9] 赵建有.道路交通运输系统工程[M].北京:人民交通出版社,2004.

[10] 张可村,李换琴.工程优化方法及其应用[M].陕西:西安交通大学出版社,2007.

[11] 杨剑峰.蚁群算法及其应用研究[M].浙江:浙江大学博士学位论文,2007.

[12] 李士勇.蚁群算法及其应用[M].哈尔滨:哈尔滨工业大学出版社,2004.

第五章　物流运输设备优化管理

第一节　公路物流运输设备性能

一、汽车动力性

汽车的动力性是汽车各种性能中最基本、最重要的一种性能。汽车是一种高效率的运输工具，运输效率之高低在很大程度上取决于汽车的动力性。

（一）动力性评价指标

从获得尽可能高的平均行驶速度的观点出发，汽车的动力性主要由三方面的指标来综合评定，即

（1）汽车的最高车速 V_{amax}，km/h；

（2）汽车的加速时间 t，s；

（3）汽车的最大爬坡度 i_{max}，%。

最高车速是指在水平良好的路面上汽车能达到的最高行驶速度。设计汽车的最高车速要考虑到道路条件和交通情况。一般情况下，公路上规定的车速有"持续车速"和"最高车速"。显然，具有高动力性能的汽车，其最高车速要高于公路上规定的"最高车速"。

汽车的加速能力对平均行驶车速有很大影响，特别是高级轿车对加速能力更为重视。汽车的加速能力常用原地起步加速时间和超车加速时间来评价。原地起步加速时间，是指汽车以第Ⅰ挡起步，并以最大的加速强度逐步换挡到高速挡后，达到某一预定的距离或车速所需要的时间；超车加速时间，是指用最高挡或次高挡，由某一中等车速全力加速至某一高速所需的时间。由于超车时汽车与被超车辆并行，容易发生安全事故，因此超车加速能力强，则并行行程短，行驶就安全。一般常用 0 ~ 1/4mile 或 0 ~ 400m 的秒数来表明汽车原地起步的加速能力，也有用 0 ~ 50mile/h 或 0 ~ 80.5km/h 所需的时间来表明加速能力。超车加速能力还没有一致的规定，采用较多的是用最高挡或次高挡由 30km/h 或 40km/h 全力加速行驶至某一高速所需时间，或由加速曲线即车速—时间关系曲线全面反映加速能力。

汽车的上坡能力是用满载时汽车在良好路面上的最大爬坡度 i_{max} 来表示的。显然，最大爬坡度是指第Ⅰ挡的最大爬坡度。Ⅰ挡加速能力大时，爬坡能力也强。轿车最高车速大，加速时间短，经常在较好的平坦路面上行驶，所以一般不十分强调它的爬坡能力。货车在各种路面上行驶，所以要求它具有足够的爬坡能力，一般 i_{max} 在 30% 即 16.5°左右。越野汽车因为要在坏路或无路的条件下行驶，爬坡能力是一个很重要的指标，它的最大爬坡度可达 60%，即 30°左右或更高。

因此，汽车的动力性能并不是由单一指标来进行评价，而是由最高车速 V_{amax}、加速时间 t 和最大爬坡度 i_{max} 3 个指标来综合评价的。不同用途的汽车，由于运行条件和用途不一样，对评价动力性能的三个指标要求的侧重点也不一样。有的国家规定在常遇到的坡道上，以汽车必须保证的行驶车速来表明它的爬坡能力。控制这个指标可以保证各种车辆的动力性相差不

至于太悬殊，以维持路面上各种车辆的畅通行驶。

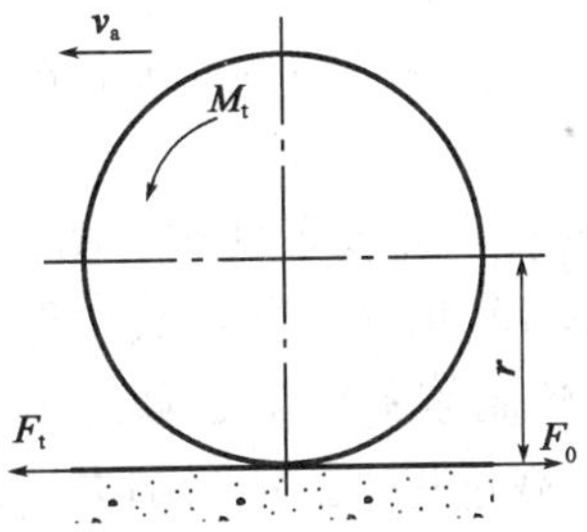

图 5-1 汽车的驱动力

(二)汽车驱动力

汽车发动机产生的扭矩，经传动系传至驱动轮上。此时作用于驱动轮上的扭矩 M_t 产生一对地面的圆周力 F_0，地面对驱动轮的反作用力 F_t(方向与 F_0 相反)即是驱动汽车的外力(图 5-1)。此外力称为驱动力。其数值为

$$F_t = \frac{M_t}{r} \quad (\mathrm{N}) \tag{5-1}$$

式中：r——车轮的半径，m。

作用于车轮上的扭矩，是由发动机发出并经传动系传至驱动轮上的。若令 M_e 表示发动机扭矩，i_g 表示变速器的传动比，i_0 表示主减速器的传动比，η_T 表示传动系的机械效率。则有

$$M_t = M_e i_g i_0 \eta_T \quad (\mathrm{N \cdot m})$$

对于装有分动器、轮边减速器、液力传动等装置的汽车，上式应计入相应的传动比与机械效率。因而驱动力为

$$F_t = \frac{M_e i_g i_0 \eta_T}{r} \quad (\mathrm{N}) \tag{5-2}$$

一般用驱动力与车速之间的函数关系曲线 F_t-v_a，来全面表征汽车的驱动力，F_t-v_a 关系曲线称为汽车的牵引特性图。有了发动机的外特性曲线、传动系的传动比、传动效率、车轮半径等参数后，即可用式(5-2)求出各个排挡位的 F_t 值，再根据发动机转速与汽车行驶速度之间的转换关系求 v_a，即可求得各个挡位的 F_t-v_a 曲线。容易推出发动机转速与汽车行驶速度之间的关系式为

$$v_a = 0.377 \frac{r_k n_e}{i_g i_0} \quad (\mathrm{km/h^2}) \tag{5-3}$$

式中：v_a——汽车行驶速度，km/h；

n_e——发动机转速，r/min。

取 $i_g = i_{\mathrm{I}}, i_{\mathrm{II}}, \cdots; n_e = n_1, n_2, \cdots, n_m$，利用发动机的外特性曲线，采用作图法可以得到发动机的输出扭矩 M_e，根据式(5-2)和式(5-3)，即可作出各挡的 F_t-v_a 曲线，图 5-2 是某一具有四挡变速器货车的牵引特性图。

(三)汽车的行驶阻力

汽车在水平道路上等速行驶时必须克服来自地面的滚动阻力 F_f 和空气阻力 F_w。当汽车在坡道上上坡行驶时，还必须克服重力沿坡道方向的分力，称为坡度阻力 F_i。如果把汽车加速时的惯性力看作一个行驶阻力——加速阻力 F_j 的话，则汽车行驶的总阻力等于 F_f、F_w、F_i、F_j 的代数和，即

$$\sum F = F_f + F_w + F_i + F_j \tag{5-4}$$

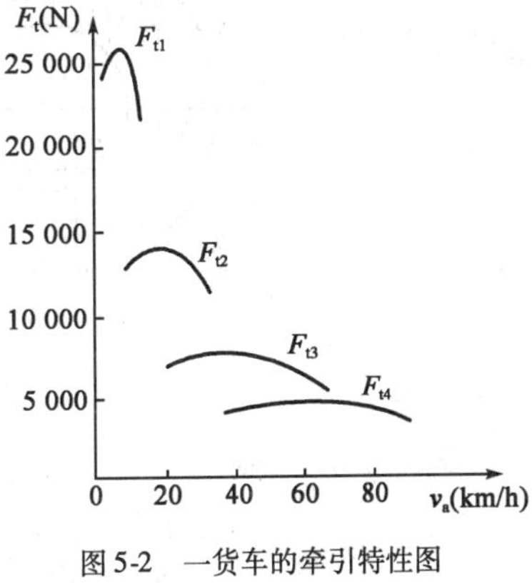

图 5-2 一货车的牵引特性图

1. 滚动阻力

车轮滚动时，轮胎与路面的接触区域产生法向、切向的相互作用力以及相应的轮胎和支承路面的变形。轮胎和支承面的相对刚度决定了变形的特点。当弹性轮胎在硬路面上(混凝土、沥青路)滚动时，轮胎的变形是主要的。此时由

于轮胎有内部摩擦产生弹性迟滞损失，使轮胎变形时对它做的功不能全部收回。当车轮在松软路面上滚动时，使支承路面发生变形，所做的功几乎全部不能收回。这些能量损失就是产生滚动阻力的原因。

图 5-3 为 9.00-20 轮胎在硬支承路面上受径向载荷 W 作用时的径向 h 变形曲线。图 5-4 为土壤受到压力后的变形曲线。图 5-3 中 OCA 为加载变形曲线，面积 $OCABO$ 为加载过程中对轮胎做的功；ADE 为卸载变形曲线，面积 $ADEBA$ 为卸载过程中轮胎恢复变形是释放出的功。由图可知两曲线并不重合，两面积之差 $OCADEO$ 即为加载与卸载过程中之能量损失。此能量系消耗在轮胎各组成部分相互间的摩擦以及橡胶、帘线等物质的分子间的摩擦，最后转化为热量而消失在大气中。这种损失称为弹性物质的迟滞损失(简称弹性迟滞损失)。至于土壤的变形过程，大部分消耗在克服土壤变形时微粒间的机械摩擦，只有很小一部分能够收回(图 5-4 的 $ABEA$)。

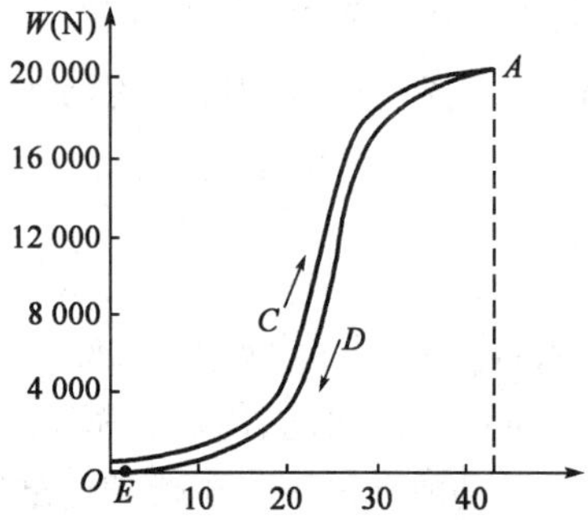

图 5-3　9.00-20 轮胎径向变形曲线

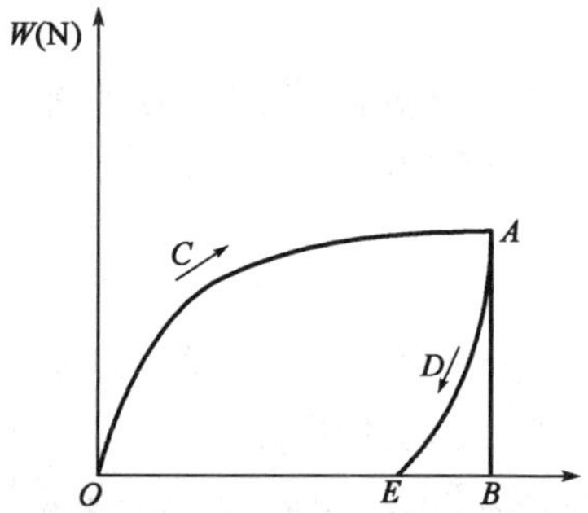

图 5-4　土壤挤压变形曲线

图 5-5 是驱动轮在硬路面上滚动时的受力图。由于弹性迟滞损失，处于压缩过程前部地面法向反作用力大于处于恢复过程的后部地面法向反作用力。这样，就使地面法向反作用力的分布，前后并不对称，而它的合力 Z 相对通过车轮中心的垂线向前移了一个距离 a。图中 X_2 为驱动力矩 M_t 所引起的道路对车轮的切向地面反作用力。T_2 为驱动轴对车轮的作用力。由力矩平衡条件得

$$X_2 r_k = M_t - aZ$$

$$X_2 = \frac{M_t}{r_k} - a\frac{Z}{r_k} = F_t - a\frac{W}{r_k}$$

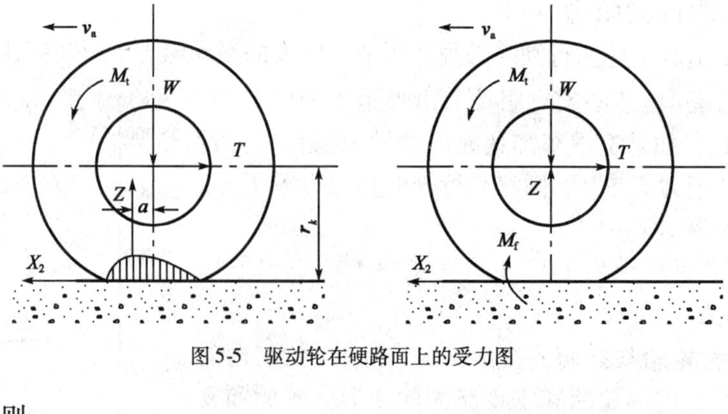

图 5-5　驱动轮在硬路面上的受力图

若令 $f = \frac{a}{r_k}$，则

$$X_2 = F_t - fW = F_t - F_f$$

汽车驱动轮和从动轮上的滚动阻力总和为

$$F_f = f \cdot G \tag{5-5}$$

式中：F_f——称为滚动阻力；

f——滚动阻力系数；

G——汽车重力。

因此，真正作用在驱动轮上驱动汽车行驶的力，为地面切向反作用力 X_2，它的数值为驱动力 F_t 减去驱动轮上的滚动阻力 F_f。所以，受力图 5-1 和图 5-5 只是一种定义，驱动力 F_t 和滚动阻力 F_f 一样，是为分析方便而提出的。

滚动阻力系数与路面的种类、行驶车速，以及轮胎的构造、材料、气压等有关。滚动阻力系数 f 的数值由试验确定。

2. 空气阻力

汽车直线行驶时受到的空气作用力在行驶方向上的分力称为空气阻力。空气阻力分为压力阻力与摩擦阻力 2 部分。作用在汽车外形表面上法向压力的合力在行驶方向的分力称为压力阻力。由于空气的黏性，在车身表面产生的切向力的合力在行驶方向的分力称为摩擦阻力。压力阻力又分为 4 部分：形状阻力（又称压差阻力）、干扰阻力、内循环阻力和诱导阻力。形状阻力占压力阻力的大部分，其大小与车身主体形状有很大关系。干扰阻力是车身表面突起物如后视镜门把、引水槽、悬架导向杆、驱动轴等引起的空气阻力。发动机冷却系、车身通风等所需空气流经车体内部时构成的阻力即为内循环阻力。诱导阻力是空气升力在水平方向的投影。

对一般轿车，这几部分阻力的大致比例为：形状阻力占 58%，干扰阻力占 14%，内循环阻力占 12%，诱导阻力占 7%，摩擦阻力占 9%。

空气阻力中形状阻力占近 60%，可见车身主体的形状是影响空气阻力的主要因素。车辆向前运动时，由于其主体形状所限，表面上的涡流分离现象是不可避免的，被车辆分开的空气无法在后部平顺合拢和回复原状，这样在车辆后部形成涡流区，于是就产生负压，这就使运动方向上产生了压差阻力。涡流分离的范围越大，即涡流区域越大，压差阻力也就越大。

根据空气动力学理论，汽车行驶过程中的空气阻力与下列因素有关：汽车与空气的相对速度、空气密度、迎风面积以及汽车的形状。其关系式为

$$F_w = 0.5\rho v_r^2 C_D F, N \tag{5-6}$$

式中：C_D——空气阻力系数，无量纲；

F——迎风面积，即汽车行驶方向的投影面积，m^2；

ρ——空气密度，一般 $\rho = 1.225\,8 N/(s^2 \cdot m^4)$；

v_r——相对速度，m/s，在无风时即汽车行驶速度。

$0.5\rho v_r^2$ 为动压力。若忽略空气的运动，汽车的绝对速度 v_a 以 km/h 计，引入 $k = 0.5\rho C_D$，为空气阻力换算系数，则上式为

$$F_w = \frac{kFv_a^2}{13} \tag{5-7}$$

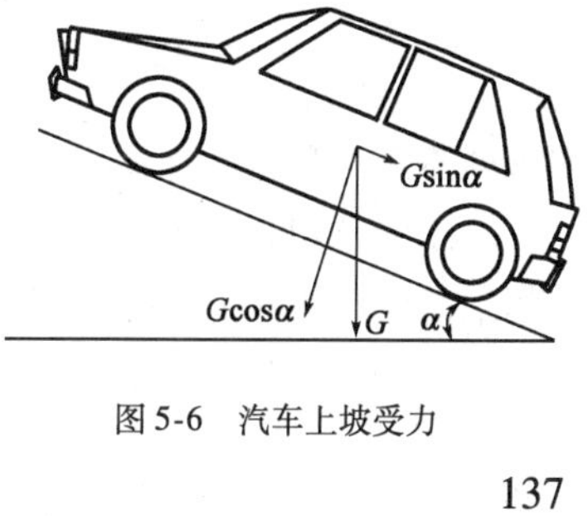

图 5-6　汽车上坡受力

3. 坡度阻力

车辆在坡道上的受力情况，见图 5-6。根据坡度阻力 F_i(N) 的定义，则

$$F_i = G\sin\alpha \approx G\tan\alpha = i \cdot G \tag{5-8}$$

式中：α——坡度角，°；

i——坡度，%。

我国交通部标准规定，IV 级公路的坡度 $i \leq 9\%$，所以用 i 取代 $\sin\alpha$ 的误差不超过 0.5%。

4. 加速阻力

在车速变化时，除了上述各项阻力外，还出现了惯性力。这里既有平移质量引起的惯性力，也有旋转质量引起的惯性力矩。为了计算方便，一般把旋转质量引起的惯性力矩转化为平移质量的惯性力，并以系数 δ 作为换算系数。因而汽车加速时的加速阻力 F_j(N)为

$$F_j = \delta M \frac{dv}{dt} = \delta Mj \tag{5-9}$$

式中：δ——旋转质量换算系数，$\delta > 1$；

M——汽车质量，kg；

j——汽车的加速度，m/s^2。

δ 主要与飞轮的转动惯量、车轮的转动惯量以及传动系的传动比有关。

(四)汽车的动力性分析

1. 驱动力—行驶阻力平衡图

根据上述逐项分析，可以得到汽车的平衡行驶方程式为

$$F_t = F_f + F_w + F_i + F_j$$

或

$$\frac{M_e i_g i_0 \eta_T}{r_k} = fG + 0.047\,3 C_D A v_a^2 + iG + \delta Mj \tag{5-10}$$

此公式表明了汽车行驶时驱动力和外界阻力之间相互关系的普遍情况。当发动机的转速特性、变速器的传动比、主减速比、传动效率、车轮半径、空气阻力系数、汽车迎风面积以及车重等参数初步确定后，便可利用此式分析汽车在附着性能良好的典型路面(混凝土、沥青路面)上的行驶能力，即确定汽车在节流阀全开时可能达到的：①最高车速；②加速能力；③爬坡能力。

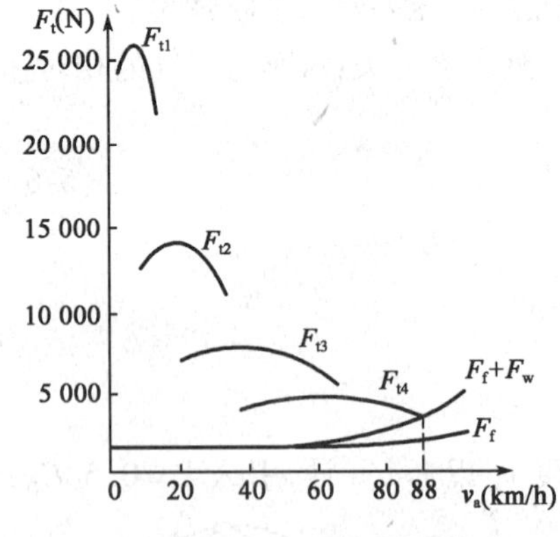

图 5-7　驱动力—行驶阻力平衡图

为清晰而形象地表明汽车行驶时受力情况及其平衡关系，一般是将汽车行驶平衡方程式用图解法来进行分析的。就是说，在图 5-2 的汽车牵引特性图基础上，把汽车行驶中遇到的滚动阻力和空气阻力也算出并画上，就成了汽车驱动力—行驶阻力平衡图(图 5-7)。

从图上可以看出不同车速时的驱动力和行驶阻力之间的关系。汽车以最高档行驶时的最高车速，可以直接在图上找到。显然，F_{t4} 曲线和 $F_f + F_w$ 的交点处所对应的车速就是最高车速 v_{amax}。因为此时驱动力和行驶阻力相等，汽车处于相对稳定的平衡状态。图中最高车速为 88km/h。

从图中还可以看出，当车速低于最高车速时，驱动力大于行驶阻力。这样，汽车就可以利用剩余的驱动力加速、爬坡或牵引挂车。当用来牵引挂车时就称为挂钩牵引力。当需要在 60km/h 等速行驶时，驾驶员可以关小节流阀开度，此时发动机只用部分负荷特性工作。

根据汽车行驶平衡方程式与驱动力—行驶阻力平衡图也可确定汽车的爬坡能力。

所谓汽车的爬坡能力是指汽车在良好路面上克服 $F_f + F_w$ 后的余力 F_y 全部用来克服坡度阻力时能爬上的坡度，故

$$F_y = F_t - (F_f + F_w) \tag{5-11}$$

式中的 $F_t = Gf\cos\alpha$，但 F_t 的数值本来就较小，且 $\cos\alpha \approx 1$ 故可认为

$$F_f + F_w = Gf + 0.0473C_DAv_a^2$$

汽车最大爬坡度 i_{max} 为头挡时的最大爬坡度，其数值可按下式近似求出

$$i_{max} \approx F_{tmax} - (F_f + F_w)$$

式中：F_{tmax}——汽车 I 档的最大驱动力。

利用驱动力—行驶阻力平衡图还可以通过作图法确定加速时间。先作出加速度曲线图，在此基础上作出加速度倒数曲线图，则加速度倒数曲线图与横坐标之间所围成区域的面积即为加速时间。

2. 动力特性图

汽车驱动力—行驶阻力平衡图可以确定汽车的最高车速、加速能力与爬坡能力，即能评价一部汽车的动力性。但驱动力—行驶阻力平衡图还不能直接用来评定汽车的动力性，必须把它与车重结合起来考虑才能评定汽车的动力性。为此，引进一个能综合评价汽车动力性的指标——动力因数，如果把驱动力与空气阻力之差称为剩余驱动力，那么，单位车重的剩余驱动力则称为动力因数 D，即

$$D = \frac{F_t - F_w}{G} = fG + iG + \frac{\delta}{g}\frac{dv}{dt} = \psi G + \frac{\delta}{g}\frac{dv}{dt} \tag{5-12}$$

式中的 Ψ 称为道路阻力系数。由上式可知，不论车重等参数有什么不同，只要有相等的动力因数 D，便能克服同样的坡度和产生同样的加速度（设两汽车的 δ 值相同）。因此，常用动力因数表征汽车动力特性。

动力因数与车速的关系曲线图称为动力特性图。图 5-8 为一货车的动力特性图。利用式（5-14）和动力特性图（图 5-8）能很方便的确定汽车的最高车速、上坡能力。

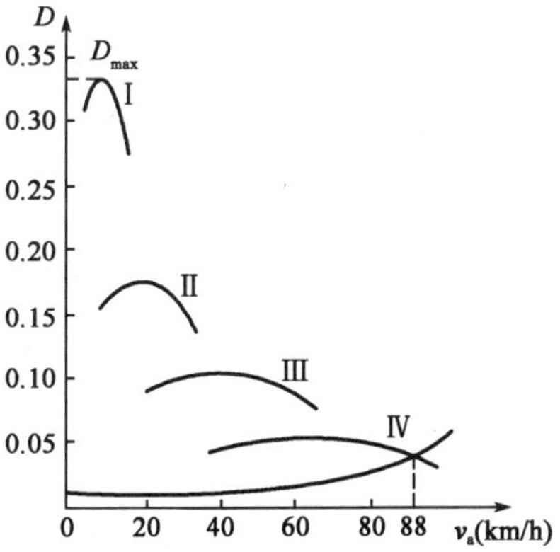

图 5-8　汽车的动力特性图

（1）确定最高车速

最高车速是指在良好水平路面上汽车能达到的最大速度。此时 $\Psi = f$，不可能加速，故

$$D = f$$

在图 5-8 上作 f 线，它与直接挡 D 曲线的交点处的车速，便是汽车的最高车速。

（2）确定爬坡能力

假设汽车上坡时不作冲坡，以等速运行，则

$$D = \Psi = f + i$$
$$i = D - f$$

因此，D 曲线与 f 曲线之间距离就是汽车各档的爬坡能力。近似地，汽车的最大爬坡度为

$$i_{max} = D_{max} - f \tag{5-13}$$

(3)定加速能力

假设加速时 $i=0$,故

$$D=f+\frac{\delta j}{g}$$

$$j=\frac{g(D-f)}{\delta}$$

因此,D 曲线与 f 曲线间距离的 $\frac{g}{\delta}$ 倍就是汽车各档的加速度。当求直接挡的加速度时,可取 $\delta \approx 1, g \approx 10\mathrm{m/s^2}$。因此,加速度值就是 D 曲线与 f 曲线间距离的 10 倍。

这些分析表明,用动力特性图来评价汽车的动力性是合适而方便的。因此,如同发动机特性曲线一样,在汽车的技术文件中常用动力特性来表征汽车的动力性。

二、汽车燃料经济性

在当前和今后相当长的一段时期内,汽车燃料仍将以石油产品为主。欧洲工业发达国家交通运输消耗石油产品的 34% ~45%;美国交通运输部门消耗国内石油产品的 52%;我国的交通运输和邮电通信业消耗的石油产品占其总消耗量的 16%,每年消耗的汽油占其总消耗量的 36%,柴油占 27%。

此外,由于汽车运输的油耗占汽车运输成本的 37.5% ~44.5%,甚至高达 60% 以上(含公路养路费取消后增加的燃油附加费)。所以,节约燃料就意味着汽车运输成本的降低和经济效益的提高。显而易见,研究汽车燃料经济性对汽车节能减排的意义重大,世界各国都把降低汽车能耗作为一项基本国策,汽车燃料经济性已成为汽车制造和交通运输领域的重要课题。

(一)汽车燃料经济性的评价指标

汽车燃料经济性,是汽车以最小的燃料消耗完成单位运输工作量的能力,它是汽车的主要性能之一。

汽车发动机的燃料经济性通常由有效燃料消耗率 g_e 或有效效率 η_e 来评价。汽车的油耗量除了受它本身的结构设计、工艺水平、调整状况,以及使用油料规格等的影响外,还受到道路条件、交通状况、驾驶技术、环境条件等使用因素的影响。因此,g_e 和 η_e 不能反映发动机在具体汽车上的功率利用情况及行驶条件的影响,所以,它不能直接用于评价整车的燃料经济性。

为了评价汽车的燃料经济性,应同时考虑上述两个因素。常选取单位行程的燃料消耗量,即 L/(100 · km),或单位运输工作量的燃料消耗量,即 L/(100 · t · km)或 L/(100 · P · km)作为评价指标。前者用于比较相同容量的汽车燃料经济性,也可用于分析不同部件(如发动机、传动系等)装在同一种汽车上对汽车燃料经济性的影响;后者常用于比较和评价不同容载量的汽车燃料经济性,其数值越大,汽车的燃料经济性越差。

汽车燃料经济性也可用汽车消耗单位量燃料所经过的行程(km/L)作为评价指标,称为汽车的经济性因数。如美国采用每加仑燃料能行驶的英里数,即 MPG 或 mile/USgal。其数值越大,汽车的燃料经济性越好。

由于汽车在使用过程中,载荷和道路条件对汽车燃料消耗的影响很大,也可采用燃料消耗量 Q[单位:L/(100 · km)]与有效载荷 G_e(单位:t)之间的关系曲线,评价在不同道路条件下的汽车燃料经济性,称之为平均燃料运行消耗特性,它是汽车运输企业制订燃料消耗定额的重要依据。

(二)汽车燃料消耗量的计算

汽车燃料消耗量的计算方法有理论分析法、图解法和定额计算法。其中,定额计算法是计算某一具体行驶条件下的汽车燃料消耗量最常采用的方法,它是一种能反映运输工作量的计算方法。

我国以原有燃料消耗定额和实测资料为依据,参考实测试验数据,经过数据的科学分析而制定了关于“汽车运行燃料消耗量”的国家标准。

该标准的制订原则基于影响汽车运行燃料消耗量的因素。除汽车结构、工艺水平、车况外,尚有道路、载荷、运距、环境条件(如气温、风、雨、雾、交通情况等)及驾驶技术水平等都是影响汽车运行燃料消耗量的因素,这些因素可分为随机因素、自然因素和人为因素。为了全面建立数学表达式,该标准只考虑了可等级化和数量化的因素,如道路、载荷、气温、海拔高度等,交通因素将在道路分类中予以考虑,而车况、驾驶技术水平等因素,尽管它们对运行燃料消耗也有较大影响,但该标准将其视为一般正常水平,不予以考虑。对风、雨、雾等特殊环境因素,由于它们的影响是局部的、地区性的,而且也难于等级化和数量化,该标准未作统一考虑,其影响可由省、市主管部门根据实际情况在制定企业标准和定额时确定。

汽车运行燃料消耗量的计算公式,是计算汽车在不同运行条件下运行时所消耗的燃料限额,可用于限制和考核汽车运行燃料经济性。它由汽车基本运行燃料消耗量和汽车运行条件修正系数两部分构成。

载货汽车运行燃料消耗量计算式为

$$Q = \sum (q_a + q_b W_i + q_c \Delta G) S_i K_{ri} K_{hi} K_{ti} / 100 \tag{5-14}$$

大型载客汽车运行燃料消耗量计算公式为

$$Q = \sum (q_a + q_b N_i + q_c \Delta G) S_i K_{ri} K_{hi} K_{ti} / 100 \tag{5-15}$$

轿车运行燃料消耗量计算公式为

$$Q = \sum q S_i K_{ri} K_{hi} K_{ti} / 100 \tag{5-16}$$

式中:i——运行条件,$i = 1, 2, \cdots, n$;

q_a——汽车空驶基本燃料消耗量,L/(100 · km);

q_b——货物(旅客)周转量的基本附加燃料消耗量,L/(100 · t · km)或L/(1 000 · P · km);

q_c——整备质量变化的基本附加燃料消耗量,L/(100 · km);

q——轿车空车质量综合基本燃料消耗量,L/(100 · km);

S_i——该运行条件下汽车行驶里程,km;

W_i——该运行条件下汽车的载重量,t;

N_i——该运行条件下乘客人数,P;

ΔG——汽车整备质量增量,其值为汽车实际整备质量(包括挂车整备质量)与本标准给出的汽车整备质量 G_0 之差,t;

K_{ri}——该运行条件下道路修正系数;

K_{hi}——该运行条件下海拔高度修正系数;

K_{ti}——该运行条件下气温修正系数。

运行条件分类、修正系数和定额见表5-1～表5-3。

气温区间及修正系数 K_{ti} 表5-1

月平均气温 t(℃)	>28	28～5	5～-5	-5～-15	-15～-25	<-25
K_{ti}	1.02	1.00	1.03	1.06	1.09	1.13

道路分级和修正系数 K_{ri} 表5-2

道路类别	公路等级	城市道路等级	修正系数
1类道路	平原、微陵一、二、三级公路		1.00
2类道路	平原、微陵四级公路	平原、微陵一、二、三级公路	1.10
3类道路	山岭、重丘一、二、三级公路	重丘一、二、三级公路	1.25
4类道路	平原、微陵级外公路	级外公路	1.35
5类道路	山岭、重丘四级公路		1.45
6类道路	山岭、重丘级外公路		1.70

海拔高度修正系数 K_{hi} 表5-3

海拔高度(100m)	≤5	5～15	15～25	25～35	>35
K_{hi}	1.00	1.03	1.07	1.13	1.20

(三)提高汽车燃料经济性的使用措施

1.行驶速度

汽车等速油耗在中速时最低,低速时稍高,高速时随车速提高而迅速增长。这是因为在高速行驶时,尽管发动机的负荷率较高,汽车的行驶阻力却加大很多,导致百公里油耗的增加;在低速时,尽管阻力减小,但由于发动机负荷率较低起决定作用,有效油耗率上升,故百公里油耗也常常有所增加。正常行驶的经验表明,中速行驶是能节油的。

2.挡位选择

在一定道路上,汽车用不同排挡行驶,油耗是不一样的。显然,在同一道路条件与车速下,虽然发动机发出的功率相同,但挡位越低,后备功率越大,发动机的负荷率越低,有效油耗率也就越高。而使用高挡位时情形相反,所以一般尽可能用高挡行驶。

3.挂车的使用

运输企业中汽车普遍拖带挂车,这是提高生产率和降低成本,包括降低油耗的一项有效措施。在汽车的设计制造中,通常要考虑汽车能适应各种各样复杂条件下的使用,但在使用条件相对较好的情况下,汽车的后备功率就得不到发挥,使得发动机的有效负荷率不高,从而增加了汽车燃料消耗量。因此,在使用条件较好的情况下拖带挂车,可以提高发动机的有效负荷率,节省油耗。虽然这样会增加汽车单位行程的各种消耗(包括油耗),但以单位周转量计算,运输成本则是明显下降。

4.正确的调整和保养

汽车的调整和保养会影响到发动机的性能与汽车行驶阻力,所以对百公里油耗有相当大的影响。一般驾驶员常用滑行距离来检查底盘的技术状况。当汽车的前轮定位正确,制动器摩擦片与制动鼓有正常间隙,轮胎气压正常,各相对运动零部件滑磨表面光洁,间隙恰当并有充分的润滑油时,底盘的行驶阻力减小,滑行距离便大大增加。例如阻力较小的载量2.5t的汽车,在良好水平道路上以300km/h的车速开始摘挡滑行,滑行距离达到200～250m。当滑行距离由200m增至250m时,油耗可降低7%。

在运输企业中对化油器进行个别调整和改进结构也是一条颇有成效的节油途径。汽车制造厂提供的化油器及其调整,要照顾全国各种气候、气压等使用条件,要考虑到全面的使用性能要求和发动机以及化油器本身在加工中存在的公差。因此,对于一辆具体的汽车,在某一特定的使用条件下由特定的熟练驾驶员使用,存在着通过改进制造厂的调整数据来节油的潜力。

5. 正确的驾驶方法

合理地选用挡位,正确地完成换挡操作对汽车油耗有直接影响。汽车在良好路面上行驶,在一定的行驶范围内,既可使用次高挡也可用最高挡,但是,用最高挡时较节约燃料。这是因为最高挡时发动机的负荷利用率较高,而有效比油耗较低。为了节约燃料,在节气门开度不超过90%的条件下,应尽可能使用最高挡。汽车上坡行驶时应及时减挡。减挡过早,不能充分利用汽车惯性爬坡;减挡过晚,车速降低过多,常需要多换一次挡,增加油耗。两脚离合器换挡是规范化操作,而经验丰富的驾驶员常采用一脚离合器换挡法。

汽车行车温度也是影响汽车燃料经济性的一个重要因素,包括发动机冷却水温度、机油温度、发动机罩内气温、变速器和驱动桥齿轮油温度等。正常的发动机水温,有利于燃料的雾化和混合气的分配均匀,使得发动机有良好的燃料经济性和动力性,并保证机油的黏度和润滑能力,减少发动机的磨损。在行车中应根据水温表的指示值,调节百叶窗开度,保证水温在使用说明书要求的范围内。

合理利用滑行也是节油的有效驾驶技术之一。汽车滑行可分为减速滑行、加速滑行和下坡滑行。汽车行驶中,当前方遇到窄道、修路施工、车辆抛锚、弯道、桥梁、路口、坑洼路面、会车、行人较多以及可预见性停车和到达停车场时,预先将变速器置空挡的滑行,称为减速滑行。当车辆接近上述障碍时,车速已降低,可不采取制动而顺利通过或停车。这样就可达到节约燃料和保证安全的目的。汽车以高挡加速至较高车速后,空挡滑行至较低的车速,然后再挂高挡加速,这种加速和空挡滑行交替进行的方法,称为加速滑行方法。汽车加速滑行只能在道路宽直、无视线遮挡、行人和车辆稀少的条件下采用。在坡度小于5%的缓直坡道或陡坡接近坡尾,可空挡滑行;在路况熟悉的波状起伏微丘地带,可在临近坡顶时空挡滑行过坡顶,至临近坡尾再挂挡加速冲过第二个坡道,但在这种道路滑行时,发动机不得熄火。

三、汽车制动性

汽车的制动性是汽车的主要性能之一。不言而喻,如果汽车具有优良的动力性而缺乏可靠的制动性,那么再优良的动力性也是不能发挥的。汽车的制动性直接关系到人员生命财产的安全,它是汽车行驶安全的重要保障。因此,汽车只有良好的制动性才能保证在安全行驶的条件下,提高行驶车速,从而获得高的运输生产率。

(一)制动性的评价指标

汽车的制动性主要由下列3方面来评价:

(1)制动效能,即制动减速度与制动距离;

(2)制动效能的恒定性,如抗热衰退性能;

(3)制动时汽车的方向稳定性,即制动时汽车不发生跑偏、侧滑以及失去转向能力的性能。

汽车的制动效能是指以一定的初速度制动到停车时的减速度或制动距离。它是制动性能最基本的评价指标。抗热衰退性能指的是在高速时或下长坡连续制动时,制动效能保持的程度。因为制动过程实际上是把汽车行驶的动能通过制动器吸收转化为热能,所以制动器温度升高后,能否保持在冷状态时的制动效能已成为设计制动器时要考虑的一个重要问题。制动时汽车的方向稳定性通常用制动时汽车按给定轨迹行驶的能力来评价。

(二)汽车的制动效能

1. 制动减速度

制动减速度反映了地面制动力大小。因此,它与制动器制动力(车轮滚动时)及附着力(车轮抱死拖滑时)有关。制动起始车速相差不多时,对制动减速度没有影响。制动减速度用自动记录的惯性式制动减速度仪来测量。

在不同路面上,由于最大地面制动力 $X_{bmax} = \Phi G$,故汽车能达到的最大制动减速度为

$$j_{max} = \Phi g \tag{5-17}$$

式中:j_{max}——最大制动减速度,m/s^2;

Φ——附着系数,一般取滑动附着系数 Φ_s;

g——重力加速度,m/s^2。

附着系数与车轮的运动状况,即滑动程度有关。仔细观察汽车制动过程时,发现轮胎留在地面上的印痕从车轮滚动到抱死拖滑是一个渐变的过程。大量试验表明,在这个制动过程中附着系数实际上有很大变化。

2. 制动时间与制动距离

为了分析制动距离,需要对制动过程有一个全面的了解。

图 5-9 是实际测得的驾驶员在接受了紧急制动信号以后,制动踏板力(F_p)、汽车制动减速度(j)与制动时间的关系曲线。驾驶员接到紧急停车信号时,并没有立即行动(图 5-10 上 a 点),而要经过 t_1's 后才意识到应进行紧急制动,并开始移动右脚,再经过 t_1''s 后到 b 点才开始踩着制动踏板。由 a 点到 b 点所经过的时间 $t_1 = t_1' + t_1''$,称为驾驶员的反应时间。这段时间一般为 0.3 ~ 1.0s。在 b 点以后,随着驾驶员踩踏板的动作,踏板力迅速增加,至 d 点时达最大值。不过由于制动系中有一定残余压力,且蹄片是由回位弹簧拉着的,蹄片与制动鼓间存在着间隙,加上气压式制动系统中气体的压缩,所以要经过 t_2's 后到 c 点,地面制动力才起作用使汽车开始产生减速度;由 c 点到 e 点是制动器制动力增长过程所需的时间 t_2。$t_2 = t_2' + t_2''$总称为制动器的起作用时间或滞后时间。制动器作用时间一方面取决于驾驶员踩踏板的速度,另一方面取决于制动器结构形式,该方面的影响更为重要,t_2 一般在 0.2 ~ 0.9s 之间。由 e 到 f 为持续制动时间 t_3,其减速度基本不变。到 f 点时驾驶员松开踏板,但制动器制动力的消除还需要一段时间 t_4,一般在 0.2 ~ 1.0s 之间。这段时间过长,会耽误随后起步行驶的时间,甚至出现因车轮拖死,制动时汽车失去控制的现象。

制动距离与汽车的行驶安全有直接的关系。制动距离是汽车速度为 v_{a0}时(空挡),从驾驶员踩着制动踏板开始到汽车停住为止所驶过的距离。它包括制动器起作用和持续制动两个阶段中汽车驶过的距离,制动距离与制动踏板力,即制动系中的液压或空气压力有关。故给出的制动距离应指明相应的踏板力或制动系中的压力。制动距离与路面的种类、状况(干或潮湿、清洁或有泥污)有关,一般技术文件中给出的制动距离多数是在平坦、良好、干燥、清洁的路面上测得的。制动距离与制动器的热状况有密切关系,若无特殊说明,一般制动距离是在冷试验

的条件下测得的，起始制动时制动器的温度在100℃以下。

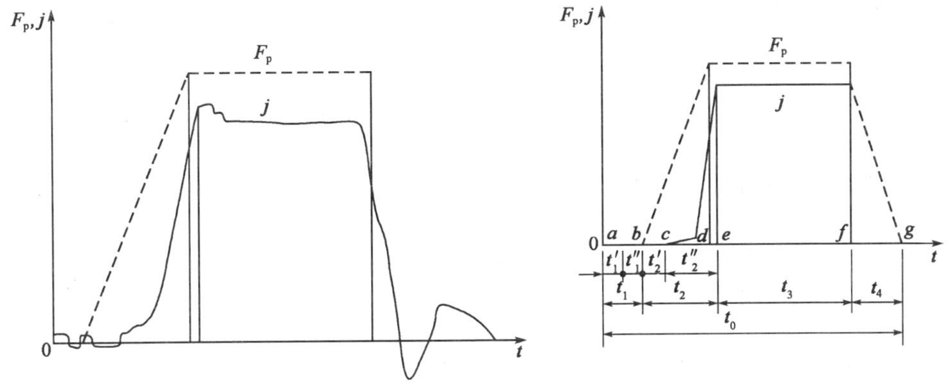

图5-9 汽车制动过程

在制动器起作用阶段，汽车行驶的距离可按下式估算

$$S_1 = \frac{\left(t_2' + \frac{t_2''}{2}\right)v_{a0}}{3.6} \quad (\mathrm{m}) \tag{5-18}$$

式中：v_{a0}——起始制动车速，km/h。

在持续制动时间 t_3s 内，若最大制动器制动力达到或超过附着力，且设附着力的数值不变，则汽车的减速度为

$$j_3 = \Phi g$$

而汽车驶过的距离为

$$S_2 = \frac{v_{a0}^2}{254\Phi} \quad (\mathrm{m})$$

因此，汽车的制动距离可按式(5-19)估算

$$S = S_1 + S_2 = \frac{\left(t_2' + \frac{t_2''}{2}\right)v_{a0}}{3.6} + \frac{v_{a0}^2}{254\Phi} \quad (\mathrm{m}) \tag{5-19}$$

(三)汽车制动效能的恒定性

以上讨论仅限于在冷制动(制动器起始温度在100℃以下)情况下的制动效能问题。汽车在繁重的工作条件下制动时(例如在下长坡时制动器就要较长时间地、连续地作强度较大的制动)，制动器温度常在300℃以上，有时高达600～700℃。高速制动时制动器温度也会很快上升。制动器温度上升后，制动器摩擦力矩显著下降，这种现象称为制动器的热衰退。热衰退是目前制动器不可避免的现象，只是有程度差别。制动效能的恒定性主要指的就是制动器的抗热衰退性能。

制动器的抗热衰退性能一般用一系列连续制动时，制动效能的保持程度来衡量。根据国际标准草案ISO/DIS6597的推荐：要求以一定车速连续制动15次，每次的制动强度为3m/s^2，最后制动效能应不低于规定的冷试验制动效能(5～8m/s^2)的60%(在制动踏板力相同的条件下)。

山区行驶的货车和高速行驶的轿车对抗热衰退性能应有更高的要求。一些国家规定货车

必须装备各种类型的辅助制动器，以保持山区行驶的制动效能。

制动器的热衰退与制动器摩擦副材料以及制动器结构有关。一般的制动器是由以铸铁制作的制动鼓和以石棉摩擦材料制作的摩擦片组成的。铸铁的成分、金相组织、硬度以及石棉摩擦材料的成分、工艺过程以及结构都对摩擦副的摩擦性能有影响。在制动鼓的合金成分、金相组织、工艺等要求合格的条件下，摩擦片对摩擦性能起决定作用。

（四）制动时汽车的方向稳定性

制动过程中有时会出现制动跑偏、侧滑，使汽车失去控制而离开原来预定的行驶方向，甚至出现撞入对方车辆行驶轨道、下沟、滑下山坡的危险情况。一般称汽车在制动过程中维持直线行驶的能力或按预定弯道行驶的能力称为制动时汽车的方向稳定性。汽车试验中常规定一定宽度的试验通道，制动时方向稳定性合格的汽车在试验时不允许产生不可控制的效应使它离开这条通道。

制动时原期望汽车按直线方向减速停车，但有时汽车却自动向左或向右偏驶，这种现象称为“制动跑偏”。跑偏现象多数是由于技术状况不正常造成的，经过维修调整可以消除。侧滑是指汽车制动时某一轴的车轮或两轴的车轮发生横向滑动的现象。最危险的情况是在高速制动时后轴发生侧滑，这时汽车常发生不规则的急剧回转运动，使之部分或完全失去操纵。但是即使技术状况符合要求的汽车，在较高车速或溜滑的路面上制动时也可能发生后轴侧滑。跑偏与侧滑是有联系的，严重的跑偏常会引起后轴侧滑，易于发生侧滑的汽车也有加剧汽车跑偏的倾向。

第二节　水路、铁路和航空物流运输设备性能

一、船舶主要性能指标

船舶的主要性能包括船舶浮性、稳性、抗沉性、快速性、耐波性、操纵性和经济性等。

（一）船舶浮性

船舶浮性是指船舶在一定装载情况下具有漂浮在水面（或浸没在水中），保持平衡的能力，它是船舶的基本性能之一。根据船舶的重力和浮力的平衡条件，船舶的浮性关系到装载能力和航行的安全。

1. 船舶排水量

由于实际使用中载重量总是变化的，其排水量也随装载情况而变化，船舶的各种技术性能也会发生变化。因此需要定义出船舶若干典型的装载情况及相应的排水量来反映船舶的各种技术性能。

（1）空载排水量

空载排水量是指船舶在全部建成后交船时的排水量，即空船重量，不包括航行所需的燃料、润滑油和炉水储备以及其他的载重量。

（2）满载排水量

满载排水量是指在船舶上装载预先规定的设计载重量（即按照设计任务书要求的货物、旅客和船员及其行李、粮食、淡水、燃料、润滑油、锅炉用水的储备以及备品、供应品等均装载满额的重量）的排水量。

2. 船舶的储备浮力与载重线标志

储备浮力是指水线以上船舶主体水密部分的体积。它通常用满载排水量的百分比来表示，其大小应当根据船舶类型、航行区域以及装载货物的种类而定，内河驳船约为其满载排水量的 10% ~15%，海船约为 20% ~25%，而军用船舶往往要求为 100%。

为保证船舶的安全航行，船舶检验部门规定在船中央两舷处刻出载重标志线，以表明该船在不同航区、不同季节中航行所允许的最大吃水线，如果载重量超过了允许的载重标志线，港务监督有权不准船舶出航。

(二) 船舶的稳性

船舶的稳性是指船舶受到外力作用离开平衡位置而发生倾斜，当外力消失后，船舶能回复到原平衡位置的能力。

船舶的稳性是与船舶安全密切相关的一项重要性能。有关规范规定了各类船舶应具备的稳性标准，所有船舶必须达到规定的指标要求。为使船舶具有良好的稳性，可采取如下措施来提高船舶的稳性：①降低船舶重心；②增加船宽；③加大型深；④减小受风面积，以使作用在船上的倾斜力矩减小。

(三) 船舶的抗沉性

船舶的抗沉性就是指船舶在一舱或数舱破损进水后保证不沉不翻的能力。也就是说，船舶在破损进水后仍有一定的浮性和稳性，所以抗沉性实质就是指船舶破损后的浮性和稳性。船舶在航行时，有时会发生碰撞、触礁、搁浅或在大风浪作用下某些结构遭到破坏，使海水淹进船内，严重时往往会造成船舶的沉没倾覆。

为保证船舶安全，在船舶上均设有安全限界线，它是指船侧舱壁甲板边线下 76mm 平行于甲板边线的曲线。按《国际海上人命安全公约》的规定，船舶遭受破损船舱进水后，其吃水应不超过安全限界线。

不同的船舶对抗沉性的要求是不同的。对抗沉性的要求，军舰最高，客船次之，货船又次之。船舶在一舱破损后的破舱水线不超过安全限界线，但在两舱破损后，其破舱水线却超过了安全限界线时，则该船的抗沉性称之为一舱制船。相邻两舱破损后能满足抗沉性要求的船称为两舱制船，相邻三舱破损后仍能满足抗沉性要求的船称为三舱制船。显然，三舱制船的抗沉性最好，一舱制船的抗沉性最差。

(四) 船舶的快速性

船舶的快速性是表征船舶在静水中的直线航行速度。它是船舶的另一项重要技术指标，对船舶营运费用和效率影响较大。船舶在水中航行时要受到阻力，为了使船舶以一定的速度航行，必须供给船舶推力以克服所受到的阻力。船舶的推力由推进器供给，而推进器的能量则来自船舶的主机。船舶快速性涉及船舶阻力和船舶推进两个方面。合理地选择船舶主尺度、船体系数和线型，是降低船舶阻力的关键。

(五) 船舶的耐波性

船舶的耐波性指船舶在风浪中遭受由于外力干扰所产生的各种摇荡运动及砰击上浪、失速飞车和波浪弯矩等，仍能维持一定航速在水面安全航行的性能。上面讨论的几项船舶性能都是指船舶在静水中的性能，但是，船舶大多数情况都是在风浪中航行的，远洋海船尤其如此，船在风浪中航行时，它的运动是很复杂的，因受风浪的影响，往往会使船舶出现摇荡、航速降低、甲板上浪、船底发生砰击现象，部分螺旋桨露出水面，转速剧增，并伴有强烈振动，这些都影响了船的航行性能。因此，研究船舶在风浪中航行的性能尤其重要。耐波性不仅影响船上乘员的舒适和安全，还影响船舶安全和营运效益等，因而日益受到重视。

（六）船舶的操纵性

船舶的操纵性是指船舶能按照驾驶者的操纵保持或改变航速、航向或位置的性能。主要包括航向稳定性、回转性和转首性。

航向稳定性是指船在直线航行时，如果受外力干扰而偏离原来航向，当外力消除后恢复原有航向的性能。回转性是指船舶经操纵后具有一个舵角时，船舶改变原航向做圆弧运动的性能。一般用船的回转直径表示船舶回转性能的好坏，通常回转直径为船长的 4 ~ 7 倍，回转直径越小，说明船舶的回转性能越好。转首性是指船舶回转初期对舵的反应能力。转首性好，则船在驾驶者操纵后能较快地进入新的航向，或者船偏离航向经操纵后能很快回到原来航向上来。转首性和回转性是有区别的。有的船转首快回转直径小，但有的船转首快，回转直径不一定小。我们要求船舶既要转首快，又要回转直径小，这对于在狭小河港内调头及紧急避让都有重要意义。

操纵性是船舶重要的航行性能之一。航向稳定性好的船舶可很少操舵而保持直线航向，不致使航线弯弯曲曲，从而节约燃料。回转性和转首性好的船舶能在狭窄河道航行时减少与来往船舶的碰撞机会，增加安全性。

（七）船舶的重量性能

在海上货物运输中，船舶的重量性能是表示船舶能装载多少货物的能力，用载重量表示，其计量单位为吨（t）。船舶载重量分为总载质量和净载质量。

1. 总载重量（W_T）

总载重量是指船舶在任意吃水状况下所能装载的最大重量，为货物或旅客、燃料、淡水、船员和行李、供应品和备品等航次储备量和船舶常数的总和。其值等于该吃水状况下的船舶排水量与船舶空载排水量之差

$$W_T = \Delta_x - \Delta_0$$

式中：Δ_x——为船舶夏季满载排水盘，t；

Δ_0——为船舶空船排水量，t。

船舶常数（Constant）是指船舶经过一段时间营运后的实际空船重量与船舶新出厂时的空船重量的差值。

总载重量是随船舶排水量的变化而变化的，与航行区域和航行季节有关。在实际应用和船舶资料中，总载重量一般指夏季船舶满载排水量与船舶空船排水量之差，其值为定值。

2. 净载重量（W_N）

净载重量是指船舶在具体航次中所能装载货物的最大重量，与航次总储备量和船舶常数有关。其值等于总载重量与航次总储备量和船舶常数之差

$$W_N = W_T - \sum G - C$$

式中：$\sum G$——航次总储备量，t；

C——船舶常数，t。

总载重量表示船舶载货能力的大小，净载重量表示船舶载货能力的大小。它们都是水上运输管理中计算航次货运量的依据。

(八)船舶的容积性能

船舶容积性能是表示船舶能够装载多少体积货物的能力,其计量单位为 m^3。船舶的装载能力除受船舶的载质性能限制外,还受船舶容积性能的限制。船舶容积性能具体指标有:舱柜容积及舱容系数、船舶登记吨位等。

1. 舱柜容积

舱柜容积(Compartment Capacity)是指船舶各液、货舱的总容积或其中任一液、货舱的单舱容积。货舱容积包括货舱散装舱容(Crain Space)和货舱包装舱容(Bale Space)。船舶出厂时,一般都附有详细的各货舱散装舱容、包装舱容和相应的舱容中心位置资料。

2. 舱容系数

舱容系数(Coefficient of Load)是船舶载货性能的重要指标,指船舶货舱的总容积与船舶净载重量之比,即每一净载重吨所占有的货舱容积。

3. 船舶登记吨位

船舶登记吨位是指按照1969年《国际船舶吨位丈量公约》或各国制定的丈量规范的规定,以容积为丈量单位的专门吨位。船舶登记吨位分总吨位和净吨位,均由船舶设计部门计算并列入船舶资料中。我国是按照于1992年制定并经1999年修正的《海船法定检验技术规则》中"丈量吨位"的规定,确定船舶登记吨位的。

二、铁路运输设备主要性能指标

(一)铁路机车性能及参数

铁路机车分为蒸汽机车、内燃机车及电力机车,它们使用的原动力是不同的,因而性能及参数也有很大差异。

这三大类型机车基本性能参数比较如表5-4所示。

机车性能参数比较表　　表5-4

指　　标	蒸汽机车	内燃机车	电力机车
制造成本(%)	100	200~300	200~240
运营费用(%)	100	约50	50
铁路投资(%)	100	140	300
水耗率(%)	100	0.05	
热效率(%)	5~9	20~30	火力发电15~18,水力发电60
加水距离(km)	70~100	1 500~2 000	
加燃料距离(km)	150~200	800~1 200	
机动性	较差	较好	差

(二)铁路货车性能及技术参数

铁路货车是以满足货物运输为主要目的,主要用于长距离货物运输及长大笨重货物的运输。不同类型铁路货车的性能应满足不同类型货物运抬的要求。

货车车辆的技术参数是概括地介绍车辆性能和结构特点的一些数据指标,一般分尺寸参数和性能参数两大类。

1. 尺寸参数

(1)车辆长度,指货车两端钩舌内侧面间的距离。

(2)车辆定距,指车辆前后两走行部分上车体支承间的距离,对于设有转向架的货车,车辆定距即为两心盘垂直中心线间的距离。

(3)转向架固定的轴距,指同一转向架上最前面的轮轴中心线与最后面的轮轴中心线间的距离。

(4)车体长、宽、高,分为车体内部长、宽、高和车体外部长、宽、高,分别表示车体内、外的长度、宽度和高度的具体尺寸。

(5)最大宽度和最大高度,分别指货车最宽部分的尺寸和车辆最高点离铁路钢轨水平面之间的距离,二者都不允许超过机车限界所规定的尺寸要求。

(6)车钩高,指车钩中心距轨面的高度,我国货车车钩高标准为880mm。

(7)地板面高度,指货车的货物装载面与轨面之间的距离。

2. 性能参数

(1)自重,为车辆本身的全部重量,以t为单位,取小数1位,第二位四舍五入。

(2)载重,为车辆允许的最大装载重量,以t为单位。

(3)自重系数,指货车自重与设计标记载重的比值。在保证行车安全的情况下,自重系数越小越经济,因此该指标既是技术参数又是经济参数。自重系数小,说明机车运送每吨货物所做的功少,比较经济,因此应制造大吨位的货车。

(4)容重系数,指车辆设计容积和标记载重之比。这是说明车辆载重力与容积能否得到充分利用的指标。

(5)构造速度,指车辆设计时按安全及结构强度等条件所允许的车辆最高行驶速度,车辆实际运行速度一般不允许超过构造速度。目前我国普通铁路客车构造速度一般为140km/h,货车为100km/h。

(6)轴重,是车辆总重与轴数之比(单位:t/轴),表示车辆每一轮对加在轨道上的重力。

$$轴重 = 车辆总重/轴数$$

车辆的轴重受轨道和桥梁结构强度(允许的荷载)的限制,所以不允许超过规定数值。目前我国线路允许的最大轴重为23t。

(7)每延米轨道载重,指车辆总重与车辆长度之比(单位:t/m)。它是车辆设计中与桥梁、线路强度密切相关的一个指标。它的大小受线路及桥梁的设计施工标准限制。按目前桥梁设计规范,允许车辆每延米轨道载重可取到8t。我国规定的线路允许载重一般不得超过6.6t/m。

(8)通过最小曲线半径,指车辆按照设计速度行驶通过铁路最大弯度曲线的能力。各级铁路的最小曲线半径是根据设计行车速度来决定的,行车速度越快,要求线路的最小曲线半径越大。

三、航空运输设备主要性能指标

1. 机长

飞机机长指飞机机头最前端至飞机尾翼最后端之间的距离。

2. 机高

飞机机高指飞机停放地面时，飞机尾翼最高点离地的距离。

3. 翼展

飞机翼展指飞机左右翼尖间的距离。

4. 飞机的重量

飞机的重量是影响飞机的飞行安全、起飞和着陆安全以及跑道设计的重要技术指标，包括基本重量、最大起飞重量、最大滑行重量、最大无燃油重量、燃油重量、最大着陆重量、最大业务载重量。

(1)基本重量

基本重量又称不变重量，指飞机的基本飞行空机重量，由空机重量、附加设备重量、空勤人员及其随带物品(用具)重量、服务设备及供应的重量、其他按规定应计算在基本重量之内的重量组成。

(2)最大起飞重量

最大起飞重量指飞机根据其结构强度、发动机功率、刹车效能等因素而确定的飞机在起飞线加大马力起飞滑跑时限制的全部重量，其数值在飞机设计制造时确定。

(3)最大滑行重量

最大滑行重量指飞机在滑行时限定的全部重量。其数值大于最大起飞重量，两者的差额就是滑行过程中的用油重量，这部分燃油必须在起飞前用完。

(4)最大无燃油重量

最大无燃油重量指除燃油以外所允许的最大飞机重量。它由飞机的基本重量和业务载重量组成。

(5)燃油重量

燃油重量又称起飞油量，指航段飞行耗油量和备用量，但不包括地面开车和滑行的油量。

(6)最大着陆重量

最大着陆重量指飞机在着陆时，根据其起落装置及机体结构所能承受的冲击载荷限定的最大飞机重量。

(7)最大业务载重量

最大业务载重量也称最大商载量，指航空营运限定的最大客货重量，包括旅客、行李、货物、邮件等重量。

5. 飞机的飞行性能

飞行性能是评价飞机优劣的主要指标。飞行性能主要如下。

(1)最大平飞速度

最大平飞速度是指在一定高度上，飞机发动机达到最大功率或最大推力所获得的平飞速度(km/h)。为减少燃油消耗和防止发动机损坏，通常飞机不以最大平飞速度长时间飞行。

(2)巡航速度

巡航速度是指发动机每公里耗油最少时的飞行速度(km/h)。这时飞机航程最远，飞行最经济，发动机寿命较长。

(3)爬升率

爬升率是指单位时间内飞机所上升的高度(m/s)。

(4)升限

升限是指飞机上升所能达到的最大高度。

(5)航程和续航时间

航程是飞机一次加油以巡航速度飞行所能飞越的最大距离。续航时间是飞机一次加油，在空中所能持续飞行的时间。

第三节　物流运输设备优化管理

对设备整个寿命周期进行全过程的管理是现代设备管理理论的重要观点之一。通常把设备的寿命周期分为前期和后期。设备的前期是指设备进入用户之前的阶段，即设计制造阶段。对企业自制设备来说，其设计制造阶段是在本企业进行的；对企业外购设备来说，如汽车，其设计制造阶段是在设计制造部门进行的，物流运输设备使用部门对前期管理主要体现在设备选型上。设备的后期是指设备投入使用后直至报废的阶段，使用部门对设备的后期管理主要体现在日常使用管理和设备更新期的确定上。设备选型与更新是通过对设备选型和汽车更新的优化决策，使之适应特定交通运输系统特点和环境条件，达到最佳的经济效益、社会效益和环境效益。

一、设备选型

(一)选型程序

设备选型是一个比较复杂的技术经济问题，它需要一个严格的程序，这个程序由调研、建立方案和方案决策3个阶段组成。

1.调研阶段

选型开始，首先要进行调查研究，调研内容有2个方面：一是用户对设备的要求，包括设备的使用条件及用户对设备使用性能等方面的要求；二是设备使用性能及有关设备生产企业的信息。此时既要查阅大量文字资料，还要深入用户和有关生产企业进行实地调研考察，以获得大量第一手资料，为后续工作奠定基础。

2.建立方案阶段

在获取大量调研资料的基础上，即可构建选型方案。选型方案要有2个以上，方案数太少，选择余地太少；方案太多，评价时太复杂。一般应确定3~5个预选方案。因为每种型号设备都有优点和缺点，初选时不能求全，对于能基本满足使用要求的设备型号，都可将其列入预选方案，然后从中选定3~5个方案，进行技术经济综合评价。

3.方案决策阶段

这是选型的关键阶段，在这个阶段中，要运用技术经济综合评价方法，对各预选设备型号进行技术经济综合评价，从中选择技术经济效果最佳的方案。在这个阶段中，要建立或选择数学模型进行优化。

(二)设备选型评价要素

通常运输设备种类繁多，功用多样，不同用途的运输设备，其选型要素也不会完全相同。以汽车选型为例，对于家用轿车来说，经济性是选择家用轿车的首要因素，其经济性不仅体现在价格上，而且还应体现在使用费用上；安全性也是极为重要的一个评价要素；可靠性、维修性、耐用性也是选购家用轿车的重要因素。通俗地说，可靠性是指汽车安全可靠地工作、不容易发生故障的性能；维修性是指汽车发生故障后易于排除的性能；耐用性是指汽车耐用，使用寿命长；舒适性和使用方便性指乘坐舒适、操纵轻便；造型、颜色也是轿车用户比较注意的问题。因为家用轿车不同于载货汽车，它不仅有使用功能，而且还有外观功能，一台造型优美、颜色悦目的轿车会给用户及他人带来美的享受。但对于载重卡车来说，造型、颜色就不如机动性和货物适应性重要。表 5-5 为中型载货汽车（载重量 3 ~ 8t）的选型要素和评价指标。

汽车选型评价要素 表 5-5

序号	选 型 要 素	评 价 指 标
1	动力性	最高车速、最大爬坡度
2	经济性	单位里程燃料消耗量、平均单位运输成本
3	安全性	制动距离、纵向倾翻角、横向倾翻角
4	机动性	最小转弯半径、最小离地间隙、接近角、离去角、最小通过半径
5	可靠性	大修理间隔里程，故障率
6	维修性	每千公里维修费用、配件供应情况
7	货物装卸方便性	车厢地板高度、有无自装自卸设备
8	防公害性	噪声级，CO、HC、NO_x 排放量
9	货物适应性	装载质量利用系数

（三）设备选型优化方法

1. 费用效率分析法

费用效率分析法也是评价设备技术经济效果的有效方法，通过对各型号设备费用效率比较，对设备进行选型决策。其数学模型为

$$\eta_f = \frac{\eta_x}{F_z} \tag{5-20}$$

式中：η_f——费用效率；

η_x——系统效率；

F_z——寿命周期总费用。

系统效率是反映设备综合技术效果的全面效率，包括设备的生产效率、动力性、可靠性、维修性、节能性、安全性、环保性、方便性等。其中有些可用数量表示，如生产效率；有些则难于用数量表示，如维修性、环保性等；有些即使可以数量化，但却不能简单求和。因此，常把生产效率用数量表示，用其替代系统效率代入公式，初求费用效率 η_{f0}。然后对其他效率项目用评分法求出修正系数，用该系数对初求的费用效率进行修正。

例 5-1 有 A、B、C、D 4 种木材运输汽车，其寿命周期总费用已经求得，生产效率已知，试用费用效率分析法对 3 种车型进行优选。

解：首先，用生产效率替代系统效率代入式(5-20)，初求费用效率，见表 5-6。

初 求 费 用 效 率 表 5-6

车型	寿命周期总费用（元）	生产率（$m^3 \cdot km$）	初求费用效率（$m^3 \cdot km$/元）	车型	寿命周期总费用（元）	生产率（$m^3 \cdot km$）	初求费用效率（$m^3 \cdot km$/元）
A	288 970	740 000	2.56	C	211 871	515 000	2.43
B	283 343	670 000	2.36	D	333 917	835 000	2.50

下面用评分法对系统效率的其他因素进行评分，进而求出修正系数。其评分方法是：假定系统效率的其他因素有5个，总分为100分，则每个因素的最高分为20分，根据每个效率因素的相对优劣打分，最后进行总计，再将每个车型的得分除以100，即可得出各车型的修正系数，见表5-7。

评分法求修正系数 表5-7

车型	动力性	通过性	可靠性	维修性	环保性	合计	修正系数
A	15	19	17	15	14	80	0.80
B	18	19	16	16	15	84	0.84
C	18	16	18	18	19	89	0.89
D	18	19	19	19	18	93	0.93

求得修正系数后，用各车型的修正系数乘以初求的费用效率，即可求得A、B、C、D车型真正的费用效率分别为2.05、1.99、2.16、2.33，D为最佳车型。

2. 层次分析法

层次分析法（AHP）是美国运筹学家A. L. Saaty于20世纪70年代初提出，其后经过不断完善的一种决策方法。它以丰富的数学原理为基础，并充分吸取决策个人或集体的阅历、经验、智慧和判断能力，具有科学性、系统性、综合性、实用性、简便性、准确性的特点。因此，AHP方法一经创立便引起广泛的重视，在经济计划、资源分配、运输规划等诸方面得到广泛应用。我国于20世纪80年代初开始进行AHP方法的理论及其应用研究，并取得了一系列成果。应用AHP方法进行汽车选型的步骤如下所述。

1）建立递阶层次结构模型

在AHP方法中首先要建立决策问题的递阶层次结构模型。通过调查研究和分析，弄清决策问题的范围和目标、问题包含的因素、各因素之间的关系，然后将各个因素按照它们的性质聚集成组，并把它们的共同特性看成是系统中高一层次中的一些因素。而这些因素按照另外一些特性被组合，从而形成更高层次的因素，直到最终形成单一的最高目标，这就是决策问题的总目标；最底层是决策者所面临的要进行选择的方案集合，即方案层；中间层是实现总目标所涉及的中间环节，即准则层。如此，构成了一个以目标层，若干准则层和方案层所形成的递阶层次结构。

（1）确定备选型号

各型号备选是构成递阶层次结构模型的最底层，即方案层，由于当前可供选择的设备型号繁多，必须对可能成为备选型号的设备进行初步分析，选出几种应用较为普遍的设备型号构成方案层。

（2）评价指标体系选取

以汽车为例，汽车的整车性能有动力性、经济性、安全性、机动性、通过性、可靠性。考虑到人们对生态环境的日益重视，把汽车排气污染程度也列入评价准则，共7个整车性能构成递阶层次结构的准则层，分别选取最大动力因数、单位油耗量、制动距离、最小转弯半径、最小离地间隙、小修频率、燃料种类来评价相应的整车性能，并构成准则层。总目标为综合性能。目标层、准则层和方案层构成递阶层次结构模型，见图5-10。

2）模型分析计算

（1）构造判断矩阵

如果下一层次中的某些元素与上一层次的某个元素有关联，则在客观上下一层次中的这些元素与上一层次的这个元素中均占有一定的权重。判断矩阵根据备选车型性能指标值结合经验,采用Saaty 的1 ~9 级标度法构造。为了保证指标权重的合理性,可同时采用拜访有关部门、专家咨询、驾驶人员调查等方法。判断矩阵可按例4-1 中构造因素重要程度模糊子集的方法进行。判断矩阵为

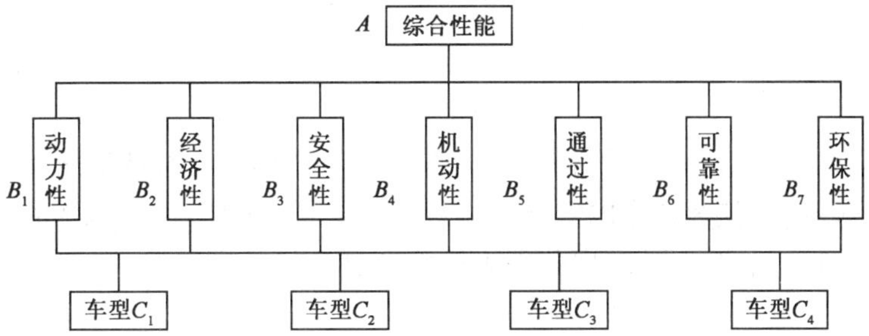

图 5-10 递阶层次结构模型

$$B=\begin{pmatrix} b_{11} & b_{12} & \cdots & b_{1m} \\ b_{21} & b_{22} & \cdots & b_{2m} \\ & \cdots\cdots & & \\ b_{n1} & b_{n2} & \cdots & b_{nm} \end{pmatrix}$$

(2)计算特征向量

特征向量记为 $W=(w_1,w_2,\cdots,w_n)^{\mathrm{T}}$。应用方根法,有

$$w'_i=\sqrt[n]{\prod_{j=1}^{n} b_{ij}} \tag{5-21}$$

$$w_i=\frac{w'_i}{\sum_{i=1}^{n} w'_i} \tag{5-22}$$

特征向量即为层次单排序。

3)层次总排序

总排序是在各层次单排序的基础上进行系统整体排序,为决策者提供决策的依据。以 $D=(d_1,\cdots,d_n)$ 表示层次的总排序向量,则

$$d_j=\sum_{i=1}^{m} w_i w_{ij} \tag{5-23}$$

例 5-2 根据南方林区的特点和车型的性能,选择 CA1091、CA1111K2LW、EQ140、SML5100TD4 种车型作为备选车型,试用AHP法进行汽车选型优化。

解:(1)评价指标体系选取

根据前述方法,选取评价指标体系,构造目标层与准则层。各备选车型的指标值见表5-8。

备选车型性能指标 表5-8

性 能 指 标	CA1090	A111K$_2$LW	EQ140	SMC5100TD
最大动力因数	0.328	0.321	0.325	0.337
百公里油耗量[l/(100·km)]	5.20	3.21	5.30	3.60
制动距离(m)	8.0	8.0	8.0	7.7

续上表

性 能 指 标	CA1090	A111K_2LW	EQ140	SMC5100TD
最小转弯半径(m)	8.2	9.0	8.0	10.0
最小离地间隙(m)	0.267	0.265	0.265	0.265
小修频率[次/(1 000 · km)]	0.81	0.93	0.92	0.83
燃料种类	汽油	柴油	汽油	柴油

以 A-B 表示准则层元素 B_i 对目标层元素 A 重要程度的判断矩阵，以 B_i-C 表示方案层元素 C 对准则层元素 B_i 优劣程度的判断矩阵。构造 A-B 时，考虑到林区道路等级低以及木材汽车运输的重载下坡特性，认为汽车的安全性最为重要，汽车的动力性对汽车的运材生产率有直接关系，排在安全性之后，其余的顺序分别为经济性、可靠性、机动性、通过性和环保性。根据表 5-8 备选车型的指标值构造 B_i-$C(i=1,2,\cdots,7)$。

(2)构造判断矩阵(表 5-9 ~ 表 5-16)

判断矩阵 A-B 表 5-9

A	B_1	B_2	B_3	B_4	B_5	B_6	B_7
B_1	1	2	1/2	4	5	3	6
B_2	1/2	1	1/3	3	4	2	5
B_3	2	3	1	5	6	4	7
B_4	1/4	1/3	1/5	1	2	1/2	3
B_5	1/5	1/4	1/6	1/2	1	1/3	2
B_6	1/3	1/2	1/4	2	3	1	4
B_7	1/6	1/5	1/7	1/3	1/2	1/4	1

判断矩阵 B_1-C 表 5-10

B_1	C_1	C_2	C_3	C_4
C_1	1	3	2	1/2
C_2	1/3	1	1/2	1/4
C_3	1/2	2	1	1/3
C_4	2	4	3	1

判断矩阵 B_2-C 表 5-11

B_2	C_1	C_2	C_3	C_4
C_1	1	1/4	2	1/3
C_2	4	1	5	3
C_3	1/2	1/5	1	1/4
C_4	3	1/3	4	1

判断矩阵 B_3-C 表 5-12

B_3	C_1	C_2	C_3	C_4
C_1	1	1	1	1/2
C_2	1	1	1	1/2
C_3	1	1	1	1/2
C_4	2	2	2	1

判断矩阵 B_4-C 表 5-13

B_4	C_1	C_2	C_3	C_4
C_1	1	2	1/2	4
C_2	1/2	1	1/3	3
C_3	2	3	1	5
C_4	1/4	1/3	1/5	1

判断矩阵 B_5-C 表 5-14

B_5	C_1	C_2	C_3	C_4
C_1	1	1/2	1/2	1/2
C_2	2	1	1	1
C_3	2	1	1	1
C_4	2	1	1	1

判断矩阵 B_6-C 表 5-15

B_6	C_1	C_2	C_3	C_4
C_1	1	5	4	2
C_2	1/5	1	1/2	1/4
C_3	1/4	2	1	1/3
C_4	1/2	4	3	1

判断矩阵 B_7-C 表 5-16

B_7	C_1	C_2	C_3	C_4
C_1	1	1/2	1	1/2
C_2	2	1	2	1
C_3	1	1/2	1	1/2
C_4	2	1	2	1

(3)计算特征向量

按式(5-21)、式(5-22)计算表 5-9 ~ 表 5-16 8 个判断矩阵的特征向量。

$$A-B:W_A=(0.241,0.159,0.352,0.068,0.045,0.104,0.031)^{\mathrm{T}}$$

$$B_1-C:W_1=(0.278,0.095,0.160,0.467)^{\mathrm{T}}$$

$$B_2-C:W_2=(0.122,0.532,0.076,0.270)^{\mathrm{T}}$$

$$B_3-C:W_3=(0.200,0.200,0.200,0.400)^{\mathrm{T}}$$

$$B_4-C:W_4=(0.285,0.170,0.472,0.073)^{\mathrm{T}}$$

$$B_5-C:W_5=(0.143,0.286,0.286,0.286)^{\mathrm{T}}$$

$$B_6-C:W_6=(0.491,0.078,0.125,0.306)^{\mathrm{T}}$$

$$B_7-C:W_7=(0.167,0.333,0.333,0.333)^{\mathrm{T}}$$

(4)层次总排序

按式(5-23)计算层次的总排序向量 $D = (0.239, 0.221, 0.189, 0.356)$

通过对4种车型性能的分析计算,得到其优劣排序为 $C_4 > C_1 > C_2 > C_3$。

二、设备更新优化

(一)设备更新理论

在设备管理工程中,更新问题普遍划分为效率不变型设备的更新和效率递减型设备的更新这两大类。

物流运输设备使用效率随行驶里程的增加而降低,属于效率递减型设备。在整个工作期限(即寿命周期)内,其使用性能及经济指标均在明显下降,这种现象称为"劣化",因此以"劣化理论"作为这类设备更新的理论依据。设备的劣化过程,主要受到设备有形磨损和无形磨损的影响。

1. 有形磨损

设备的有形磨损,是指设备在使用(或闲置)过程中发生的实体磨损,这种磨损又称为物质磨损。设备经过一段时间使用而产生故障,导致性能下降,例如汽车动力下降、油耗增加、振动加大等,都是有形磨损的表现。

设备的有形磨损主要发生在使用过程中,称为第一种磨损,产生原因主要有机件配合副的机械磨损、基础零件的变形、零件的疲劳破坏等。运输设备这类有形磨损发展到一定程度,就会呈现故障,使维修费用、运行材料费用增加,运输效率降低,若继续使用下去,经济上将是不合算的。

有形磨损也发生在设备的闲置过程中,称为第二种磨损。如长期不用而生锈,日晒、雨淋使车身漆画及橡胶件老化,或因其他管理不善和缺乏正确的管理而引起的其他损失。这类磨损所造成的损失往往非常惊人。

第一种有形磨损与使用时间和使用强度成正比,而第二种有形磨损在一定程度上与闲置时间成正比。

按能否修复,设备的有形磨损又可以分为两类。

第一类有形磨损,通过相应的维修措施可以周期性地消除,如汽车通过各维护作业、小修可以消除各种因失调或损伤而造成的运行故障,通过大修可以恢复各总成及整车的使用性能。

第二类有形磨损,不能通过同样的方法消除,如一些零件的老化和疲劳。

前者称为能消除性的有形磨损,后者称为不能消除性的有形磨损。

通常,一部设备较少发生单一形式的有形磨损,更多的是同时或交替发生着多种磨损形式。

在有形磨损增加到设备的技术状况变坏,使其不能继续作为运输工具使用时,可以认为运输设备已到了完全磨损的程度,这就需要进行大修或用同样用途的新设备替代设备。

汽车的有形磨损反映出其使用价值降低,当采用修理方法消除这种磨损时,相应地又要支出一定费用。通常,修理费用不应超过某一限度。

设备的有形磨损发展到完全磨损的期限,会受到很多因素影响。

第一,技术进步可大大推迟有形磨损的期限。这是因为材料的抗磨性、零部件加工精度的提高和粗糙度的降低,以及结构可行性的改善,可使设备的耐久性得到提高,同时采用正确的预防维护与计划修理可避免零件出现过度磨损。

第二，与现代科学技术有关的一系列措施又会加快有形磨损的速度，提早发展到完全磨损的期限。这是因为采用设备高度的自动化管理系统、机械化装卸设备，都将大大减少运输设备的停歇时间，提高行程利用率，但在提高设备使用效率的同时，又大大增加了设备的使用强度，促使设备的有形磨损加快。

2. 无形磨损

设备在使用过程中，除了不可避免地会发生有形磨损外，还可能发生无形磨损。所谓无形磨损，就是由于科学技术的进步，使生产同样结构的设备再生产价值下降，或者出现了性能更加完善的新型设备，致使保有的原型设备价值降低。

运输设备价值并不取决于最初的生产耗费，而是取决于再生产所用的生产耗费，这种耗费在技术进步的同时，是不断下降的。因此，无形磨损又可分为两种形式。

第一，因相同结构（同型车）设备再生产价值的降低，而产生现有设备价值的贬值称为第一种无形磨损；

第二，因不断出现更完善、效率更高的设备（新型设备），而使现有车型贬值，称为第二种无形磨损。

第一种无形磨损是指设备的结构、动力性能和经济性能不变，但由于技术进步的影响，在设备生产工程中，由于生产工艺不断改进，成本不断降低，劳动生产率不断提高，而使生产该型号设备的社会必要劳动耗费相应降低，从而使设备发生贬值，也就是它的原始价值遭到损失。由于技术进步既影响生产部门，也影响修理部门，但是对前者的影响往往大于后者，设备本身价值降低的速度比修理价值降低速度快。因此，有可能出现费用超过合理限度的情况，这样从修理角度分析有可能使运输设备的使用寿命缩短。

第二种无形磨损系指新型的设备出现，使原有型号设备显得落后，如继续使用原有型号设备，就会降低运输生产的经济效果。第二种无形磨损发展到完全磨损之前，就出现用新型设备代替现有的比较旧的设备的必要性，即产生设备更换问题。

3. 综合磨损

运输设备在有效使用期内发生的有形磨损和无形磨损的总和称为综合磨损。

通过上述运输设备劣化过程的分析，可以看出设备有形磨损和无形磨损在经济后果上的异同处。两种磨损都同时引起设备价值的下降，有形磨损严重时常在修复之前可使设备不能正常运行而被迫停驶，而任何形式的无形磨损均不影响设备的正常运行。

研究设备更新和综合磨损的关系，其实质是分析有形磨损和无形磨损长短及其相互关系。这存在3种情形。第一，是运输设备的有形磨损和无形磨损期相互接近。当设备达到应该大修的时刻，也同时达到了应该更换的时刻，而这时正好出现效率更高的新设备。在这种情况下，无需对设备进行大修，可用新型设备更换同时遭受两种磨损的设备。这种方案称为“无维修设计”，目前在我国实际上很难做到。第二，是设备已遭受到完全有形磨损，而它的无形磨损期未到来，这时只需要研究对该设备进行大修是否合理，否则，可进行同型号更换新设备。第三，是无形磨损期早于有形磨损期，应根据经济效益和可能性进行比较，或是继续使用原有设备，或是用更先进的新型设备更新尚未折旧完的现用设备。

设备综合磨损的补偿有局部补偿和完全补偿两种方式。有形磨损的局部补偿是修理，无形磨损的局部补偿是现代化改装，后者将随着设备技术的迅速发展而逐渐消失。有形磨损和无形磨损的完全补偿形式是物流运输设备的更换或更新。

（二）设备的使用寿命

1. 自然使用寿命

自然寿命是指设备开始使用直至报废所经历的时间，是设备的有形磨损发展到完全磨损的期限。自然寿命的长短与设备质量、使用条件和使用维修技术密切相关，尤其和大修关系更大。

2. 经济使用寿命

从经济性的观点考虑，设备的综合磨损，使设备在使用到一定的期限后，继续使用将使其经济性变坏，根据经济效益确定的设备寿命，称为经济使用寿命。超过这个年限，设备在技术上仍可继续使用，但年平均总费用上升，完成的年周转量下降，在经济上不宜继续使用。年平均费用是设备在使用年限内，每年平均折旧费用与该年设备发生的经营费用之和。设备使用时间越长，每年分摊的折旧费越少，随着使用年限的增加。由于设备有形磨损增加，设备的技术性能逐渐下降，使该设备所需要的运行材料（特别是燃料和润滑料）费用、工时费用、维修费用随之增加。延长使用年限使折旧费用的下降会被经营费用的增加逐渐抵消。年均总费用是随使用时间而变化的函数。另一方面，随着使用年限的增加，由于设备的技术性能下降，使设备的有效载量、平均技术速度和完好率下降，从而影响设备完成的年周转量。

3. 合理使用寿命

设备的更新，受到国家在一定时期的政治、经济和生产技术水平的制约，应符合国家的技术经济政策及社会需要，为此在我国提出设备合理使用寿命的观点。随着国家经济的发展和设备技术的进步，而趋近于设备经济使用寿命。

（三）设备经济使用寿命确定

设备使用寿命计量单位通常有使用年限和使用里程。使用年限是按年平均行驶里程折算的设备使用年限；使用里程是车辆开始使用到更替时的累计行驶里程数。这里以汽车为例介绍设备经济使用寿命的确定方法。物流运输系统的专业运输车辆，在以年限作为计量指标的同时，还常把使用里程作为参考指标。

经济使用寿命的计算方法主要有低劣化数值法、回归分析法等。

1. 低劣化数值法

汽车随着使用时间的增加，性能逐渐变坏，经营费不断增加，而产出则逐渐减少。由汽车性能下降引起的经营费增加，停歇时间增加和工作质量下降造成的经济损失，称为低劣化数值。

汽车的总费用主要由3部分组成：低劣化费、折旧费、投资利息。

低劣化值是考虑汽车性能下降引起的费用增值，包括经营费、停歇时间增加损失和工作质量下降损失等。经营费中，维修费的增加最为明显的，一般都重点考虑维修费增加这一因素，忽略其他因素。现设第一年汽车没有发生低劣化，即 $\lambda=0$，经营费为 a，以后每一年比前一年的低劣化数值均为 λ，第 n 年的经营费为 $a+\lambda(n-1)$，根据等差数列求平均数的公式，可得平均使用寿命周期内的平均年经营费为

$$C_{p1}=a+\frac{\lambda(n-1)}{2}$$

式中：a——第1年的经营费；

λ——年平均低劣化数值；

n——使用年限。

折旧费可采用平均折旧法，计算公式为

$$C_{p2} = \frac{C_0 - S}{n}$$

式中：C_0——汽车的原值；

S——汽车的残值。

投资利息是考虑汽车占用资金的利息，其值为每年的汽车净值乘以利率，各年汽车投资利息也构成一等差数列，首项为 $C_0 \cdot i$，末项为 $S \cdot i$。这样年平均投资利息为

$$C_{p3} = \frac{(C_0 + S)i}{2}$$

式中：i——年利率。

以上三式之和即为年平均总费用

$$C_p = a + \frac{\lambda(n-1)}{2} + \frac{(C_0 - S)}{n} + \frac{(C_0 + S)i}{2}$$

要使年平均总费用最少，将上式对 n 求导数，并令其为零。即

$$\frac{dC_p}{dn} = \frac{\lambda}{2} + \frac{C_0 - S}{n^2} = 0$$

$$n = \sqrt{\frac{2(C_0 - S)}{\lambda}} \tag{5-24}$$

式(5-24)即为求汽车经济使用寿命(年限)的数学模型。从公式可以看出，只要知道汽车的原值、残值和年平均低劣化数值，即可求出汽车的经济使用寿命。汽车的原值和残值容易知道，年平均低劣化数值的确定相对较复杂，一般采用一元回归分析进行计算。

2. 回归分析法

低劣化数值法数学模型简单，计算方便，但由于该方法对汽车的年经营费变化趋势按线性规律加以简化，并假设每年完成的周转量与使用年限无关。因此，模型的精度较低。回归分析法计算汽车的经济使用寿命就是为克服低劣化数值法的这两方面不足而提出的。

回归分析法是通过方程拟合来建立计算汽车经济使用年限的数学模型。因此，需要一定数量的样本数据以供分析，数据的来源主要是具备完善统计和会计核算制度的交通运输企业。收集到的统计和核算数据要先进行初步处理，应用回归分析法分别拟合累计周转量与使用年限、平均单位经营成本与使用年限的方程，建立平均单位运输成本与年限的数学模型。

例5-3 表5-17是10部EQ-140型运材车连续8年的单车成本核算数据和周转量统计资料，数据来源于福建省闽西北地区的林业运输公司。试用回归分析法进行车辆经济使用年限计算。

产量、成本与使用年限 表5-17

使用年限(年)	周转量($m^3 \cdot km$)	经营费(元)	使用年限(年)	周转量($m^3 \cdot km$)	经营费(元)
0.25	71 682.8	10 760.81	1.75	69 698.2	13 049.20
0.50	83 185.6	11 410.10	2.00	75 323.2	13 926.93
0.75	78 474.1	10 203.18	2.25	74 642.9	13 099.00

续上表

使用年限（年）	周转量（$m^3\cdot km$）	经营费（元）	使用年限（年）	周转量（$m^3\cdot km$）	经营费（元）
1.00	69 928.6	11 167.47	2.50	72 036.9	13 162.99
1.25	80 045.1	12 931.69	2.75	71 715.1	14 157.06
1.50	78 583.1	13 450.39	3.00	67 502.2	11 841.06
3.25	65 058.3	13 518.05	5.75	45 526.5	10 517.81
3.50	59 392.8	12 947.44	6.00	65 786.0	14 736.75
3.75	59 932.3	12 167.14	6.25	60 460.0	15 445.45
4.00	58 576.1	12 653.62	6.50	55 066.0	15 695.15
4.25	54 612.9	13 501.67	6.75	53 689.0	16 100.09
4.50	54 234.9	12 740.67	7.00	50 309.0	13 249.20
4.75	53 707.9	11 262.06	7.25	55 984.0	14 951.02
5.00	57 915.0	11 997.58	7.50	52 654.0	14 492.31
5.25	48 867.8	13 151.55	7.75	55 334.0	17 006.79
5.50	57 183.8	14 575.81	8.00	53 053.0	17 057.06

3. 拟合累计周转量与使用年限的回归方程

对表 5-13 的周转量进行累加生成处理，所得的累计周转量作为因变量 L，以使用年限为自变量 x，采用下列 4 个方程进行拟合：$L=a+bx$；$L=ae^{bx}$；$L=ax^b$；$L=a+b\log x$。结果表明，幂函数的相关性最好，即

$$L=373\,745.8x^{0.814\,9}\quad (m^3\cdot km)$$

统计量 $F=92.661\,4$，取检验水平 $\alpha=0.01$，$F>F_{0.995}(1,30)=9.18$，回归方程极显著相关。

4. 拟合平均单位经营费与使用年限的回归方程

以平均单位经营费为自变量 H，以使用年限为自变量 x，采用上述 4 个方程进行拟合。结果表明，线性方程的相关性最好，即

$$H=0.139\,5+0.009\,66x\quad [元/(m^3\cdot km)]$$

其统计量 $F=2\,129.07>F_{0.995}(1,30)=9.18$，回归方程极显著相关。

5. 建立计算经济使用年限的数学模型

设平均单位成本为 $y[元/(m^3\cdot km)]$，它由平均单位经营费、折旧费和投资利息分摊 3 部分组成。因此，y 与 x 的关系模型为：

$$y=H+\frac{C_0-S+\frac{C_0+S}{2}i\cdot x}{L}$$

$$=0.139\,5+0.009\,66x+\frac{C_0-S+\frac{C_0+S}{2}i\cdot x}{373\,745.8x^{0.814\,9}}$$

当汽车的原值 C_0、残值 S、年利率 i 确定后，可以用图解法求出汽车的经济使用年限。假设 $C_0=50\,000$，$S=2\,000$，$i=8\%$，可以作出 y 与 x 的关系曲线（图 5-11）。

从图 5-11 可以看出，平均单位成本与使用年限的关系曲线呈下凹形，也就是说存在一个

最低点，该点所对应的使用年限就是该车型的经济使用年限。在上述已知条件下，EQ-140 型汽车的经济使用年限约为 4 年。

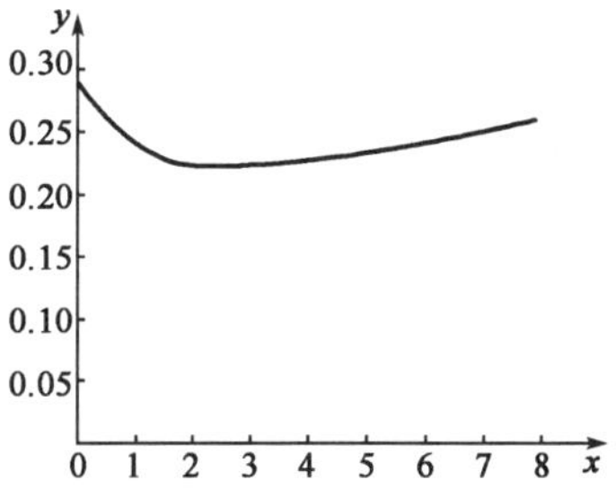

图 5-11 平均单位成本与使用年限

一种车型的经济使用年限与车辆的原值、利率和残值有关。车辆的原值越高，收回投资所需要的时间就越长，既经济使用年限越长；利率的影响也与此相似；汽车残值的影响较为复杂，本例的分析中，根据我国有关报废汽车残值的统一规定，把残值一律定为 2 000 元/辆。实际上，汽车残值与使用年限是密切关系的，使用年限越长，则汽车残值越低。因此，经济使用年限实际上是个区间。应该指出，汽车的经济使用年限不仅与上述 3 个因素有关，同时还与使用条件有关，不同的使用条件，汽车的有形磨损速度不一样，必然影响到经济使用年限。

思 考 题

1. 何谓设备的有形磨损、无形磨损、综合磨损？
2. 简述设备使用寿命。
3. 简述设备选型优化的几种方法。
4. 何谓低劣化数值？分析其存在的主要不足之处。
5. 已知汽车的原值 $C_0 = 50\,000$ 元，年平均低劣化数值 $\lambda = 5\,000$ 元，年利率 $i = 8\%$，用低劣化数值法计算汽车的经济使用年限。分析低劣化数值法的缺陷及改进的途径。

参 考 文 献

[1] 何爱民. 物流装备与运用[M]. 南京：东南大学出版社，2008.
[2] 陈子侠，彭建良. 物流技术与物流装备[M]. 北京：中国人民大学出版社，2010.

第六章　物流运输系统组织与优化

第一节　物流运输系统组织

随着现代信息技术及管理手段的不断发展,对物流运输系统进行科学的组织已成为提高运输效率的必要前提。运输在物流运作中的地位十分重要,运输组织在整个物流管理中占有相当的比重,因此,对运输实现有效的组织,是现代物流管理中的重要内容。

一、零担货物运输组织

(一)零担货物的概念

随着国民经济的发展和人们物质文化生活水平的提高,货物的流动无论从时间还是空间上都发生了根本的变化。目前,零星货物急剧增加,零担货物运输已成为货物运输的重要形式之一。

零担货物,是一张货物运单托运的货物重量或容积不够装一车的货物(即不够整车运输条件)。零担货物可分为汽车运输零担货物和铁路运输零担货物。当托运一批次货物数量较少,装不足一节货车车皮(或一辆运输汽车)时,由于在经济上不合算,而由运输部门安排与其他托运货物拼装后进行运输,利用运输工具使零担货物产生位置移动的活动称为零担货物运输。

1.汽车运输零担货物

指托运人一次托运货物的重量在3t及3t以下或不满一整车的小批量货物。零担货运汽车进行零担货物通行时需携带《道路运输证》、运单、零担货运线路牌,以备查验。

汽车零担货物运输作为公路货运的一种主要运输方式,自开办以来,曾为搞活经济、促进城乡货物交流、满足人民物质文化生活的需求以及为增加公路运输收入发挥了重要作用。但它的运输模式是当时计划经济大背景下的产物,时至今日,随着市场经济的不断发展,铁路零担货源分流,尤其是部分优质货源的分流,导致汽车零担货物运量不断下降。

2.铁路运输零担货物

指托运人一次托运的货物不够整车运输条件,其重量或体积不需单独一辆货车装载的货物。世界各国对零担货物的起码重量、体积、件数等都有限制性的规定。中国铁路规定:按零担托运的货物,一件的体积不得小于0.02m^3(一件重量在10kg以上的除外),每批不得超过300件。铁路合作组织在《国际铁路货物联运协定》中规定:一批货物重量小于5 000kg,按其体积又不需要单独一辆货车运送的货物,即为铁路运输零担货物。

(二)零担货物运输的特点

零担货物运输由于其货物类型和运输组织形式的独特性,使其具有不同于整车运输的独有特点。

1. 计划性差

零担货物来源广泛、货物种类繁杂,使其货物的流量、流向、流时等多为随机发生,均具有不确定性。如此繁杂的货物和各式各样的运输要求,使运输计划性差,运输组织者很难事先计划安排合理运输。

2. 组织工作复杂

零担货物运输环节多,运输需求多样化,所以必须采取相应的货运组织形式,才能满足各零担托运者的要求。这对货物配载和装卸等环节要求也相对较高。货运站作为零担货物运输作业的主要执行者,主要完成零担货物质量的确认、货物的配载等大量的复杂业务组织工作。

3. 单位运输成本较高

为了适应零担货物运输的需求,货运站要配备一定的仓库、货棚、站台,以及相应的装卸、搬运、堆置的机具和专用厢式车辆。此外,相对于整车货物运输而言,零担货物周转环节多,更易于出现货损、货差,赔偿费用较高,因此,零担货物运输成本较高。

4. 运输机动灵活

零担货物运输都是定线、定期、定点运行,业务人员和单位对运输情况都比较清楚,便于沿途各站点组织货源,往返实载率高,经济效益显著。零担货运可做到上门取货、就地托运、送货到家、手续简单。对于竞争性、时令性和急需的零担货物运输尤其具有重要意义。

(三)零担货源组织方法

1. 实行合同运输

合同运输是物流部门行之有效的货源组织方法之一,为世界各国普遍采用。实行合同运输可以明确签订合同的承运人和托运人(包括收货人)的权利、义务和责任,保障当事人的合法权益,简化托运手续,维护运输秩序,组织合理运输,提高经济效益。对托运人,有利于掌握运输数量和时间,有计划地安排生产活动;对承运人,有利于编制科学的运输生产计划,合理调度车辆,组织均衡生产,提高运输生产效率,保证运输质量,提高经营管理水平。

2. 设立零担货运代办点(站)

零担货物具有零星、分散、品种多、批量小、流向广的特点,零担货物运输企业可以自行设立货运点(站),也可以与其他社会部门或企业联合设立零担货运代办点(站),这样,既可以加大零担货运站点的密度,又可以有效利用社会资源,减少企业成本,弥补企业在发展中资金、人力的不足。设立零担货运点(站)的前提是广泛的市场调查,只有通过细致的调查分析,才能了解货源情况,有的放矢地建立起零担货运网络。

3. 委托社会相关企业代理零担货运业务

零担货运企业还可以委托货物联运公司、商业企业、邮局等单位代理零担货运受理业务,利用这些单位现有的设施和营销关系网络,取得相对稳定的货源。委托代理关系是现代市场经济出现的一种有效的经营管理模式,这种模式可以充分调动社会各方面的经济资源,将有利于零担货运的经济资源重新配置。这一方面可以扩大联运公司、商业企业、邮局等单位的商品营业额,另一方面,方便了购物者,扩大了自己的零担货源,实现了企业效益和社会效益的双赢。

4. 聘请货运信息联络员,建立货源情报网络

零担货运企业在有较稳定的零担货源的货物单位聘请货运信息联络员,充当本企业的组

货员，为货运企业收集准确的货源信息，集零为整，组织整车货源。

5. 设立信息化的网络受理业务

零担货运企业可以利用现代信息技术，创建数字化的零担货运受理平台，形成虚拟的零担货运业务网络，进行网上业务受理和接单工作。

（四）零担货物运输组织形式

不同托运人对零担货物运送时间和方式、收发和装卸交接等的要求不同，这就需要零担货物运输采取不同的营运组织方式，这些组织方式形成了零担货物运输的基本组织形式。这些组织形式主要因装运零担货物的车辆即零担车的种类而不同，按照零担车发送时间的不同可将零担货物运输的组织形式划分为固定式和非固定式两大类。

1. 固定式零担货物运输组织

固定式零担货物运输一般是由固定式零担车完成的。因此固定式零担货物运输的组织，实际上就是固定式零担车的组织，固定式零担车通常称为零担货运班车，这种车辆一般是以营运范围内零担货物流量、流向，以及货主的实际要求为基础组织运行。运输车辆主要以厢式专用车为主，实行定线路、定车型、定班次、定班期运输。零担货运班车主要采用以下几种方式运行。

（1）直达零担班车

直达式零担班车是指在起运站将各个发货人托运的同一到站，且性质适宜于同车配载的零担货物，一起装运后直接送达目的地的一种货运班车，其货运组织形式如图 6-1 所示。

直达式零担班车的运输组织，是所有零担货运组织形式中最为经济的一种，是零担货运的基本形式。

（2）中转零担班车

中转零担班车是在起运站将不同发货人托运到同一线路，但不同到达站，且性质适于配装的货物同车装运至规定的中转站，再与中转站的其他零担货物组成新的零担车继续运往各自目的地的运输组织形式，如图 6-2 所示。

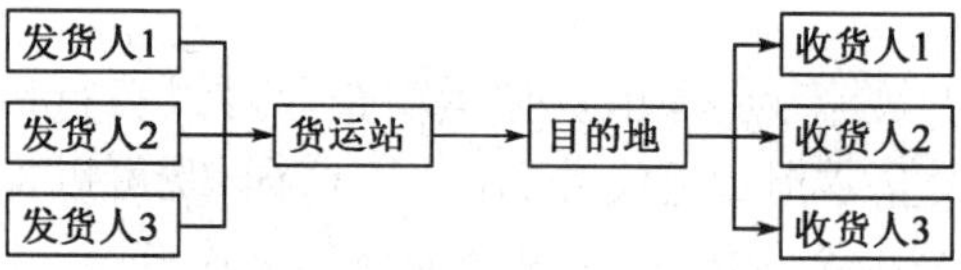

图 6-1　直达式零担班车货运组织图

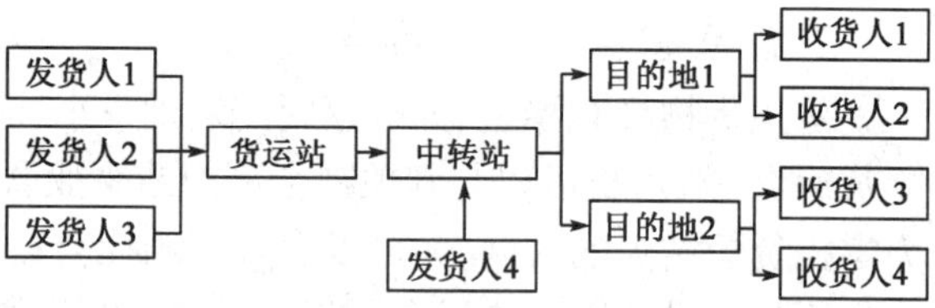

图 6-2　中转式零担班车货运组织图

图 6-2 所示的运输只进行了一次中转，如果线路很长，可能会发生多次中转。这种零担班车中转作业环节较多，组织工作复杂，需耗费大量的人力与物力。它与直达式零担班车互为补充，在货源不足、组织直达零担班车条件不成熟的情况下，是一种不可缺少的组织形式。

（3）沿途零担班车

沿途零担班车是指在起运站将各个发货人发往同一线路方向、不同到站但性质适于配装的零担货物组成零担车，沿运输路线运送，在各计划作业点卸下或装上零担货物后继续行驶，直至最后到达站的运输组织形式，如图 6-3 所示。

这种零担车的运输组织工作非常复杂，车辆在途运行时间较长，但能满足沿途客户的多品种、小批量的运输需求，可以充分利用车辆的载质量与容积。

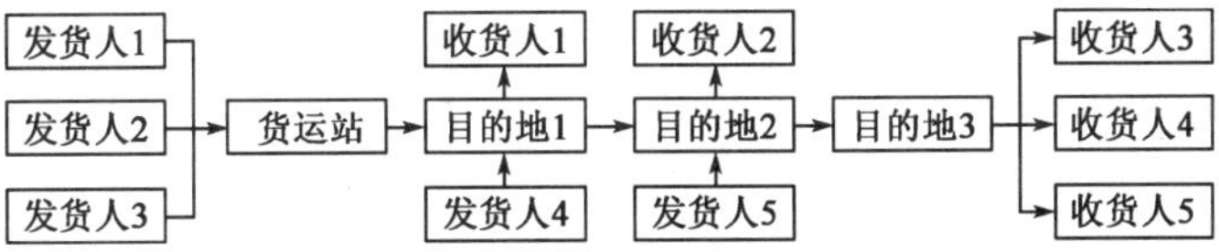

图 6-3　沿途式零担班车货运组织图

2. 非固定式零担货物运输组织

非固定式零担货运的完成是通过非固定式零担车的组织来实现,非固定式零担车是指按照零担货流的具体情况,临时组织而成的一种零担车。这种零担车计划性差,通常在新辟零担货运线路或季节性零担货运线路上使用。

二、整车货物运输组织

(一)整车货物运输的概念

1. 汽车整车货物

托运人一次托运的货物在3t(含3t)以上,或虽不足3t,但其性质、体积、形状需要一辆载质量3t以上的车辆进行公路运输的,称为整车货物运输。但以下的货物必须按整车运输:

(1)鲜活货物,如冻肉、冻鱼、鲜鱼,活的牛、羊、猪、兔、蜜蜂等。

(2)需用专车运输的货物,如石油、烧碱等危险货物,粮食、粉剂的散装货等。

(3)不能与其他货物拼装运输的危险品。

(4)易于污染其他货物的不洁货物,如炭黑、皮毛、垃圾等。

(5)不易于计数的散装货物,如煤、焦炭、矿石、矿砂等。

2. 铁路整车货物

铁路整车货物指一批货物的重量、体积或形状需要一辆30t或30t以上铁路货车进行运输的货物。整车货物运输是铁路货物运输的主要办理形式,其运送量占铁路总货运量的97%左右。

(二)整车货物运输的特点

1. 汽车整车货物运输的特点

(1)只有一个托运人

为明确运输责任,整车货物运输通常是一车一张货票、一个发货人。为此,公路货物运输企业应选派额定载质量(以车辆管理机关核发的行车执照上标记的载质量为准)与托运量相适应的车辆装运整车货物。

(2)能够实现门到门运输

由于是一个托运人,所以整车运输都能实行"门到门"运输。整车货物可以多点装卸,但装车点的距离不会相距太远,比如在同一个城市的几个分厂装货,在同一个城市的几个销售点卸货。

(3)托运人负责装卸车

托运整车货物由托运人自理装车,如果要承运人负责装卸的,应该事先协商,并支付装卸费用,或者计入运费中。

(4)操作方便

整车货物运输一般不需中间环节或中间环节很少,送达时间短,相应的货运集散成本较低。此外,还有快速、方便、经济、可靠等优点。因此,许多工业企业都喜欢采用整车运输。

2. 铁路整车货物运输的特点

(1)便于组织直达运输

由于铁路整车运输的货物绝大部分是大宗货物(如煤炭、矿石、石油、建筑材料、木材、粮食等),而大宗货物的装卸作业多集中在专用线和专用铁路上办理,这为组织直达运输创造了有利条件。直达运输是指组织不同类型的直达列车来运送整车货物的一种运输组织方法。

(2)加快货物的送达速度

直达运输可以减少编组站的改编作业量,压缩车辆中转时间,加快货物的送达速度,是经济效益最好的整车货物运输组织形式。组织整车货物直达运输,必须编制直达列车计划,一般是从货流开始,即根据核定的月度货物运输计划,分别按货物发到站、去向进行货流分析,按照"先远后近""先整列后成组""先一站,后多站"的要求,纳入直达列车计划。

(三)整车货物运输的组织形式

1. 多班运输

多班运输,是指在昼夜时间内的车辆工作超时一个班次以上的货运形式。组织多班运输的基本方法是每辆汽车配备两名及其以上驾驶员,分日、夜多班轮流行驶。

多班运输应根据运输距离、货源数量、运输条件、道路状况、驾驶员配备、保修和装卸能力等具体情况,选择以下不同的组织形式:

(1)一车两人,日夜双班,起点交接。

(2)一车两人,日夜双班,分段交接。

(3)一车三人,日夜双班,两工一休。

(4)一车三人,日夜双班,分段交接。

(5)两车三人,日夜三班,分段交换。

(6)一车两人,轮流驾驶,日夜双班。

在组织多班运输时,由于夜班比日班条件差,因此,除了工作时间长短不同外,在安排日夜班的运行作业计划时,一般应遵循"难运的安排在日班,好运的安排在夜班"的原则。

2. 定点运输

定点运输,是指按发货点固定车队、专门完成固定货运任务的运输组织形式。在组织定点运输时,除了根据任务固定车队外,还实行装卸工人、设备和调度员固定等。

实行定点运输,可以加速车辆周转,提高运输和装卸工作效率,提高服务质量,并有利于行车安全和节能。定点运输组织形式,既适用于装卸地点比较固定集中的货运任务,也适用于装货地点集中而卸货地点分散的固定性货运任务。

3. 定时运输

定时运输,是指运输车辆按运行作业计划中所拟定的行车时刻表来进行工作。在汽车行车时刻表中规定汽车从车场开出的时间、每个运次到达和开出装卸地点的时间及装卸工作时间等。采用定时运输可以加强运输各个工作环节的计划性与协调性,提高工作效率。要组织定时运输,必须做到各项定额的制订和查定工作,包括:车辆出车前的准备工作时间定额,车辆在不同运输路线上重、空载行驶时间定额,以及不同货种的装卸工作时间定额等。同时还应合理确定驾驶员的休息和用餐等生活时间,加强货源调查和组织工作,加强车辆调度和日常工作管理以及装卸工作组织等。

4. 甩挂运输

甩挂运输也称甩挂装卸，是指利用汽车列车甩挂挂车的方法，以减少车辆装卸停歇时间的一种拖挂运输形式。甩挂运输的运行组织方式，可以使载货汽车（或牵引车）的停歇时间缩短到最低限度，从而可以最大限度地利用牵引能力，提高运输效能。

甩挂运输的基本原理体现为平行作业原则的利用，它是利用汽车列车的返回行驶时间完成甩下挂车的装卸作业，从而使原来整个汽车列车的装卸作业时间，缩短为汽车装卸作业时间和甩挂作业时间，加速了车辆周转，提高了运输效率。一般只有当主车的装卸作业时间加甩挂作业时间小于整个汽车列车停歇时间时，采用甩挂运输才是合理的；同时，为了发挥挂车的效率，挂车在完成装（卸）作业后的等待时间也不宜过长。

根据汽车和挂车的配备数量、线路网的特点、装卸点的装卸能力等，甩挂运输可有不同的组织形式，随着运输组织工作的手段不断完善，甩挂运输的概念和技术也在不断发展。一般情况下，甩挂运输主要有以下几种形式。

（1）一线两点甩挂运输。这是在短途往复式运输线路上通常采用的形式。汽车列车往返于两装卸作业点之间，在整个系统中配备一定数量的挂车，汽车列车在线路两端根据具体条件作甩挂作业，如图 6-4 所示。根据货流情况或装卸能力，可采用“一线两点，一端甩挂”（即装甩卸不甩或卸甩装不甩）和“一线两点，两端甩挂”两种形式。

（2）循环甩挂运输。这是在循环行驶线路上进行甩挂作业的一种形式。在闭合循环回路的各装卸点上，配备一定数量的周转集装箱或挂车，汽车列车每到达一个装卸点后，甩下所带的集装箱或挂车，装卸工人集中力量完成主车的装（卸）作业，然后，装（挂）上预先准备好的集装箱（挂车）继续行驶，如图 6-5 所示。

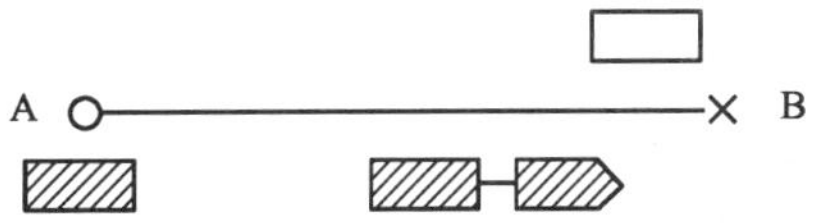

图 6-4　一线两点甩挂运输

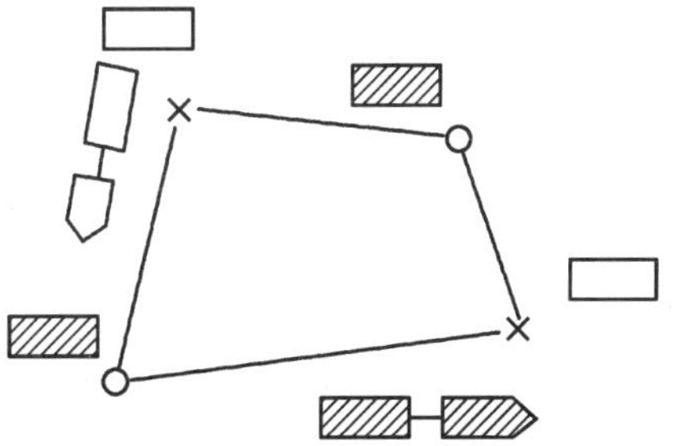

图 6-5　循环甩挂运输

这种组织方法的实质，就是用循环调度的办法来组织封闭回路上的甩挂作业。它不仅提高了载运能力，压缩了装卸作业停歇时间，而且提高了行程利用率，所以是甩挂运输中较为经济、运输效率较高的组织形式。由于它涉及面广，组织工作较为复杂，因此，在组织循环甩挂作业时，一方面要满足循环调度的基本要求；另一方面应选择运量较大、稳定且适宜于组织甩挂作业的货场条件。

（3）驮背运输（或载驳运输）。这是甩挂运输的基本原理应用于集装箱或挂车的换载作业形式。其基本方法是：在多式联运各运输工具的联结点，由牵引车将载有集装箱的底盘车或挂车直接开上铁路平板车或船舶上，停妥摘挂后离去，集装箱底盘车或挂车由铁路车辆或船舶载运至前方换装点，再由到达地点的牵引车开上车船挂上集装箱底盘车或挂车，直接运往目的地。

驮背运输组织方式使得汽车、列车运行作业与摘下集装箱底盘车或挂车的载运作业平行进行，加速了车辆的周转；同时，由于这种方式扩大了货运单元，从而节约了装卸和换装作业的时间,提高了作业效率。

5. 直达联合运输

直达联合运输(即各种运输方式的直达联合运输),是指以车站、港口或供需物资单位为中心,按照货物运输的全过程把供销部门、多种运输工具组织起来,将货物从生产地一直运输到消费地。其主要优点是:

(1)有利于各种运输方式的综合利用和发展,有利于促进综合运输网的形成。

(2)压缩车船等运输工具的停留时间,提高港站的通过能力,节省运力和降低运输成本。

(3)减少货物运输的中间环节,加速物资周转,节约运输费用。

为了搞好直达联运工作,最有效地利用各种运输工具以满足社会生产和生活的需要,组织直达联合运输的有关部门应首先做好货源调查工作,掌握货源及货流规律。

6. 集装箱运输

集装箱运输,是指把一定数量的货物集中于一个便于运输、搬运、装卸、储存的集装箱内进行货物运送的运输组织形式。集装箱运输的优越性同样也体现在可提高货物运输质量,减少货物运输过程中的货损、货差,保证货物运输安全;便于实现装卸、搬运作业机械化,提高装卸作业效率;节约货物包装材料,降低运输成本,加速运输工具的周转,提高运输效率等。

目前常见的集装箱运输形式如下。

(1)集装箱集疏运输。集装箱集疏运输是干线运输的首尾衔接性支线运输,是国际集装箱运输的基本组成部分,这种集疏运输是在内陆进行,所以又称内陆集疏运。有内陆公路集疏运、内河集疏运及铁路集疏运3种形式。

集疏运的任务是将各用户的集装箱通过上述3种形式或其中某种形式,集中采用专用集装箱船或集装箱列车进行干线运输的批量,或将大批量到港、到站的集装箱运给用户完成疏运任务。

(2)集装箱班轮。利用集装箱船在固定港口之间,进行定期航线的集装箱运输。这种运输形式在各国普遍采用,运输量巨大。我国也开辟到美洲、欧洲、日本、中国香港、地中海、东南亚等地的定期班轮航线。

(3)集装箱定期直达列车。采用固定车底的专用集装箱车皮组成的专列,定点、定线、定期运行,也可采用平底车进行车载车的驮背运输,由于列车运行速度快,装卸速度快而且装运能力大,所以,这种运输形式在不少国家普遍采用。

(4)集装箱专运列车、快运列车。采用专用集装箱货车,但是在运输上有其特点,专运列车在专门线及站之间运行,但不确定时间表,快运列车是专门对小批量集装箱进行没有固定时间表的快运。

(5)集装箱联运。集装箱联运是采用两种或两种以上不同运输方式进行集装箱运输。大致有以下几种形式:

①一般集装箱联运,是指在干线运输区段,由几种不同运输工具施行的协作运输。

②国际集装箱联运,是指在国际间由多种运输工具进行的协作运输。

③大陆桥集装箱联运,是指利用大陆桥实行的集装箱运输,又称国际集装箱陆桥运输。

三、特种货物运输组织

(一)危险货物运输

1. 危险货物的概念和分类

危险货物是指具有爆炸、易燃、毒害、腐蚀、放射性等性质,在运输、装卸和储存保管过程中,容易造成人身伤亡和财产损失而需要特别防护的货物。危险货物包括3层含义。

(1)具有爆炸、易燃、毒害、腐蚀、放射性等性质

危险货物容易造成火灾、中毒、灼伤、辐射伤害与污染等事故。

(2)容易造成人身伤亡和财产损毁

这是指危险货物在运输、装卸和储存保管过程中,在一定外界因素作用下,比如受热、遇明火、摩擦、振动、撞击、撒漏以及与性质相抵触的物品接触等,发生化学变化所产生的危险效应,不仅使货物本身遭到损失,而且危及人身安全和破坏周围环境。

(3)需要特别防护

主要指必须针对各类危险货物本身的物理、化学特性所采取的"特别"防护措施,如对某种爆炸品必须添加抑制剂、对有机过氧化物必须控制环境温度等,这是危险货物安全运输的先决条件。

我国于2005年7月26日颁布的国家标准《危险货物品名表》(GB 12268—2005)中将危险货物分成9类,其分类序列和名称依次为:第一类,爆炸品;第二类,气体;第三类,易燃液体;第四类,易燃固体、易于自燃的物质、遇水放出易燃气体的物质;第五类,氧化性物质和有机过氧化物;第六类,毒性物质和感染性物质;第七类,放射性物质;第八类,腐蚀性物质;第九类,其他危险物质和物品。

2. 危险货物的运输组织

1)受理托运

(1)在受理托运前必须对货物名称、性能、防范方法、形态、包装、单件重量等情况进行详细了解并注明。

(2)问清包装、规格和标志是否符合国家要求,必要时下现场进行了解。

(3)新产品应检查随附的《技术鉴定书》是否有效。

(4)查看按规定需要的准运证件是否齐全。

(5)做好运输前准备工作,装卸现场、环境要符合安全运输条件,必要时应到现场勘察。

(6)到达车站、码头的爆炸品、剧毒品、一级氧化剂、放射性物品,在受理托运前应到现场检查包装等情况,对不符合运输安全要求的,应请托运人改善后再受理。

2)货物运送

(1)详细审核托运单内容,发现问题要及时弄清情况,再安排运行作业。

(2)必须按照货物性质和托运人的要求安排车班、车次。如无法按要求安排作业时,应及时与托运人联系进行协商处理。

(3)要注意气象预报,掌握雨雪和气温的变化。

(4)遇有大批量烈性易燃、易爆、剧毒和放射性货物时,必要时召开专门会议,制订运输方案。

(5)安排大批量爆炸物品与剧毒物品跨省市运输时,应安排有关负责人员带队,指导装卸和运行,确保安全生产。

(6)遇有特殊注意事项,应在行车单上注明。

3)交付保管

(1)自货物交付承运起至运达止,承运单位及驾驶、装卸人员应负保管责任。托运人派有押运人员的应明确各自应负的责任。

(2)严格货物交接。危险货物必须点收点交,签证手续完善。

(3)装货时发现包装不良或不符合安全要求时,应拒绝装运,待改善后再运。卸货时发生货损货差,收货人不得拒收,并应及时采取安全措施,以避免扩大损失,同时在运输单证上批注清楚。驾驶员、装卸工返回后,应及时汇报,及时处理。

(4)因故不能及时卸货的,在待卸期间行车人员应负责对所运危险货物进行看管,同时应及时与托运人取得联系,恰当处理。

(5)当所装货物危及安全时,承运人应立即报请当地运管部门会同有关部门进行处理。

(二)大件货物运输

在公路运输货物中,有一些在重量、形状和体积方面特殊的矿山机械、起重机、大型机床、大型桥梁等长大笨重和大型物件货物。这些货物由于是庞大、沉重而又不可分割的整体货物,即物件在体积和重量上超过了普通载货汽车容许的装载容积和重量,并超过了公路线形和桥涵通过能力的规定限界,运输时就要采取一定的工程技术和运输组织措施。

1. 大件货物的概念和分类

凡整件货物,长度在14m以上或宽度超过3.5m或高度超过3m的货物,或者重量在20t以上的单件货物或不可解体的成组(捆)货物称为大件货物。由于大件货物的运输要使用非常规的超重型汽车列车(车组),其载运外形尺寸和重量常会超过常规车辆装载规定,成为超限货物。大件货物中属于超限运输的,应按规定向公路管理机构申请办理《超限运输车辆通行证》,按照核定的路线行车。在市区运送大件货物时,要经公安机关和市政工程部门审查并发给准运证,方可运送。

根据我国公路运输主管部门现行规定,大件货物按其外形尺寸和重量分为四级,如表6-1所示。

公路运输大件货物的等级 表6-1

大件级别	重量(t)	长度(m)	宽度(m)	高度(m)
一	40~(100)	14~(20)	3.5~(4)	3~(3.5)
二	100~(180)	20~(25)	4~(4.5)	3.5~(4)
三	180~(300)	25~(40)	4.5~(5.5)	4.0~(5)
四	300以上	40以上	5.5以上	5以上

注:数据中的“( )”指不包含括号内的数值。

2. 大件货物运输组织

1)大件货物的托运

托运人在办理托运时,必须做到:向已取得道路大件货物运输经营资格的运输业户或其代理人办理托运;必须在运单上如实填写大件货物的名称、规格、件数、件重、起运日期、收发货人和地址及运输过程中的注意事项。托运人还应向运输单位提交货物说明书;必要时应附有外形尺寸的三维视图(以“+”表示重心位置)和计划装载加固等具体意见及要求。凡未按上述规定办理托运或运单填写不明确,由此发生运输事故的由托运人承担全部责任。

2)大件货物的承运

(1)受理

承运人在受理托运时,必须做到根据托运人填写的运单和提供的有关资料,予以查对核实;承运大件货物的级别必须与批准经营的类别相符,不得受理经营类别范围以外的大件货物。凡未按以上规定受理大件货物托运由此发生运输事故的,由承运人承担全部责任。同时,按托运人提出的有关资料对货物进行审核，掌握货物的特性及长、宽高度，实际重量，外形特征，重心位置等以便合理选择车型，计算允许装载货物的最大重量，不得超载。并指派专人观察现场道路和交通状况，附近有无电线、电话线、煤气管道或其他地下建筑物，车辆是否能进入，现场是否适合装卸、调车等情况。了解运行路线上桥涵、渡口、隧道道路的负荷能力及道路的净空高度，并研究装载和运送办法。

(2)大件货物的装卸

大型物件运输的装卸作业应根据托运人的要求、货物的特点和装卸操作规程进行作业。货物的装卸应尽可能使用适宜的装卸机械。装车时应使货物的全部支撑面均匀地、平稳地放置在车辆底板上，以免损坏底板或大梁；对于重的货物为使其重量能均匀地分布在车辆底板上，必须将货物安置在纵横垫木上或起垫木作用的设备上；货物重心应尽量置于车底板纵、横中心交叉点的垂线上，如无可能时，应对其横向位移进行严格限制，纵向位移在任何情况下不得超过轴荷分配的技术数据；还应视货物重量、形状、大小、重心高度、车辆和线路、运送速度等具体情况采用不同的加固措施以保证运输质量。

(3)大件货物的运送

按指定的路线和时间行驶，并在货物最长、最宽、最高部位悬挂明显的安全标志，日间挂红旗，夜间挂红灯，以引起往来车辆的注意。特殊的货物，要有专门车辆在前引路，以便排除障碍。

(三)鲜活易腐货物运输

1. 鲜活易腐货物的概念

鲜活易腐货物，指在运输过程中，需要采取一定措施，以防止死亡和腐坏变质的货物，汽车运输的鲜活易腐货物主要有：鲜鱼虾、鲜肉、瓜果、蔬菜、牲畜、野生动物、花木秧苗、蜜蜂等。

承运鲜活货物时，承运方应对托运货物的质量、状态进行检查，并要根据货物的种类、运送季节、运送距离、运送方向，选择适用的车辆，确定货物装载方法和沿途提供的服务等运输组织方法；托运方应提出最长运到期限，并在托运单上注明。

2. 鲜活易腐货物的运输组织

良好的运输组织工作，对保证鲜活易腐货物的质量十分重要。由于鲜活易腐货物具有独特性，要求承运人掌握这些特点，根据其运输规律，适当安排运力，保证及时运输。

(1)托运

发货人托运鲜活易腐货物前，应根据货物不同特性，做好相应的包装。托运时须向承运方提出货物的最长运到期限、某一种货物运输的具体温度及特殊要求、提交卫生检疫等有关证明，并在托运单上注明。

(2)承运

承运鲜活易腐货物时，应由货运员对托运货物的质量、包装和温度进行认真的检查。要求质量新鲜、包装达到要求，温度符合规定。对已有腐烂变质迹象的货物，应加以适当处理，对不符合规定质量的货物不予承运。

运输部门在接受承运的同时，应根据货物的种类、运送季节、运送距离和运送地方确定相应的运输服务方法，及时地安排适宜车辆予以装运。

(3)装车

鲜活易腐货物装车前，必须认真检查车辆及设备的完好状态，应注意清洗和消毒，适当风干后，才能装车。装车时应根据不同货物的特点，确定其装载方法。如冷冻货物需保持货物内部蓄积的冷量，可紧密堆码；水果、蔬菜等需要通风散热的货物，必须在货物之间保留一定的空隙；怕压的货物必须在车内加隔板，分层装载。

(4)运送

鲜活易腐货物在运送途中，应由托运方指派押运人沿途照料，承运方对押送人员应交代安全注意事项，并提供工作和生活上的便利条件。炎热天气运送时，应尽量利用早晚行驶。运送牲畜、蜜蜂等货物时，应注意通风、散热，尽力避免该类货物在运送中的掉膘或死亡。

在汽车运输中，鲜活易腐货物的运量所占的比例虽然不大，但它对于人民生活的需要及农业、食品工业和对外贸易发展关系很大，所以加强鲜活易腐货物的运输组织工作，提高它们的运输质量是承运方的一项重要任务。

(四)贵重货物运输

1. 贵重货物的概念

贵重货物(也叫贵重物品)是指价值昂贵的货物。贵重货物包括：黄金、白金、铑、钯等稀有贵金属及其制品，各类宝石、玉器、钻石、珍珠及其制品；贵重文物及其制品；现钞、有价证券、旅行支票、股票；毛重每千克价值超过 1 000 美元或等值货币的货物。

2. 贵重物品的运输组织

(1)贵重物品托运人要提前向承运人员领取运单号，并向吨位控制室提前订好全程舱位。

(2)贵重物品必须用坚固、严密的包装箱包装，原包装上不得有其他粘贴物，包装箱上应当有铅封或火漆封志，封志应当完好，封志上应有托运人的特别标识。

(3)贵重物品的外包装上严禁使用贴签，每件货物上应使用两个挂牌，拴挂在货物的两侧。

(4)贵重物品需用精确的磅秤称重，实际毛重以 0.1kg 为单位。

(5)每份货运单货物的声明价值不得超过 100 美元，中国金币公司经民航总局批准限额 200 美元，但只能由中国民航所属航空企业承运。

(6)货物收到后，应立即与国际仓库保管室联系，安排货物入贵重物品仓库，并做好记录和交接工作。

第二节　物流运输组织评价

对物流运输活动进行评价，是为了从总体上把握物流运输的现状，寻找制约物流运输系统效率的瓶颈，挖掘提高物流运输绩效的有效手段。

物流运输主要从其运输车辆利用效率情况进行评价。物流运输车辆利用效率评价包括物流车辆利用单项指标和综合指标两种类型。

一、数量指标

1. 车日

车日，是指处于各种状态下的车辆与其保有日数的乘积。我国有关部门规定，凡企业的营运车辆，不论其技术状况如何，是工作还是停驶，只要在本企业保有一天，就计为一个车日。在统计期内，企业所有营运车辆的车日总数称为总车日(U)；总车日可以分为完好车日(U_a)和非完好车日(U_n)，其中前者又包括工作车日(U_d)和待运车日(U_w)，后者则包括维修车日

(U_{mr})和待废车日(U_b)。由于待运车日、维修车日和待废车日中,车辆均处于非运输作业或停驶状态,因而这三种车日又统称为停驶车日(U_p)。由此可见,车日又由停驶车日和工作车日组成。上述各种车日的构成如图 6-6 所示。

- 营运总车日U
  - 完好车日U_a
    - 工作车日U_d
    - 待运车日U_w (停驶车日U_p)
  - 非完好车日U_n
    - 维修车日U_{mr} (停驶车日U_p)
    - 待废车日U_b (停驶车日U_p)

图 6-6　营运车日构成示意图

2. 车时

车时,即"车辆小时",指营运车辆在企业内保有的小时数。企业所有营运车辆的车时总数,等于营运车辆与其在企业保有日历小时数的乘积,亦叫做营运车时。

与车辆营运车日相对应,车辆的营运总车时如图 6-7 所示。

- 营运总车时H
  - 工作车时H_d
    - 行驶车时H_t
      - 重车行驶车时H_{tl}
      - 空车行驶车时H_w
    - 停歇车时H_s
      - 装载车时H_l
      - 卸载车时H_u
      - 技术故障车时H_{st}
      - 组织故障车时H_{so}
  - 停驶车时H_p
    - 维修车时H_{mr}
      - 维护车时H_m
      - 修理车时H_r
    - 待运车时H_w
    - 待废车时H_b

图 6-7　营运总车时构成示意图

3. 运量

运量是衡量物流运输工作的一项重要指标。物流运输在每一运输过程(运次或车次)中,所运送的货物重量称为运量,常以 t 为计量单位。

4. 周转量

物流企业的运输生产活动,是通过使用运输工具来实现货物的移动,因此运输产品的产生同时体现了两种数量:运输对象的数量和被移动距离的数量,因而运输产品的产量以复合指标"t · km"进行度量,即运量与运距的乘积来计算,它克服了单纯运量指标不能反映运距的缺陷。

5. 行程

物流车辆行驶的距离称为行程。车辆在统计期内行驶的距离即为总行程,它包括重车行程(或有载行程)和空车行程(或无载行程)两部分。其中空车行程又包括空驶行程和调空行程。空驶行程指车辆由卸载地点空驶至下一个装载地点的行程;调空行程指空车由车场(库)开往装载地点,或由最后一个卸载地点空驶回车场(库),以及空车开往加油站、维修地点进行加油、维修的行程。

二、物流运输车辆单项指标

物流运输车辆单项指标,包括车辆时间利用指标、车辆速度利用指标、车辆行程利用指标、车辆载质量利用指标 4 个方面的内容。

（一）车辆时间利用指标

以车日和车时为基础，用以反映车辆时间利用的指标主要有：完好率、工作率、总车时利用率和工作车时利用率4项。

1. 完好率 α_a

完好率是指统计期内企业营运车辆的完好车日与总车日的百分比。即

$$\alpha_a = \frac{U_a}{U} \times 100\% = \frac{U - U_n}{U} \times 100\% \tag{6-1}$$

完好率不直接影响车辆生产率，但它能说明企业进行运输生产活动时，车辆在时间利用方面可能达到的程度。在车辆技术状况及运输条件一定的情况下，车辆完好率主要取决于企业对车辆的技术管理、使用状况以及维修质量。

2. 工作率 α_d

工作率是指统计期内工作车日与总车日的百分比，反映企业总车日的实际利用程度，又称为工作车率或出车率。

$$\alpha_d = \frac{U_d}{U} \times 100\% = \frac{U - U_n - U_w}{U} \times 100\% \tag{6-2}$$

车辆工作率反映了企业营运车辆的技术状况及运输组织工作水平，它对于车辆生产率有直接的影响。要提高工作率，就必须努力消除导致车辆停驶的各种原因，才有可能使工作率维持在较高水平。

3. 总车时利用率 ρ

总车时利用率是指统计期工作车日内车辆在路线上的工作车时与总车时的百分比，用以表示平均一个工作车日的24h中，有多少时间用于出车工作，因此也称作昼夜时间利用系数，即

$$\rho = \frac{H_d}{24U_d} \times 100\% \tag{6-3}$$

对于单辆车，在一个工作车日内的总车时利用率为

$$\rho = \frac{T_d}{24} \times 100\% \tag{6-4}$$

式中：T_d——车辆一个工作车日内在路线上的工作时间，h。

延长车辆在工作车日内的出车时间可以提高总车时利用率。另外，采用适宜的运输组织形式（如实行多班制或双班制工作制度），也是提高总车时利用率和提高车辆运用效率的有效措施。

4. 工作车时利用率 δ

工作车时利用率是指统计期内车辆在路线上的行驶车时与路线上的工作车时的百分比，即统计期内车辆的纯运行时间在出车时间中所占的百分比，又称出车时间利用系数，即

$$\delta = \frac{H_t}{H_d} \times 100\% = \frac{H_d - H_s}{H_d} \times 100\% \tag{6-5}$$

提高工作车时利用率的主要途径是：最大限度地减少车辆在路线上的停歇时间，即减少装卸停歇时间、因技术故障停歇时间及因组织工作不善而造成的车辆停歇时间等。要减少上述停歇时间，所采取的措施主要是提高企业的装卸机械化水平及运输组织工作水平。

（二）车辆速度利用指标

车辆速度是指车辆单位时间内的平均行驶里程。反映车辆速度利用程度的指标有技术速度、运送速度、营运速度及平均车日行程。

1. 技术速度 v_t

技术速度是指车辆在行驶车时内实际达到的平均行驶速度，即在纯运行时间内平均每小时行驶的里程，用以表示车辆行驶的快慢。

$$v_t = \frac{L}{T_t} \tag{6-6}$$

式中：L——车辆行驶距离，km；

T_t——车辆行驶时间，h，包括与交通管理、会车等因素有关的短暂停歇时间。

影响技术速度的因素有：驾驶技术水平、车辆结构与性能、道路交通条件以及气候条件等。

在保证行车安全的前提下，尽量提高技术速度，意味着在相同的运行时间内可以行驶更多的里程，使旅客或货物移动更远的距离。但盲目地追求高技术速度，有可能造成行车事故次数的增加，使运输安全性下降，还可能造成燃料消耗的不合理增加，使运输成本提高。

2. 运送速度 v_c

运送速度是指车辆在运送时间内运送货物的平均速度，用以表示货物运送的快慢，也是评价运输服务质量的一个指标，计算公式为

$$v_c = \frac{L}{T_c} \tag{6-7}$$

式中：T_c——车辆自起点至终点到达时刻所经历的时间，h，不包括始、末点的装卸作业时间，但包括途中的各类停歇时间。

影响运送速度的主要因素有：技术速度、企业的营运组织工作水平、驾驶员的驾驶水平、途中乘客的乘车秩序及货物装卸技术水平等。

3. 营运速度 v_d

营运速度是指车辆在路线上工作时间内的平均速度，即车辆在出车时间内实际达到的平均速度，用以表示车辆在路线上工作时间内有效运转的快慢，计算公式为

$$v_d = \frac{L}{T_d} = \frac{L}{T_t + T_s} \tag{6-8}$$

式中：T_d——车辆在路线上的工作车时，h；

T_s——车辆的各类停歇时间，h，包括始、末点的装卸作业时间。

营运速度也是反映技术速度利用程度的指标。营运速度既受技术速度的限制，又受工作车时利用率的影响，三者之间的关系为

$$v_d = v_t \delta \tag{6-9}$$

影响营运速度的主要因素有：技术速度的大小、运输组织工作水平、装卸机械化水平、车辆技术状况及运输距离等。

营运速度一般比技术速度小 10% ~20%。当运输距离很长时，装卸停歇时间所占比重较小，则营运速度趋近于技术速度。

4. 平均车日行程 $\overline{L}_d$

平均车日行程 $\overline{L}_d$ 是指统计期内全部营运车辆平均每个工作车日内行驶的里程，是以车日作为时间单位计算的综合性速度指标。

$$\overline{L}_d = \frac{L}{U_d} \tag{6-10}$$

式中:L——车辆在统计期工作车日内的总行程,km。

由 $\overline{L}_d = T_d v_d = T_d \delta v_t$ 可以看出,平均车日行程指标是一个反映营运车辆在时间和速度两方面利用程度的综合性指标。延长出车时间可以提高车日行程,但在出车时间一定的条件下,应从速度方面加以考虑。影响平均车日行程的主要因素有:车辆的营运速度、车辆的工作制度及调度形式等。

(三)车辆行程利用指标

车辆的行程利用程度用里程利用率(β)表示,里程利用率指统计期内车辆的重车行程与总行程之比,用以表示车辆总行程的有效利用程度,又称行程利用系数。计算公式为

$$\beta = \frac{L_1}{L} \times 100\% = \frac{L_1}{L_1 + L_v} \times 100\% \tag{6-11}$$

式中:L_1——统计期内车辆的重车行程,km;

L——统计期内车辆的总行程,km;

L_v——统计期内车辆的空车行程,km。

影响里程利用率的主要因素有:运输任务的分布及运输工作量在一定时间内所占比重,运输过程的组织,起运地点与到达地点的分布以及所用车辆对不同运输对象的适应能力等。

提高里程利用率,是提高车辆运输工作生产率和降低运输成本的有效措施。

(四)车辆载质量利用指标

车辆载质量利用指标,是用来表示车辆载重能力有效利用程度的指标。车辆载质量利用指标主要有:静载质量、静载质量利用系数、重车载质量利用率(即吨位利用率)、实载率(即载质量利用率)、拖运率。

载质量利用率指车辆在载货行程中实际完成的周转量与额定周转量之比。其中载质量利用率又称动载质量利用率,载客量利用率又称满载率。

1. 静载质量 q

静载质量是指企业每辆营运车平均装载的货物数量。即

$$q = \frac{Q}{N} \tag{6-12}$$

式中:q——平均静载质量,t/辆;

Q——计算期内实际总载质量,t;

N——计算期内总装载车数,辆。

车辆平均静载质量的大小,直接影响到为完成一定运量所需要的车辆数,当静载质量水平提高时,完成一定运量所需车辆数就可减少,或者能以同样多的车辆数,完成更多的运量。

影响静载质量的因素很多,其中主要是车辆类型、货物性质、包装状态、装载方法、车辆调配水平等。

2. 静载质量利用系数 γ_t

静载质量利用系数表明了每一辆营运车平均每一个吨位装载货物的数量,即

$$\gamma_t = \frac{\text{平均静载质量}}{\text{营运车平均吨位}} = \frac{q}{q_0} \tag{6-13}$$

静载质量利用系数表示车辆额定载质量的利用程度,与重车行程无关。

3. 重车载质量利用率 γ

重车载质量利用率是指统计期内车辆实际完成的周转量与额定周转量之比，又称为吨位利用率。

$$\gamma = \frac{\sum P}{\sum P_0} \times 100\% = \frac{\sum (qL_1)}{\sum (q_0 L_1)} \times 100\% \tag{6-14}$$

式中：$\sum P$——统计期内所有营运车辆实际完成的周转量之和；

$\sum P_0$——重车行程载质量。

考核企业营运车辆载质量利用程度，一般都是考核全部营运车辆。因此，这种动态的重车载质量利用率应用较广。

4. 实载率 ε

实载率又称载质量利用率，是按全部营运车辆一定时期内的总行程计算的载货能力利用指标，是指车辆实际完成的周转量占其总行程载质量的百分比，用以反映总行程载质量的利用程度。实载率的计算公式为

$$\varepsilon = \frac{\sum P}{\sum P_0'} \times 100\% = \frac{\sum (qL_1)}{\sum (q_0 L)} \times 100\% \tag{6-15}$$

式中：$\sum P_0'$——总行程载质量。

总行程载质量的计算，是以每辆车的总行程分别乘以其额定载质量，加总求得的。

实载率是反映车辆在行程利用和载质量利用方面的一个综合性指标。要提高实载率，一方面要努力提高重车载质量利用率，另一方面要减少车辆空车行程，提高里程利用率。

5. 拖运率 θ

拖运率是指挂车完成的周转量与主、挂车合计完成的总周转量的百分比。拖运率反映了拖挂运输的开展情况以及挂车的载质量利用程度，其计算公式为

$$\theta = \frac{\sum P_t}{\sum P_m + \sum P_t} \times 100\% \tag{6-16}$$

式中：$\sum P_t$——统计期内挂车完成的周转量，t·km；

$\sum P_m$——统计期内主车完成的周转量，t·km。

影响拖运率的主要因素有：汽车与挂车性能、驾驶技术水平、道路条件以及运输组织工作水平等。

在一定的货源、道路、现场等条件下，拖运率水平的高低，与运输组织水平、汽车与挂车的性能、车辆配备及构成以及运输法规等密切相关。开展拖挂运输，是提高运输效率和降低运输成本的一个有效途径。

三、物流运输车辆综合指标

物流运输车辆综合指标主要是车辆运输生产率。车辆运输生产率是物流企业反映营运车辆运用效率的综合指标，分析影响车辆生产率的因素，掌握车辆运用效率指标，对提高车辆生产率有着重要的意义。

物流车辆生产率是指单位时间（年、季、月、日）内，单位车辆所完成的运输工作量。物流车辆生产率一般按周转量计算，需要时也可以按运量（t）计算，也可以用营运汽车的单位载运能力表示，即营运汽车的每个吨位，在单位时间（年、季、月、日）内所完成的运输周转量（t·km）。表示车辆生产率的主要指标有单车期产量、车吨期产量、车公里产量等。

(一)单车期(年、季、月、日)产量 W_{pt}

单车期产量就是统计期内平均每辆车所完成的货物周转量。按照计算的时间单位不同，单车期产量指标包括单车年产量、单车季产量、单车月产量、单车日产量等多个指标。

1. 按周转量和平均车数计算的单车期产量

计算公式为

$$W_{pt} = \frac{\sum P}{A} \tag{6-17}$$

式中：$\sum P$——统计期全部营运车辆实际完成的货物周转量；

A——同期平均营运车数，一般来说，企业拥有的营运车数是经常变动的(新增车辆或报废车辆)。因此，平均营运车数应按“计算期总车日数 ÷ 计算期日历天数”计算。

2. 按车辆运用效率指标计算

计算公式为

$$W_{pt} = \frac{D\alpha_d L_d \beta q_0 \gamma}{1 - \theta} \tag{6-18}$$

式中符号意义同前。

(二)车吨期(年、季、月、日)产量 W'_{pt}

车吨期产量是指一辆营运货车的一个额定吨位在一定时期内(年、季、月、日)所完成的换算周转量。也分车吨年产量、车吨季产量、车吨月产量及车吨日产量多个指标。

用车吨期产量指标反映和比较车辆生产率时，可以消除不同车辆额定吨位不同的影响。其中车吨日产量指标，在反映和比较不同单位或不同时期的车辆生产率时，既可消除车辆不同吨位的影响，也可消除计算期日历天数可能不一致的影响。因此，车吨日产量，是反映车辆生产率最理想的指标。它可以比较准确地反映物流企业运输生产组织工作的质量和水平。

车吨位期产量的计算方法有两种。

1. 按周转量与平均总吨位计算

$$W'_{pt} = \frac{\sum P}{N} \tag{6-19}$$

式中：$\sum P$——统计期内全部营运车辆实际完成的周转量之和，t · km；

N——平均总吨位，是指统计期内平均每天在用营运车辆的总吨位数。

2. 按车辆各项运用效率指标计算

$$W'_{pt} = \frac{D\alpha_d L_d \beta \gamma}{1 - \theta} \tag{6-20}$$

式中符号意义同前。

(三)车公里产量 W_{pk}

车公里产量是指统计期内车辆平均每行驶 1km 所完成的周转量，可按两个公式计算。

1. 按周转量和总行程计算

$$W_{pk} = \frac{\sum P}{L} \tag{6-21}$$

式中：L——统计期全部车辆的总行程，km，可以根据每辆营运车累计，也可以按 $L = AD\alpha_d L_d$ 计算。

2. 按有关车辆运用效率指标计算

$$W_{pk} = \frac{\beta q_0 \gamma}{1 - \theta} \tag{6-22}$$

式中符号意义同前。

第三节　物流运输生产计划

物流运输生产计划是物流企业合理组织运输工具、使运输过程合理化的重要依据，它是物流企业经营计划的主体和核心，是实施生产的纲领性文件，编制质量良好的运输生产计划，对于多、快、好、省地完成物流运输任务具有重要的意义。

一、物流运输生产计划的分类

物流运输生产计划按不同的划分标准可有不同的分类方法，在此主要按计划的时间和物流运输方式两种划分标准对其进行划分。

1. 按计划期的长短划分

物流运输生产计划按计划期长短可分为长期计划、中期计划（一般指五年计划）、年度计划、季度计划和月度计划。

长期计划和中期计划规定物流运输的发展水平和战略目标。年度计划是实现长期计划、中期计划的分年实施计划，反映社会经济年度发展对物流运输的需要。年度运输生产计划提出的货运量、货运周转量和货物吞吐量是编制其他各项年度计划和安排物流企业人力、物力、财力的基本依据。季度计划是实施年度计划的阶段计划。月度计划是进行运输生产的基本作业计划。

2. 按物流运输方式划分

按运输方式，可分为公路运输生产计划、铁路运输生产计划、水路运输生产计划、航空运输和管道运输生产计划，各种运输方式的货物运输生产计划构成及相应的名称不同，因此，其具体的计划内容也不相同。

二、物流运输生产计划的内容

（一）公路运输生产计划

公路运输生产计划，即汽车运输生产计划，它是物流企业生产、技术、财务计划的主体。它是从公路货物运输的需要出发，在充分利用企业现有运力的基础上编制的，是编制和实现其他计划的依据和基础，其目的是为了对物流运输生产的五个环节（即货源的组织落实、准备技术状况完好的车辆、在运输起点装货、车辆承载在线路上行驶、在到达地点卸货）作出合理的安排，使各个环节紧密相扣、协调一致。

公路运输生产计划包括三部分内容：一是计划期内的货物运输量计划；二是计划期内企业根据可能拥有的载货汽车和载货挂车数编制车辆计划；三是根据应完成的货物运输量计划、车辆计划、运输条件等所作的车辆运用计划。

1. 运输量计划

运输量计划是物流企业的运输产品产量计划，表明企业在计划期内将要完成的货物运输量(运量及周转量)及其构成状况。表6-2是物流企业年度分季运输量计划的内容。不同物流企业由于其生产经营的特点不同,服务项目及重点不同,可以在表6-2的基础上,有所变动,列出其运输量计划的具体内容。

运 输 量 计 划 表6-2

指　　标	单位	全年合计	第一季度	第二季度	第三季度	第四季度
货运量	t					
其中:零担货物	t					
合同货物	t					
集装箱货物	箱/t					
特种货物	t					
货物周转量	t·km					
其中:零担货物	t·km					
合同货物	t·km					
集装箱货物	t·km					
特种货物	t·km					

2. 车辆计划

车辆计划是企业计划期内运输能力计划,主要反映企业在计划期内的平均运力,营运车辆类型及车辆数量增减变化情况,是衡量企业运输生产能力大小的重要指标。车辆计划的内容如表6-3所示。

车 辆 计 划 表6-3

类别	额定吨位	年初		增(+)或减(-)			年末		全年平均	
		车数	吨位	季度	车数	吨位	车数	吨位	车数	吨位
1. 货车										
大型货车										
中型货车										
零担货车										
集装箱车										
牵引车										
2. 挂车										
全挂车										
半挂车										

(1)确定车辆数

$$\text{平均车辆数}\ A=\frac{\text{计划期总车日数}}{\text{计划期日历日数}} \tag{6-23}$$

编制车辆计划时,要考虑原有车辆哪些类型的车辆多余,哪些类型的车辆不足,最后确定其应该增减的数量。

(2)确定车辆增减时间

增减车辆的时间通常采用"季中值"法确定,即不论车辆是季初还是季末投入或退出营运,车日增减计算均以每季中间的那天算起。这是因为在编制计划时很难预定车辆增减的具体月份和日期。为简化计算工作,可采用表6-4所列近似值作为计算各季度车辆增加后或减少前在企业内的保有日数。

增减车辆季中计算日数 表6-4

项　　次	第一季度	第二季度	第三季度	第四季度
增加后计算日(d)	320	230	140	45
减少前计算日(d)	45	140	230	320

3. 车辆运用计划

车辆运用计划是货运企业在计划期内全部营运车辆生产能力利用程度的计划，它是根据运输量计划、车辆计划来确定的，是平衡运力与运量的主要依据之一，同时也是企业生产经营计划、技术计划、财务计划和核算的重要组成部分。

车辆运用计划由一套完整的车辆运用效率指标体系所组成。通过这些指标的计算，最后可以求出车辆的计划运输生产效率。车辆运用计划见表6-5。

车辆运用计划表 表6-5

指　　标		上年度预计完成	本年度计划					本年度计划与上年度预计比较
			全年合计	第一季度	第二季度	第三季度	第四季度	
主车	平均营运车数							
	平均总吨位							
	平均吨位							
	车辆完好率							
	车辆工作率							
	工作车日数							
	营运速度							
	平均每日出车时间							
	平均车日行程							
	总行程							
	行程利用率							
	有载行程							
	有载行程载质量							
	吨位利用率							
	货物周转量							
挂车	拖运率							
	货物周转量							
汽车挂车综合	货物周转量							
	平均运距							
	货运量							
	单车期产量							
	车吨位期产量							

（二）铁路运输生产计划

铁路运输生产计划包括安排货源货流组织的铁路运输生产货运计划和安排货车等运输设备运用的铁路运输生产技术计划两部分。铁路运输生产计划既是年度计划在计划周期的具体安排，又是组织日常运输生产活动的依据。编制铁路货物运输计划的目的在于经济合理地统筹安排各种货物的运输。

1.铁路运输生产货运计划

铁路运输生产货运计划的基本任务是：充分发挥铁路运输设备效能，正确安排各种货运量，完成铁路年度运输任务，最大限度地满足国民经济发展和市场需求。

（1）货运计划的构成

铁路运输生产货运计划的构成如图6-8所示，铁路部门首先要根据对货物运输需求的预测情况，制订铁路年度货运计划和月度货运计划，以合理组织均衡运输、直达运输和成组装车。然后根据年度货物运输计划制订列车编组计划，并进一步制订列车运行图、车站工作细则等。再根据月度货运计划制订铁路运输设备运用的技术计划、月旬运输方案及日常工作计划等。

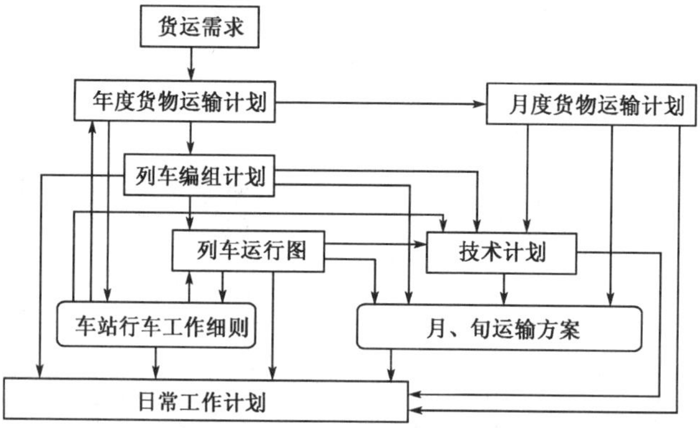

图6-8　铁路货运生产计划构成及其相互关系

（2）货运计划的编制

铁路货运计划的编制是根据运输需求而进行的。一般托运人可根据自己的运输要求，随时向铁路计算机联网点提报任何时限的要车申请。大宗稳定货源可根据生产情况提出均衡运量安排意见；政令限制货物，可通过网络传输方式提报。铁路各计算机联网点应随时受理托运人提出的要车申请，货运计划人员及时核实要车申请的填报内容及货源情况，并将其传输到铁路局数据库。铁道部根据运输能力、同其实际和运输任务完成情况及各项客观因素，定时下达各局下一计划周期的货运任务和运输生产技术指标。铁路局在核定货源的基础上，根据货源货流等具体情况，生成完整的货运计划各项指标。联网站根据上级批准同意的要车申请内容，根据车站作业能力，考虑各项客观因素后，与货主签订运输服务合同。

根据货运计划可确定铁路运输量计划，主要包括货物发送吨位数、装车数、货物到达吨位数、卸车数、货物周转量及货物平均运程等。

2.铁路运输生产技术计划

铁路运输生产技术计划是为了完成铁路运输生产货运计划而制定的机车车辆运用计划。机车车辆的活动是形成运输生产活动动态性质的重要因素，为了对动态的运输生产过程进行控制，必须研究其相关的运输指标。其中有七个主要的运输指标，即运输量、货物发送量、接运量、交出量、到达量、周转量、货物平均运程。

货物运输量表示一个铁路运输部门的工作任务量，是一个重要指标。对于全国铁路来说，货物运输量是指全路所有车站计划期内发送货物或到达货物的总吨数。对于铁路局来说，由于有分界站划分，其运输量为发送量与接运量之和，或到达量与交出量之和。

货物发送量是指计划期内各站货物的承运装车吨数、国外铁路过轨接入吨数和其他运输方式换装接入吨数的总和。货物到达量是指计划期内各站到达卸车的货物吨数、向国外铁路交出货物吨数和向其他运输方式换装交出货物吨数的总和。货物接运量与货物交出量，亦称接入货物吨数和交出货物吨数，均是指统一的铁路网内部各铁路局之间在分界站交接的货物数量。

根据各铁路局办理货物运输作业的范围和性质，货运量又可分为 4 种运输：管内运输——由本局发送，到达本局的货物；输出运输——由本局发送，到达外局的货物；输入运输——由外局发送，到达本局的货物；通过运输——由外局发送，经由本局到达外局的货物。4 种运输与接、交运量的关系如图 6-9 所示。

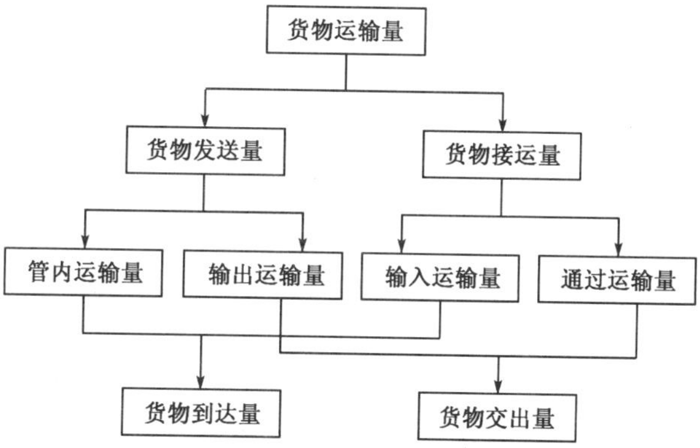

图 6-9　铁路 4 种运输与接、交运量的关系图

货物平均运程，为计划期间平均每吨货物运输的距离。它不仅影响运输工作量的大小、运输收入的多少，而且能反映出国民经济产业结构、工业布局的变化，因此平均运程对编制货物运输计划十分重要。

货物周转量，可以喻为铁路将一定数量的货物运送一定距离所做的功。铁路部门完成货物运输任务同时与两个因素有关，一是与运送的货物数量有关，数量越大，铁路付出的劳动消耗就越大；二是与所运送距离有关，距离越长，付出的劳动消耗也就越大。货物周转量正是同时考虑了这两个因素的综合体，是最能反映铁路货物运输工作量和运输收入的综合指标。货物周转量等于货物运输吨数与相应货物平均运程的乘积，以 t · km 为单位。

（三）水路运输生产计划

水路运输生产计划主要是船舶工作计划，它是航运企业运输生产计划的重要组成部分，是根据企业年、季运输生产计划及船舶运行组织方法所作的近期运输工作安排。

船舶工作计划包括船舶增减计划和船舶工作技术指标计划。

船舶增减计划主要反映计划年度船舶的增加、减少和参加营运的船舶数量，它是确定计划年度船舶运输能力的基础。因此，它实际上是船舶保有量计划，也称为船舶平衡表。船舶增减计划按照运输船舶类型编制，分为客货船、货船、油船、拖船和驳船五大类。这五大类船舶的资料是通过船名录取得的。在船名录中，不仅包括五大类的运输船舶，还包括港作船、供应船、交通船等非运输船舶。船名录详细记录了每艘船舶的名称和主要营运参数，如建造年限、主要尺度、载质量、舱容、吃水、主机功率、航速等。旧船退役和新船投产，在船名录中均有反映。船舶的载质量、载客量、功率是在船舶投入营运时由船检部门确定的。在船舶检修或专门性的查定以后，上述营运参数可能发生变化，如有变化，船名录中也应有记载。

船舶增减计划中五大类船舶的数量用在册数、实有数和平均数三个指标反映。

在册数是指企业所有列入船名录的运输船舶，包括可用和不可用的全部船舶数量。

实有数是指企业在计划年度某一时点所实有的船舶数。计算单位因船舶类型而异：客货船为艘数、载质量、载客量；货船与油船为艘数、载质量；拖(推)船为艘数与功率数(kW)；驳船为艘数、载质量。计划年度末船舶实有数计算公式为：

计划年度末船舶实有数 = 计划年初船舶实有数 + 计划年中船舶增加数 - 计划年中船舶减少数

平均数是指企业在计划年度内平均每天所保有的使用船舶数。计算平均数须将时间因素考虑在内，即根据每艘船的计量单位(t·kW)和它的在册实际天数相乘，再按日历天数进行平均计算。其公式为

$$\text{计划年度平均船舶数(t、kW)} = \frac{\sum \text{每艘船舶吨位(或功率数)} \times \text{在册天数}}{\text{计划年度日历天数}}$$

船舶工作技术经济指标计划是为了确定计划年度各类船舶的效率，即船舶每吨天生产量或船舶每吨年生产量等综合指际。确定船舶工作技术经济指标有两种方法：一种方法是，首先分船舶类型确定计划年度的营运率、航行率、平均航行速度、载质量利用率或每马力工作效率等指标达到的水平，然后计算船舶每吨天生产量和船舶每吨年生产量指标。这种方法主要是以报告年度各类船舶的各项技术经济指标的水平为基础，考虑计划年度修船计划、货流变化和船舶的航线配置等情况，确定各项指标可能变动的幅度和预期达到的水平。另一种方法是，以计划年度分船计划为基础，分别计算出船舶吨公里(海里)、船舶总吨天、营运吨天等指标，再根据这些指标和分路的货物周转量计划指标，计算各类船舶的营运率、航行率、平均航行速度、载质量利用率或每马力工作效率，进而计算船舶每吨天生产量和船舶每吨年生产量指标。

(四)航空运输生产计划

在物流运输中，航空运输快速、高效，时间性强，机动性好，但运价较高、运量小，为了保证托运人的方便性及企业的经济性，做好航空运输计划是首要的工作。综合平衡有关因素，对未来时期航空货物、邮件运输所做的数量安排和工作布置，即称为航空运输生产计划。它是统一组织航空运输经济活动(包括飞机购置、资金筹措、人员培训、机场建设、勤务保障等)的主要依据，也是合理安排国际、国内运输的依据，是国家(地区)交通运输计划的组成部分。科学地编制航空运输生产计划，对于合理组织生产和提高企业计划工作质量，有着十分重要的意义。

航空运输生产过程由地面的运输生产组织、飞行组织保障和指挥调度等工作与空中的运输飞行两大部分组成。地面工作与空中飞行各有特点又互相联系，构成一个完整的航空运输生产过程。航空运输生产的这种构成情况，决定了航空运输生产计划的主要组成部分，即航线运输生产计划、航站发运量计划、航空运输生产综合计划、航班计划。

1.航线运输生产计划

航线运输生产计划是按航线规定空中运输飞行主要任务的计划，主要指标有飞行班次、飞行时间、运输量、周转量、小时生产率、航线载运比率等。

2. 航站发运量计划

航站发运量计划是规定地面工作主要任务量的计划。一条航线连接两个或几个机场，所以，航线的运输量实际上是由相关航站组织销售，即相关航站的客货运量构成了航线运量，因此航线计划和航站计划是相辅相成的。航站计划的主要指标有发运量、发运收入、航站载运率（出港载运率）等。

3. 航空运输生产综合计划

航空运输生产综合计划是规定航空运输生产全过程的主要任务量的计划，它是航站计划和航线计划的综合反映，主要指标有飞行时间、运输量、总周转量、发运量、发运收入等。

4. 航班计划

航班计划是规定航空运输正班飞行的航线、机型、班次和班期、时刻的计划，它是航空运输生产计划的实施计划，也是组织日常航空运输生产活动的重要依据。

航空运输生产计划的这四部分内容之间是互相联系、互相依存的，各项计划之间必须互相适应，衔接平衡。其关系如图 6-10 所示。

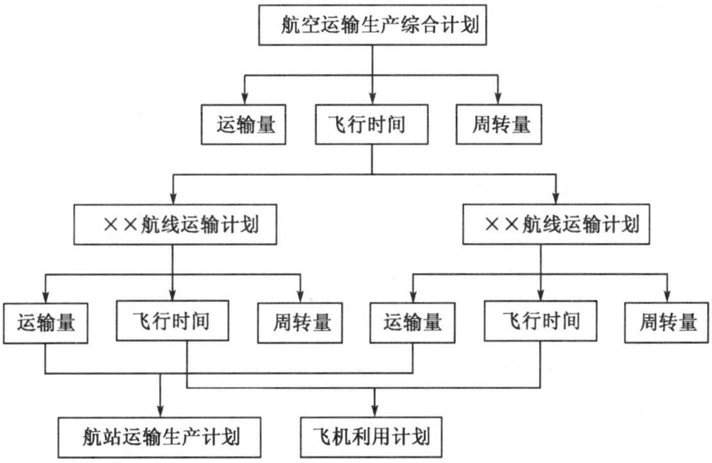

图 6-10　航空运输计划与其他计划关系图

(五)管道运输生产计划

管道运输生产计划也称为管道输送计划，先编制管道输送的年度计划，再根据年度计划安排输送的月度计划、批次计划、周期计划等。然后根据这些计划安排管道全线的运行计划，编制管道站、库的输入和输出计划，以及分输和配气计划等。

管道运输是随着石油生产的发展而出现的一种特殊运输方式。因此，管道运输生产计划主要包括原油管道输送生产计划和成品油管道运输生产计划等。

1. 原油管道输送生产计划

目前我国绝大多数长距离原油管道由中国石油天然气集团公司下属的中国石油天然气管道局及中国石油化工集团公司下属的管道储运公司管理，国家依据国民经济的总体发展需要制订宏观的年原油生产计划，集团公司根据各油田的产量及下游企业的情况制订年度、季度及月度管道输油计划，管道企业依据计划与原油承接方——炼厂及化工厂等签订供货合同并制订输油方案组织输送。

2. 成品油管道运输的生产计划

成品油管道一般是按旬或按周编制油品批量输送计划，其内容包括以下 3 个方面。

(1)全线总输送计划：包括首站、各中间站及末站的进出油批量、到达日期、管道流量变动等时间表，依时间顺序指明全线各站应进行的作业。

(2)各站输送计划：把全线总输送计划分解为各站的输送计划，制定出各站的作业时间表。

(3)批量输送计划：对某一批量油品，标明其输进管道的时间与数量、在沿线各处的分输时间与数量以及到达终点的分输时间与剩余量。

第四节 物流运输系统优化

物流运输系统优化就是对物流运输系统进行合理化，是指从物流系统的总体目标出发，运用系统的理论和方法，充分利用各种运输方式的优点，选择合理的运输路线和运输工具，以最短的路径、最少的环节、最快的速度和最小的费用，组织好货物的运输活动，避免不合理运输情况和次优化现象的出现。

一、影响物流运输优化的因素

1. 运输费用

运输费用是两个地理位置间运输所花费的总费用。它在全部物流费用中占很大比例，是衡量物流经济效益的重要指标，也是组织合理运输的主要目的之一。

2. 运输时间

运输时间是指从货源地发货到目的地接收货物之间的时间。运输是物流过程中需要花费较多时间的环节，尤其是远程运输，在全部物流时间中，运输时间占绝大部分，因而运输时间的缩短对整个流通时间的缩短具有决定性作用。

3. 运输距离

运输距离是指从运输起点到终点之间的距离。运输距离长短是运输是否合理的一个最基本因素。因此，物流公司在组织货物运输时，首先要考虑运输距离，尽可能实现运输路径优化。

4. 运输工具

运输工具是进行运输时所采取的载运车辆。各种运输工具都有其使用的优势领域，对运输工具进行优化选择，要根据不同的货物特点，分别选用不同的运输工具，最大限度地发挥所用运输工具的作用。

5. 运输环节

运输环节是进行运输时所经过的直达、转运等环节。减少运输环节，尤其是同类运输工具的运输环节，对合理运输有促进作用。

二、不合理运输形式

不合理运输是在现有条件下可以达到的运输水平而未达到，从而造成了运力浪费、运输时间增加、运费超支等问题的运输形式。不合理运输从方向、距离、运量、运力选择等方面可以归纳为以下几种。

1. 对流运输

对流运输是指同一种货物或两种能够相互代用的货物，在同一运输线或平行线上，作相对方向的运输，与相对方向路线的全部或一部分发生对流。对流运输又分两种情况：一是明显的对流运输，即在同一运输线上对流。如一方面把甲地的货物运往乙地，而另一方面又把乙地同样的货物运往甲地。二是隐蔽性的对流运输，即将同种货物采用不同的运输方式在平行的两条路线上，朝着相反的方向运输。

2. 返程或起程空驶

空车无载行驶，可以说是不合理运输最严重的形式。在实际运输组织中，有时候必须调运空车，从管理上不能将其看成不合理运输。但是，因调运不当，货源计划不周，或由于车辆过分专用，无法搭运回程货，只能单程使车，从而形成空驶，是不合理运输的表现。

3. 迂回运输

迂回运输是指货物运输舍近求远绕道而行的现象。指可以选取短距离进行运输而不选，却选择路程较长路线进行运输的一种不合理形式。迂回运输有一定复杂性，不能简单判断，只有当物流过程中的运输计划不同、运输组织不善或调运差错而发生的迂回，才属于不合理运输，如果最短距离有交通阻塞、道路情况不好或有对噪声、排气等特殊限制而不能使用时发生的迂回，不属于不合理运输。

4. 过远运输

过远运输是指调运货物舍近求远，即近处有资源不调运而从远处调运。过远运输拉长了货物运距，从而造成了运输浪费现象。过远运输占用运力时间长、运输工具周转慢、货物占压资金时间长，远距离自然条件相差大，又易出现货损，增加了费用支出。

迂回运输和过远运输都是拉长距离、浪费运力的不合理运输，两者的区别在于，迂回运输是因为运输线路的选择错误延长了运输距离，而过远运输是因为商品或物资供应地舍近求远的选择延长了运输距离。

5. 倒流运输

倒流运输指货物从销售地或中转地向产地或起运地回流运输的一种现象。其不合理程度更甚于对流运输，原因在于往返两地的运输都是不必要的，形成了双程的浪费。倒流运输也可以看成隐蔽的对流运输形式。

6. 重复运输

重复运输主要有两种形式，一种是本来可以直接将货物运到目的地，但在未到达目的地时，或在目的地以外的地方将货物卸下，再重复装运送达目的地的运输形式。重复运输另一种形式是，同品种货物在同一地点一边运进，又一边运出。重复运输最大的不合理之处在于增加了不必要的中间环节，从而延缓了流通速度，增加了运输费用和货物损坏的概率。

7. 运力选择不当

未考虑各种运输工具优势，从而不正确地选择运输工具造成的不合理现象，有以下几种常见形式。

(1)弃水走陆

在同时可以利用水运及陆运时，不利用成本较低的水运或水陆联运，而选择成本较高的铁路运输或汽车运输，使水运优势不能发挥出来。

(2)铁路、大型船舶的过近运输

指违反运输经济性原则，在不是火车、大型船舶经济运输里程的范围内利用这些运输工具进行运输的不合理做法。火车及大型船舶起运及到达目的地的准备、装卸时间长，机动性和灵活性不足，在过近距离中，不仅发挥不了其速度优势，反而由于装卸时间过长，会延长运输时间。另外，和小型运输设备相比，火车及大型船舶的装卸难度大、费用高。

(3)运输工具承载能力选择不当

不根据承运货物数量及质量选择运输工具，造成超载、损坏车辆及车辆不能满载、浪费运力的问题，形成事故隐患。

8. 托运方式选择不当

对于货主而言，可以选择最好的托运方式而未选择，造成运力浪费及费用支出加大也是一种不合理运输。比如，应该选择整车运输而未选择，却采取了零担托运；应当采用直达运输却选择了中转运输；应当中转运输而选择了直达运输等，这些都属于托运方式选择不当。

在实际中，某一项运输是否合理必须在物流系统中做综合判断，如从单一角度看，避免了不合理，但却可能会给其他物流环节带来不合理，即物流各环节的“效益背反”现象，因此必须分析其具体情况，从系统角度出发，进行综合判断。

物流运输优化就是避免不合理运输的出现，因为不合理运输是对运力的浪费，会造成运输费用不必要的增加，从而使运输费用与服务失衡。因此对物流运输系统进行优化必须包括的主要内容有：物流运输方式的选择；货物运输调配决策；物流运输线路选择；物流运输承运商的选择等。

三、运输方式的选择

合理选择运输方式是保证运输质量、提高运输效益的一个重要方面。各种运输方式都有其特点，不同的货物对运输活动的要求也不完全相同；当同时存在多种运输方式时，就需要对运输方式进行选择。选择运输方式是一个非程序化决策问题，要制定一个统一规定的标准是困难的，只能在组织货物运输时，按照一定的原则，因地制宜地进行。

(一)运输方式选择的原则

评价运输活动的优劣，通常是用经济性、安全性、及时性、准确性和便利性五项标准来衡量，这也是运输合理化所要实现的目标，因此，也可作为选择运输方式的基本原则。

1. 经济性原则

运输的经济性，主要指运输需求者获得运输服务所支付的运输费用要小。经济性原则要求选择运输方式时，在其他原则允许的条件下从运输费用角度来考虑。运输费用是影响物流系统经济效益的一项主要因素，因此按经济性原则选择运输方式是遵循的主要原则。

2. 安全性原则

运输的安全性是首要的原则，包括运送对象的安全和车辆运行的交通安全。为了保证运输安全，首先应了解被运货物的特性，如重量、体积、贵重程度、内部结构以及其他物理化学性质(易碎、易燃、危险等)，然后选择安全可靠的运输方式。

3. 及时性原则

运输的及时性要求运输能够及时派车起运，并迅速运达。运输的及时性是由运输速度和可靠性决定的。运输速度的快慢和到货及时与否不仅决定着货物的周转速度，而且对社会再生产的顺利进行影响重大。因此，应根据客户的急需程度选择合适的运输方式。

4. 准确性原则

运输的准确性是指运输服务的准时、正确、无差错等。货物运输的准确性在很大程度上取决于发送和接收环节,但与运输方式也有一定的关系。汽车运输可做到"门到门"运输,中转环节少,不易发生货损货差;铁路运输受客观环境因素影响小,容易做到准时准点到货。

5. 便利性原则

便利性主要是指托运人办理托运手续简便、迅速、环节少,得到的服务周到等。

根据上述原则选择运输方式,实际上是一个多目标决策问题。上述目标之间存在"效益背反"现象,例如,运输成本与运输速度、准确性之间就是矛盾的。具体决策时,应该在保证运输安全的前提下,权衡运输速度和运输费用。

(二)运输方式选择的方法

在各种运输方式中,选择适当的运输方式是进行物流运输系统优化的重要问题。运输方式的选择,需要根据运输环境、运输服务的目标要求,对单一运输方式和多式联运分别进行。

1. 单一运输方式的选择方法

单一运输方式的选择就是选择一种运输方式提供运输服务。公路、铁路、水路、航空和管道五种基本运输方式各有自身的优点与不足,可以根据五种基本运输方式的优势、特点,结合运输需求进行恰当的选择。由于管道运输的专用性,在运输方式选择中一般不予以考虑。

运输方式的选择应满足运输的基本要求。由于运输对象、运输距离和货主对运输时限要求不一样,对经济性、安全性、及时性、准确性和便利性的要求程度也不同,因此可采取综合评价的方法来进行运输方式的确定。

首先确定运输方式的评价因素集,用 F_1、F_2、F_3、F_4、F_5 分别表示运输方式的经济性、安全性、及时性、准确性和便利性值,且各因素对运输方式选择具有同等重要性,则运输方式的综合评价值 F 为

$$F = F_1 + F_2 + F_3 + F_4 + F_5$$

但是,由于货物的形状、价格、交货日期、运输批量和收货单位的不同,使得这些运输方式的评价指标也不同。因此在进行比较之前,必须对各个评价指标赋予不同的权重系数来加以区别。假设这 5 个评价指标的权数分别为:α_1、α_2、α_3、α_4、α_5,且有 $\alpha_1 + \alpha_2 + \alpha_3 + \alpha_4 + \alpha_5 = 1$。

经济性(F_1):主要表现为费用(运输费、装卸费、包装费、管理费等)的节省。在运输过程中,总费用支出越小,则经济性越好。其重要度即权重系数 α_1。

安全性(F_2):安全程度通常指货物的完整程度,用货物的破损率表示,破损率越小,安全性越好。其权重系数为 α_2。

及时性(F_3):指货物从发货地到收货地所需要的时间,即货物在途时间,其时间越小,及时性越好。其权重系数为 α_3。

准确性(F_4):指货物送达的准时、正确程度,用货物送达的准确率或无差错率来表示,准确率越高,准确性越好。其权重系数为 α_4。

便利性(F_5):各种运输方式的便利性的定量计算比较困难,涉及的因素很多,如换装次数、办理手续的方便与时间等。为简化计算,在一般情况下,可以近似利用发货人所在地至装车(船、飞机)地之间的距离来表示。距离越近,便利性越好。其权重系数为 α_5。

则运输方式的综合评价值 F 可表示为

$$F = \alpha_1 F_1 + \alpha_2 F_2 + \alpha_3 F_3 + \alpha_4 F_4 + \alpha_5 F_5$$

现在可供选择的运输方式 I 有 4 种，即：火车（T）、汽车（M）、轮船（V）、飞机（A），那么它们综合评价值用 $F(I)$ 来表示，则有

$$F(I) = \alpha_1 F_1(I) + \alpha_2 F_2(I) + \alpha_3 F_3(I) + \alpha_4 F_4(I) + \alpha_5 F_5(I)$$

其中，评价值最大者为选择对象。

就目前而言，还没有行之有效的方法来量化 F_1、F_2、F_3、F_4、F_5 和 α，这里采用相关因素进行量化。以经济性 F_1 的量化为例：

运输方式的经济性是由运费、包装费、保险费、装卸费等有关运输费用的合计数来表示的。费用越高，运输方式的经济性就越差。设各运输方式所需成本分别为 $C(T)$、$C(M)$、$C(V)$、$C(A)$，则其平均值为

$$C = \frac{C(T) + C(M) + C(V) + C(A)}{4}$$

因此，四种运输方式经济性的相对值分别为

$$F_1(T) = \frac{C(T)}{C}, F_1(M) = \frac{C(M)}{C}, F_1(V) = \frac{C(V)}{C}, F_1(A) = \frac{C(A)}{C}$$

其他的量化方法与经济性的量化类似，各种经济性的相对值如表 6-6 所示。

各种评价因素的相对值 表 6-6

评价因素	经济性	安全性	及时性	准确性	便利性
量化相对值	$F_1(I) = \frac{C(I)}{C}$	$F_2(I) = \frac{H(I)}{H}$	$F_3(I) = \frac{D(I)}{D}$	$F_4(I) = \frac{E(I)}{E}$	$F_5(I) = \frac{V(I)}{V}$

在上面的 5 项指标中有 4 项与目标追求是相反的，即费用越高，经济性越差；破损率越高，安全性越差；所需时间越长，及时性越低；发送货之间距离越长，便利性越差。只有第 4 项与目标追求是一致的，即准确率越高，准确性越好，是正向的。为了使各项指标在量上与追求的目标一致，将反向变化的 4 项指标取负值，这样就可以统一评价标尺。根据以上讨论，得出运输方式的综合评价值为

$$F(I) = -\alpha_1 \frac{C(I)}{C} - \alpha_2 \frac{H(I)}{H} - \alpha_3 \frac{D(I)}{D} + \alpha_4 \frac{E(I)}{E} - \alpha_5 \frac{V(I)}{V}$$

除以上的综合评价法外，层次分析法对于考虑多因素情况下不同运输方式的选择也是非常好的一种方法。

2. 多式联运的选择方法

多式联运中运输方式的选择就是选择两种以上的运输方式联合起来提供运输服务。在实际运输中，铁路与公路联运、公路或铁路与水路联运、航空与公路联运等方式运用较为广泛。多式联运是现代物流系统中竞争协作的最佳方式，它为门到门运输提供了一条极为有效的途径，具有显著的优越性。

在联合运输模式下，运输成本由多部分组成，一般包括不同运输方式的运输费、转运处的装卸费等，当选择不同的联合运输方式时，具体费用也会不同。以公路运输和联合运输比较为例，当运输距离在一定范围内，采用单一的公路运输成本较低；当运输距离超过一定范围时，运用联合运输的运输成本要比公路运输低。

(1)多式联运数学模型

假设某一企业将一批货物从中心地点 O 运送到目的地 D，中途经过 n 个城市，任意相邻的两

个城市之间都有 g 种运输方式可供选择,相邻的两个城市之间各种运输方式的运输时间、费用、运输能力不同。当从一种运输方式转换到另一种运输方式时,需要一定的中转时间和中转费用,而且在整个运输过程中的总时间不能超过运输期限 T。对于特殊的货物,还要考虑其换装的可能性。在综合上述各种因素之后,确定最佳的多式联运运输组合方式,使得总运费最小。

模型假设运量在某一城市之间不能分割,即在两个城市之间,只能选择一种运输方式。

$$Z = \min\left[\alpha_1\left(\sum_{i\in I}\sum_{k\in J}C_{i,i+1}^{k}x_{i,i+1}^{k} + \sum_{i\in I}\sum_{k\in J}\sum_{l\in J}d_i^{kl}\gamma_i^{kl}\right) + \alpha_2\left(\sum_{i\in I}\sum_{k\in J}t_{i,i+1}^{k}x_{i,i+1}^{k} + \sum_{i\in I}\sum_{k\in J}\sum_{l\in J}a_i^{kl}\gamma_i^{kl}\right)\right]$$

$$s.t.\begin{cases}\sum_{k\in J}x_{i,i+1}^{k} = 1 \quad (\forall i\in I)\\ \sum_{k\in J}\sum_{l\in J}r_i^{kl} = 1 \quad (\forall i\in I)\\ x_{i-1,i}^{k} + x_{i,i+1}^{l} \geqslant 2\gamma_i^{kl} \quad (\forall i\in I,k\in J,l\in J)\\ \sum_{i\in I}\sum_{k\in J}t_{i,i+1}^{k}x_{i,i+1}^{k} + \sum_{i\in I}\sum_{k\in J}\sum_{l\in J}\alpha_i^{kl}\gamma_i^{kl} \leqslant T\\ q\leqslant f_{i,i+1}^{k} \quad (\forall i\in I,k\in J)\\ x_{i,i+1}^{k},\gamma_i^{kl}\in\{0,1\};\forall i\in I,k\in J,l\in J\end{cases}$$

式中:$x_{i,i+1}^{k} = \begin{cases}1,\text{从节点 } i \text{ 到节点 } i+1 \text{ 之间选择第 } k \text{ 种运输方式}\\ 0,\text{选择其他运输方式}\end{cases}$;

$\gamma_i^{kl} = \begin{cases}1,\text{在节点 } i \text{ 由第 } k \text{ 种运输方式转换为第 } l \text{ 种运输方式}\\ 0,\text{不发生运输方式转换}\end{cases}$;

α_1——运输费用的权重系数;

α_2——运输时间的权重系数;

$C_{i,i+1}^{k}$——从节点 i 到节点 $i+1$ 选择第 k 种运输方式的运输成本;

$f_{i,i+1}^{k}$——从节点 i 到节点 $i+1$ 选择第 k 种运输方式的运输能力;

d_i^{kl}——在节点 i,由第 k 种运输方式转换到第 l 种运输方式的中转费用;

a_i^{kl}——在节点 i,由第 k 种运输方式转换到第 l 种运输方式的中转时间;

$t_{i,i+1}^{k}$——从节点 i 到节点 $i+1$ 用第 k 种运输方式进行运输时的运输时间;

J——可供选择的运输方式集合;

I——所有要经过节点的集合;

T——从起点到终点的容许时间期限;

q——货物的运量。

(2)多式联运数学模型的求解方法

该模型可以看作是带有时间约束和能力约束的最短路径问题。考虑在多式联运的过程中,发生转换的次数不会很多,这决定了这类问题的规模不会很大,可以利用启发式算法来求解此类带有时间约束和能力约束的最短路径问题。算法的基本思路:首先是在不考虑时间约束的前提下,求出从起点到终点带有能力约束的最短路径,然后在已求得几个最短路径的基础上,用启发式算法来调整,使之满足时间约束。

该模型也属于混合整数规划问题,可以利用分支定界法、割平面法或遗传算法来求解。也可以直接运用 Matlab 来计算这一混合整数规划问题。

四、货物运输调配决策

货物运输调配决策问题是指在多个供应地和多个需求地之间如何合理调配货物,以实现在满足需求前提下的总运输成本最小,如图6-11所示。

根据供应地与需求地之间是否存在中间转运两种情况进行讨论。

(一)多起讫点间的直达运输

当存在多个供应商、多个生产基地、多个仓库,需要为多个客户提供服务情况时,需要进行运输的组织与调配决策。主要是解决如何将多个供应点的货物运送到多个需求点,使总运输费用最低,如图6-12所示。例如,产品从工厂到仓库的配送、从仓库向销售中心的供货等,需要对运输量如何分配进行决策。

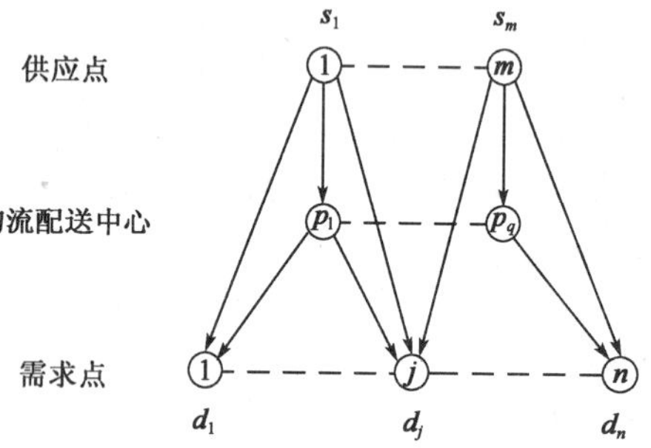

图6-11 供求运输图

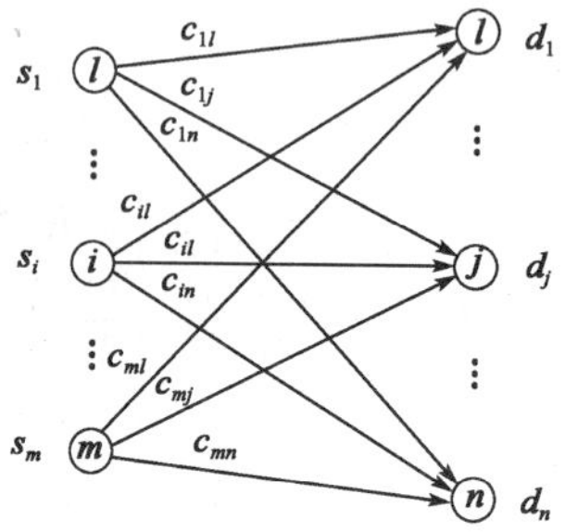

图6-12 货物直达运输图

1.供求平衡的运输问题

设某种货物从 m 个供应点要运往 n 个需求点,其中第 i 个供应点的供应量(Supply)为 $s_i(s_i \geqslant 0)$,第 j 个需求点的需求量(Demand)为 $d_j(d_j \geqslant 0)$。货物从供应点 i 运到需求点 j 的单位运输成本为 c_{ij}。求一个使总运费最小的运输方案。

假定运输费用与运输量成正比,则总运费最小的线性规划问题模型如式(6-24)所示。

$$\min f(x) = \sum_{i=1}^{m}\sum_{j=1}^{n} c_{ij}x_{ij} \tag{6-24}$$

$$s.t.\begin{cases} \sum_{j=1}^{n} x_{ij} = s_i \quad (i = 1,2,\cdots,m) \\ \sum_{i=1}^{m} x_{ij} = d_j \quad (j = 1,2,\cdots,n) \\ x_{ij} \geqslant 0 \end{cases}$$

式中:$f(x)$——运输总费用,元;

c_{ij}——从供应点 i 到需求点 j 的单位运输成本,包括:车辆燃润油费、紧固材料费、车辆折旧费、车辆保养和修理费等可变运输费用以及运输计划、调度、控制和管理等费用,运输人员的工资等固定运输费用在单位运量上的平均分摊,元/m^3,且 $c_{ij} = c_o \cdot l_{ij}$;

c_o——单位里程单位运量的运输成本,元/(km·m^3);

l_{ij}——从供应点 i 运往需求点 j 的运距,km;

x_{ij}——从供应点 i 运往需求点 j 的运量,m^3;

s_i——供应点 i 的供应量,m^3;

d_j——需求点 j 的需求量,m^3。

如果总供应量等于总需求量,即满足

$$\sum_{i=1}^{m} s_i = \sum_{j=1}^{n} d_j$$

这样的运输问题称为供求平衡的运输问题，对这类问题采用运筹学中的单纯形法或 LINGO 等优化软件可以进行求解。

2. 供求不平衡的运输问题

（1）供给大于需求的情况，即

$$\sum_{i=1}^{m} s_i > \sum_{j=1}^{n} d_j$$

由于供大于求，因此通过增加一个虚设的需求点 $n+1$，把供求不平衡问题转化成供求平衡问题来求解，虚设的需求点的需求量为

$$\sum_{i=1}^{m} s_i - \sum_{j=1}^{n} d_j$$

于是在原来运输路线的基础上新增加了从各供应地到虚设需求地的运输路线 $(1,n+1)$，$(2,n+1)$，$\cdots$，$(m,n+1)$，令这些运输路线上的运价全部等于0，即 $c_{1,n+1}=c_{2,n+1}=\cdots=c_{m,n+1}=0$，这样就将供给大于需求的问题转化为供求平衡问题。在转化后的问题中，从供应点 i 到新设的需求点 $n+1$ 的运量，实际上就是存储在供应点 i 没有运出的货物量。新得到的供求平衡的运输问题的最优解，就是各供应点存储多少、运出多少、运往何地能够使总运费最小。

（2）供给小于需求的情况，即

$$\sum_{i=1}^{m} s_i < \sum_{j=1}^{n} d_j$$

与上面类似，可以增加一个假设的供应点 $i=m+1$，该供应点的供应量为

$$\sum_{j=1}^{n} d_j - \sum_{i=1}^{m} s_i$$

因为是假设的供应点，所以在单位运价表中从假设的供应点到各需求点的单位运价定为0，具体方法与供大于求的求解相类似，同样把问题转化为供需平衡的运输问题。

直达运输是运输合理化所追求的组织形式，它与中转运输相比较可以节约中转作业费用，包括中转站的装卸搬运费、中转站的仓储费、管理费等，而且运输更为直接，运输时间可以大大缩短，因此在运输条件许可的情况下应当尽量组织直达运输，减少中转作业。

（二）多起讫点间的中转运输

在物流运输过程中，直达运输只是运输的一种形式，中转运输或二次运输则是另一种重要的运输形式。上面讨论的直达运输问题，是假定任意产地和销地之间都有直达路线，并且产地只输出货物，销地只输入货物，但实际运输工作可能存在着更为复杂的情况。例如，产地与销地之间没有直达路线，货物由产地到销地必须通过某中间站转运；某些产地既输出货物，也吸收一部分货物；某销地既吸收货物，又输出部分货物，即产地或销地也可以起中转站的作用，或者既是产地又是销地；产地与销地之间虽然有直达路线，但直达运输的费用或运输距离分别比经过某些中转站还要高或远。这些情况统称为多个起讫点中转运输问题或转运问题。

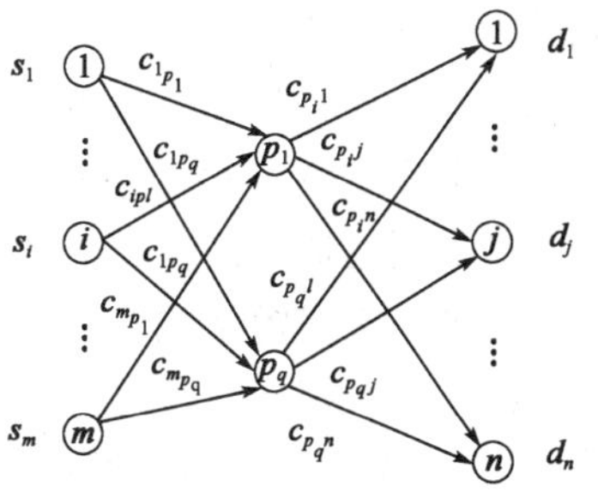

图 6-13　货物中转运输图

如图 6-13 所示，某物流系统中有 m 个供应地，n 个需求地，q 个物流配送中心（中转站）。已知供应地 i 的供应能力为 s_i，需求地的需求量为 d_j。

$$\min f(x) = \sum_{i=1}^{m}\sum_{p=1}^{q}\sum_{k=1}^{o} C_{ipk}x_{ipk} + \sum_{p=1}^{q}\sum_{j=1}^{n}\sum_{k=1}^{o} C_{pjk}y_{pjk} \quad (6\text{-}25)$$

$$
s.t.\begin{cases}\sum_{p=1}^{q}\sum_{k=1}^{o}x_{ipk}\leqslant s_i & (i=1,2,\cdots,m)\\ \sum_{p=1}^{q}\sum_{k=1}^{o}y_{pjk}=d_j & (j=1,2,\cdots,n)\\ \sum_{i=1}^{m}\sum_{k=1}^{o}x_{ipk}\leqslant Q_p & (p=1,2,\cdots,q)\\ \sum_{j=1}^{n}\sum_{k=1}^{o}y_{pjk}\leqslant Q_p & (p=1,2,\cdots,q)\\ x_{ipk}\geqslant 0,x_{pjk}\geqslant 0 & (k=1,2,\cdots,o)\end{cases}
$$

式中：$f(x)$——中转运输总费用，元；

C_{ipk}——从供应点 i 到物流节点 p 运输货物 k 的单位运输成本的分摊，包括运杂费和入库中转费，元/m^3；

x_{ipk}——从供应点 i 到物流配送中心 p 运输货物 k 的运输量，m^3；

C_{pjk}——从物流配送中心 p 到需求点 j 运输货物 k 的单位运输成本，包括运杂费和出库中转费，元/m^3；

y_{pjk}——从物流配送中心 p 到需求点 j 运输货物 k 的运输量，m^3；

s_i——供应点 i 的总供应量，m^3；

d_j——需求点 j 的总需求量，m^3；

Q_p——物流配送中心 p 吞吐能力的一半；

m——供应点的数目；

n——中转运输中需求地的数目；

q——物流配送中心的数目；

o——货物种类。

五、物流运输线路优化决策

运输线路的选择影响到运输设备和人员的利用，确定合理的运输路线可以降低运输成本，提高运输效率，因此运输线路选择是继运输方式选择和货物运输调配决策之后的又一重要运输决策。运输线路选择问题可归纳为两个基本类型，即起讫点不同的运输线路决策和起讫点相同的运输线路决策。

（一）起讫点不同的运输线路决策

在物流运输中，由于运输时间、运输条件等影响会出现运输起讫点不同的现象。起讫点不同的运输线路决策问题成为物流运输线路优化的一个主要问题，可用运筹学中求解最短路径问题的方法进行计算。最短路的度量单位可以是时间，也可以是距离或费用等。最短路径问题的求解方法主要有标号法、迭代法等。

这类问题通常是在一个交通运输网络中，寻找由出发点到目的地的最短路线，其可以采用网络规划中求最短路的方法进行求解。在进行线路优化时，可以用一个网络图代表实际的交通运输网络。网络图可以简单地描述为由点和箭线组成的图。其中，点代表交通网络中的地点；箭线代表点（地点）之间的线路；箭线旁所标注的数字，表示两点之间的成本（距离、时间或距离和时间的综合指标）。这样起讫点不同的单一路径规划问题就可以转化为求网络图中一个特定点对之间的最短路线问题。

在网络规划中，一个图中的点，通常称为顶点或节点，而连接顶点的箭线称为弧，用来标注在弧旁表示相应顶点之间的距离、时间等的数字，称为权。下面结合一个具体例子介绍网络规划中求解最短路线问题的 Dijkstra 算法。该算法是当所有弧的权都非负时，用来求由给定点 v_s 到网络中任一个点 v_i 最短路线的公认的最好方法。

Dijkstra 算法的基本思路为：首先在整个网络中找到距离给定的起点最近的点，其最短路线即可确定下来，然后考虑通过最短路线既定的点，是否能缩短起点到其他点之间的距离，如果能缩短，则修改起点到该点的距离；如果不能缩短，则不做修改。再从最短路线未定的点中选择距离最小的点，确定其最短路线；重复上面的过程，直至找到要求的起点到终点的最短路线为止。

例如，图 6-14 为单行线交通网，每条弧旁的数字表示通过这条路线所需要的时间，求从 v_1 到 v_8 的最短路线。

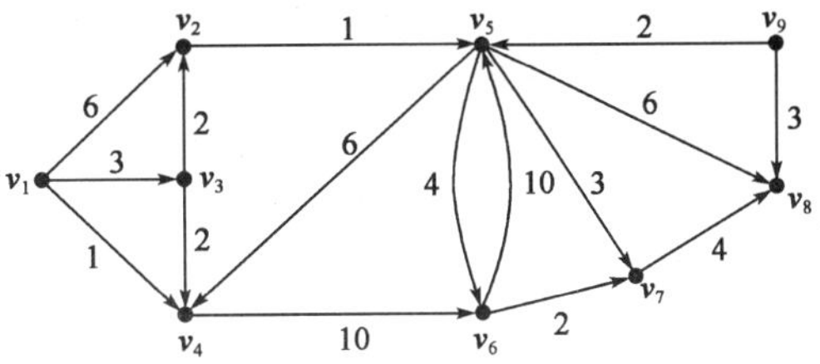

图 6-14　单行线交通网

运用 Dijkstra 算法的步骤如下：

(1) 从起点 v_1 到其他各点的距离中，最小的为点 v_1 到点 v_4，从而首先确定点 $v_1 \to v_4$ 的最短路线为 $v_1 \to v_4$，距离为 1。

(2) 修改点 v_1 到点 v_6 的路线为 $v_1 \to v_4 \to v_6$，距离为 $1+10=11$；其他各点不变。

(3) 确定点 v_1 到点 v_3 的最短路线为 $v_1 \to v_3$，距离为 3。

(4) 修改点 v_1 到点 v_2 的路线为 $v_1 \to v_3 \to v_2$，距离为 $3+2=5$；其他各点不变。

(5) 确定点 v_1 到点 v_2 的最短路线为 $v_1 \to v_3 \to v_2$，距离为 5。

(6) 修改点 v_1 到点 v_5 的路线为 $v_1 \to v_3 \to v_2 \to v_5$，距离为 $3+2+1=6$；其他各点不变。

(7) 确定点 v_1 到点 v_5 的最短路线为 $v_1 \to v_3 \to v_2 \to v_5$，距离为 $3+2+1=6$。

(8) 修改点 v_1 到点 v_6 的路线为 $v_1 \to v_3 \to v_2 \to v_5 \to v_6$，距离为 $3+2+1+4=10$。
修改点 v_1 到点 v_7 的路线为 $v_1 \to v_3 \to v_2 \to v_5 \to v_7$，距离为 $3+2+1+3=9$。
修改点 v_1 到点 v_8 的路线为 $v_1 \to v_3 \to v_2 \to v_5 \to v_8$，距离为 $3+2+1+6=12$；其他各点不变。

(9) 修改点 v_1 到点 v_7 的最短路线为 $v_1 \to v_3 \to v_2 \to v_5 \to v_7$，距离为 $3+2+1+3=9$。

(10) 点 v_1 到其他各点的距离不变。

(11) 确定点 v_1 到点 v_6 的最短路线为 $v_1 \to v_3 \to v_2 \to v_5 \to v_6$，距离为 10。

(12) 点 v_1 到其他各点的距离不变。

(13) 确定点 v_1 到点 v_8 的最短路线为 $v_1 \to v_3 \to v_2 \to v_5 \to v_8$，距离为 $3+2+1+6=12$。

至此，本问题已求出点 v_1 到 v_8 的最短路线及最短距离。

从本例题的求解过程中还可以看出，点 v_1 到 v_9 的道路是不存在的。

最短路的 Dijkstra 算法非常适合利用计算机进行求解。把网络中弧和顶点的资料都存入数据库中，选好某个起点和终点后，计算机可以很快地算出最短路线。

在运输线路规划中，除了距离以外，还需要考虑通过交通网络的时间长短问题，尤其是在配送业务中，时间是非常关键的服务指标。单纯的最短路线并不能说明穿越网络的最短时间，因为该方法没有考虑各条路线的运行质量，因此在设定权数时，通常要对运输时间和距离都加以考虑。

(二) 起讫点相同的运输线路决策

起讫点相同的运输问题主要是指车辆从设施点出发访问一定数量顾客后又回到原来出发

点的线路确定问题。在现实生活中存在着许多类似的物流运输问题，如配送车辆送货、邮递员送报、送奶工送牛奶、垃圾车辆收集垃圾等。这些问题求解的目标是寻求访问各点的次序，并使运行时间或距离最小。

起讫点相同的运输问题可以归结为在运筹学中的中国邮递员问题和旅行商问题，两者具有各自不同的求解思路和方法。

中国邮递员问题可以表述为："一个邮递员每次送信，从邮局出发，必须至少依次经过他负责投递范围的每一条街道，待完成任务后仍然回到邮局，那么他该如何选择投递路线，以使自己所走的路程最短？"该问题的基本求解思路是：如果某邮递员所负责范围的街道中没有奇点（即奇数条街道相连接所形成的端点），那么他可以从邮局出发，走过每条街道一次，且仅一次，最后回到邮局，这样他所走的路线就是最短路线；对于有奇点的街道，邮递员就必须重复走某条街道，但应该使重复街道的总权数（即总的路程或时间）最小，从而保证他所走的路线最短。

所谓旅行商问题，可以表述为："一个旅行者从某城市出发，经过所有要到达的城市后，返回到出发地，那么他该如何选择行程路线，以使总路程最短（或费用、时间最小）？"解决旅行商问题目前有多种算法，如最邻近法、节约算法、神经网络、遗传算法、免疫算法等。这里主要介绍运用节约算法求解旅行商问题的方法。

节约算法求解旅行商行程路线的基本思路是：假设 P 是出发地点，A 和 B 分别是所要到达地点，它们相互之间的道路距离分别为 a、b 和 c。如果旅行商从 P 分别到 A 和 B 地，那么总里程为 $2a+2b$；如果旅行商从 P 到 A 再到 B，然后回到 P，则总里程为 $a+b+c$；两种方法的里程差是 $(2a+2b)-(a+b+c)=a+b-c$，如果 $a+b-c>0$，那么第二种方法将使总里程得到节约；如果旅行商需要到达许多地点，那么可以根据节约距离的大小顺序连接各点并规划出旅行路线（图 6-15）。

下面举例说明节约算法的基本步骤。

例 P 是物流配送中心所在地，$A \sim F$ 是 P 的 6 个配送点。它们之间的距离（单位：km）如图 6-16 所示，括号内的数字是配送量（单位：t）。现在可以利用的配送车辆是装载量为 2t 和 4t 的两种厢式货车，并限制车辆一次运行距离不超过 30km。试求车辆的最佳配送路线。

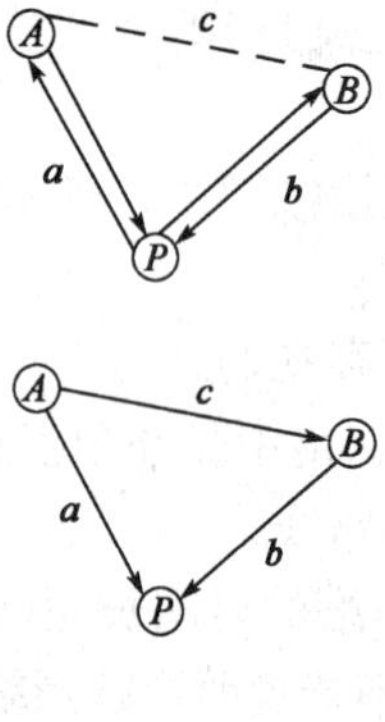

图 6-15 节约算法示意图

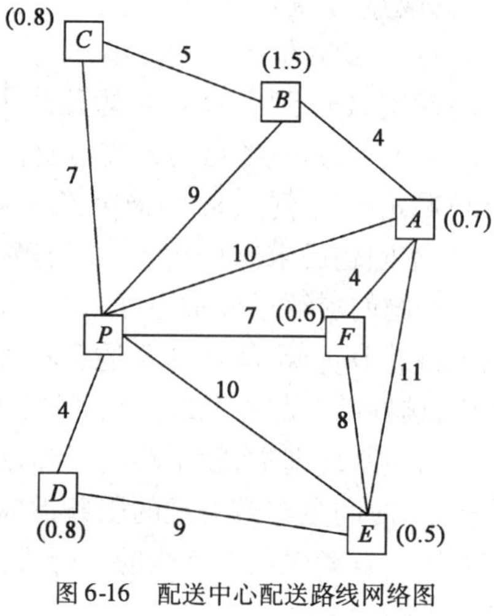

图 6-16 配送中心配送路线网络图

求解步骤如下。

（1）算出相互之间的最短距离。根据图 6-16 中配送中心至各用户之间、用户与用户之间的距离,得出配送路线最短的距离矩阵,如图6-17所示。

(2)根据最短距离矩阵图6-17,计算出各用户之间的节约行程,如图6-18所示。

	P						
A	10	A					
B	9	4	B				
C	7	9	5	C			
D	4	14	13	11	D		
E	10	11	15	17	9	E	
F	7	4	8	13	11	8	F

图6-17　最短配送路线距离矩阵

	A					
B	15	B				
C	8	11	C			
D	0	0	0	D		
E	9	4	0	5	E	
F	13	8	1	0	9	F

图6-18　配送路线节约行程图

(3)对节约行程按大小顺序进行排列,如表6-7所示。

配送路线节约行程顺序表　　表6-7

序　号	连 接 点	节约行程(km)	序　号	连 接 点	节约行程(km)
1	$A \sim B$	15	5	$A \sim C$	8
2	$A \sim F$	13		$B \sim F$	8
3	$B \sim C$	11	6	$D \sim E$	5
4	$A \sim E$	9	7	$B \sim E$	4
	$E \sim F$	9	8	$C \sim F$	1

(4)按照节约行程顺序表,组合成配送路线图。

初始解:从配送中心向各配送点配送,如图6-19所示。此时配送路线6条,总运行距离为94km,需用装载量为2t的货车6辆。

二次解:按照节约行程的顺序大小,连接$A \sim B$、$A \sim F$、$B \sim C$以及$P \sim C$、$P \sim F$,组成配送路线1,如图6-20所示。该路线装载量为3.6t,运行里程为27km,需用一辆4t货车。此时总配送路线3条,总运行距离55km,需要装载量为2t的货车2辆,装载量为4t的货车1辆。

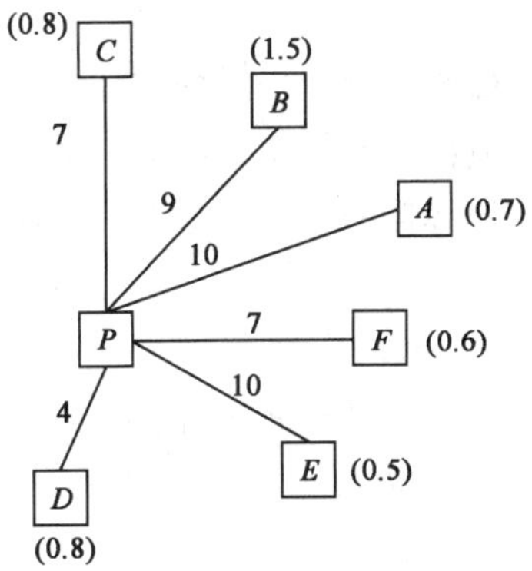

图6-19　初始解

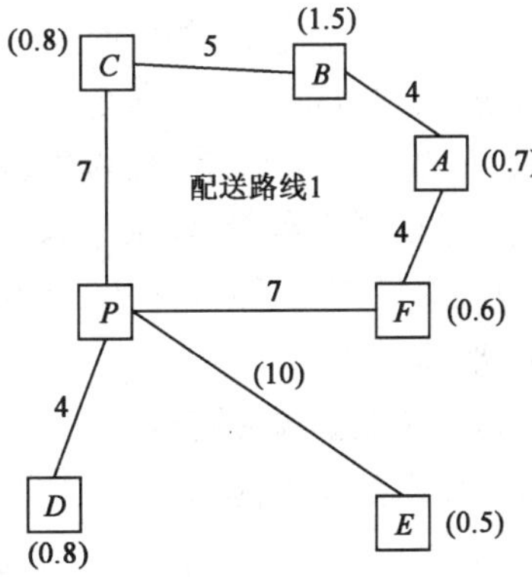

图6-20　二次解

最终解:按照节约行程的顺序大小,$A \sim E$和$E \sim F$都有可能连接到二次解的配送路线1中,但由于受车辆装载量和每次运行距离这两个条件的限制,配送路线1不能再增加配送点,所以不再连接$A \sim E$和$E \sim F$。同理也不能再连接$B \sim E$。A、B、C和F已在配送路线1中,不再考虑$A \sim C$、$B \sim F$、$C \sim F$。接下来按节约行程的顺序是$D \sim E$,连接$D \sim E$以及$P \sim D$、$P \sim E$,组成配送路线2,如图6-21所示。

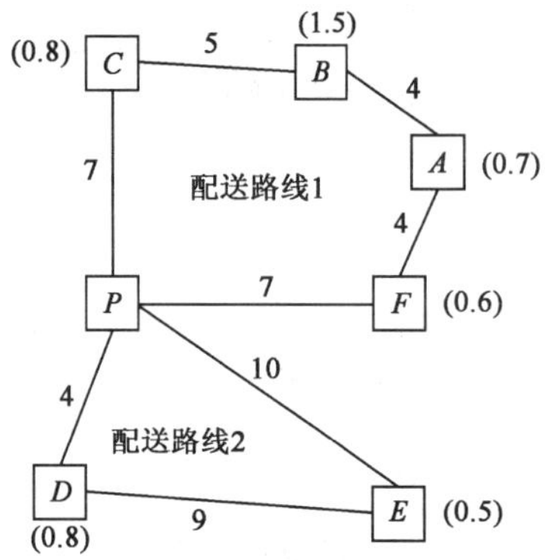

图 6-21　最终解

该配送路线装载量为 1.3t，行程为 23km，需用一辆 2t 货车。至此完成了全部配送路线的规划。总的配送路线共有 2 条，运行距离为 50km，需要装载量为 2t 的货车 1 辆、装载量为 4t 的货车 1 辆。

六、物流运输承运商的选择

在目前物流运输买方市场中，不同的运输方式以及同一运输方式会有许多物流运输承运商，这些承运商各有特点，能力各异，所以货主或托运人为了有效地实现货物的运输，就需要对运输承运商作出选择。

（一）物流运输承运商选择的步骤

1. 确定运输承运商选择的原则

（1）根据运输业务的特性选择承运商。例如考虑货物的性质、体积、运送频次等，将其归类为普通运输、大件运输、零担运输或危险品运输等，并以此选择具有某方面特长的运输承运商。

（2）综合成本最小原则。应考虑运输成本及其对其他因素的影响，使物流整体成本最小。

（3）适度原则。即所选择的承运商规模、综合能力与企业运输业务要求相适应。

（4）根据运输业务发生的主要地理范围，选择一些本地或对该范围运输业务较为熟悉的承运商。

（5）树立全局的和战略的观念，从长远考虑企业自身发展、承运商近期及未来发展以及双方的合作关系。

2. 初步选定运输承运商的范围

可以根据企业自己的需要，通过各种渠道了解承运商的运输类型、运输资源，确认是否是自己需要的承运商，然后初步选定承运商及其数量。

3. 与运输承运商进行洽谈

在洽谈中，双方可以交流本企业的有关信息。客户应详细了解承运商拥有的资源，如拥有的车辆（如车型、吨位、数量、是否安装 GPS 等）、硬件设施（如停车场、维修站、集装箱堆场等）、运输网络的覆盖范围，以及有关运输、报价等方面的具体问题。也可以向承运商发放问卷表，以便更为详细地了解他们的整体情况。

4. 初步筛选

将运输承运商的有关资料及问卷表作为其第一手资料，然后进行分析，淘汰一些不符合企业运输业务要求的承运商，确定需要进一步评价的承运商的名单。

5. 评价经初步筛选的运输承运商

首先确定评价承运商的方法，如服务质量比较法、运输价格比较法、综合评价法等；然后对经过初步筛选的运输承运商进行评价、比较，确定少数（如 2、3 家）可供选择的承运商。

6. 确定运输承运商

对确定下来的少数运输承运商进行实地考察，并把自己的详细运输标书交给他们，以使他们制订出各自的运输方案。然后，对他们的运输方案进行比较权衡，从而作出最终的选择。或者在经过初步筛选的运输承运商中，进行招投标，从中确定最终的承运商。

(二)物流运输承运商选择的方法

1. 服务质量比较法

客户在付出同等运费的情况下,总是希望得到好的服务,因此,服务质量就成为客户选择不同运输承运商的首要标准。

1)运输能力

客户在选择运输承运商时会将其运输能力作为一个重要的因素来考虑。客户通常考虑以下方面。

(1)该运输公司提供运输工具的完好程度,如车辆的车龄、集装箱新旧程度等。

(2)该公司所雇用的装卸公司的服务质量。货物在装卸过程中容易造成货损、货差,因此装卸工人的服务质量会直接影响到货物的运输质量。

(3)该公司所雇用的从业人员的经验及工作责任心。从业人员丰富的经验及高超的技艺是保证货物安全运输的首要条件。

(4)该公司的货物运输控制流程。良好的运输控制流程将保证货物及时准确地发运、转运和卸载,减少货物的灭失、错卸、短卸和溢卸以及错误交付等,从而保证运输质量。

2)运输质量

客户在选择不同的运输承运商时还会考虑他们的运输质量。如:运输的准班率、车辆的发车间隔、单证的准确率、信息查询的方便程度等。

2. 运输价格比较法

各运输承运商为了稳定自己的市场份额,都会努力提高运输服务质量,而随着竞争的日趋激烈,对于某些货物来说不同的运输承运商所提供的服务质量已近乎相同,因此运价便成为各承运商的竞争手段。于是客户在选择时,若面对几乎相同的服务质量,或有些客户对服务质量要求不高时,运输价格便成为另一个重要的决策依据。

3. 综合评价选择法

在实际选择运输承运商时,客户会同时考虑许多对运输业务有影响的因素,如承运商的服务质量、运输价格、承运商的品牌、承运商的经济实力以及承运商的运输网点数量等。如果将这些因素综合考虑,则可以用公式表示为

$$S = \frac{k_1 Q}{k_2 P} + k_3 B + k_4 C + k_5 N + \cdots + k_n O$$

式中:S——综合因素评价值;

k_n——不同因素的权数,$n = 1,2,3,\cdots$;

Q——服务质量;

P——运输价格;

B——运输承运商的品牌;

C——运输承运商的总资产状况;

N——运输承运商的网点数;

O——其他因素。

客户可以根据自己的需要,调整不同因素的权数,对不同承运商进行评价,比较他们的得分,然后作出决策。当然也可以组织专家小组对承运商进行评价,汇总各个承运商的得分,选择最终的承运商。

思　考　题

1. 简述零担货物运输的组织形式。

2. 目前常见的集装箱运输形式有哪些?

3. 什么是危险货物? 危险货物是如何进行分类的?

4. 物流运输承运商可以采用哪些方法进行选择?

5. 某汽车货运企业第一季度平均营运车数为 100 辆,其额定载质量为 8t。经分析测算,全年平均车辆完好率可达 90%,工作率为 85%,技术速度为 50km/h,工作车时利用率为 80%,平均每日出车时间为 10h,里程利用率为 70%,重车载质量利用率为 100%。请计算该企业第一季度车公里产量。

6. 某汽车运输企业共有营运车 48 辆,4 月份一个月内,停驶车日共 125d,保修作业车日共 25d,这个月车辆总行程为 230 280km,其中有载行程为 140 820km,请根据以上数据计算该企业 4 月份生产中的有关指标:

(1)车辆完好率;

(2)车辆工作率;

(3)行程利用率。

7. 某运输公司有 70 辆 10t 的货车,8 月份共完成周转量 1.5×10^7t·km,重车行程 1.8×10^6km,空车行程 2×10^5km,共完成 20 000 个运次的货运任务,工作时间为 4×10^4h。试计算 8 月份的车辆工作生产率 W_q、W_P 和总生产率 W_q'、W_P'。

参 考 文 献

[1] 聂军. 物流技术与设备[M]. 北京:对外经济贸易大学出版社,2004.

[2] 丁振凡,李卓群. 电子商务物流管理[M]. 北京:中国铁道出版社,2009.

[3] 胡列格,何其超,盛玉奎. 物流运筹学[M]. 北京:电子工业出版社,2005.

[4] 王爱晶. 供应链管理[M]. 广州:广东高等教育出版社,2008.

[5] 徐文锋. 物流管理一日通[M]. 广州:广东经济出版社,2007.

[6] 陈京. 汽车运输组织管理[M]. 北京:机械工业出版社,2007.

[7] 刘红. 运载工具运用基础[M]. 北京:人民交通出版社,2003.

[8] 陈志红. 运输组织技术[M]. 北京:人民交通出版社,2004.

[9] 杜文. 旅客运输组织[M]. 成都:西南交通大学出版社,2008.

[10] 张可明. 物流系统分析[M]. 北京:北京交通大学出版社,2010.

[11] 陈明蔚. 物流运输组织与实务[M]. 北京:清华大学出版社,2009.

[12] 关善勇. 特种货物运输管理[M]. 北京:人民交通出版社,2008.

[13] 季永青,李佑珍. 运输管理实务[M]. 北京:高等教育出版社,2008.

[14] 周广亮. 道路交通物流运输管理[M]. 郑州:郑州大学出版社,2006.

[15] 戴彤焱,孙学琴. 运输组织学[M]. 北京:机械工业出版社,2008.

[16] 邓汝春. 运输管理实战手册[M]. 广州:广东经济出版社,2007.

[17] 万耀明,熊青. 物流运输组织与管理[M]. 北京:机械工业出版社,2009.

第七章　物流设施规划与优化设计

第一节　概　　述

物流设施是指在供应链的整体服务功能上和供应链的某些环节上，满足物流组织与管理需要的、具有综合或单一功能的场所或组织的统称，主要包括公路、铁路、港口、机场、流通中心以及网络通信基础等。物流设施是从事物流活动的必要条件，它决定了整个物流系统的模式、结构和形状。物流设施规划与设计合理与否，对物流活动的整体运作效果至关重要。

一、物流设施规划与设计的定义与内容

（一）定义

关于设施规划与设计的定义，存在多种不同的表述。这些表述大多侧重于工业设施规划和工厂设计，鲜有对物流设施规划与设计的定义。如美国的汤普金斯和怀特合著的《设施规划》将其定义为："设施规划是就如何使一个有形的固定资产，为实现其运营的目标提供最好的支持所作出的决定。"美国的缪瑟和海尔斯合著的《系统化工业设施规划》给出的定义是："工业设施规划就是设计或确定怎样具体地把一个工厂建造出来，使之运行或生产。"德国的克特纳等合著的《工厂系统设计手册》则认为："工厂设计的任务是，在考虑众多总体条件和边界条件的情况下，为工厂创造实现企业目标、社会功能和国民经济功能所需的先决条件。"我国学者在《中国大百科全书》中的"机械工程篇"对"机械工厂设计"的释义是："为新建、扩建或改建机械工厂进行的规划、论证和编制成套设计文件。工厂设计是一项技术与经济相结合的综合性设计工作。"天津大学的李从东教授对设施规划与设计的解释是："设施规划与设计是物流工程的一个重要组成部分，其任务是对系统的各类设施、人员、投资进行系统的规划与设计，用以优化人流、物流和信息流，从而有效、经济、安全地实现系统的预期目标。"

尽管各种文献对设施规划与设计的表述不尽相同，但总体来看，其定义的核心都体现在以下几个方面。

1. 设施规划与设计的对象一致

对象是整个系统（生产系统或物流系统），即新建、扩建或改建的生产系统或物流系统，而不是其中的某个单一环节。

2. 设施规划与设计的内容一致

通过综合分析、设计、规划、论证、修改和评价，对一个生产系统或物流系统进行全面的、系统的规划和安排，优化人流、物流和信息流，使资源得到合理配置，使系统能够有效、经济、安全地运行。

3. 设施规划与设计的目标一致

即要确定经济合理的投入，使系统内的资源得到优化配置，以支持整个系统的高效运营，获得期望产出。

因此，我们可以将物流设施规划与设计定义为：运用系统工程、运筹学、计算机技术等现代科学技术，综合考虑各种相关因素，对新建、扩建或改建的物流系统进行综合分析、设计、规划、论证、修改和评价，使物流企业及全社会的资源得到合理配置，使系统内部的人流、物流、信息流得到最大限度的优化，使整个系统能够有效、经济、安全地运行，实现预期的目标。

（二）内容

总体来说，设施规划与设计的研究范围非常广泛。从物流系统规划设计与各经济领域设施的相关性来看，与物流活动密切相关的一般设施以及物流活动专用设施的规划与设计都属于物流设施规划与设计的范畴。如图 7-1 所示。

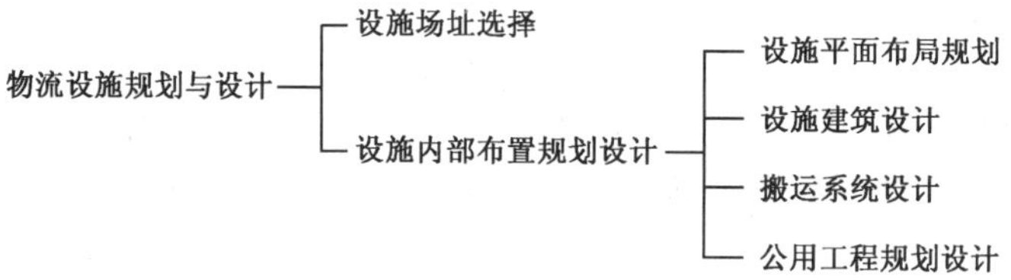

图 7-1　物流设施规划与设计的组成

本书所讨论的物流设施规划与设计，主要涉及两个重要的物流决策问题，即物流设施选址决策和物流设施布局决策。物流设施选址决策考虑的是根据费用或其他选择标准确定物流设施的最佳位置，它对土地使用和建筑费用、地方税收和保险、劳动力成本及可得性或其他设施的运输费用都有很大影响。而物流设施布局决策涉及一个大物流设施内某一局部小设施的最优安排和布局，它对厂内物流费用（如物料搬运费用和搬运设备费用）的影响较大。物流设施选址和布局旨在使材料搬运费用和相关费用最小，这对保证物流总费用最小起到了非常关键的作用。

二、物流设施规划与设计的步骤

不论是总体规划还是详细规划，物流设施规划与设计都包括多方面的规划与设计内容，诸如布局、建筑、搬运、公用等方面。在对这些方面进行规划与设计时，可以按照以下五个步骤进行。

1. 调查及整理

本阶段的任务是对与项目有关的数据做调查和整理，包括原始数据和影响因素。基本原始数据包括订单、商品的种类、商品的数量或库存量、物流路径、服务水平或内部服务单位划分、交货时间和物流配送成本等。内外部影响因素包括有形和无形两种。有形的影响因素包括地质、气象、供水、供电、供热、交通条件以及原有设施、设备的现状。这些因素对设施的结构、位置有很大影响，是保证物流设施正常运作的基本条件。无形的影响因素包括政策、法规、经济、税收、科技、经营方法、管理方式等。这些因素不可忽视。本阶段的成果是进行设施规划和设计的依据。

2. 分析及拟定

在调查与整理的基础上，对设施的各个组成部分提出规划与设计的设想。要对各个组成部分所需要的空间、设备、人员、布置以及物流和信息流进行研究和计算，采用定性和定量相结合的方法，拟定出备选方案。

3. 综合及编制

在分析和拟定的基础上，以关键设施为主，把各组成部分的规划与设计方案结合起来，经过综合优化，编制出初步的总体方案。方案以可视化的图或表的形式表示，并且使用标准的图例符号，以便交流、讨论。

4. 修正及改进

将初步设施规划与设计方案提交给相关人员，从技术、经济、政策、法规、人事和环境等方面征求他们的意见。值得一提的是，要特别重视负责设施运行的现场人员的意见。同时，也可利用计算机仿真技术，对方案进行仿真和评价。通过多次修正及改正，最后形成2～5个供评选的方案。

5. 评价及审批

由有资格的人员来完成对备选方案的评价工作，包括经济评价、无形因素评价和隐蔽因素评价。最后由领导部门选定并审批。

图7-2是物流设施规划与设计的步骤，它是一种逻辑性的程序模式。其中，调查、分析、综合、修正和评价是各个阶段要完成的工作；规划依据、设想方案、初步方案、比较方案和选定方案是各个阶段的成果。

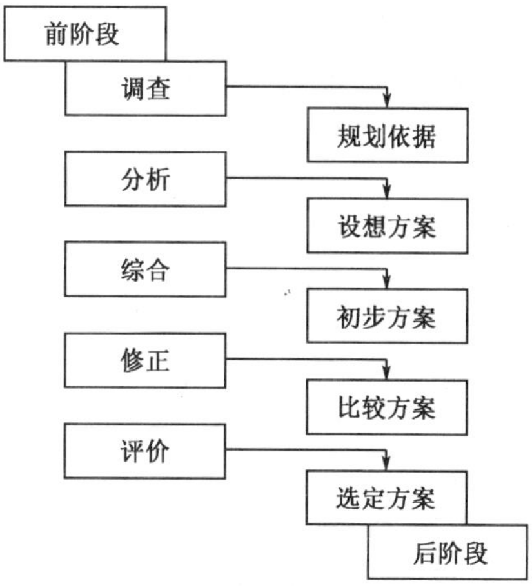

图7-2　物流设施规划与设计的步骤

第二节　物流设施选址决策

一、物流设施选址的意义及其考虑因素

（一）物流设施选址的意义

物流设施选址是物流设施规划与设计的重要环节，也是物流网络规划的重要内容，属于物流管理战略层面的研究问题。进入21世纪以来，生产、资本和市场的全球化趋势使得跨国界的经济活动越来越频繁，物流设施的选址也已经超越了地域限制。物流设施建在何处，将关系到该设施在今后长期生产运行中的合理性、可靠性和经济性。同时，物流设施的位置对生产力布局、城镇建设、企业投资、建设速度及建成后的运营状况都具有重大影响。全球范围内的物流设施选址决策，对跨国企业全球物流系统的构建，也具有非常重要的意义。对于新建设施，选址是决策的第一步，也是事关全局的重要决策；对于重建设施，物流和制造设施放置何处则是企业寻求降低成本、改善物流作业效率和改善服务水平的新措施。

选址决策就是确定所要分配的各类设施（如工厂、仓库、分拨中心、配送中心等）的数量、位置以及分配方案。例如，以企业的仓库选址为例，通常可以归为这样几个基本的规划问题：物流网络中应该有多少个仓库，这些仓库应该有多大规模，应位于什么地点，哪些客户指定由仓库负责供应，各个工厂、供应商或港口应指定由哪些仓库负责等。因此，设施选址不仅关系到产品移动的各个过程和相关成本，还涉及一系列成本平衡的问题。

物流设施选址有两种情况。

1. 单设施选址

根据确定的产品（或服务）、规模等目标为一个独立的物流设施选择最佳位置。此种情况下设施位置的确定主要考虑运输成本因素，无需考虑竞争力、设施之间需求的分配、设施成本与数量之间的关系等。

2. 多设施选址

为一个物流企业的若干个下属仓库、配送中心等选择各自的位置，并使设施的数目、规模和位置达到最佳化。

需要注意的是，设施选址是一个非常复杂的问题，而且场址一旦确定，设施建设完工，一般无法轻易改动。因此，在进行设施选址时，必须充分考虑多方面因素的影响，慎重决策。

（二）物流设施选址考虑因素

设施选址包括地区选择和地点选择，所需要考虑的因素也有所不同。前者要考虑的是宏观因素，后者要考虑的是微观因素。总的来说，在进行物流设施选址时，主要考虑以下几方面的因素。

1. 自然环境因素

（1）气象条件

物流设施选址过程中，应主要考虑的气象条件有温度、风力、降水量、无霜期、冻土深度、年平均蒸发量等指标。如选址时要避开风口，因为风口会加速露天堆放商品的老化。

（2）地质条件

物流设施是大量商品的集结地。某些容量很大的建筑材料堆起来会对地面造成很大压力。如果地面以下存在着淤泥层、流沙层、松土层等不良地质条件，会在受压地段造成沉陷、翻浆等严重后果，因此土壤承载力要高。

（3）水文条件

物流设施选址需远离容易泛滥的河川流域与上溢地下水的区域。要认真考察近几年的水文资料，要求地下水位不能过高，洪泛区、内涝区、古河道、干河滩等区域绝对禁止使用。

（4）地形条件

物流设施应该选在地势高、地形平坦的地方，且应具有适当的面积与外形。在外形上可选长方形，不宜选择狭长形或不规则形状。

2. 经营环境因素

（1）经营环境

物流设施所在地的优惠物流产业政策对物流企业的经济效益将产生重要影响，数量充足和素质较高的劳动力条件也是物流设施选址考虑的因素之一。

（2）商品特性

经营不同类型商品的物流设施最好能分别布局在不同地域。

（3）物流费用

物流费用是物流设施选址的重要考虑因素之一。大多数物流设施选择接近物流服务需求地，如接近大型工业、商业区，以便缩短运距，降低运费等物流费用。

（4）服务水平

由于在物流过程中能否实现准时运送是衡量服务水平高低的重要指标，因此在物流设施选址时，应保证客户在任何时候向物流设施提出物流需求，都能获得快速满意的服务。

3. 基础设施状况

（1）交通条件

物流设施必须具备方便的交通运输条件，最好靠近交通枢纽进行布局，如紧临港口、交通主干道枢纽、铁路编组站或机场，并且需要有两种以上的运输方式相连接。

(2)公共设施状况

物流设施的所在地，要求城市的道路、通信等公共设施齐备，有充足的供电、水、热、燃气的能力，且场区周围要有处理污水、固体废物的能力。

4. 其他因素

(1)国土资源利用

物流设施的选址应贯彻节约用地、充分利用国土资源的原则。物流设施一般占地面积较大，周围还需留有足够的发展空间，为此地价的高低对布局规划有重要影响。

(2)环境保护要求

物流设施的选址需要考虑保护自然环境与人文环境等因素，尽可能降低对城市生活的干扰。

(3)周边状况

由于物流中心是火灾重点防护单位，不宜设在易散发火种的工业设施(如木材加工、冶金企业)附近，也不宜选择居民住宅区附近。

(4)竞争因素

物流设施选址时应该考虑所在区域的竞争企业已有的和将要建设的物流设施。在新增物流设施进入前，通常已经存在一个或多个竞争企业物流设施。

上述诸因素对不同行业、不同企业而言，其影响程度大小是不尽相同的。企业在考量上述影响因素时，可依据自身需要区别对待，赋予其不同权重。另外，在经济全球化的今天，跨国企业的选址决策还要考虑宏观政治因素，诸如该国的政权是否稳定、法制是否健全、是否存在贸易禁运政策等，以及税收政策、关税政策和汇率风险等宏观经济因素。企业总是会努力寻求稳定的政治环境和宽松的经济环境。

二、物流设施选址的步骤与内容

(一)物流设施选址的步骤

在进行物流设施选址时，可按照图 7-3 中所示的程序进行。具体来说，可分为选址约束条件分析、收集整理资料、地址筛选、定量分析、结果评价、复查和确定选址结果七个步骤。

1. 选址约束条件分析

物流设施选址时，首先要明确建立物流设施的必要性、目的和意义，然后根据物流系统的现状进行分析，制定出物流系统的基本计划，确定所需要了解的基本条件，以便缩小选址的范围。以上所提到的物流设施选址应考虑的因素，如自然环境因素、经营环境因素、基础设施状况等，都应该作为约束条件之一。

2. 收集整理资料

设施选址所考虑的主要因素一般是物流费用，因此，设施选址的方法一般也是通过成本(或反映成本的指标)计算，即将运输费用、配送费用及物流设施建设和运营费用模型化，确定约束条件及目标函数，建立数学模型，从中寻求费用最小的方案。所以，必须对业务量和成本方面的资料进行搜集整理。

(1)业务量方面的资料

例如：工厂到物流设施之间的运输量；向顾客配送的货物数量；物流设施保管的数量；配送

路线上的其他业务量等。这些数据在不同时期会有种种波动,因此,要对现有的各项数据进行分析,还必须确定设施使用后的预测数值。

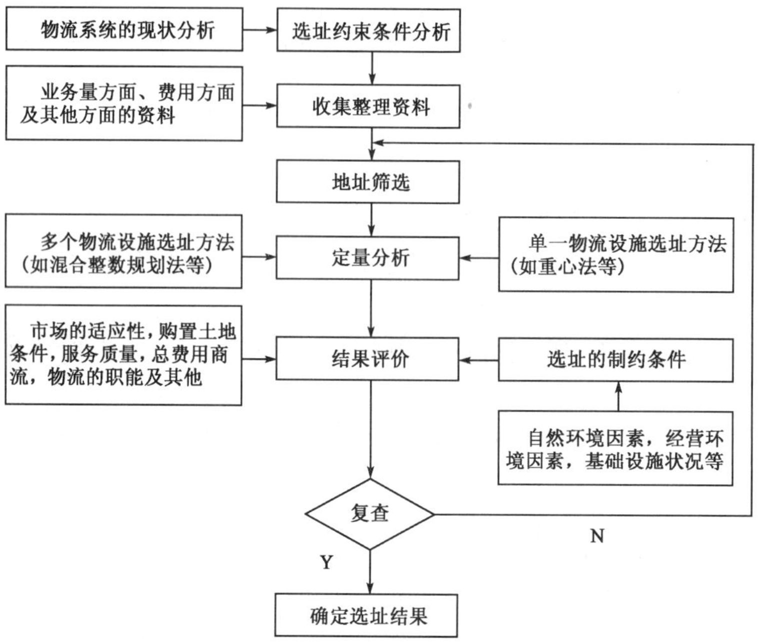

图 7-3　物流设施选址的程序

(2)费用方面的资料

例如:工厂至物流设施之间的运输费;物流设施至顾客之间的配送费;与设施、土地有关的费用及人工费、业务费等。这些费用中包括固定费用和变动费用,一般根据固定费用和变动费用之和进行成本分析。

(3)其他方面的资料

例如:用缩尺地图表示顾客的位置、现有设施的配置方位及工厂的位置,并整理各候选地址的配送路线及距离等资料。必备车辆数、作业人员数、装卸方式、装卸机械费用等要与成本分析结合起来考虑。

3. 地址筛选

在对所取得的上述资料进行充分的整理和分析,考虑各种因素的影响并对设施的需求量进行预测后,就可以初步确定选址范围,即确定初始候选地点。

4. 定量分析

针对不同情况选用不同的模型进行分析计算,得出结果。如对单一物流设施进行选址,可采用重心法等;如对多个物流设施进行选址,可采用混合整数规划选址法等。

5. 结果评价

结合市场适应性、土地购置、服务质量等条件对计算所得结果进行评价,看其是否具有现实意义及可行性。

6. 复查

分析其他影响因素对计算结果的相对影响程度,分别赋予它们一定的权重,采用加权法对计算结果进行复查。如果复查通过,则原计算结果即为最终结果;如果复查发现原计算结果不适用，则返回第三步继续计算，直至得到最终结果为止。

7. 确定选址结果

在用加权法复查通过后，则计算所得的结果即可作为最终的计算结果。但是所得解不一定为最优解，有可能只是符合条件的满意解。

（二）物流设施选址报告的内容

在完成以上设施选址的各个步骤之后，应以科学、直观的方式编制相应的选址报告。设施选址报告一般包括以下内容：

（1）物流设施场址选择的依据，如批准文件等。

（2）建设地区的概况及自然条件。

（3）物流设施规模及概略技术经济指标，包括占地估算面积、职工人数、概略运输量、原材料及建筑材料需要量等。

（4）各场址方案的比较，包括自然条件比较、建设费用及经营费用比较、环境影响比较、经济效益比较等。

（5）对各场址方案的综合分析和结论。

（6）当地有关部门的意见。

（7）附件，包括各项协议文件的抄件和区域位置图，如物流设施所选位置、用地、交通线路、各类管线走向等，以及设施初步总平面布置图。

三、物流设施选址方法及应用

影响物流设施选址的因素很多，其中既有定量的经济因素，又有定性的非经济因素，因此，对物流设施选址的综合分析，一般根据条件采用定量和定性相结合的方法。从选址设施的数量来看，物流选址决策分为单设施选址和多设施选址。

（一）单设施选址方法

单设施选址是指在一定区域内准备新建一个物流设施，而寻求最佳地点的模型方法。常用的单设施选址方法有以下几种。

1. 重心法

重心法是单设施选址中常用的模型，它是一种根据运送费用最小来寻找设施最佳位置的数学方法。重心法应用举例如下。

例 7-1 一家生产化肥的制造厂，要为它的三个工厂（A、B、C）建立一个仓库，假设运输量与运输成本存在线性关系，三个工厂的位置和年生产量如图 7-4 及表 7-1 所示，试利用重心法计算该仓库的位置。

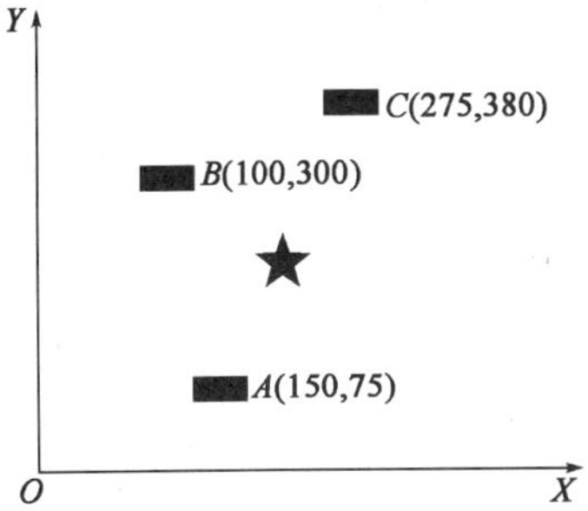

图 7-4 厂房布置矩阵

每家工厂的生产量表 表 7-1

工 厂	年生产量(t)
A	6 000
B	8 200
C	7 000

解:由重心公式得

$$\bar{x}=\frac{\sum d_{ix}V_i}{\sum V_i}=\frac{150\times 6\,000+100\times 8\,200+275\times 7\,000}{6\,000+8\,200+7\,000}=172$$

$$\bar{y}=\frac{\sum d_{iy}V_i}{\sum V_i}=\frac{75\times 6\,000+300\times 8\,200+380\times 7\,000}{6\,000+8\,200+7\,000}=262.7$$

所以仓库的地址是$(\bar{x},\bar{y})=(172,262.7)$,如图7-4中五角星位置所示。

需要注意的是,按重心法求得场址位置是否适合建厂,还要在考虑其他因素的基础上,通过综合分析选定。

2. 线性规划——单纯形法

线性规划法是一种最优化技术,在考虑特定约束条件下,从众多备选方案挑选出最佳行动方案。对于单一设施选址问题,即一家公司为其多个工厂、多个分销中心设立一共同的配送中心(或仓库)的选址问题,可以用线性规划——单纯形法求解,使得配送中心(或仓库)到所有工厂或分销中心的总运费最小。由于表上作业法是单纯形法在求解运输问题时的一种简化方法,因此解决此类运输问题一般采用表上作业法,其实质是单纯形法。举例说明如下。

例7-2 已有两个配送中心F_1和F_2,供应四个销售点P_1、P_2、P_3、P_4。由于需求量不断增加,须再设立一个配送中心。可供选择的地点是F_3和F_4。试求:在其中选择一处地点作为配送中心的最佳位置。根据资料分析,各配送中心单位产品流通加工和运输费用的总费用如表7-2所示。约束条件是配送中心不能超过其库存及周转能力,销售点不能超过其需求量。

流通加工和运输总费用表(万元) 表7-2

至 / 从	P_1	P_2	P_3	P_4	年库存量(台)
F_1	8.00	7.80	7.70	7.80	7 000
F_2	7.65	7.50	7.35	7.15	5 500
F_3	7.15	7.05	7.18	7.65	12 500
F_4	7.08	7.20	7.50	7.45	12 500
需求量(台)	4 000	8 000	7 000	6 000	

解:根据线性规划——单纯形法,用最小费用分配法进行求解。其程序是:在不超过库存量和需求量的条件下,将产品尽可能地分配到总费用最小的组合中去。如果第一次只分配和满足了一部分,就继续进行分配。以此类推,直至需求全部满足,库存量全部分配完毕。

(1)若新配送中心设在F_3,具体步骤如下。

①表7-2中F_3-P_2组合的费用最小,为7.05万元。但需求量仅为8 000台,就把F_3的8 000台分配给P_2。F_3还有4 500台的剩余库存量。由于P_2的需求量已全部满足,这一列可以不再考虑。

②其余组合中费用最小的是F_3-P_1和F_2-P_4,都是7.15万元。可把F_3的4 500台剩余库存量中的4 000台分配给P_1。这时,P_1的需求已全部满足,这一列可以不再考虑。F_3还有500台剩余库存量。

③其余组合中费用最小的是F_2-P_4,可把F_2的5 500台库存量全部分配给P_4。F_2的库存量已全部分配完毕。

④其余组合中费用最小的是F_3-P_3,为7.18万元。可把F_3的500台剩余库存量分配给

P_3。这时，F_3 的库存量已全部分配完毕。

⑤其余组合中费用最小的是 F_1-P_3，为7.7万元。P_3 还需要6 500台，可把 F_1 库存量中的6 500台分配给 P_3。这时，P_3 的需求量已全部满足，这一列可以不再考虑。

⑥最后，P_4 还有500台的需求量尚未满足，由 F_1 的500台剩余库存量分配给 P_4。这时，所有销售点都得到满足，所有库存量都分配完毕。所有库存量分配如表7-3所示。

配送中心设于 F_3 处的库存量分配　　表7-3

从＼至	P_1	P_2	P_3	P_4	年库存量（台）
F_1	8.00	7.80	⑤ 7.70 6 500	⑥ 7.80 500	7 000
F_2	7.65	7.50	7.35	③ 7.15 5 500	5 500
F_3	② 7.15 4 000	① 7.05 8 000	④ 7.18 500	7.65	12 500
需求量（台）	4 000	8 000	7 000	6 000	25 000

这样，配送中心设于 F_3 处，全部费用至少为

$$C_3 = 6\,500 \times 7.70 + 500 \times 7.80 + 5\,500 \times 7.15 + 4\,000 \times 7.15 + 8\,000 \times 7.05 + 500 \times 7.18$$
$$= 181\,865（万元）$$

（2）若配送中心设于 F_4 处，相同解法，得结果如表7-4所示。

配送中心设于 F_4 处的库存量分配　　表7-4

从＼至	P_1	P_2	P_3	P_4	年库存量（台）
F_1	8.00	7.80	⑤ 7.70 7 000	7.80 0	7 000
F_2	7.65	7.50	7.35	② 7.15 5 500	5 500
F_4	① 7.08 4 000	③ 7.20 8 000	7.50	④ 7.45 500	12 500
需求量（台）	4 000	8 000	7 000	6 000	25 000

同样可得，配送中心设于 F_4 处的全部费用至少是

$$C_4 = 7\,000 \times 7.70 + 5\,500 \times 7.15 + 4\,000 \times 7.08 + 8\,000 \times 7.20 + 500 \times 7.45$$
$$= 182\,870（万元）$$

两方案比较 $C_4 > C_3$，所以配送中心设在 F_3 处为优，可节省流通加工和运输总费用

$$C_4 - C_3 = 182\,870 - 181\,865 = 1\,005（万元）$$

以上供需平衡问题的解法，对于供需不平衡问题，可通过增加供应地或需求地的方法，将问题转化为供需平衡问题求解，最后求得物流设施的最佳位置。

3. 层次分析法

层次分析法是一种将定性分析和定量分析相结合的系统分析方法，它根据各影响因素的

重要性程度，对方案进行评价、打分，以找出最优的选址方案，是分析多目标、多准则的复杂大系统的有力工具。层次分析法在场址选择中的应用举例如下。

例 7-3 某市欲建立一家木材物流中心，经过多方调研，提出 P_1、P_2、P_3 三个待选场址，三个地点各有优缺点，现从交通便利程度、经济合理性、可持续发展性三个方面运用层次分析法进行评价选址。

解：（1）建立层次结构模型，如图 7-5 所示。

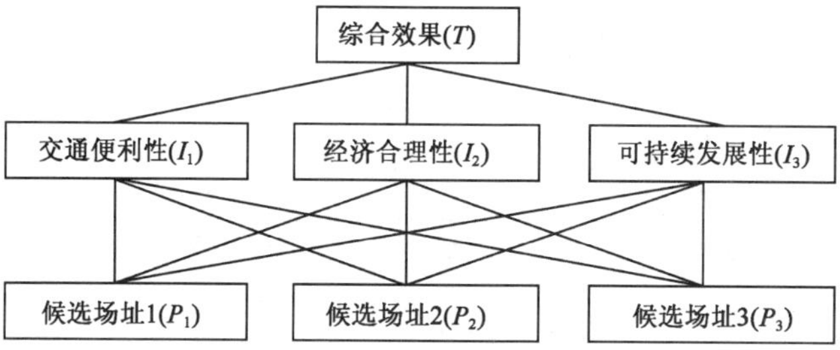

图 7-5 层级结构模型

（2）构造成对比较阵，计算权重向量并作一致性检验。如表 7-5 所示。

权向量计算及一致性检验 表 7-5

T	I_1	I_2	I_3	W_i	W_i^0	λ_i	λ_{max}	$C.R.$
I_1	1	1/3	2	0.874	0.230	3.002	3.004	0.004 <0.1
I_2	3	1	5	2.466	0.648	3.004		
I_3	1/2	1/5	1	0.464	0.122	3.005		
I_1	P_1	P_2	P_3	W_i	W_i^0	λ_i	λ_{max}	$C.R.$
P_1	1	1/3	1/5	0.406	0.105	3.036	3.039	0.038 <0.1
P_2	3	1	1/3	1.000	0.258	3.040		
P_3	5	3	1	2.466	0.637	3.040		
I_2	P_1	P_2	P_3	W_i	W_i^0	λ_i	λ_{max}	$C.R.$
P_1	1	2	7	2.410	0.592	3.015	3.014	0.013 <0.1
P_2	1/2	1	5	1.357	0.333	3.016		
P_3	1/7	1/5	1	0.306	0.075	3.012		
I_3	P_1	P_2	P_3	W_i	W_i^0	λ_i	λ_{max}	$C.R.$
P_1	1	3	1/7	0.754	0.149	3.079	3.080	0.077 <0.1
P_2	1/3	1	1/9	0.333	0.066	3.082		
P_3	7	9	1	3.979	0.785	3.080		

（3）计算组合权向量并作组合一致性检验，如表 7-6 所示。

组合权向量计算 表 7-6

因素 / 候选场址	I_1	I_2	I_3	P_j
	0.230	0.648	0.122	
P_1	0.105	0.592	0.149	0.426
P_2	0.258	0.333	0.066	0.283
P_3	0.637	0.075	0.785	0.291

经计算,组合一致性检验 $C.R.=0.035<0.1$。

故组合权向量通过一致性检验。由计算可知,场址 P_1 为最佳方案。

4. 启发式方法

服务系统常遇到在一个地区内建立多少个服务点的问题,这是一个复杂的问题,企图找到一个最优解是很费时间的。针对此类问题,可以通过启发式方法求解,所得到的结果不能保证是最优解,但是可以保证是可行解,适用于大型问题的分析、求解。举例说明如下。

例 7-4 某公司拟在某市建立两家连锁超市,该市共有四个区,记为甲、乙、丙、丁。各区可能到超市购物的人数权重已经给出,求该超市设置于哪两个区内,使居民到超市购物最方便即总距离成本最小。各区距离及权重数据如表 7-7 所示。

各区距离及权重表 表 7-7

各区名称	距离				各区人口数(千人)	人口权重
	甲	乙	丙	丁		
甲	0	21	15	22	15	1.4
乙	21	0	18	12	13	1.3
丙	15	18	0	20	28	1.0
丁	22	12	20	0	22	1.2

解:(1)将社区人口数与人口权重相乘再乘以各区之间的距离,得到总距离成本,并将各列相加,结果如表 7-8 所示。

总 距 离 成 本 表 7-8

场 址	甲	乙	丙	丁
甲	0	441	315	462
乙	355	0	304	203
丙	420	504	0	560
丁	581	317	528	0
总计	1 356	1 262	1 147	1 225

从表 7-8 可以看出,社区丙所在列总成本最低为 1 147,所以一处超市建于丙内。

(2)甲、乙、丁各列数字与丙列对应数字相比较,若小于丙列同行数字,则将其保留;若大于丙列数字,则将原数字改为丙列数字。如甲与丙相比,$0<315$,取 0;$355>304$,则取 304;$420>0$,则取 0;$581>528$,则取 528。将同列数字相加,得新表 7-9。

距 离 成 本 新 表 表 7-9

场 址	甲	乙	丙	丁
甲	0	315	315	315
乙	304	0	304	203
丙	0	0	0	0
丁	528	317	528	0
总计	832	632	1 147	518

如表 7-9 所示，社区丁所在列总成本最低，则选丁为另一超市地点。

(3)若要建 3 家超市，还需再选一场址，则将丙列数字去掉，将甲、乙所在列数字与丁所在列数字相比，方法同上，得新表 7-10。

距离成本新表　　表 7-10

场　址	甲	乙	丁
甲	0	315	315
乙	203	0	203
丙	0	0	0
丁	0	0	0
总计	203	315	518

甲列所对应总成本最小，则甲区为第三个候选区。

(二)多设施选址方法

多设施选址是指在一定区域内准备新建多个或未定数量个物流设施，而寻求最佳地点与布局的模型方法。从实际应用来讲，多设施选址更具意义。因为影响多设施选址的因素不只是运输费用，还应包括仓库数量、容量等因素。多设施选址问题是一类复杂的优化问题，也是多个领域研究的热点。

多设施选址常属于多目标规划问题，其求解存在一定的难度。但随着计算机技术的广泛应用，多目标规划问题的求解变得简单易行。用于多设施选址问题的方法很多，其中应用比较广泛的是混合整数规划法和蚁群算法。

1. 混合整数规划法

该方法是通过给定离散的决策变量、目标函数与约束条件，使其能够对所考虑的问题进行较为全面和客观的描述，适合于解决物流网络设计中常见的、较为复杂的选址问题。

现以一家企业的工厂和配送中心选择为例说明选址问题。某集团公司考虑生产一种运动鞋系列。运动鞋产品将由工厂运至配送中心，再由配送中心将产品运至分销店。该集团有 5 家工厂(备选工厂)可生产这类运动鞋，有 3 家配送中心(备选配送中心)可以配送运动鞋产品，有 4 家分销店经营运动鞋产品。这些工厂和配送中心的年度固定成本见表 7-11。工厂的年生产能力和工厂到各备选配送中心的单位运价如表 7-12 所示。配送中心运至各分销店的运输成本和各分销店的需求量如表 7-13 所示。

工厂与配送中心的固定成本　　表 7-11

单　位	工厂 1	工厂 2	工厂 3	工厂 4	工厂 5	配送中心 1	配送中心 2	配送中心 3
年固定成本(元)	35 000	45 000	40 000	42 000	40 000	40 000	20 000	60 000

假定各配送中心的库存策略为零库存，即配送中心从工厂得到的产品均分配给分销店，不留做库存。集团公司要设计一种运动鞋分配系统，在满足各分销店需求的前提下，确定使用哪些工厂与配送中心进行运动鞋的生产与配送，以使得总成本最小。

设工厂 i 向配送中心 j 运送的货物量为 x_{ij}，设配送中心 j 向分销店 k 的配送量为 y_{jk}。

工厂的年生产能力和工厂到各备选配送中心的单位运价 表 7-12

终点 / 起点	运输成本(元/箱)			生产能力(箱)
	配送中心 1	配送中心 2	配送中心 3	
工厂 1	800	1 000	1 200	300
工厂 2	700	500	700	200
工厂 3	800	600	500	300
工厂 4	500	600	700	200
工厂 5	700	600	500	400

配送中心运至各分销店的运输成本和各分销店的需求量 表 7-13

终点 / 起点	运输成本(元/箱)			
	分销店 1	分销店 2	分销店 3	分销店 4
配送中心 1	40	80	90	50
配送中心 2	70	40	60	80
配送中心 3	80	30	50	60
需求量(箱)	200	300	150	250

设 0-1 变量 t_m,S_t 分别为工厂和配送中心的使用情况,定义如下

$$t_m = \begin{cases} 1, & \text{使用工厂 } m \\ 0, & \text{不使用工厂 } m \end{cases}$$

$$S_t = \begin{cases} 1, & \text{使用配送中心 } t \\ 0, & \text{不使用配送中心 } t \end{cases}$$

显然,当 $t_m = 0$ 时,必有 $x_{mj} = 0$。当 $S_t = 0$ 时,必有 $x_{it} = 0$ 且 $y_{tk} = 0$。

其中,$i = 1,2,3,4,5$;$j = 1,2,3$;$k = 1,2,3,4$;$m = 1,2,3,4,5$;$t = 1,2,3$。

变量定义表如表 7-14 所示,常量定义表如表 7-15 所示。

变 量 定 义 表 表 7-14

0-1 变量		S_1	S_2	S_3
	运量	配送中心 1	配送中心 2	配送中心 3
t_1	工厂 1	x_{11}	x_{12}	x_{13}
t_2	工厂 2	x_{21}	x_{22}	x_{23}
t_3	工厂 3	x_{31}	x_{32}	x_{33}
t_4	工厂 4	x_{41}	x_{42}	x_{43}
t_5	工厂 5	x_{51}	x_{52}	x_{53}
	分销店 1	y_{11}	y_{21}	y_{31}
	分销店 2	y_{12}	y_{22}	y_{32}
	分销店 3	y_{13}	y_{23}	y_{33}
	分销店 4	y_{14}	y_{24}	y_{34}

常 量 定 义 表 表 7-15

固 定 成 本		40 000	20 000	60 000	
	运价	配送中心 1	配送中心 2	配送中心 3	生产能力
35 000	工厂 1	800	1 000	1 200	300
45 000	工厂 2	700	500	700	200
40 000	工厂 3	800	600	500	300
42 000	工厂 4	500	600	700	200

固定成本		40 000	20 000	60 000	
40 000	工厂5	700	600	500	400
	分销店1	40	70	80	200
	分销店2	80	40	30	300
	分销店3	90	60	50	150
	分销店4	50	80	60	250

目标函数由以下几部分构成：

（1）生产厂的固定成本 $=35\,000t_1+45\,000t_2+40\,000t_3+42\,000t_4+40\,000t_5$

（2）生产厂到配送中心的运输成本 $=800x_{11}+1\,000x_{12}+1\,200x_{13}+700x_{21}+500x_{22}+700x_{23}+800x_{31}+600x_{32}+500x_{33}+500x_{41}+600x_{42}+700x_{43}+700x_{51}+600x_{52}+500x_{53}$

（3）配送中心的固定成本 $=40\,000S_1+20\,000S_2+60\,000S_3$

（4）从配送中心到销售区的运输成本 $=40y_{11}+80y_{12}+90y_{13}+50y_{14}+70y_{21}+40y_{22}+60y_{23}+80y_{24}+80y_{31}+30y_{32}+50y_{33}+60y_{34}$

由以上条件可以列出目标函数和约束条件如下。

$$
\begin{aligned}
\min Z = {} & t_1(800x_{11}S_1+1\,000x_{12}S_2+1\,200x_{13}S_3)+\\
& t_2(700x_{21}S_1+500x_{22}S_2+700x_{23}S_3)+\\
& t_3(800x_{31}S_1+600x_{32}S_2+500x_{33}S_3)+\\
& t_4(500x_{41}S_1+600x_{42}S_2+700x_{43}S_3)+\\
& t_5(700x_{51}S_1+600x_{52}S_2+500x_{53}S_3)+\\
& S_1(40y_{11}+80y_{12}+90y_{13}+50y_{14})+\\
& S_2(70y_{21}+40y_{22}+60y_{23}+80y_{24})+\\
& S_3(80y_{31}+30y_{32}+50y_{33}+60y_{34})+\\
& 35\,000t_1+45\,000t_2+40\,000t_3+42\,000t_4+40\,000t_5+\\
& 40\,000S_1+20\,000S_2+60\,000S_3
\end{aligned}
$$

$$
s.t.\begin{cases}
t_1S_1x_{11}+t_2S_2x_{12}+t_1S_3x_{13}\leqslant 300\\
t_2S_1x_{21}+t_2S_2x_{22}+t_2S_3x_{23}\leqslant 200\\
t_3S_1x_{31}+t_3S_2x_{32}+t_3S_3x_{33}\leqslant 300\\
t_4S_1x_{41}+t_4S_2x_{42}+t_4S_3x_{43}\leqslant 200\\
t_5S_1x_{51}+t_2S_2x_{52}+t_5S_3x_{53}\leqslant 400\\
y_{11}+y_{12}+y_{13}+y_{14}=t_1x_{11}+t_2x_{21}+t_3x_{31}+t_4x_{41}+t_5x_{51}\\
y_{21}+y_{22}+y_{23}+y_{24}=t_1x_{12}+t_2x_{22}+t_3x_{32}+t_4x_{42}+t_5x_{52}\\
y_{31}+y_{32}+y_{33}+y_{34}=t_1x_{13}+t_2x_{23}+t_3x_{33}+t_4x_{43}+t_5x_{53}\\
S_1y_{11}+S_2y_{21}+S_3y_{31}\geqslant 200\\
S_1y_{12}+S_2y_{22}+S_3y_{32}\geqslant 300\\
S_1y_{13}+S_2y_{23}+S_3y_{33}\geqslant 150\\
S_1y_{14}+S_2y_{24}+S_3y_{34}\geqslant 250\\
x_{ij}\geqslant 0 \text{ 且为整数} \quad (i=1,2,3,4,5;j=1,2,3)\\
y_{jk}\geqslant 0 \text{ 且为整数} \quad (j=1,2,3;k=1,2,3,4)\\
t_m=0 \text{ 或 } 1\\
S_t=0 \text{ 或 } 1
\end{cases}
$$

运用 Excel 中的规划求解可得：工厂 3 向配送中心 3 供货 300 箱，工厂 4 向配送中心 1 供货200 箱，工厂 5 向配送中心 3 供货400 箱；配送中心 1 向分销店 1 供货200 箱，配送中心 3 向分销店供货 300 箱、向分销店 3 供货 150 箱、向分销店 4 供货 250 箱。即最优方案为：使用工厂 3、4、5 和配送中心 1、3，最小总成本为 711 500 元。

混合整数规划法的主要优点是，能够将固定成本以最优的方式考虑进去，提供数学上最优的选址方案，其代价是需要耗费很长的计算机运行时间才能求得该方案。

2. 蚁群算法

该方法是以构造解的方式搜索整个解空间，可同时兼顾解的局部构造和整体性能，适宜求解具有复杂约束条件以及解的组成元素之间关联性较强的优化问题，在很多经典的组合优化领域得到了广泛应用。

下面以生鲜农产品配送中心选址问题为例说明蚁群算法在多设施选址中的应用。

农产品配送中心选址问题即是在一些已知备选地点中选出一定数目的地点设置配送中心，使形成的物流网络总费用（基本投资费用、可变费用和不变费用）最小。其优化的目标即在模型中设置几个配送中心，确定配送中心应选在哪里、每个配送中心配送哪些客户等。

为便于建立模型，假设系统满足如下条件：

（1）农产品的运输单价主要以其重量计价，因此考虑农产品单一品种配送。

（2）供应商的生产能力能满足用户需求。

（3）只在一定的备选范围内考虑新的配送中心位置。

（4）所配送农产品能一次运输完成。

则配送中心选址的目标函数为

$$\min\ Z = \sum_{i=1}^{M} f_i Y_i + \sum_{i=1}^{M}\sum_{j=1}^{N} c_{ij}x_{ij} + \sum_{k=1}^{L}\sum_{i=1}^{M} c_{ki}x_{ki} + \sum_{k=1}^{L}\sum_{i=1}^{M} Y_i u_i x_{ki}^{\lambda}$$

$$s.t.\begin{cases} \sum_{i=1}^{M} x_{ij} \geqslant a_j \quad (j = 1,2,\cdots,N) \\ \sum_{k=1}^{L} x_{ki} \leqslant b_i Y_i \quad (i = 1,2,\cdots,M) \\ \sum_{i=1}^{M} Y_i \leqslant o \\ \sum_{j=1}^{N} x_{ij} = \sum_{k=1}^{L} x_{ki} \quad (i = 1,2,\cdots,M) \\ \sum_{i=1}^{M} x_{ki} \leqslant c_k \quad (k = 1,2,\cdots,L) \\ Y_i = 1 \text{ 或 } 0 \quad (i = 1,2,\cdots,M) \\ e_j \leqslant t_j \leqslant l_j \quad (j = 1,2,\cdots,N) \\ x_{ij} \geqslant 0, x_{ki} \geqslant 0 \quad (i = 1,2,\cdots,M; j = 1,2,\cdots,N; k = 1,2,\cdots,L) \\ t_{ij} + t_{ki} = t_j \quad (i = 1,2,\cdots,M; j = 1,2,\cdots,N; k = 1,2,\cdots,L) \end{cases}$$

式中：i——配送中心；

j——需求点；

k——供应商；

Y_i——表示配送中心是否被选建,如果是,其值为1,否则为0;

f_i——配送中心 i 运营的固定费用(包括基本的投资费和固定经营费),万元;

c_{ij}——从配送中心 i 到需求点 j 的运输单价,元/kg;

x_{ij}——从配送中心 i 到需求点 j 的运输量,t;

c_{ki}——从供应商 k 到配送中心 i 的运输单价,元/kg;

x_{ki}——从供应商 k 到配送中心 i 的运输量,t;

u_i——配送中心 i 的货物流转单价(包括装卸费、机械损耗费、电费、管理费、人员工资福利等的均摊),元/kg;

a_j——需求点 j 的需求量,t;

b_i——配送中心 i 的容量,t;

c_k——供应商 k 的供货量,t;

M——备选的配送中心个数;

N——需求点个数;

L——供应商个数;

o——可兴建的配送中心的最大个数;

t_{ki}——从供应商到物流配送中心 i 的运输时间,h;

t_{ij}——从物流配送中心 i 到需求点 j 的运输时间,h;

t_j——需求点 j 对配送时间的限制,h;

e_j——需求点 j 到货的最早到达时间,h;

l_j——需求点到货的最迟到达时间,h。

现对福州市某冷藏物流公司的配送中心选址情况进行应用分析。据调查得知,在一定的区域范围内,有5个主要货源供应商和12个需求点,6个备选配送中心,配送中心最多建设数为3,固定投资费用包括土地价格和其他基本建设费。蚂蚁数 $M=20$,循环次数 $N_c=500$,$\alpha=0.2$,$Layers=20$,$Dimension=10$;$\rho_0=0.8$,$\rho=0.2$;$\tau_0=0.000\,001$。其他相关参数见表7-16~表7-20。采用VC6.0语言,在PM4/2.2G,内存256M计算机上实现。

各配送中心运营的固定费用和货物流转量单价 表7-16

配送中心	运营的固定费用 f_i(万元)	货物流转单价 u_i(元/kg)
1	13	8
2	15	9
3	9	10
4	14	12
5	17	8
6	20	10

供应商到配送中心与配送中心到需求点的运输单价 表7-17

配送中心	不同供应商的 c_{ki}(元/kg)					不同需求点的 c_{ij}(元/kg)											
	1	2	3	4	5	1	2	3	4	5	6	7	8	9	10	11	12
1	11	10	11	20	22	12	15	13	16	17	20	15	17	18	22	15	21
2	12	12	14	11	13	10	14	12	17	15	17	24	10	15	13	11	9

续上表

配送中心	不同供应商的 c_{ki}(元/kg)					不同需求点的 c_{ij}(元/kg)											
	1	2	3	4	5	1	2	3	4	5	6	7	8	9	10	11	12
3	13	9	10	12	15	11	12	14	16	13	18	20	21	16	9	20	10
4	14	10	21	12	14	12	20	21	18	14	19	20	18	17	18	17	16
5	15	8	10	9	10	11	18	20	21	19	10	12	20	18	11	12	10
6	16	12	10	11	13	14	20	12	12	20	12	18	21	19	12	13	11

供应商的供应量和需求点的需求量　　表 7-18

不同供应商的 c_k(t)					不同需求点的 a_j(t)											
1	2	3	4	5	1	2	3	4	5	6	7	8	9	10	11	12
100	180	140	180	200	40	70	50	20	60	80	30	50	10	60	50	40

货源供应商到配送中心与配送中心到需求点的时间参数　　表 7-19

配送中心	不同供应商的 t_{ki}(h)					不同需求点的 t_{ij}(h)											
	1	2	3	4	5	1	2	3	4	5	6	7	8	9	10	11	12
1	7	10	10	2	12	6	10	7	6	7	8	5	7	8	6	5	10
2	5	2	14	11	10	8	14	10	7	5	7	15	10	5	13	11	9
3	9	9	10	2	5	5	12	4	6	10	12	12	11	10	9	7	10
4	4	10	2	6	4	4	11	8	8	4	9	10	8	7	10	10	11
5	5	8	11	9	3	7	8	12	9	9	9	15	6	8	7	12	10
6	6	9	7	5	10	4	7	10	6	13	10	8	11	12	15	13	7

到达目的地的最早和最迟时间　　表 7-20

目　的　地	最早时间 e_j(h)	最迟时间 l_j(h)
1	12	16
2	19	23
3	20	22
4	15	17
5	19	21
6	20	23
7	21	24
8	19	22
9	21	23
10	22	25
11	24	27
12	20	22

计算结果选择了 1,2,3 共 3 个备选中心,最低的物流成本为 458 365 元,程序运行的结果如图 7-6 所示。

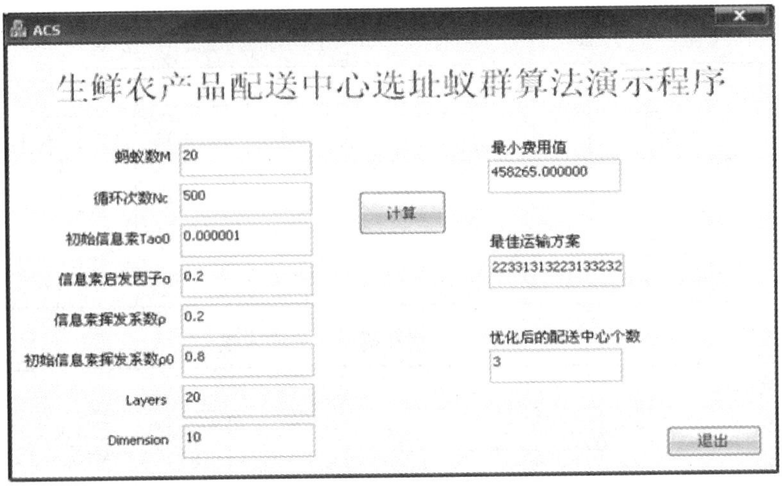

图 7-6　配送中心选址运行结果

在实际应用中，蚁群算法中参数 α、β、ρ 的设置对算法性能有很大的影响，因此要根据实际情况合理选择，以便能在获得满意解的情况下，减少计算和计算时间。

第三节　物流设施布置设计

物流设施布置是指在给定的空间范围内，对构成物流运作系统的各种要素进行位置安排，保证物流运作系统的有效性、安全性和经济性。整个物流设施从建筑角度来看，主要由作业区域厂房设施、厂房周边设施、辅助作业区域设施构成，从作业单位部门划分角度来看，由作业车间、工场、货场、职能管理部门、辅助作业及生活服务部门这几类作业单位所构成。物流设施系统布置设计的目的主要是完成设施系统总平面布置和各作业区域布置，使物流系统资源配置最优。

一、物流设施系统布置设计的目标与原则

(一)目标

设施布置的优劣对整个物流系统的运作效率和运营效果具有很大的影响，良好的布置应追求以下几个目标。

1. 总体布置最优化

综合考虑影响物流设施布置的各项因素，以总体最优而非局部最优为布置原则。

2. 搬运费用最小化

设施布置应符合工艺过程的要求，尽量使物品在设施内运输路线短捷，流动顺畅，避免运输的往返和交叉，从而减少搬运工作量，使设备投资小，生产周期短。

3. 空间利用最大化

根据场址的地形、形状进行布置，有效地利用空间，使场地利用达到适当的建筑占地系数(建筑物、构筑物占地面积与场地总面积的比率)，使建筑物内部设备的占有空间和单位物品的占有空间较小。

4. 生产安排柔性化

设施布置应能适应产品需求的变化、工艺和设备的更新及扩大物流储存能力的需要。

5. 组织结构合理化和管理方便化

设施布置应考虑将有密切关系或性质相近的作业单位布置在一个区域并就近布置，甚至合并在同一个建筑物内，以保证方便和有效管理。

6. 作业环境安全化

设施布置应体现以人为本的原则，满足员工的生理、心理需要，为其提供方便、安全、舒适的作业环境，为提高生产效率和保证职工身心健康创造条件。

上述多重目标之间有时是相互矛盾的。例如，对性质相近的作业单位布置在一个区域内，往往会导致物流量的增大；同样，尽量减少往返这一目标，作出的布置却有可能违反柔性目标。因此，在具体布置时要依据作业系统的实际情况，综合考虑上述各目标的要求，最终确定一个满意的方案。

(二)原则

物流设施在进行内部系统布置时，应体现以下原则要求：

(1)简化加工或作业过程。

(2)有效地利用设备、空间、能源和人力资源。

(3)最大限度地减少物流搬运。

(4)缩短生产作业周期。

(5)力求投资最低。

(6)为职工提供方便、舒适、安全和职业卫生的条件。

二、物流设施系统布置设计的基本要素

由于不同的物流设施之间，功能存在差异，规划的目标与采用的分析方法也不尽相同，因此其系统布置设计的要素也有所区别。以物流中心为例，物流设施系统布置设计的基本要素包括订单(Entry)、商品的种类(Item)、商品的数量或库存量(Quantity)、物流路径(Route)、服务(Service)水平或内部服务单位划分、交货时间(Time)和物流配送成本(Cost)，简称为 E、I、Q、R、S、T、C。

1. 订单(E)

订单与配送对象或客户密切相关。不同的客户对象，其订货要求往往不一样。也就是说订单品种、规模、数量上的差异决定了物流中心的设施设备、工具、作业流程、功能区划与布置上的区别。如果配送对象是经销商，则单一品种的订货量大，那么对物流中心出入库功能要求较高；如果配送对象是零售店，订货量小，品种多，则物流中心的分拣功能要强。

2. 商品的种类(I)

不同的物流中心所处理的商品项数往往差异性非常大。商品品项数及商品种类不同，其复杂性与困难性也有所区别，物流特性及配送中心的厂房硬件及物流设备的选择也完全不同。例如所处理的商品品项数为上万种的物流中心与处理商品品项数只有一两种的物流配送中心，其商品的储位区域布置安排也完全不同；食品及日用品可采用托盘货架，而家电产品的尺寸较大只能采用托盘平地存放。商品品项这一要素影响着物流中心的组成及其各作业单位间相互关系、储存搬运设备的类型、搬运方式等方面。

3. 商品的数量或库存量(Q)

物流中心商品的出货数量,影响物流中心的规划布置。如一些季节性商品,由于季节等因素的影响,经常会出现出货量的波动。因此,在进行物流配送中心的储存区域面积规划时,要综合考虑不同时期商品库存量的大小。如仅以旺季时的出货量考虑空间分配,则淡季时出货量缩减会造成空间浪费;若仅以淡季时的出货量来设计储存区域大小,则旺季时商品不够卖,影响利润。商品的数量这一要素影响着物流中心的规模、储存搬运设备的数量、运输量、建筑物面积大小等方面。

4. 物流路径(R)

物流路径可从两方面理解:一是供应链物流渠道,因物流中心在供应链(物流通道)中的位置不一样,使其服务的对象不一样,其功能也就不一样;二是指货物在物流中心的流转路线,反映货物在物流中心内的流向和距离。作业流程安排不同,货物在作业区域间的流转路线也不同,它的合理性影响到物流中心的作业效率与作业成本,特别是商品搬运的效率、分拣配货的效率。

5. 服务水平或内部服务单位划分(S)

服务水平包括交货时间、供应保证度等,服务水平应是合理物流成本下的服务品质。内部服务单位划分影响到物流中心的服务能力,也就是说其作业区域(单位)与辅助服务区域(单位)的设置不同,其服务功能要素也会存在差异。如存储型物流中心,其主要功能是仓储,就必须考虑设置较大面积的仓库;如果是转运型物流中心,其货物换装、理货服务很重要,就应设置较大面积的换装理货场地。

6. 交货时间(T)

交货时间反映物流服务水品的高低,而交货时间的长短在很大程度上取决于物流中心的物流设施作业能力。物流设施作业能力,又取决于物流中心系统布置与装备水平。若设施布置合理,则作业效率高,交货时间会相应缩短;配置设备现代化程度高,如采用自动分拣系统,则交货时间也会相应缩短,同时配货也会精确可靠。

7. 物流配送成本(C)

在新建物流中心时,除了以上的基本要素外,还应该注意研究配送商品的作业费用和设施建造费用。

三、物流设施系统布置设计 SLP(流程)模式

依照美国工厂布置专家理查德·缪瑟提出的系统布置设计(System Layout Planning,简称SLP)思想,物流设施系统布置设计程序一般经过下列7个步骤,如图7-7所示。

1. 准备原始资料

在系统布置设计开始时,首先必须明确给出基本要素E、I、Q、R、S、T、C的原始资料,同时也需要对作业单位的划分情况进行分析,通过分解与合并,得到最佳的作业单位划分情况。对这些资料的收集整理,是系统布置设计效果的关键。

2. 物流分析与作业单位相互关系分析

针对物流中心和配送中心,物流分析是布置设计中最重要的方面。此外,某些以生产流程为主的工厂,当物料移动是工艺过程的主要部分时,如一般的机械制造厂,物流分析成为布置设计中最重要的方面之一。对某些辅助服务部门或某些物流量小的工厂来说,各作业单位之

间的相互关系(非物流联系)对布置设计就显得更重要了。介于上述两者之间的情况,则需要综合考虑作业单位之间物流与非物流的相互关系。

作业单位间的物流分析结果,可以用物流强度等级及物流相关表来表示;作业单位非物流的相互关系可以用量化的关系密切程度等级及相互关系来表示。在需要综合考虑作业单位间物流与非物流的相互关系时,可以采用简单加权的方法将物流相关表及作业单位间相互关系表综合成综合相互关系表。

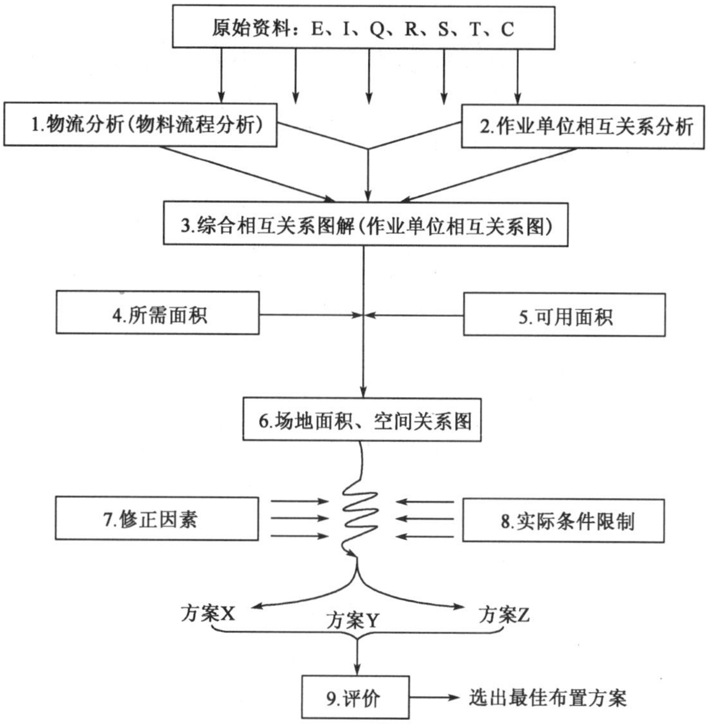

图 7-7　系统布置设计程序图

3. 绘制作业单位位置相关图

根据物流相关表与作业单位相互关系表,考虑每对作业单位间相互关系等级的高低情况,决定两作业单位相对位置的远或近,得出各作业单位之间的相对位置关系,有些资料也称其为拓扑关系。这时并未考虑各作业单位具体的占地面积,从而得到的仅是作业单位相对位置,称为位置相关图。

4. 作业单位占地面积计算

各作业单位所需占地面积与设备、人员、通道及辅助装置有关,计算出的面积应与可用面积相适应。

5. 绘制作业单位面积相关图

把各作业单位占地面积附加到作业单位位置相关图上,就形成了作业单位面积相关图。

6. 修正

作业单位面积相关图只是一个原始布置图,还需要根据其他因素进行调整与修正。此时需要考虑的修正因素包括物品搬运方式、操作方式、存储周期等,同时还需要考虑实际限制条件,如成本、安全和职工倾向等。考虑了各种修正因素与实际限制条件以后,对面积图进行调整，得出数个有价值的可行设施布置方案。

7. 方案评价与择优

针对前面得到的数个方案，需要进行技术、费用及其他因素评价，选出或修正设计方案，得到布置方案图。

依照上述说明可以看出，系统布置设计（SLP）是一种采用严密的系统分析手段及规范的系统设计步骤的布置设计方法，具有很强的实践性。

第四节　物流配送中心布局优化设计

一、物流配送中心的概念与种类

（一）概念

由国家质量监督检验检疫总局和中国国家标准化管理委员会于2006年12月4日联合发布的中华人民共和国国家标准《物流术语》（GB/T 18354—2006）对物流中心和配送中心是这样定义的：物流中心（Logistics Center）是“从事物流活动且具有完善信息网络的场所或组织（要面向快递业、运输业的称分拨中心）。应基本符合下列要求：主要面向社会提供公共物流服务；物流功能健全；集聚辐射范围大；存储、吞吐能力强，能为转运和多式联运提供物流支持；对下游配送中心客户提供物流服务。”配送中心（Distribution Center）是“从事配送业务且具有完善信息网络的场所或组织，应基本符合下列要求：主要为特定的用户服务；配送功能健全；辐射范围小；多品种，小批量、多批次、短周期；主要为末端客户提供配送服务。”

由上述物流中心、配送中心的定义和特点可以看出，物流中心一般处于物流的中游，是供应商与配送中心的中间环节，一般离供应商与配送中心较远，为使运输经济，常采用大吨位汽车或铁路运输和少批次、大批量的出入库方式。而配送中心一般位于物流的下游，储存物品的品种较多、存储周期短。为使零售店或最终客户不设库或少设库以及不设车队，配送中心具有强大的多客户、多品种、多频次、少批量的拣选和配送功能，一般采用“门到门”的汽车运输，其作业范围较小，为本地区的最终客户服务。

物流中心和配送中心都是英译而来的，一般来说，两者在本质上没有太大的区别。在欧美，通常物流中心也用Distribution Center表示，因为他们都是现代物流网络中的物流节点。而且由于物流中心、配送中心都是自营或代客户保管和运输物品的场所，有时它们的业务存在明显的交叉性，严格和绝对区分两者比较困难，意义也不大。因此，本书对物流中心、配送中心将不再区分，依照管理，统称为物流配送中心。

（二）种类

物流配送中心根据不同的划分标准可以划分为不同的类型。具体来讲，主要有以下几种划分形式。

1. 按物流配送中心的职能分类

（1）供应型物流配送中心

这种物流配送中心是向用户提供货物，行使供应职能的物流配送中心。其服务对象一般有两类：一类是组装、装配型生产企业，为这类企业提供零部件、原材料或半成品；另一类是大型商业机构、连锁企业等。

(2)销售型物流配送中心

这种物流配送中心是以销售商品为主要目的,以配送为手段,物流服务商流、配送服从促销的一种配送形式。因隶属单位不同,销售型物流配送中心又可细分为3种。

第一种是生产企业(或称制造商)为了直接销售自己的产品及扩大自己的市场份额而建立的销售型物流配送中心。在国外,特别是美国,这种类型的配送中心数量很多。如美国KEEBLER芝加哥配送中心、美国MARYKAY COSMTICS公司所属的配送中心等。

第二种是专门从事商品销售活动的流通企业,为了扩大销售而自建或合作建立起来的销售型物流配送中心。近几年,在我国一些试点城市所建立或正在建立的生产资料配送中心多属于这种类型。

第三种是流通企业和生产企业联合建立的销售型物流配送中心。这种配送中心类似于国外的"公用型"物流配送中心。

2.按物流配送中心的特性分类

(1)流通型物流配送中心

流通型物流配送中心是只以暂存或随进随出方式运作的配送中心。主要用于流通中转,一般不设储存仓库,只配备大型分类机械。货物随进随出式配货和送货,整进零出。蔬菜、水果、鲜花等商品适合这类配送中心作业。邮政作业的配送中心也属此例。

(2)加工型物流配送中心

加工型配送中心是根据用户需要,对配送物品进行加工,而后再实施配送的物流配送中心。其特点是商品经过加工后再配送给终端用户。加工的规格、尺寸、标准、数量等要求由用户提出,在配送中心加工完毕后送给用户。比如,钢板剪切配送服务中心能根据电冰箱厂、汽车制造厂、洗衣机厂、自行车厂等各类客户的要求,将钢板进行套裁,不仅节约材料,还能不分订货量多少提供细致周到的加工配送服务。

(3)储存型物流配送中心

储存型物流配送中心是为了保障生产和流通得以正常进行而出现的。这种配送中心具有较强的储存功能,它主要是为了满足三个方面的需要:一是企业在销售产品时,或多或少地会出现生产滞后的现象,若要满足市场的需求,客观上需要一定的产品储备;二是在生产过程中,生产企业也需要储备一定数量的生产资料,以保证生产系统的连续性和应付急需之用;如果配送的范围较大、距离较远时,或要满足即时配送的需要,在客观上也要求储存一定数量的物质资料。在我国,中国物资储运总公司天津物资储运公司唐家港仓库即是储存型物流配送中心的雏形。

3.按物流配送中心的服务范围分类

(1)城市物流配送中心

向城市范围的用户提供配送服务的物流配送中心称为城市物流配送中心。其服务对象多为城市圈里的零售商、连锁店和生产企业。由于配送运输距离短,因此大多采用汽车将货物直接送达用户,实行"门到门"式的送货服务,以"日配"的服务方式为主。

(2)区域物流配送中心

这种物流配送中心主要以较强的辐射能力和库存准备,向相当广大的一个区域进行配送,一般是为跨市、跨省范围内的用户提供配送服务。它具有三个特征:辐射能力强,经营规模较大,设施和设备先进;配送的货物批量较大,往往是配送给下一级的城市配送中心;配送的对象一般是大型的用户,如城市配送中心和大型工商企业。一般采用"日配"或"隔日配"的服务方式。

(3)国际物流配送中心

这是一种向区域、国际范围内用户提供配送服务的物流配送中心。这种类型的物流配送中心经营规模大,辐射范围广,配送设施和设备的机械化和自动化程度高,其配送对象主要是超大型用户,如区域物流配送中心和跨国工商企业集团。配送方式采用大批量、少批次和集装单元。

另外,还可以按物流配送中心的运营主体来划分,分为生产企业物流配送中心、商业企业物流配送中心和第三方物流配送中心。其中,第三方物流配送中心是由生产商、分销商或零售商以外的物流企业提供物流服务的业务模式。它类似于外包物流或契约物流。第三方物流配送中心一般拥有公共使用的装卸货平台、大型自动化立体仓库、比较先进的货物拣选系统、较强的运输能力以及迅速及时的信息处理能力。第三方物流配送中心可以将地区范围内小批货物的杂乱性、迂回或相向的运输加以整合,并在小批货物运输频繁地区配置仓库,在仓库之间进行混装运输,以求共同配送货物。此类物流配送中心的建立和运营,不仅提高了对客户的服务水平,扩大了销售与服务对象,而且有利于减少重复性运输,缓解交通紧张的状况。

二、物流配送中心基本布局形式

(一)内部区域结构

物流配送中心的种类很多,其规模大小各异。然而,无论哪一种类型的配送中心,其内部结构基本上都是相同的。也就是说,各种物流配送中心都是由管理指挥区和各种作业区组成的。各个区域必须体现其职能要求,具有与商品流动相适应的装卸、搬运、储存、保管、分拣、加工等多种作业功能,同时还应满足易于管理、灵活应对作业量的调整、提高经济效益等要求。现以一般性的物流配送中心为例,分别说明各个区的职能。

1. 管理指挥区(办公区)

管理指挥区是物流配送中心的中枢神经。其对外负责收集和汇总各种信息,包括用户订货或要货信息,并作出相应的决策,对内负责协调、组织各种活动,指挥调度各类人员,共同完成配送任务。管理指挥区既可集中于物流配送中心内某一位置,也可分散于各个作业区,由一个调度中心统一进行协调。该区主要有事务处理场所、内部指挥管理场所、信息场所等。

2. 作业区

由于配送中心的类型不同,作业区的构成及其面积大小也不尽相同。一般的配送中心,其作业区包括以下几个部分。

(1)接货区

接货区完成接收货物及入库前的工作,如接货、卸货、清点、检验、分类等各项准备工作。其主要设施有铁路或公路专用线、卸货站台、暂存验收检查区域。因货物在接货区停留的时间不太长,且处于流动状态,故接货区的面积相对来说都不算太大。

(2)储存区

储存区储存或分类储存着经过检验后的货物,属于静态区域。由于所进货物需要在这个区域内停留一段时间,并且要占据一定的位置,因此,和接货区相比,该区域所占面积较大,往往要占到整个作业区面积的一半，个别物流配送中心（如煤炭、水泥等）的储存区面积甚至要占物流配送中心总面积的一半以上。其主要设施设备包括专用仓库、各种货架、叉车和吊车等起重设备。

（3）分拣作业区

分拣作业区进行分货、拣货和配货作业，为送货做准备。其面积大小因物流配送中心的类型不同而有较大变化，如对多用户、多品种、少批量、多批次配送（如小件、杂货）的物流配送中心而言，分货、拣货、配货工作复杂，工作量大，该区域所占面积就比较大；反之，分货及配货任务不太大的物流配送中心，区域面积相对较小。分拣区配置着许多专用设施和设备，如手推载货车、重力式货架和回转式货架、升降机、传送装置、自动分拣设施等。

（4）配装或配载区

由于种种原因，有些分拣出来并配备好的货物不能立即装车发送，而是需要集中在某一场所等待统一发运，这种放置或处理待发送货物的场地就是配装或配载区。该区域用来暂存货物，时间短、周转快，所占面积相对较小。配装或配载作业的主要内容是分放货物、组配货物和安排车辆等，故在这个作业区内基本没什么特殊的大型专用设备，只需配置计算机、小型装卸机械和运输工具。

（5）发货区

在发货区将组配好的货物装入外运车辆发出。从布局和结构上看，发货区与接货区类似，由运输货物的线路、接靠载货车量的站台、场地等组成。所不同的是，发货区位于整个作业区的末端，而接货区位于首端。有时候发货区和配装配载区连为一体，配备好的货物直接通过传送装置进入发货场地。

（6）加工区

许多配送中心还设有加工区，在该区域进行分装、包装、切裁、下料、混配等各种类型的流通加工作业。因加工工艺有别，各个（加工型）配送中心的加工区所配置的设备也有所区别。和储存区一样，加工区所占的面积也比较大，尤其是煤炭、水泥、木材等生产资料加工区，所占面积更大。

除以上主要工作区域外，物流配送中心还包括其他一些附属区域，如内部道路、停车场等。

（二）基本布局形式

物流配送中心的基本布局类型可以分为 U 形布局、直线流出布局和多层布局等。

1. U 形布局

U 形布局的特点是布局紧凑，充分利用了空间和物流设施设备。如图 7-8 所示。

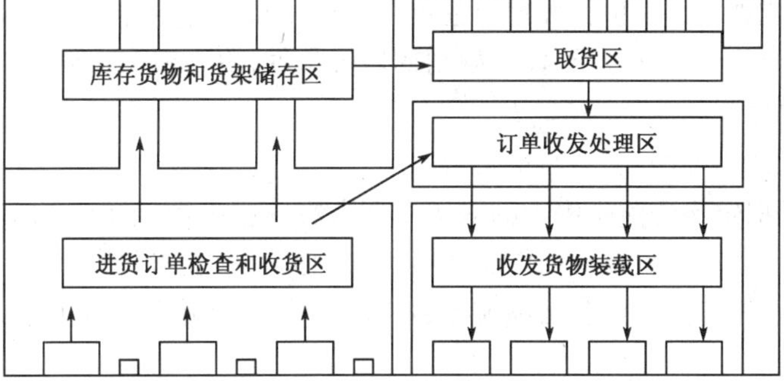

图 7-8　U 形布局

2. 直线流出布局

直线流出布局的特点是单向流动，货流畅通，可以有更多入库门和出库门，方便货物的大批量操作，如图 7-9 所示。

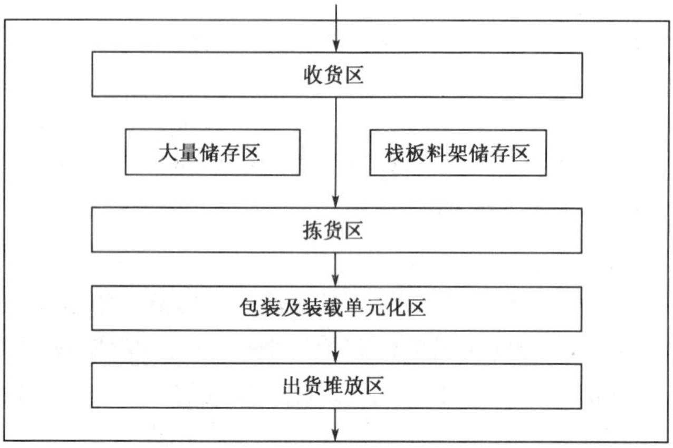

图 7-9 直线流出布局

3. 多层布局

多层布局是为了节省空间，但并不是所有配送中心都可以采用多层布局。例如，英国 River Island 在弥尔顿·凯恩斯的全国配送中心，因为其主要作业是对成衣的配送，对楼层的承重要求不高，所以使用多层布局形式，使空间得到充分利用。

三、物流配送中心空间规划

(一) 规划流程

物流配送中心的建设对企业来说是一笔巨大的投资，且投资具有高风险的特征。为了避免因规划不当产生的投资风险，规划者必须遵循正确的规划程序对物流配送中心建设进行项目规划。图 7-10 是物流配送中心规划流程和主要规划内容，对配送中心规划人员具有一定的参考意义。

由图 7-10 可以看到，物流配送中心的规划程序主要分为 5 个阶段：筹建准备阶段、系统规划设计阶段、方案评估阶段、详细设计阶段和系统实施阶段。

1. 筹建准备阶段

在准备阶段，经过收集、整理和分析基本规划资料，制定建立物流配送中心的目标任务之后，就可以进行系统规划了。项目规划中主要是确认物流配送中心项目的目标和进行前期调查，对整个规划作相关的数据分析，设定规划的假设条件，明确整个项目规划的具体目标后，再进入后面的方案设计。

2. 系统规划设计阶段

该阶段主要是拟定物流配送中心的初步规划方案。根据前面确定的项目规划目标，在这个阶段可以对仓储设施、物流设备和作业功能各方面的具体要求进行规划。确定了仓储设施等具体要求，就可以相应作出对仓储设施等的具体设计，并作出投资预算及运作成本。

3. 方案评估阶段

在基本设计阶段往往产生几个可行的系统方案，应根据各方案的特点，采用各种系统评价方法或计算机仿真的方法，对各方案进行比较和评估，从中选择一个最优的方案进行详细设计。

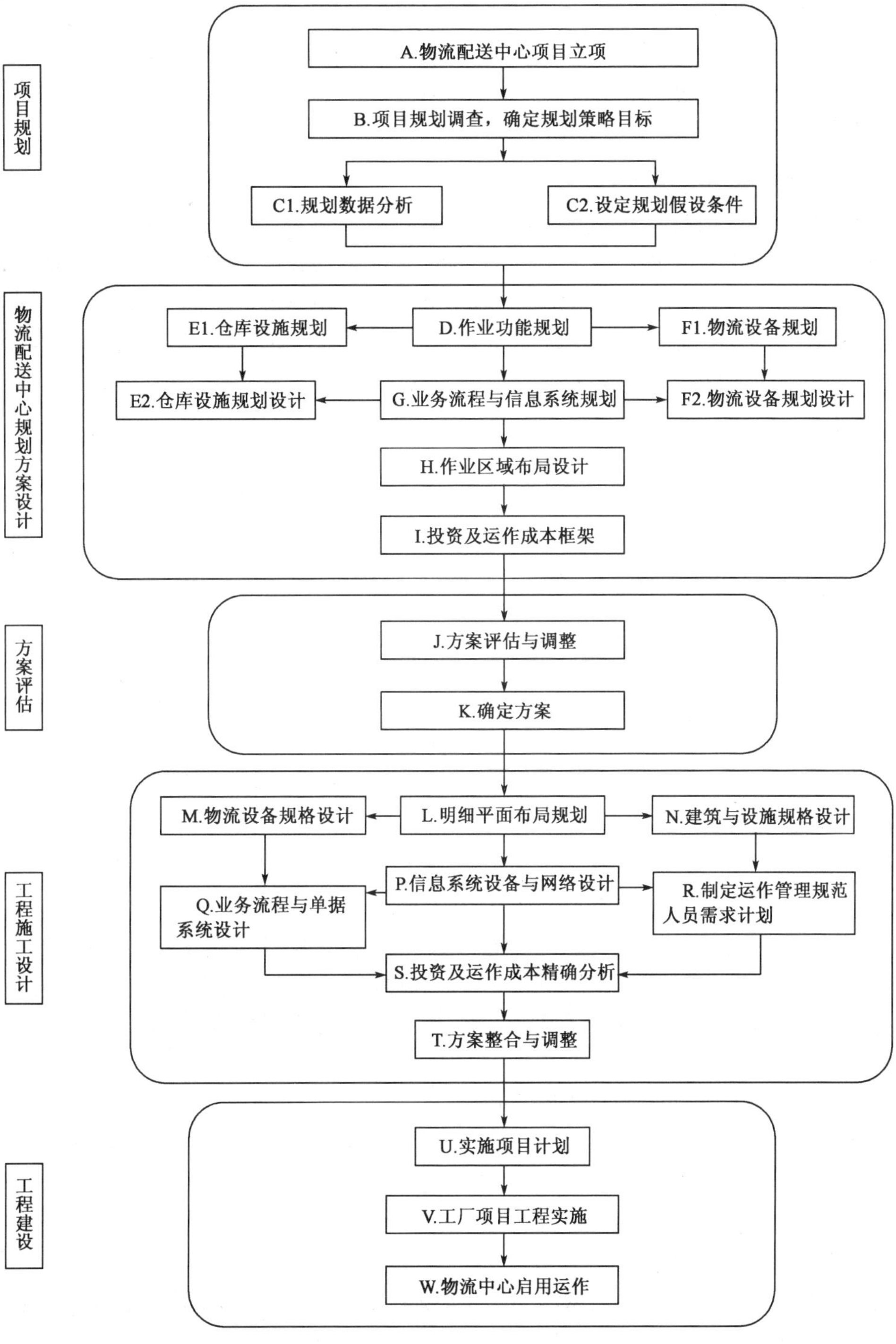

图7-10　物流配送中心的规划流程和主要规划内容

4. 详细设计阶段

在详细设计阶段，要对所使用的设备类型、能力等作出规定，并决定作业场所的详细配置、办公及信息系统的设施规格与数量,制定设计施工计划等。包括设备制造厂的选定以及具体的实施条目和有关设备形式的详细计划的编制。

5. 系统实施阶段

为保证系统的统一性和系统目标与功能的完整性,应对参与设计施工各方所涉及的内容从性能、操作、安全性、可靠性、可维护性等方面进行评价和审查。进入工程施工设计阶段后,就进入实际建设阶段,建成后就可以启用物流配送中心了。

(二)作业区域布局优化设计

从图 7-10 中可以看出,物流配送中心方案规划设计的内容包括仓库设施规划、作业功能规划、物流设备规划等方面。下面以作业区域布局设计为例,来说明作业区各主要区域的空间设计。由于各区域的作业性质不同,要求的作业空间的标准也不相同。在进行区域的空间设计时,除了考虑所选设备设施的基本使用面积外,还要计算操作活动、物料储存空间和通道面积,同时又要结合物流配送中心的实际和未来发展,对预留空间问题有所考虑。

1. 接货区和发货区设计

接货区和发货区设计主要是进出货平台设计。进出货平台也称月台,有时又称为码头,是进出货的必经之地。进出货平台是物流配送中心的货物入口和出口,其设计通常包括进货与出货平台的位置关系、平台形式、停车遮挡形式设计以及平台宽度、长度和高度计算。

1)进货与出货平台的位置关系

进出货平台配置设计可根据作业性质、厂房平面布置以及仓库内物流动线来决定平台的配置形式。进货平台与出货平台的相对位置将直接影响到进出货效率。两者的位置关系如图 7-11 所示。

(1)进出货平台共用。该种设计方案可提高空间和设备利用率,但管理困难,容易造成进货与出货相互影响,尤其是进出货高峰时间。适合于进出货时间错开的仓库。

(2)进出货平台不共用,但两者相邻。该种设计方案使进出货空间分开,但可以相互借用。适用于厂房空间较大,进出货容易相互影响的仓库。

(3)进出货平台相互独立,两者不相邻。该种设计方案使进出货作业空间完全分开,设备利用率低。适用于物流规模大、厂房空间也大的仓库。

(4)多个进出货平台。适用于进出货频繁、种类较多且空间足够的仓库。

2)平台形式

平台形式有两种:锯齿形和直线形,如图 7-12 所示。

(1)锯齿形。其车辆回旋纵深较浅,但其缺点为占用仓库内部空间较大,如图 7-12a)所示。

(2)直线形。其优点在于占用仓库内部空间较小,缺点是车辆回旋纵深较深,外部空间需求较大,如图 7-12b)所示。

由以上优缺点比较可得知,所需内部空间小则外部空间就大,因而经营者在作决策时可考虑土地及建筑物的价格,如果土地价格与仓库的造价差距不大时,以直线式为佳。

2. 储存区作业空间设计

在设计储存区空间时,应考虑以下因素:货品尺寸数量,托盘尺寸和货架空间,设备型号、尺寸、能力和旋转半径,走廊宽度和位置,柱间距离、建筑尺寸与形式,进出货与搬运位置,补货或服务设施的位置(防火墙、灭火器、排水口等)。总之,不论储存区如何布置,应首先根据货品尺寸及数量,堆放方式,托盘尺寸和货架储位空间,计算出存货所占空间大小。分以下 4 种情况分别说明。

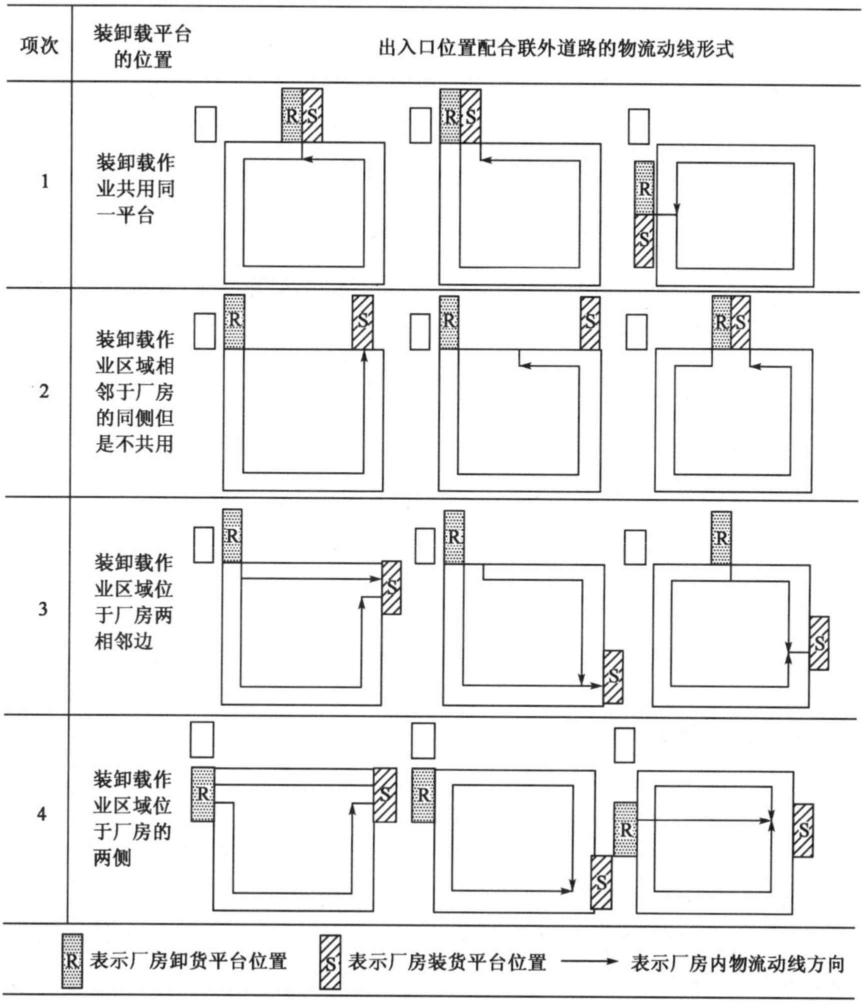

图 7-11　进货与出货平台位置与动线形式图

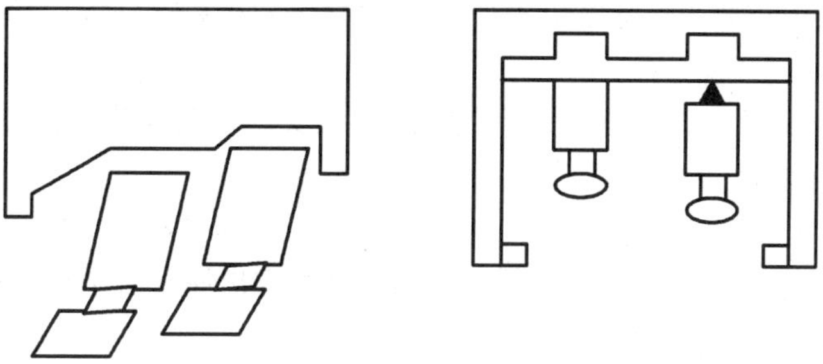

a)锯齿形　　b)直线形

图 7-12　进出货平台车位形式图

(1)托盘平置堆放

当大量发货时，将托盘放在地板上平置堆放为宜。此时应考虑托盘数量、尺寸和通道。设托盘尺寸为 $p \times p$，通过货品尺寸、托盘尺寸与码垛方式，计算出每个托盘平均可堆放 N 箱货品。若平均存货量为 Q，则托盘占地面积 D 为

$$D = \frac{Q}{N}(p \times p)$$

在计算实际储存所需空间时，还应考虑到高层叉车存取作业所需空间。此外，中枢型通道约占全部面积的30% ~35%。因此，实际储存所需空间 A 计算如下

$$A = \frac{D}{1 - 35\%} = 1.5D$$

(2)料筐就地堆放

设料筐尺寸为 $p \times p$，由货品尺寸和料筐尺寸算出每个料筐平均可堆放 N 箱货品，料筐在仓库中可堆放 L 层，平均存货量为 Q，则料筐占地面积 D 为

$$D = \frac{Q}{L \times N}(p \times p)$$

当计算实际储存所需空间时，还要考虑到高层叉车存取作业所需空间，采用一般的中枢型通道，则通道约占全部面积的35% ~40%，所以实际储存所需面积 A 为

$$A = \frac{D}{1 - 40\%} = 1.67D$$

(3)托盘货架储存

当使用托盘货架储存物品时，计算存货占地面积，除了考虑货品尺寸和数量、托盘尺寸、货架形式和层数之外，还要考虑相应通道空间。设货架为 L 层，每个托盘可堆放 N 箱货物，平均存货量为 Q，则存货需要的占地托盘数 P 为

$$P = \frac{Q}{L \times N}$$

由于货架具有区块特性，即每个区块由两排货架和通道组成。实际储存区空间包括存取通道和仓库区块空间(由通盘占地空间换算而成)。在计算货架的货位空间时，应以一个货位为计算基础。一般一个货位可存放两个托盘或一个托盘，现在以存放两个托盘为例加以说明。图7-13所示为货位空间计算图。

图7-13中，a 为货架柱宽，b 为托盘与货架间隙，c 为托盘宽度，d 为托盘间隙，e 为托盘梁架高度，f 为托盘堆放与货架横梁间隙，g 为托盘堆放高度(含托盘厚度)，i 为托盘堆放前后深度间隙，h 为托盘架中梁柱宽，则货架单位宽度 $P_1 = c + 2i + h/2$，货架单位长度 $P_2 = a + 2b + 2c + d$。

设货位宽度为 P_1，长度为 P_2，区块货位列数为 Z，叉车直角存取通道宽为 W_1，储区区块侧向通道为 W_2，储存区的区块数为 B，则每一区块占地面积 A 为

$$A = (2P_1 + W_1) \times (Z \times P_2 + W_2), B = P/(2 \times 2Z)$$

当求得储存区区块数 B 和每区块面积 A 之后，则可求出储存区全部面积 $S = A \times B$，每个区块内货格所占面积为 $2Z \times P_1 \times P_2$。

(4)轻型货架储存

对于尺寸不大的小量多品种货物采用轻型货架储存。如以箱为储存单位时，在计算空间时应考虑货品尺寸、数量、货架形式及层数、货架的储位空间等因素。设货架为 L 层，每个货位

面积 $a \times b$，每货位堆放 m 箱，平均存货量为 Q，则存货面积 D 为

$$D = \frac{Q}{L \times m}(a \times b)$$

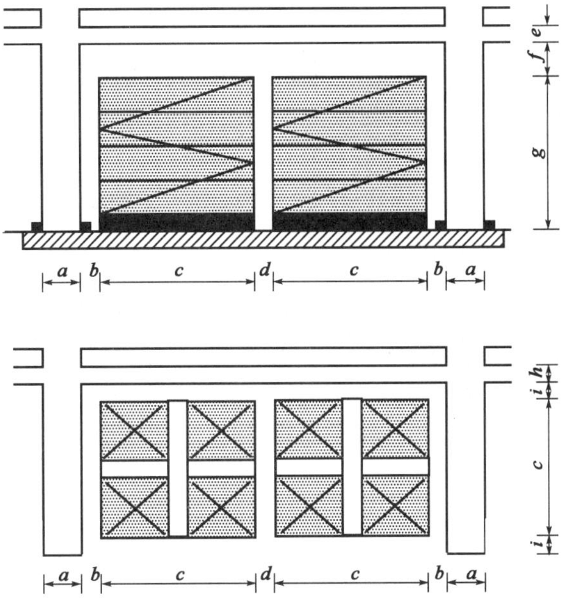

图 7-13　托盘货位空间计算图

3. 分拣区作业形式设计

分拣区的空间设计非常关键，它影响到整个物流配送中心的效率，因为分拣作业是物流配送中心内最费时的工作。常见的拣货方式有以下几种。

(1)储存和分拣区共用托盘货架的拣货方式

这种拣货方式适合于体积大、发货量也大的物品。一般是托盘货架第一层(地面层)为分拣区，第二层和第二层以上为库存区。当拣货结束后再由库存区向分拣区补货。

在空间计算时，首先考虑分拣区的货物品项总数，因为品项数的多少将影响地面上的托盘空间。实际空间多少取决于品项总数和库存量所需的托盘数。为此，库存空间应适当放大，一般放大 1.3 倍为宜。

由于实际库存单位为托盘单位，所以不足一个托盘的品项仍按一个托盘来计算。设平均库存量为 Q，平均每托盘堆放货品箱数为 N，堆放层数为 L，库存空间放大倍数为 1.3，则存货区每层托盘数 P 为 $P = 1.3 \times \frac{Q}{N \times (L-1)}$。设拣货品项数为 I，则分拣区所需托盘数为 $\max(I, P)$。

(2)储存和分拣区共用的零星拣货方式

储存和分拣区共用的零星拣货方式分为以下三种情况。

第一种情况是流动货架拣货方式。这种方式适用于进出货量较小、体积不大或外形不规则货品的拣货工作。因为进货、保管、拣货、发货都是单向物流动线，可配合入、出库的输送机作业，让流动货架实现储存和拣货的动管功能，可以达到先入先出的管理效果。在进货区把货品直接由货车卸到入库输送机上，入库输送机自动把货品送到储存和拣货区。这种方式的拣货效率较高。拣取完的货物立即被放置于出库输送机上，自动把货品送到发货区。

流动货架的优点在于:仅在拣货区通路上行走便可方便拣货,使用出库输送机提高效率,出入库输送机分开可同时进行出入库作业。图 7-14 所示为单列流动货架拣货方式。

对于规模较大的物流配送中心,可采用多列流动货架进行平行作业。然后,再用合流输送机将各线拣选货物集中。图 7-15 所示为多列流动货架拣货方式。

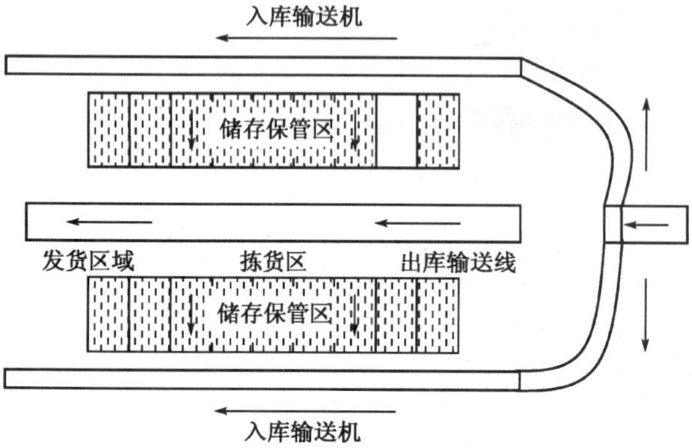

图 7-14　单列流动货架的拣货方式图

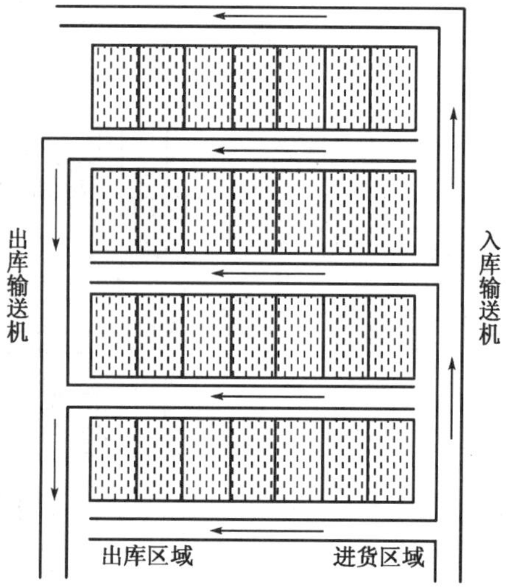

图 7-15　多列流动货架的拣货方式图

第二种情况是一般货架拣货方式。单面开放式货架进行拣货作业,入库和出库是在同一侧。因此,可共用一条入库输送机来进行补货和拣货作业。虽然节省空间,但是必须注意入库和出库时间必须错开,以免造成作业混乱。图 7-16 所示为单面开放式货架的拣货方式。

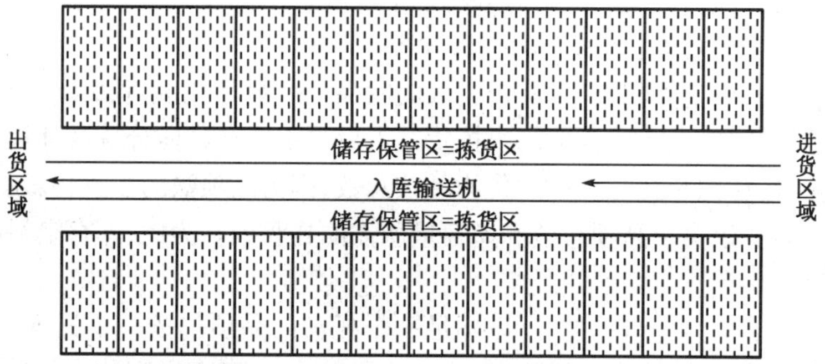

图 7-16　单面开放式货架的拣货方式图

第三种情况是积层式货架拣货方式。采用该种拣货方式拣货,作业时,拣取位置不宜超过 1.8m,否则操作困难。如利用有限空间进行大量拣货作业,可用积层式货架。下层为大型重货架,为箱拣取;上层为小型轻物品,用于单品拣取。这样可以充分利用仓储空间。

(3)储存和分拣区分开的零星拣货方式

这种方式的特点是储存与分拣区不在同一个货架,要通过补货作业把货品由库存区送到分拣区。此种方式适合于进出货量中等的情况。图 7-17 所示为储存区和分拣区分开的零星拣货方式。

如果作业是多品种小批量的单品发货方式,则可在分拣区的出库输送机两侧增设无动力拣货输送机,如图 7-18 所示。这种方式的优点是拣货员拣取货物是利用输送机,一边推着空储运箱一边按拣货单依箭头方向在流动货架前边走边拣货。当拣货完毕便把储运箱移到动力输送机上。这种方式工作方便、效率较高。

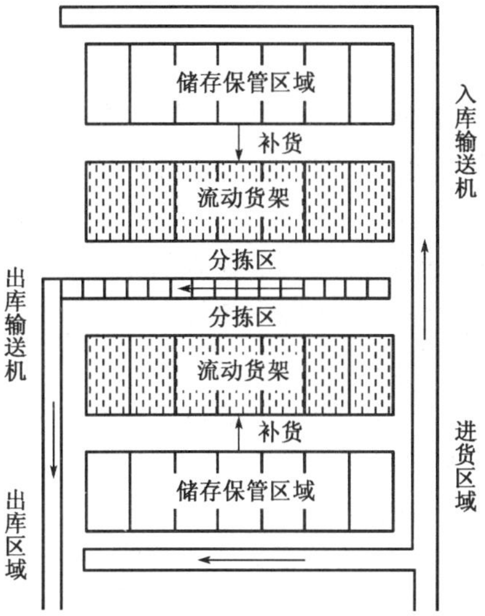

图 7-17 储存与分拣区分开的零星拣货方式图

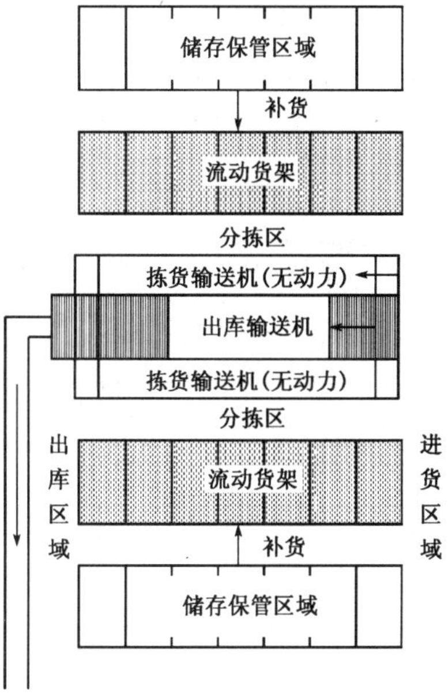

图 7-18 有动力/无动力输送机的拣货方式图

(4)分段拣货的少量拣货方式

当分拣区内货品项过多,使得流动货架的拣货路线很长,则可考虑接力棒式的分段拣货方式。如果订单品项分布都落在同一分区中,则可跳过其他分区,缩短拣货行走距离、避免绕行整个分拣区。图 7-19 所示为分段拣货补货方式。

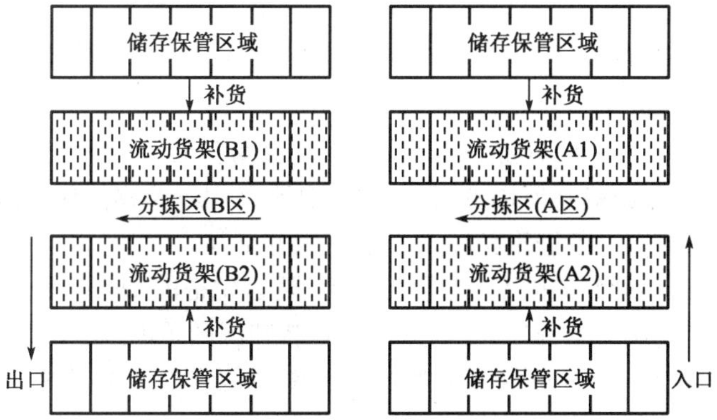

图 7-19 分段拣货方式图

(5)U 型多品种少批量拣货补货方式

为减少拣货人员或要兼顾输送机两侧货架的拣取作业时,可采用 U 型拣货路径和输送机方式。图 7-20 所示为多品种少量拣货补货方式。

4. 配装或配载区设计

由于拣货方式和装载容器的单位不同,在发货前的暂存和准备工作需要有一定的集货空间。各种集货作业的拣货类型如下。

(1)单一订单拣取

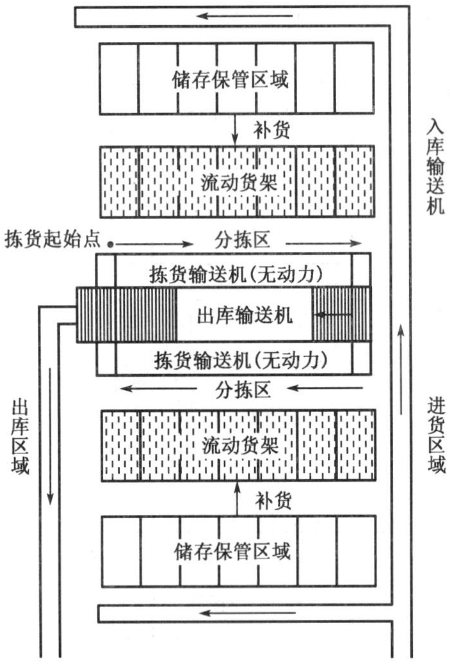

图 7-20　U 型多品种少量拣货补货方式图

以单一订单用户为单位,拣取后的发货单位可能是储运箱、笼车、台车或托盘。配装或配载区以此为单位设计暂存区以待发货。

(2)订单分区拣取

以单一订单用户为主,根据拣货单把储存区分成几个区,拣取之后的发货单元可能同时包括储运箱、笼车或托盘等组合。为此,可能有另外的装拼、组合或贴标、注记等工作。这样有利于装车送货员识别不同用户的货品。这种方式要求较大的集货空间,在设计时可分为主要用户和次要用户的配装或配载区。

(3)订单批量拣取

这种方式是多张订单批量拣取,在拣取后需要进行分类作业。为此需要有分类输送设备或者人工分类的作业空间。分类输送设备适合于发货量大、品项包装或装载类型相似的物品。此时配装或配载区空间设计与单一订单拣取方式相同。人工分类适合于发货的用户少、货品种类及物性变化较大的物品。此时,需要有行走通道和发货平台前的暂存空间。

配装或配载区货位设计,一般以发往地区为货区单位进行堆放,同时考虑发货装载顺序和动线畅通性,在空间条件允许的情况下以单排为宜。否则,可能造成装车时在配装区查找货物比较困难,以至于影响搬运工作,降低装载作业效率。

另外,在规划配装区空间时,还要考虑每天平均发货订单、发货车次和出车路线,以及每天拣货和出车工作时序安排等因素。在不同发车时序要求下,需要集货空间配合工作,方便车辆到达物流配送中心,立即可以进行货物清点和装载作业,减少车辆等待时间。

5. 区域内通道设计

对于物流配送中心厂房内的作业,通道设计相当重要。通道设计主要是通道位置和宽度的设计。通道设计极大地影响仓库内的空间分割、合理利用以及物流作业效率,通道设计应提供正确的物品存取、装卸货设备进出路径及必要的服务空间。

影响通道布置和宽度设计的因素有:通道形式,搬运设备的型号、尺寸、能力和旋转半径,储存物品的尺寸,储存批量尺寸,储存区到进出口及装卸区的距离,防火墙位置,行列空间及柱子间隔,服务区到设备的位置,地板负载能力,电梯、斜道位置以及出入的方便性等。

进行通道设计的顺序是:首先设计主要通道和出入厂门的位置,然后设计作业区间的辅助通道,最后设计其他通道。

(1)主要通道

沿仓库纵向贯通,以直线或尽可能少的折线来连接出入口,提供叉车、手推车和人员双向通行,一般宽度为 3.5 ~6m。

(2)辅助通道

一般沿仓库横向,与主要通道垂直,以叉车通行为主,人员通行为辅。影响叉车通道宽度的因素有叉车形式、规格尺寸、托盘规格尺寸等。对于不同的叉车生产厂家,所生产的叉车规格、尺寸、型号也略有差异,在设计时,要根据所选厂家的叉车产品,进行具体地实际计算。

(3)人行通道

人行通道除了正常情况下员工通行外，还用于人工作业、维修和紧急逃生等。其宽度主要由人流量来决定。

设人员行走速度为 v(m/min)，每分钟通过人数为 n，两人前后最短距离为 d(m)，平均每人身宽为 w(m)，则行走时每人在通道上所占空间为 $d \times w$(m^2)，因此，通道宽度 W 的计算公式为 $W = d \times w \times \frac{n}{v}$。例如，假设两人行走时需要的前后最短距离 d 为 1.5m，平均人身宽度 w 为 0.76m，一般人行走速度 v 等于 50m/min，每分钟通过 80 人，则通道宽度 W 应设计为 1.8m。

一般情况下，人行通道 $W = 0.8 \sim 0.9$m；多人通行时，$W = 1.2$m。

(4)手推车通道

手推车通道宽度为车体宽加上两倍的侧面余量尺寸。即单行道时，$W = 0.9 \sim 1.0$m；双行道时，$W = 1.8 \sim 2.0$m。这种通道宽度足够满足在货架之间用手推车作业的要求。

表 7-21 为厂房通道宽度参考值。

厂房通道宽度参考值　　表 7-21

通道种类或用途	宽度(m)	通道种类或用途	宽度(m)
中枢主通道	3.5～6	侧面货叉型叉车	1.7～2
辅助通道	3	堆垛机(直线单行)	1.5～2
人行通道	0.75～1	堆垛机(直角转弯)	2～2.5
小型台车	车宽加 0.5～0.7	堆垛机(直角堆叠)	3.5～4
手动叉车	1.5～2.5	堆垛机(伸臂、跨立、转柱)	2～3
重型平衡叉车	3.5～4		
伸长货叉叉车	2.5～3	堆垛机(转叉窄道)	1.6～2

第五节　物流中心规划实例——某医药物流中心规划

一、项目背景

为了适应医药市场激烈竞争的新形势，深化医药流通体制改革，支持医药连锁经营等现代流通组织模式，加快医药流通现代化，提高企业的综合竞争能力，实现物流配送集约化经营、规模化发展。某医药公司拟构建现代化的医药物流中心，以提高物流运作能力。根据企业的具体需求，公司规划人员在进行详细的调研和需求分析的基础上，对物流中心进行了总体规划。

二、规划目标

物流中心建设的总目标：根据医药公司药品、药材、医疗器械、化学试剂、生化制品、保健食品等的业务发展需求，规划建设集进、储、配、送为一体的多功能、高效益的符合 GSP 标准的经济实用的物流中心，满足年进出货量 230 000 箱以上的要求，实现最佳的社会效益和经济效益。

(一)基本规划要求

(1)建设规模满足公司出货量的需要，为连锁药店提供物流支持。

(2)作业能力满足三年内业务量增长的需要以及订单量的变化、满足配送时限的要求。

(3)充分利用现有地块面积，在满足绿化和消防要求的前提下，尽量提高土地面积利用率。

(4)适当的技术先进性与适当的投资额。

(5)物流中心管理信息系统满足内部作业无纸化要求。

(二)执行目标

(1)提高物流作业效率。

(2)降低物流作业错误率。

(3)缩短物流作业周期中的交货周期。

(4)降低物流运作成本。

(5)迅速掌握分销分配信息。

(6)降低库存水平。

(7)提升物流服务竞争力。

(8)配送中心管理信息系统应与公司 ERP 系统无缝对接。

三、总体运转能力

总体运转能力包括物流中心的总体物流能力以及进货区、仓储区、拣货区、出货区的基本运转能力。总体运转能力除需考虑基本作业需求量以外，也需配合作业弹性及未来成长趋势来确定，如表 7-22 所示。

物流中心总体运转能力 表 7-22

项　　目	年能力(年)	日能力(天)
出货量(箱)	230 000	920
订单处理能力	250 000	1 000
库存量(箱)	100 000	

注：年工作日为 250d；库存周转次数按 6 次/年计。

四、物流中心的总体规划

(一)储运单元规划

基本规划条件是指进行配送中心规划的基本参数或能力需求。根据 EIQ-C 和 EIQ-B 分析，可决定配送中心内的基本储运单元，储运单元规划的目标是使储运单元易于量化及转换，提高储存和分拣作业效率。基本储运单元的规划是进行配送中心规划和设备配置的基础。配送中心的基本储运单元规划如表 7-23 所示。

基本储运单元规划 表 7-23

区　域	进货单元	储存单元	拣选单元	出货单元
AS/RS 区	C	P	P、C	C
托盘货架区	C	P	C	C
零货区	C、B	C	B	B

注：P——托盘，C——箱，B——单品；托盘规格：1 200mm(l) ×1 000mm(b) ×1 150mm(h)；货物堆码尺寸：1 200mm(l) ×1 000mm(b) ×1 150mm(h)；料箱规格：600mm(l) ×400mm(b) ×148mm(h)。

(二)物流中心总平面布置

本着优化物流、美化环境的原则,以树立现代医药分销企业的形象为目标,采用系统布置设计方法与功能分区方法相结合,进行设施规划布置。

配送中心总平面布置如图7-21所示,左边是物流中心厂区,右侧为综合办公区。

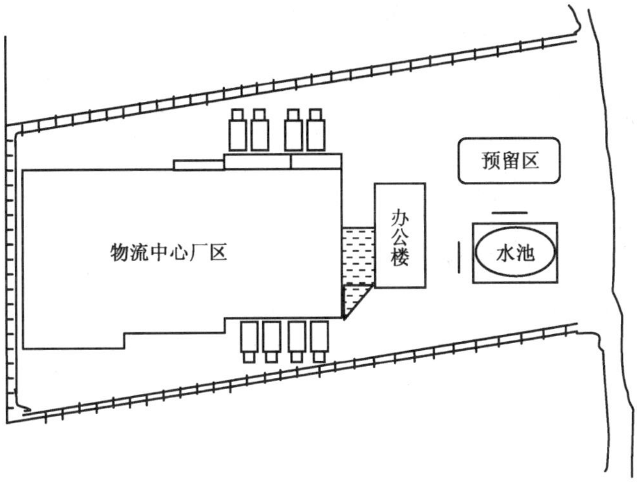

图7-21　物流中心厂区总体平面布置图

厂区内有AS/RS货区、复合楼库区、危险品仓库等作业设施,有办公楼、停车场、道路、配电室、绿地、消防等辅助设施。物流中心的区域设施如表7-24所示。

物流中心的区域设置　　表7-24

序号	名　称	功　能	规　模	备　注
1	警卫室	保卫执勤、进出管制	$24m^2 \times 2$	
2	办公停车场	办公车辆、客户车辆	$150m^2$	停放10台车以上
3	货车停车场	运货车辆	$430m^2$	停放20台车以上
4	AS/RS库区	入库、出库、储存保管、分拣、配送	$8\,352m^2$	建筑面积
5	复合楼库区	入库、出库、储存保管、分拣、配送	$1\,512m^2$	高24m
6	危险品仓库	危险品、试剂储存	$108m^2$	建筑面积
7	货车停车场	运货车辆	$200m^2$	停放12台车以上
8	办公楼	业务、管理、生活	$3\,751m^2$	建筑面积
9	配电室	能源供应	10kV	
10	绿地	环境美化绿化	$5\,100m^2$	绿化率30%
11	货运道路	货车通行、运输	$2\,800m^2$	主干道
12	办公道路	办公车通行	$1\,500m^2$	楼前广场
13	消防设施	消防	$300m^2 \times 2$	地下

(三)物流中心内部功能区分

根据物流中心药品的储存与物流特征,可将物流中心的区域划分为收货区、主储区、特殊品储区、集配货区、发货区、配合作业区域、退厂品处理区、待处理品区、配合性区域等。物流中心功能区划如表7-25所示。

物流中心内部功能区划　　表7-25

序号	名　称	功　能	组　成	备注
1	收发区	接受货物;数量检验;外观检验;整理码盘;入库	接货站台;接货工作站;暂存理货区;接待办公室	
2	检验区	质量抽检;商品养护	质量检验办公室;养护室;化验室	
3	主储区	通常药品的储存和分拣	AS/RS区;托盘货架区;流动货架区;搁板货架区	
4	特殊品储区	特殊药品的储存;拣选器械储存;拣选	冷藏库;毒麻药品库;中药材库;医疗器械;贵重药品库	
5	集配区	分类;集货;打包	集货区;打包区	
6	发货区	备货;验收;发货;派车;配装	发货暂存区;发货站台;发货工作站;车辆调度室;发货办公室	
7	配合作业区	托盘回收;料箱回收;料箱储存;托盘暂存;废料暂存	托盘回收区;料箱回收区;料箱储存区;托盘暂存区;废料暂存区	
8	退货处理区	退货接货;退货暂存;破损、污染、滞销品储存	退货接货区;退厂品储区;待处理品区	
9	配合性区域	动力及空调设备使用;安全消防设施使用;设备维修;人员车辆通行;机械设备停放	消防控制室;配电室;设备维护区;电梯、楼梯、通道;搬运设备停放区	
10	中心办公区	仓储部办公;运输部办公;质检部办公;会议;计算机管理控制	经理办公室;业务办公室;会议室;计算机控制室;其他	
11	员工活动区	员工休息及活动	更衣室;盥洗室;司机休息室	

(四)物流中心的厂区总体布置图

物流中心的厂区总体布置如图7-22所示。

(五)物流中心储区能力需求规划

物流中心的储区能力需求规划主要是对各储存区域的库容量和作业频率的需求进行规划。该物流中心储存区域分为主储存区、医疗器械库、中药材储存区、危险品储存区、毒麻品储存区、贵重药品储存区和冷藏品储存区,每个储区分别储存不同类别的药品。另外,还设立了处理退货品和滞销品的储区、待处理品区、不合格品区和退厂品储区。

1. 主储区能力需求规划

主储区包括AS/RS区、托盘货架区、流动货架区和搁板货架区等。各主储存区的容量规划如表7-26所示。

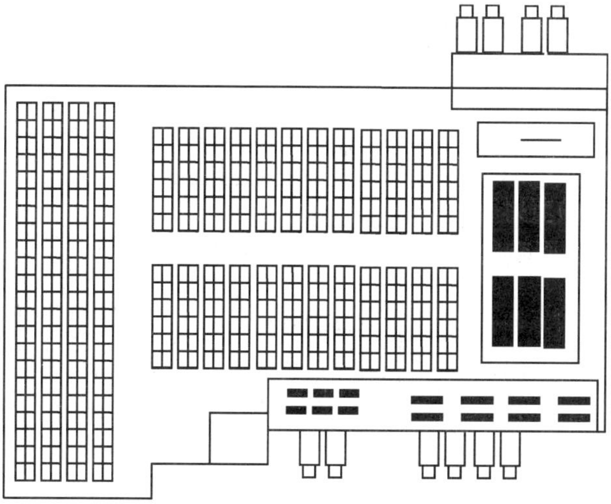

a)一层

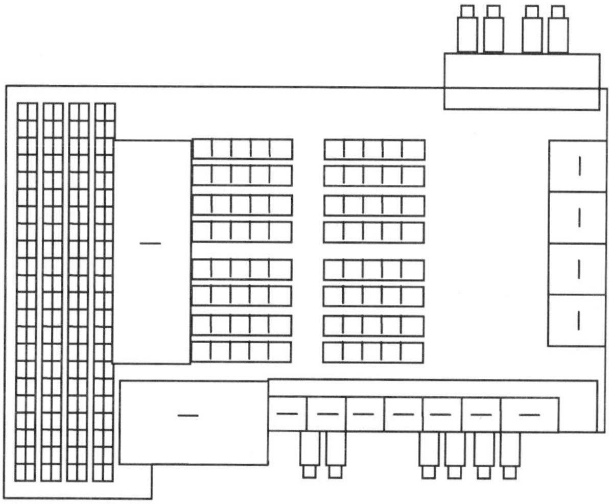

b)二层

图 7-22　物流中心的厂区总体布置图

主储区容量需求规划　　　　表 7-26

项　目	设计储存品种	拣　选　点	储　存　量	库容量(货位)
AS/RS 库区	1 247	5 572	5 572 盘	5 572
托盘货架区	738	738	1 476 盘	1 476
流动货架区	686	686	2 774 盘	686
搁板货架区 1	605	1 210	2 420 盘	1 210
搁板货架区 2	3 257	9 770	19 640 盘	9 770

2. 其他储区能力需求规划

其他储区规划主要是根据各储区的储存药品的特性和品项数,确定各区的面积大小。

五、物流中心主储区的物流路线

物流中心主储区物流路线包括进货、出货、补货、退货和空托盘回收与供给等几个方面。图 7-23a)为一层物流动线,图 7-23b)为二层物流动线。

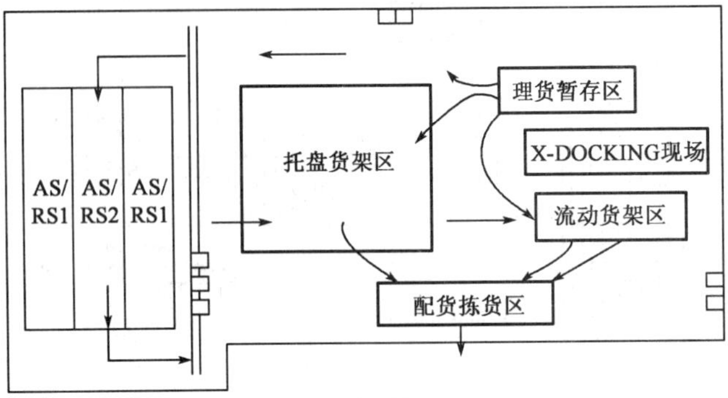

a)一层

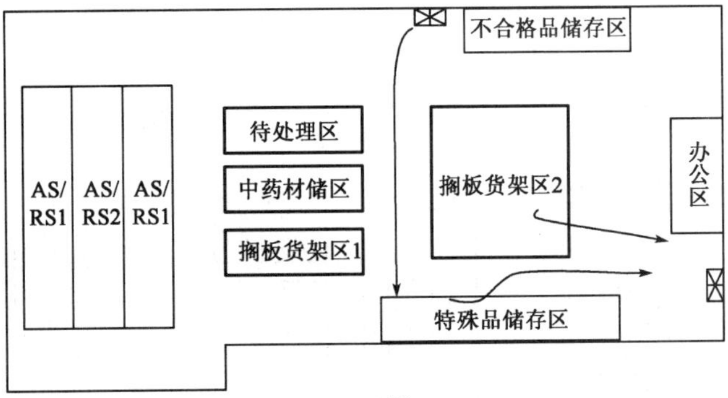

b)二层

图 7-23　物流中心主储区物流动线示意图

六、物流中心的作业流程

物流中心的作业流程主要包括接货、储区指派、入库、补货、拣选、集配货、出货配送以及盘点、退货处理等作业环节。物流中心的作业流程是基于物流中心的总体规划图来设计的。物流中心的总体作业流程如图 7-24 所示。

七、物流中心的组织结构及职责

物流中心的组织结构如图 7-25 所示。

各部门的职能与人员配备如表 7-27 所示。

各部门的职能与人员配备　　表 7-27

部门	职　　能	人员配备(人)
经理	全面负责物流中心的运营管理	2
业务科	入库单处理、订单处理、客户服务、解答客户问题、退货处理	8
仓储科	物流中心内部管理、接货、卸货、理货、贴条形码、分类、验收、入库、补货、盘点、拣货、出库等	34

续上表

部门	职　　能	人员配备(人)
运输科	车辆调度、车辆管理、送货、回单处理、车辆维护与保养	36
技术科	物流中心管理信息系统、RF 系统维护及信息设备维护	5
后勤科	保洁等	3

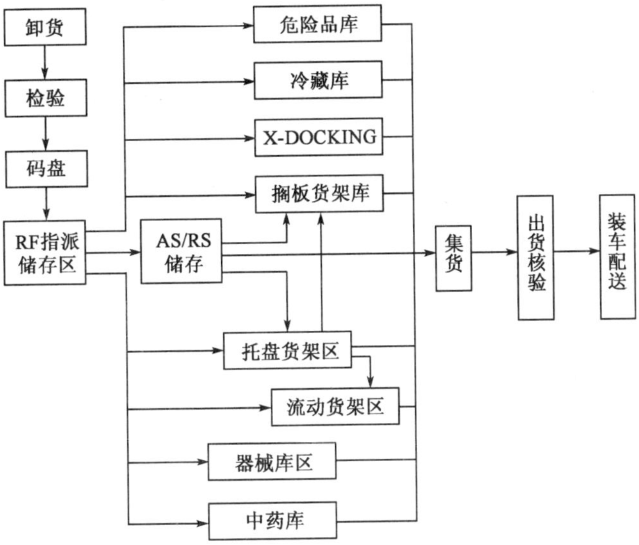

图 7-24　物流中心的作业流程

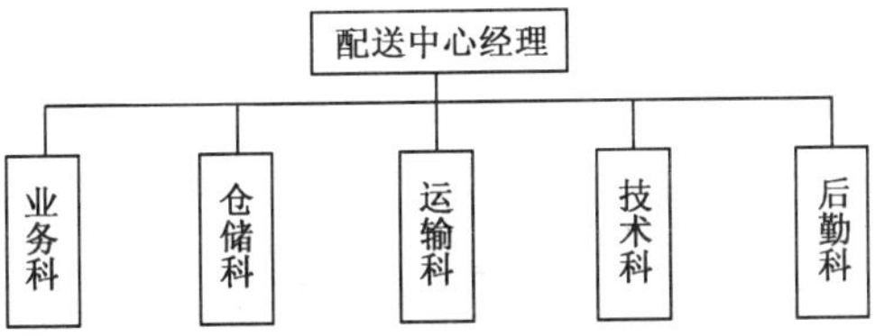

图 7-25　物流中心组织结构图

思　考　题

1. 物流设施规划与设计由哪些内容组成？
2. 物流设施规划与设计包括哪些步骤？各个步骤的任务分别是什么？
3. 物流设施选址的方法有哪些？
4. 物流设施系统布置设计包括哪些基本要素？
5. 画出物流设施系统布置设计的 SLP(流程)模式图。
6. 简述物流配送中心内部区域结构的组成。
7. 简述物流配送中心的基本布局类型及其各自的特点。
8. 简述物流配送中心的规划流程。试对一木材物流配送中心进行规划。
9. 简述各作业区域进行布局优化设计的工作要点。

参考文献

[1] 刘联辉,彭邝湘.物流系统规划及其分析设计[M].北京:中国物资出版社,2006.

[2] 蔡临宁.物流系统规划——建模及实例分析[M].北京:机械工业出版社,2010.

[3] 胡正华,王涛,庄长远.设施规划与设计[M].北京:科学出版社,2006.

[4] 詹姆斯·汤普金斯,约翰·怀特.设施规划[M].伊俊敏,袁海波,译.北京:机械工业出版社,2008.

[5] 高自友,孙会君.现代物流与交通运输系统——模型与方法[M].北京:人民交通出版社,2005.

[6] 贾争现.物流配送中心规划与设计[M].2版.北京:机械工业出版社,2009.

[7] 左元斌.物流配送中心选址问题的理论、方法与实践[M].北京:中国铁道出版社,2007.

[8] 周跃进,陈国华.物流网络规划[M].北京:清华大学出版社,2008.

[9] 潘文安.物流园区规划与设计[M].北京:中国物资出版社,2005.

[10] 邱荣祖,钟晓燕.基于蚁群算法的生鲜农产品配送中心选址优化[J].江南大学学报(自然科学版),2010,9(2):156-161.

第八章　物流运输系统对环境的影响与评价

随着国民经济的增长、教育的普及和生活水平的提高,人们开始逐渐重视环境的品质,人与自然的和谐正受到前所未有的关注。而另一方面,随着交通运输的发展,运输工具拥有量的日益增加,直接或间接地对环境产生影响,危及人们的心理、生理健康,影响了人们正常的工作和生活,成为一个不可忽视的公害问题。

第一节　环境影响与评价理论基础

环境,是指某一特定生物体或生物群体以外的空间及直接、间接影响该生物或生物群体生存的一切事物的总和。生态环境是指环境中对生物的生长、发育、生殖、行为和分布有着直接和间接影响的环境要素,包括气候因子、土壤因子、生物因子、地理因子、人为因子等各种生态因素。环境总是针对某一特定主体,就物流运输系统环境研究的范畴而言,人类是主体,生态环境是人类生存的自然环境和社会环境的综合。按照环境的自然属性和社会属性,环境包括自然生态环境和社会生活环境。在长时期、大范围内,环境的好坏对人类生活、社会和经济发展的进程产生着深远的影响。生态学是研究生态系统的结构与功能的科学,也是探讨生命系统与环境系统相互关系的科学,无疑它是环境影响与评价的重要理论基础。

一、生态系统的基本概念

生态系统(Ecosystem)一词是英国植物生态学家 A. G. Tansley 于 1986 年首先提出的。生态系统指在一定的空间内生物的成分和非生物的成分通过物质的循环和能量的流动互相作用、互相依存而构成的一个生态学功能单位。在自然界只要在一定空间内存在生物和非生物两种成分,并能互相作用达到某种功能上的稳定性,哪怕是短暂的,这个整体就可以视为一个生态系统。因此在我们居住的这个地球上有许多大大小小的生态系统,大至生物圈(Biosphere)或生态圈(Ecosphere),小至森林、草原、湖泊和小池塘。除了自然生态系统以外,还有很多人工生态系统,如农田、果园、自给自足的宇宙飞船和用于验证生态学原理的各种封闭的微宇宙(亦称微生态系统)。生态系统不论是自然的还是人工的,都具有下面一些共同特性。

(1)生态系统是生态学上的一个主要结构和功能单位,属于生态学研究的最高层次(生态学研究的四个层次由低至高依次为个体、种群、群落和生态系统)。

(2)生态系统内部具有自我调节能力。生态系统的结构越复杂,物种数目越多,自我调节能力也越强。但生态系统的自我调节能力是有限度的,超过了这个限度,调节也就失去了作用。

(3)能量流动、物质循环和信息传递是生态系统的三大功能。能量流动是单方向的,物质循环是循环式的,信息传递则包括营养信息、化学信息、物理信息和行为信息的传递,构成了信息网。通常,物种组成的变化、环境因素的改变和信息系统的破坏是导致自我调节失效的三个主要原因。

(4)生态系统中营养级的数目受限于生产者所固定的最大能值和这些能量在流动过程中的巨大损失,因此生态系统营养级的数目通常不会超过6个。

(5)生态系统是一个动态系统,要经历一个从简单到复杂、从不成熟到成熟的发育过程,其早期发育阶段和晚期发育阶段具有不同的特性。

生态系统概念的提出为生态学的研究和发展奠定了新的基础,极大地推动了生态学的发展。当前,人口增长、自然资源的合理开发和利用以及维护地球的生态环境已成为生态学研究的重大课题。所有这些问题的解决都有赖于对生态系统的结构和功能、生态系统的演替、生态系统的多样性和稳定性以及生态系统受干扰后的恢复能力和自我调控能力等问题进行深入的研究。目前在生态学中,生态系统是最受人们重视和最活跃的一个研究领域。IBP和MAB计划的主要研究对象就是地球上不同类型的生态系统。

二、生态系统的组成

任何一个生态系统都是由生物成分和非生物成分两部分组成的,但是为了分析得方便,常常又把这两大成分区分为以下六种构成成分。

1. 无机物质

无机物质包括处于物质循环中的各种无机物,如氧、氮、二氧化碳、水和各种无机盐等。

2. 有机化合物

有机化合物包括蛋白质、糖类、脂类和腐殖质等。

3. 气候因素

气候因素包括温度、湿度、风和雨雪等。

4. 生产者(Producers)

生产者指能利用简单的无机物质制造食物的自养生物,主要是各种绿色植物,也包括蓝绿藻和一些能进行光合作用的细菌。

5. 消费者(Consumers)

消费者即异养生物,主要指以其他生物为食的各种动物,包括植食动物、肉食动物、杂食动物和寄生动物等。

6. 分解者(Decomposers 或 Reducers)

分解者即异养生物,它们分解动植物的残体、粪便和各种复杂的有机化合物,吸收某些分解产物,最终将有机物分解为简单的无机物,而这些无机物参与物质循环后可被自养生物重新利用。分解者主要是细菌和真菌,也包括某些原生动物和蚯蚓、白蚁、秃鹫等大型腐食性动物。

生态系统中的非生物成分和生物成分是密切交织在一起、彼此相互作用的,土壤系统就是这种相互作用的一个很好实例。土壤的结构和化学性质决定着什么植物能够在它上面生长、什么动物能够在它里面居住。但是植物的根系对土壤也有很大的固定作用,并能大大减缓土壤的侵蚀过程。动植物的残体经过细菌、真菌和无脊椎动物的分解作用而变为土壤中的腐殖质,增加了土壤的肥沃性,反过来又为植物根系的发育提供了各种营养物质。缺乏植物保护的土壤(包括那些受到人类破坏的土壤)很快就会遭到侵蚀和淋溶,变为不毛之地。

生态系统中的生物成分按其在生态系统中的作用可划分为三大类群:生产者、消费者和分解者,由于它们是依据其在生态系统中的功能划分的而与分类类群无关,所以又被称为生态系统的三大功能类群。生产者包括所有绿色植物、蓝绿藻和少数化能合成细菌等自养生物,这些生物可以通过光合作用把水和二氧化碳等无机物合成为碳水化合物、蛋白质和脂肪等有机化合物，并把太阳辐射能转化为化学能，储存在合成有机物的分子键中。生产者通过光合作用不仅为本身的生存、生长和繁殖提供营养物质和能量，而且它所制造的有机物质也是消费者和分解者唯一的能量来源。消费者是指依靠活的动植物为食的动物，它们归根结底都是依靠植物为食(直接取食植物或间接取食以植物为食的动物)。分解者在生态系统中的基本功能是把动植物死亡后的残体分解为比较简单的化合物，最终分解为最简单的无机物并把它们释放到环境中去，供生产者重新吸收和利用。由于分解过程对于物质循环和能量流动具有非常重要的意义，所以分解者在任何生态系统中都是不可缺少的组成成分。生态系统中的消费者和分解者是直接或间接依赖生产者为生的，没有生产者也就不会有消费者和分解者。可见，生产者是生态系统中最基本和最关键的生物成分。太阳能只有通过生产者的光合作用才能源源不断地输入生态系统，然后再被其他生物所利用(图 8-1)。

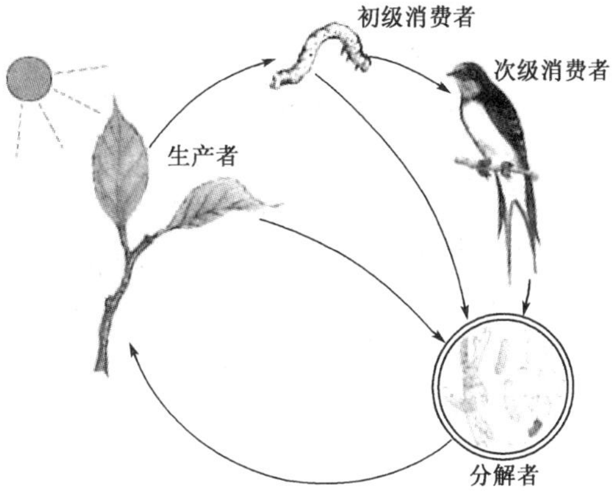

图 8-1　一个简化的陆地生态系统

三、生态系统的功能

生态系统的功能主要有能量流动、物质循环和信息传递三种。

(一)生态系统中的能量流动

1. 能量流动的规律

能量流动是生态系统的主要功能之一。没有能量流动就没有生命，就没有生态系统。能量是生态系统的动力，是一切生命活动的基础。

地球上所有生态系统最初的能量来源于太阳。太阳光能辐射到地球表面，被绿色植物吸收和固定，并将光能转变为化学能，这个过程就是光合作用。在光合作用过程中，绿色植物在光能的作用下，吸收二氧化碳和水，合成碳水化合物；同时，也把吸收的光能固定在光合产物分子的化学键上。储藏起来的化学能，一方面满足植物自身生理活动的需要，另一方面也供给其他异养生物生命活动的需要。太阳光能通过绿色植物的光合作用进入生态系统，并作为高效的化学能，沿着生态系统中的生产者、消费者、分解者流动。这种生物与环境之间、生物与生物之间的能量传递和转换过程，就是生态系统的能量流动过程。

生态系统中的能量流动与转换，服从于热力学的两个定律。

热力学第一定律就是能量守恒定律，即在自然界发生的所有现象中，能量既不能消灭也不能凭空产生。依据这个定律，一个体系的能量发生变化，环境的能量也必定发生相应的变化，如果体系的能量增加，环境的能量就要减少，反之亦然。生态系统中的能量形式变换，完全符合这一定律。例如，生态系统通过光合作用所增加的能量等于环境中太阳所减少的能量，总能量不变，所不同的是太阳能转化为潜能输入了生态系统，表现为生态系统对太阳能的固定。

根据热力学第二定律，即一切过程都伴随着能量的改变，在能量的传递和转换过程中，除了一部分可以继续传递和做功的能量(自由能)外，总有一部分不能继续传递和做功而以热的形式消散的能量，这部分能量使熵和无序性增加。在生态系统中，当能量从一种形式转换为另一种形式的时候，转换效率绝不可能是百分之百，而只有一小部分转化为新的潜能。

2. 能量流动的渠道

生态系统中能量的流动，是借助于"食物链"和"食物网"来实现的。食物链和食物网便是生态系统中能量流动的渠道。

(1)食物链

在生态系统中生产者、消费者和分解者之间存在着一系列食与被食的关系。绿色植物制造的有机物质可以被草食动物所食，草食动物可以被肉食动物所食，小型的肉食动物又可被大型肉食动物所食。这种以食物营养为中心的生物之间食与被食的链索关系称为食物链。食物链上的每一个环节，称为一个"营养级"。

在生态系统中，能量是通过生物成分之间的食物关系，在食物链上，从一个营养级到下一个营养级不断地逐级向前流动的。不同生态系统，食物链长短会有所不同，因而营养级数目也不一样。例如，海洋生态系统的食物链较长，营养级数目可达 6 ~ 7 级；陆地生态系统的营养级数目最多不超过 5 级。人类干预下的草原生态系统一般只有 2 ~ 3 级，如青草→反刍家畜→人。

(2)食物网

生态系统中的食物链往往不是单一的，而是由许多食物链错综复杂地交错在一起。例如，不仅家畜采食牧草，野鼠、野兔也吃牧草，同一种植物可以被不同种的动物消费掉；另外，同一种动物，也可以取食不同种食物，例如沙狐既吃野兔，又吃野鼠，还吃鸟类；还有些动物，如棕熊既吃植物，又吃动物。所以，在生态系统中，食物网像是一个无形的网把所有生物都包括在内，使它们彼此之间都有直接或间接的关系，如图 8-2 所示。

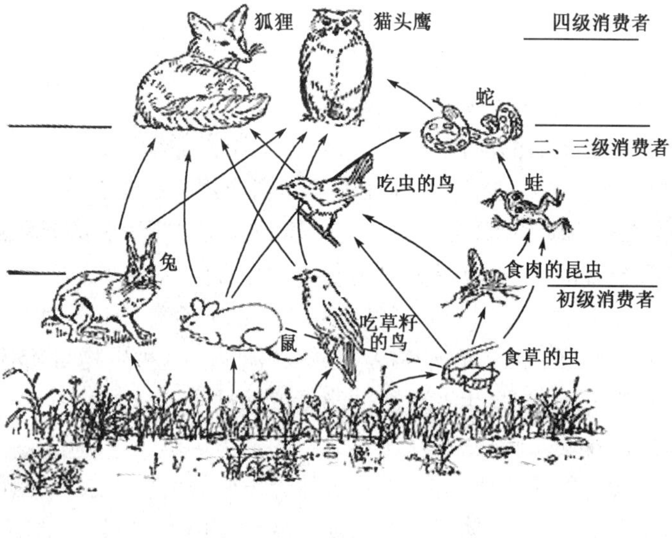

图 8-2　一个简化的草原生态系统食物网

食物网使生态系统中各种生物成分有着直接的或间接的联系，因而增加了生态系统的稳定性。食物网中的某一条食物链发生了断裂，可以通过其他食物链来进行调节和补偿。例如，草原上的野鼠，由于流行鼠疫而大量死亡，原来以捕鼠为食的猫头鹰并不因鼠类减少而发生食物危机，这是因为鼠类减少后，草类就会大量繁殖起来，繁茂的草类可以给野兔的生长和繁育提供良好的环境,野兔的数量开始增多,猫头鹰则把捕食的目标转移到野兔身上了。

食物网是生态系统中普遍而又复杂的现象,它从本质上反映了生物之间的捕食关系,它是生态系统中的营养结构,是能量流动的主要渠道。

(3)生态金字塔

人们在研究生态系统的食物链和食物网的结构时,把每个营养级有机体的个体数量、能量及生物量,按照营养级的顺序排列起来,绘制成图。由于这种图和金字塔的形状相似,于是人们便把它称作"生态金字塔"。

食物链和食物网的结构之所以呈"金字塔"形,是由生态系统中的能量流动的客观规律决定的。如前所述,生态系统中的能量流动,沿着营养级逐级上升,能量愈来愈少,能流愈流愈细,这就导致前一个营养级的能量只够满足后一个营养级少数生物需要。营养级愈高,生物的数量必然愈少。被食者的生物量,要比捕食者的生物量大得多。

(二)生态系统中的物质循环

在生态系统中,生物为了生存不仅需要能量,还依赖于各种化学元素的供应。生物有机体维持生命所必需的化学元素约有40多种,其中氧、碳、氢、氮被称为基本元素,占全部原生质的97%以上,是生物大量需要的;钙、镁、磷、钾、硫、钠等被称为大量元素,生物需要量相对较多;铜、锌、硼、锰、钼、钴、铁等被称为微量营养元素,在生命过程中需要量虽然很少,但却是不可缺少的。所有这些化学元素,不论生物体需要量是多是少,都是保证生命活动正常进行所必需的,它们是同等重要、不可代替的。

生物从大气圈、水圈、土壤岩石圈获得这些营养物质,而这些营养物质在生态系统中都是沿着周围环境→生物体→周围环境这样的途径反复运动的。这种循环过程又称为生物地球化学循环,简称生物地化循环,即物质循环。物质循环与能量流动不同,能量流动是单方向的,生态系统必须不断地从外界获得能量,而物质的流动是循环式的,各种物质都能以可被植物利用的形式重返环境。能量流动和物质循环都是借助于生物之间的取食过程进行的,这两个过程是密切相关不可分割的,因为能量是储存在有机分子键内的,但能量通过呼吸过程被释放出来用以做功的时候,该有机化合物就被分解并以较简单的物质形式重新释放到环境中去。

根据物质循环路线和周期长短的不同,可将循环分为生物小循环和地球化学大循环。生物小循环,是在一定地域内,生物与周围环境(气、水、土)之间进行的物质周期性循环,主要通过生物对营养元素的吸收、留存和归还来实现。其特点是:它是在一个具体的范围内进行,以生物为主体,与环境之间进行迅速的交换,流速快、周期短。生物小循环为开放式循环,它受地化大循环所制约。地球化学大循环,是指环境中的元素经生物吸收进入有机体,然后以排泄物和残体等形式返回环境,进入大气圈、水圈、土壤岩石圈及生物圈的循环。形成地化大循环的动力有地质、气象和生物三个方面。地化大循环与生物小循环相比较,有范围大、周期长、影响面广等特点。

生物小循环和地化大循环相互联系,相互制约,小循环置于大循环之中,大循环不能离开小循环,两者相辅相成,在矛盾的统一体中构成生物地球化学循环。

生物地球化学循环是地球表面自然界物质运动的一种形式,有了这种物质的循环运动,资源才能更新,生命才能维持,系统才能发展。例如生物在不停的呼吸过程中,每天都要消耗大量的氧气,可是空气中氧的含量并没有明显的改变;动物每年都要排泄大量的粪便,动植物死亡后的残体也要遗留地面,然而经过漫长的岁月后,这些粪便、残体并未堆积成山。正是由于生态系统中存在着永续不断的物质循环,人类才能有良好的生存环境。

(三)生态系统中的信息传递

生态系统的信息传递在沟通生物群落与其生存环境之间、生物群落内各种生物种群之间的关系方面起着重要作用。生态系统的信息主要有营养信息、化学信息、物理信息和行为信息。

1. 营养信息

在某种意义上,生态系统中的食物链和食物网可以代表一种信息传递。通过营养交换把信息从一个种群传递到另一个种群。例如,英国盛产三叶草,它是牛的主要饲料,野蜂是三叶草的主要授粉者,而田鼠是野蜂的天敌,经常毁巢、吃掉蜂房和幼虫,猫又是捕鼠为食的。因此,从猫的多少可以得到牛的饲料是否丰盛的信息。

2. 化学信息

在生态系统中,有些生物代谢产物,如维生素、生长素、性激素等均属于传递信息的化学物质。由它们进行信息传递,深深地影响着生物种内和种间的关系。有的相互制约,有的相互促进,有的相互吸引,有的相互排斥。例如,蚂蚁走过,留下的化学痕迹,是为了让其他蚂蚁跟随;许多哺乳类动物如虎、狗、猫等以尿标记它们的地域;许多雌性个体释放体外激素招引种内雄性个体进行交配。

3. 物理信息

鸟鸣、虫叫可以传达安全、惊慌、恐吓、警告、求偶、觅食等各种信息。

4. 行为信息

有些同种动物,两个个体相遇,时常表现出有趣的行为方式。这些方式可能是识别、威吓、挑战、优势或从属的信号,或者是配对的预兆等。这种信息表现在种内,但也可能为其他物种提供某种信息。

生态系统的生物和非生物成分之间,通过能量流动、物质循环和信息传递而联结,形成一个相互依赖、相互制约、环环相扣、相生相克的网络状复杂关系的统一体。生物在能流、物流和信息流的各个环节上都起着深远的作用,无论哪个环节出了问题,都会发生连锁反应,致使能量流、物质流和信息流受阻或中断,破坏生态系统的稳定性。要想让生态系统保持相对的稳定,最基本的一条,是从生态系统中拿走什么,那就要在适当时间归还什么,坚持"等量交换"这一基本原则。否则,物质的长期短缺或过多地富集,都会使生态系统的基本功能受到损害,使系统平衡遭受难以恢复的破坏。

四、生态平衡与失调

由于生态平衡的破坏严重地损害了人类的利益,因而生态平衡问题受到全人类的极大关注。

1. 生态的系统平衡

生态系统是一个开放系统,非生物成分、生产者有机体、消费者有机体和分解者有机体之间,不停地进行着能量交换、物质循环与信息传递。

生态平衡是指生态系统通过发育和调节所达到的一种稳定状态,它包括结构上的稳定、功能上的稳定和能量输入输出上的稳定。生态系统平衡是指在一定时间内生态系统中的生物和环境之间,生物各个种群之间,通过能量流动、物质循环和信息传递,使它们相互间达到高度适应、协调和统一的状态。在生态系统中,生物与生物、生物与环境以及环境各因素之间,不停地进行着能量流动和物质的循环；生态系统不断地在发展和进化，生物量由少到多，食物链由简单到复杂，群落由一种类型演替为另一种类型等，环境也在不断地变化。因此，生态系统不是静止的，总会因系统中某一部分发生改变，引起不平衡，然后依靠生态系统的自我调节能力，使其进入新的平衡状态。正是这种从平衡到不平衡，从不平衡又到平衡，反反复复，才推动了生态系统整体和各组成成分的发展与进化。

生态平衡具有以下重要特点。

(1)达到生态平衡的生态系统，其有机体个体数目、生物量、生产力均最大。

(2)生态平衡是一种动态平衡，任何内部或外部因素的变化都可能使这种平衡发生变化。生态系统具有自动调节能力以保持平衡稳定。但是，系统的这种调节能力是有限度的，其界限称阈值，稳定系统的阈值较高。当外界干扰造成的破坏超过系统的自我恢复能力或阈值时，系统平衡破坏，食物链关系失常，生物个体数变少，生物量下降，生产力衰退，系统的结构与功能失调，系统内物质循环及能量流动中断，最终导致生态系统的瓦解崩溃。

(3)人类对生态系统的影响很大。人类是生态系统中最积极活跃的因素，人类的活动对生态平衡影响很大。一方面，过度开发与环境污染，使生态系统遭到严重破坏，甚至崩溃；另一方面，人类可以按照客观规律，用更合理的人工生态系统来替代旧的自然生态系统，建立生产力更高的良性生态平衡。

2. 生态系统的自我调节能力

生态系统作为具有耗散结构的开放系统，在系统内通过一系列的反馈作用，对外界的干扰进行内部结构与功能的调整，以保持系统的稳定与平衡的能力，称为生态系统的自我调节能力。

生态系统之所以能保持动态平衡，主要是由于其内部具有自动调节的能力。生态系统的生物种类愈多，组成成分愈复杂，其能量流动和物质循环的途径就愈复杂，营养物质储备就愈多，其调节能力也愈强。因为在一个物种的数量变动或消失，或者一部分途径发生障碍时，可以被其他部分所代替或补偿。

但是，一个生态系统的调节能力再强，也是有一定限度的，超过了这个限度，调节就不能再起作用，生态系统的平衡就会遭到破坏。即使最复杂的生态系统，其自我调节能力也是有限度的。例如，森林应有合理的采伐量，一旦采伐量超过生长量，必然引起森林的衰退；草原应有合理载畜量，超过最大适宜载畜量，草原就会退化；工业的“三废”应有合理的排放标准，排放量不能超过环境的容量，否则就会造成环境污染，产生公害，危及人类健康。

3. 人类与自然的协调发展

自然环境是生命存在和发展的前提条件。生物体通过与周围环境不断地进行物质和能量的交换来维持自身的生长、发育和繁衍。因此，保护自然、恢复生态系统的平衡，保持人类与自然的协调发展，便成为当今人类面临的重要任务之一。

人类的一切生产实践活动都必须遵循自然规律，按照生态规律办事。

(1)合理开发和利用自然资源，保持生态平衡。开发自然资源必须以保持生态平衡为前提。只要注意到生态系统结构与功能相互协调的原则，就可以保持系统的生态平衡，开发自然或改造环境。只有生态系统的结构与功能相互协调，才能使自然生态系统适应外界的变化，不断发展，也才能真正实现因地制宜，发挥当地自然资源的潜力。只有重视结构与功能的适应，才能避免因结构或功能的过度损害而导致环境退化的连锁反应。例如，采伐树木必须在保持森林生态系统平衡的条件下进行；在采伐树木时不能大面积掠夺式地采伐，否则会造成森林不能恢复的严重后果。

(2)改造自然,兴建大的工程项目,必须考虑生态效益。改造自然环境,兴建大型工程项目,必须从全局出发,既要考虑眼前利益,又要顾及长远影响;既要考虑经济效益,又要考虑生态平衡,由于生态平衡的破坏其后果往往是全局性的、长期的、难以消除的。例如,兴修水利既要考虑水资源的利用,又要考虑由此引起的生态因素的变化。不然的话,一旦造成生态环境的恶化,后果将是不堪设想的。

(3)大力开展综合利用,实现自然生态平衡。在自然生态系统中,输入系统的物质可以通过物质循环反复利用。在经济建设中运用这个规律,可以综合开发利用自然资源,将生产过程中排出的"三废"物质资源化、能源化和无害化。

总之,人类在改造自然的活动中,只要尊重自然,爱护自然,按照生态规律办事,就一定能够保持或恢复生态平衡,实现人与自然的协调发展。

第二节　公路物流运输系统对自然生态环境的影响

公路物流运输系统对生态环境的影响主要表现在公路建设阶段。交通运输部 1998 年 12 月 1 日开始实施的《公路环境保护设计规范》(JTJ/T 006—98),对提高公路建设项目环境保护设计水平发挥了重要作用。但随着公路建设的不断发展、环境保护认识水平的不断提高,原有规范部分内容已不能满足实际要求,需进一步修订完善。2010 年颁布实施新的《公路环境保护设计规范》(JTG B04—2010)。公路环境保护设计所称的生态环境是指公路中心线两侧各 200m 范围内的自然保护区、水源保护地、森林、草原、湿地和野生生物及其栖息地等。江河流域、永久放牧区、林区、沼泽地、沙漠地带等是敏感地区,穿越这些地区的公路应特别重视建设项目对沿线生态环境的影响。研究公路建设项目对生态环境的影响及其评价,有利于进一步提出防治措施,做好公路环境保护设计工作,使公路建设项目对生态环境的影响降低到最低。

一、公路物流运输对生态环境的影响

(一)公路建设对水土流失的影响

修建公路需取土填筑路堤,开挖山丘形成路堑,必将破坏原有植被,破坏土体的自然平衡,引起边坡失稳、水土流失。在施工期取土、弃土场及暴露的工作面成为水土流失的主要发生源,山区坡面弃土可带来长时间的水土流失,给自然生态环境造成一定的影响。

1. 影响土壤侵蚀的因素

土坡侵蚀是多种因素综合作用的产物。影响土坡侵蚀的因素可分为自然因素和人为因素两大类。

(1)自然因素

自然因素主要包括地质、地貌、气候、植被等。一般情况下,新构造运动活跃,地表物质较疏松的地区,水蚀、风蚀、重力侵蚀等均较强烈。例如黄土高原地区,由于黄土是一种未被充分胶结的枯土粉砂岩,其结构疏松,垂直节理发育,因此,极易遭受侵蚀。

地貌是土坡侵蚀产生的空间条件,其中坡度和坡长对土坡侵蚀的影响最大。有关研究表明,在黄土地区,坡度在 0°~25°之间,土壤侵蚀量随坡度变大而增大;当坡度超过 25°时,土壤侵蚀量反而减小。坡长对土坡侵蚀的影响比较复杂,在一些条件下,土坡侵蚀量随坡长的增加

而增加。

气候条件是土壤侵蚀的主要外动力条件。降雨,特别是暴雨对土壤侵蚀影响很大。一些地区,一年或几年中,少数几次暴雨所产生的侵蚀量,往往占总侵蚀量的主要部分。另外,暴雨还是崩塌、滑坡、泥石流等地质灾害的触发因素。风蚀主要发生在多风季节,是导致沙质荒漠化的主要原因之一。

植被有保护地面免受雨滴直接打击、削减地表径流、减缓流速、提高土壤抗蚀力和改良生态环境等综合作用。所以,植被永远是防治水土流失的积极因素。植被覆盖率越大,保持水土的功能就越显著。在黄土高原地区,灌丛的防蚀效果最好,草地次之,再次之是林地。土壤侵蚀往往从地表植被破坏开始。

(2)人为因素

人类活动对土壤侵蚀的影响具有两重性。一方面,人类不合理地利用土地资源,特别是掠夺式利用土地资源,超过了其承载能力,破坏了自然生态平衡,使侵蚀过程由自然侵蚀逐渐成为强烈的加速侵蚀;另一方面,人类合理利用和保护土地资源,使土壤侵蚀速度减慢,即通过人为努力防治土壤侵蚀。

根据美国通用土壤流失方程,单位面积的土壤侵蚀量(即土壤侵蚀模数)可以表达为

$$E = RKLSCP$$

式中的 R 为降雨侵蚀力指标、K 为土壤可侵蚀因子、L 为坡长因子、S 为坡度因子、C 为作物经营因子、P 为土壤保持因子。

2. 公路建设对土壤侵蚀的影响

(1)破坏公路用地范围内的地表植被,产生新的裸露坡面,诱发新增水土流失量。公路建设对地面扰动、破坏类型多。公路建设中路基工程将对公路征地范围内的原地面进行填筑或挖方,由于施工造成了地表的植被破坏,使土壤表层裸露,原地表坡度、坡长改变,从而使它的抗蚀能力降低,诱发新的水土流失。

(2)取土、弃土弃渣产生水土流失。公路工程建设过程中所产生的大量取土或弃土、弃渣,由于受地形及运输条件的限制,可能被就近倾倒于沟谷、河坎岸坡上。这些松散的岩土,孔隙大、结构疏松,若不采取有效的防治措施,就会导致新的水土流失及生态环境的恶化,并可能影响高速公路的安全运营。

(3)临时占地及土石渣料产生水土流失。在公路施工过程中,施工区内的临时施工便道以及土石渣料,缺少必要的水土保持措施,一遇暴雨或大风将产生水土流失。

(4)桥隧建设使河床过水断面受到压缩形成桥前局部壅水,水流速度减缓,泥沙下沉。桥下水流速度加快,造成局部冲刷。

(二)公路建设对地表植被的影响

路基的取土、弃土,施工前临时占地,使路线所经过地区耕地及植被面积减少,路线两侧20~30m 范围天然植被破坏,对农业生产发展有不利影响。施工期临时用地由于施工机械的碾压、人员的踩踏,使土壤结构发生改变,耕地复耕后一定时期内肥沃度难以恢复,影响作物生长,非耕地植被的自我恢复能力减弱。

公路建设中对地表植被的影响主要是施工过程导致的地表植被损失,原因有以下几个方面。

(1)公路工程永久性征用土地

公路永久性占地是公路沿线地区的地表植被遭受损失的主要因素。

(2)施工期临时用地

临时用地包括施工便道、拌和场、施工营地和预制场等。因施工作业,这些土地的地表植被将遭受损失。

(3)公路取、弃土场

一般公路建设取、弃土方量都较大,公路取、弃土作业将使原有地表植被遭到破坏。

(4)施工期其他因素

施工期由于筑路材料运输、机械碾压及施工人员践踏,在施工作业区周围土地的部分植被将被破坏。

(三)公路物流运输对水环境的影响

1.生活污水

生活污水是人们日常生活中产生的污水,主要含有人的排泄物和生活废料。公路服务区、收费站、管理区和车站排水主要以生活污水为主。公路附属设施的内部构成因功能不同而略有差异,以公路服务区为例,其设施构成包括厕所、办公楼、宿舍、旅社、浴室、餐厅等,公路服务区生活污水主要是服务区常住工作人员和过往旅客产生的。

2.洗车废水

洗车废水是公路附属设施中的洗车场及车辆维修站作业过程中的排水,洗车废水所含污染物以泥沙颗粒物、石油类为主,车辆维修站排水则以石油类为主。

3.地表径流

生活污水和洗车废水通常被称为点污染源,而地表径流一般被称为面污染源(或非点污染源)。地表径流是指经过地表漫流的雨水或融雪水,包括城镇地表径流和广大农业耕作区、矿山开发区、林区以及农村居住区地表径流。与公路物流运输相关的地表径流包括公路施工场地地表径流和路面径流。公路施工场地地表径流所含污染物以泥沙颗粒物为主。公路路面径流是具有单一地表使用功能的地表径流,所含污染物与车辆运输及周围环境状况有关,污染物来源于车辆排气、车辆部件磨损、路面磨损、运输物洒落及大气降尘,主要成分为固体物质、有机物、重金属和无机盐等。

(四)公路交通运输系统对其他生态因子的影响

1.野生动物

公路交通运输系统对动物群的影响多种多样,主要是由于公路的阻隔作用,直接导致动物的活动和迁徙受到限制,使生态环境岛屿化。另外,由于公路交通使原先人类难于进入的地区变得可达或易于进入,对野生动物构成巨大的威胁。政府为加强对野生动物资源的保护,颁布了一系列动物保护法令,自20世纪70年代起,已建立了数百个自然保护区。评价公路交通运输系统对动物群的影响主要针对珍稀野生动物的繁殖区域的影响,看其是否穿过野生动物保护区,影响程度根据影响的动物保护区的面积大小确定。

2.自然景观

公路景观实际上有内部景观和外部景观之分,内部景观是指从公路上行驶的车辆中向外看的景观,这是动景观;外部景观是指从沿线及其他公路上观看该路的景观,这是静景观。公路规划中所考虑的公路对景观的影响主要是指因公路建设而对沿线两旁自然景观所产生的影响,具体表现在阻隔或抑制了景观,如新道路的路堤、噪声围栏、高架桥等结构可能会阻挡景观。当然也不排除好的景观设计，也可能提高其美学和文化价值。

一般将景观划分为4种不同的类型：①工业的或商业的；②居住区的；③农业的、森林的、沼泽地的；④视觉质量高的风景。公路通过不同类型的景观产生的影响也不一样，应视具体情况具体分析。

3. 历史遗产和保护区

保护历史遗产和文化成就是整个社会的职责，公路建设者也应承担起保护历史遗产的责任。历史遗产和保护区包括与历史上某些著名人物或重大事件有关的遗址，具备极高文化价值或考古价值的一些建筑物，具有一定重大政治影响或与社会公德、福利、旅游等有关的一些保护区等。

二、公路物流运输系统对自然生态环境保护

环境保护是我国的一项基本国策，我国公路建设的设计和施工，很重视对生态环境的保护。为了消除和减轻对环境的负面影响，公路工程建设项目必须从设计阶段开始重视环境保护工作。因此，在总结公路环境保护设计经验的基础上，我国交通运输部制定了《公路环境保护设计规范》（JTG B04—2010），就环境设计标准、原则、内容和方法作了如下规定。

1. 水土保持

（1）应充分调查公路沿线的工程地质、地形地貌、气候条件、植被种类及覆盖率、水土流失现状等，综合采用生物防护和工程防护措施，做好水土保持工作。

（2）在山区公路地质病害地段，当采取生物防护措施进行水土保持时，应考虑本地区域水土保持规划。

（3）山区、丘陵区公路应尽可能与原有地形、地貌相吻合，减少开挖面、开挖量，注意填挖平衡。

（4）弃土场应做好排水防护设计，以避免成为新的水土流失源。

（5）取土点宜选择荒山、荒地。

（6）暴雨强度较大、岩体风化严重、节理发育的石质挖方边坡或松散碎（砾）石土填挖方边坡地段，宜采用植物与工程综合防护措施。

（7）做好公路综合排水设计，应充分利用地形和天然水系，将路界范围内地表径流引入自然沟中，各种排水沟渠的水流不应直接排放到水源、农田、园林等地。

（8）应注重高速公路绿化设计，选用适合当地生长的花草、灌木、乔木等植物，对路堤边坡、弃土等进行绿化，防止水土流失。

2. 生物及其栖境的保护

（1）公路中心线距省级以上自然保护区边缘宜不小于100m。当公路必须进入自然保护区时，应遵照国家有关规定执行。

（2）公路通过林地时，应严格控制林木的砍伐数量，严禁砍伐公路用地范围之外不影响视线的林木。

（3）公路用地范围内，应按绿化设计要求进行栽植。有条件时，填方边坡的植被覆盖率在秦岭—淮河以南地区应达到70%以上，秦岭—淮河以北地区应达到50%以上。

（4）公路经过草原时，应注意保护草原植被，取、弃土场地应选择在牧草生长差的地方。

（5）公路进入法定保护的湿地时，工程方案应避免造成生态环境的重大改变。施工废料

应弃于湿地之外。

(6)在有国家级保护的野生动物出没路段，应设置预告、禁止鸣笛等标志，并为动物横向过路设置兽道。

3. 水资源、自然水流形态的保护

(1)应调查和搜集公路中心线两侧各200m范围内的地表水资源分布、容量以及水体的主要功能。

(2)路面径流不得直接排入饮用水体和养殖水体。

(3)不得占用居民集中地区的饮用水体；当路基边缘距饮用水体小于100m、距养殖水体小于20m时，应采取绿化带或者其他隔离防护措施。

(4)公路在湖泊、水库等地表径流汇水区通过时，应采取措施防止公路对地表径流的阻隔。

(5)公路经过瀑布上游、温泉区等特殊水体时，应符合国家现行的有关规定，确定避让距离。

(6)在饮用水的地下水水源保护区，设置的排、渗水构造物可能造成地下水水质污染时，应采取措施隔离地表污水。

(7)应注意保护自然水流形态，做到不淤、不堵、不留工程隐患。跨越溪、河、沟的桥涵的过水断面，应保证泄洪能力；公路跨越山谷时，应根据山谷宽、深及汇水面积等选择通过方式，有条件时宜优先采用桥梁跨越；土石方弃置应作出设计，避免阻塞河道水流或造成水土流失。

第三节　公路物流运输系统对社会生活环境的影响

生活环境，通常是指环绕人们社会生活的自然界。这里主要是指对公路沿线两旁的人们而言。生活环境的好坏，直接影响着人类的生存和发展，也在一定程度上影响经济和社会发展的进程。公路交通对生活环境的影响是在公路建成投入使用后，车辆行驶过程中所产生的交通噪声、汽车尾气、交通振动和水质等交通公害对沿线环境的污染。

一、公路交通噪声

公路交通噪声由通过公路的汽车群发生并传播到公路沿线，其大小不规则，且变动幅度大，被称为随机噪声。正常噪声能容易地用其平均值表示，需要详细研究的是随机噪声的评价问题。随机噪声用L_5值(90%位的噪声峰值)、L_{50}值(平均值)、L_{95}值(90%位的本底值)等的时间率噪声级，以及一定时间内的噪声总能量的时间平均当量噪声级(L_{ep})等表示。在测定道路噪声时，从与公路无关处所发生的噪声称为暗噪声。在暗噪声大的场合，有必要修正测定值。

1. 公路交通噪声特征

假设声强是I(W/m)，声调级是SIL(Sound Intensity Level)，其单位用分贝dB(Decibel)表示，则

$$SIL = 10\lg(I/I_0) \tag{8-1}$$

式中：$I_0 = 10^{-12}$ W/m

声压级SPL(Sound Pressure Level)为

$$SPL = 10\lg \frac{P^2}{P_0^2} = 20\lg \frac{P}{P_0} \tag{8-2}$$

式中：P_0——标准声压，$P_0 = 2 \times 10^{-5}\ N/m^2$。

因为声强与声压的 2 次方成正比例，所以 SIL 和 SPL 取相同值。

声压级用分贝表示，假设来自道路 A 的噪声声压级为 L_a、来自道路 B 的噪声声压级为 L_b，合成后的噪声声压级为

$$L = 10\lg(10^{L_a/10} + 10^{L_b/1}) \tag{8-3}$$

如果 $L_a = L_b$，那么

$$L \doteq L_a + 3$$

即 L 约增加 3dB。

假如在单位时间内从汽车发生的响度为 W，则声源功率等级 PWL(Power Level)可表示为

$$PWL = 10\lg \frac{W}{W_0} \tag{8-4}$$

式中：$W_0 = 10^{-12}\ W$

距无向声源 L(m)处的声压级为

$$SPL = PWL - 10\lg 2\pi l^2 \tag{8-5}$$

2. 噪声危害

噪声对人体生理的危害程度尚无确定的量测方法。据调查：经常性的大声响对幼儿成长有害；音调难听的噪声，既妨碍了工作与休息，又不利于谈话与睡眠；噪声使人烦躁，尤其汽车鸣笛、高音广播车等扰乱安静的生活。

(1)听觉疲劳或听力损伤

噪声对人最直接的危害是对听觉器官的损伤。噪声对听力的影响与噪声的强度、频率及作用的时间有关，噪声强度越大、频率越高、作用时间越长，噪声的危害就越大。噪声对听力的影响，轻者可引起暂时性听阈偏移，重者可引起噪声性听力损伤乃至噪声性耳聋。

长期暴露在噪声环境下时，暂时性的听阈偏移可能转化为永久性的听阈偏移，再也不能恢复正常的听阈能力，此时就称为听力损失。特别高的噪声级还会引起人耳的外伤，高于 130dB(A)的声音不仅使听阈偏移不能恢复，甚至使耳膜击穿而出血，使双耳完全失去听觉能力，所以对于高于 130dB(A)的声音即使是暴露很短时间也应避免。

(2)噪声影响人体健康

强烈的噪声对人的生理刺激是诱发某些疾病、影响人体健康的一个原因。除了特别强烈的噪声能引起精神失常、休克乃至危及生命外，由噪声诱发的疾病主要表现在神经、心脏、消化等系统产生的一系列不良反应。对神经系统的影响主要表现为头晕、头胀、头痛、失眠、神经过敏、惊慌、记忆力下降、注意力不集中等；对心脏系统的影响，主要表现为心跳过快、高血压、冠心病等；对消化系统的影响主要表现在消化不良、闻声呕吐等。

(3)噪声干扰谈话和通话

通常人们正常谈话时的声级一般为 60 ~ 70dB(A)。若环境噪声高于谈话声，谈话就会被干扰，以致听不清对方谈话的意思。同样，打电话时的环境噪声在 60dB (A)时可以听清楚对方的意思，噪声超过 70dB(A)后就无法使用电话。不同噪声的干扰程度见表 8-1。在开会、讲课、听广播、看电视等与语言有关的活动中，45dB(A)以下的环境噪声对人影响很小，超过 65dB(A)就比较严重了。

噪声对谈话、使用电话的干扰程度　　表 8-1

噪声级 dB(A)	能正常交谈的最大距离(m)	电话通话质量
45	10	很好
55	3.5	好
65	1.2	较困难
75	0.3	困难
85	0.1	不可能

(4)噪声影响人们的工作和正常生活

在噪声影响下,人们不容易集中精神工作,尤其对脑力劳动者,常常由于噪声打断思路,反应迟钝,因而会大大降低工作效率。对某些要求注意力高度集中的工种(如汽车驾驶员、文字校对者等),不仅影响工作进度,而且降低工作质量,容易出现差错和引起事故。

噪声还会影响人们的睡眠质量和时间,当睡眠受到噪声干扰后,工作效率和健康都会受到影响。40dB(A)的连续噪声可使10%的人睡眠受到影响,70dB(A)影响50%,而40dB(A)突发噪声可使10%的人惊醒,60dB(A)时可使70%的人惊醒。

我国47个城市噪声调查资料表明,白天平均声级为59 dB(A),夜间为49dB(A),道路交通噪声绝大部分超过70dB(A),平均达74dB(A),城市人口2/3暴露在较高的噪声环境之下,城市居民有近30%在难以忍受的噪声环境下生活。

3. 噪声控制标准

噪声标准是噪声控制和环境保护的基本依据,目前许多国家都有了各种噪声标准。制定噪声的控制标准是一个比较复杂的问题,它与声学、心理学、生理学、卫生学等学科,以及技术水平、经济条件有关。根据噪声的各种效应,并考虑现实的技术与经济条件,可以制定出用于不同目的、不同环境的噪声标准。噪声标准基本分成两类:一类是为了保护听力与健康而设立的标准,通常称作卫生标准;另一类是为了不干扰工作和日常生活而设立的标准,通常称作环境标准。表8-2是我国2008年10月1日起实施的《噪声环境质量标准》(GB 3096—2008)。

城市五类环境噪声标准值　　表 8-2

类　别	昼间(6:00~22:00)	夜间(6:00~22:00)
0	50	40
1	55	45
2	60	50
3	65	55
4	70	55

注:1.0类标准适用于疗养区、高级别墅区、高级宾馆等特别需要安静的区域。位于城郊和乡村的这类区域分别按严于0类标准5dB(A)执行。

2.1类标准适用于以居住、文教机关为主的区域。乡村居住环境可参照执行该标准。

3.2类标准适用于居住、商业、工业混杂区。

4.3类标准适用于工业区。

5.4类标准适用于城市中的道路交通干线道路两侧区域,穿越城区的内河航道两侧区域。穿越城区的铁路主、次干线两侧区域的背景噪声(指不通过列车时的噪声水平)限值也执行该类标准。

6.夜间突发噪声,其最大值不准超过标准值5dB(A)。

4. 公路交通噪声预测

公路交通噪声预测已有几种模型,常使用的是等间隔模型。等间隔模型是在所有汽车按一列等间隔发出同一响度功率等级声以一定速度行驶的条件下,求算道路交通噪声的平均值。

首先考虑在平坦道路上,存在无指向性声源的1辆汽车的情况。假设该汽车的音响功率等级是L_W(dB),在相距l(m)受音点处的声压级,由式(8-5)得到下式。

$$L = L_W - 10\lg 2\pi l^2 = L_W - 8 - 20\lg l \tag{8-6}$$

这种声源在道路上等间隔无限排列时,距道路l(m)地点处的噪声级为:

$$L_{50} = L_W - 8 - 20\lg l + 10\lg\left(\pi \frac{l}{d}\tan 2\pi \frac{l}{d}\right) + a_d + a_i \tag{8-7}$$

式中:L_{50}——道路交通噪声的平均值,dB(A);

L_W——从l距离(m)处汽车发出的噪声A特性的平均功率等级,dB(A);

l——从声源到受音点处的距离,m;

d——平均车头间隔,m;

a_d——折回衰减修正值,dB(A);

a_i——受沿线地表面条件影响为主的各种原因的修正值,dB(A)。

二、汽车尾气污染

1.汽车尾气特征

汽车是大气污染的移动发生源,由汽车排出的污染物质有碳氢化合物(HC)、一氧化碳(CO)、二氧化碳(CO_2)、氮氧化合物(NO_x)、铅化物、粒子状物质等。在正常情况下,汽车排出的一氧化碳,一般达不到使人体直接受到影响的高浓度;由于汽油的无铅化,铅化物已不被认为是污染物质了。最近成为问题的是产生光化学烟雾的氮氧化合物和碳氢化合物。氮氧化合物是在高温下O_2反应产生的,从汽车排气管排出后,氮氧化合物几乎全为NO的状态,但很快变为NO_2。

2.汽车尾气危害

碳氢化合物的浓度高时有麻醉作用。通常空气中的碳氢化合物的浓度对人体无害,但令人警惕的是当它达到一定浓度时,会形成光化学烟雾,对人体和植物是有害的。

一氧化碳是无色、无臭、无刺激的气体,与向血液中输送氧气的血色蛋白质易化合,形成了一氧化碳—血色蛋白质CO-Hb。如果CO-Hb的浓度高,则阻碍血液的输送氧气功能,而使人因缺氧而产生头痛、昏眩等中毒症状。

二氧化碳可以防止地表热量辐射到太空中,具有调节地球气温的功能。如果没有二氧化碳,地球的年平均气温会比目前降低20 ℃。但是,二氧化碳含量过高,会使地球温度逐渐升高,形成“温室效应”。二氧化碳是温室气体的主要组成成分,约占75%。大气中的二氧化碳有80%来自人和动、植物的呼吸,20%来自燃料的燃烧,汽车尾气是主要的二氧化碳来源之一,并呈快速上升的趋势。

二氧化氮对鼻、喉有刺激性,对呼吸系统有慢性侵蚀的作用,严重时可能使人患支气管炎,此外它还与发生化学烟雾有关。

人体能排解食物中微量的铅化物,但多量的铅化物就使消化系统和脑部中毒。

3.汽车排放标准

消减汽车排放污染物的最根本途径就是依靠汽车排放控制技术的开发和应用,而推动这些先进排放控制技术发展的动力,主要是实施严格的汽车排放标准。20世纪60年代以来,许多国际纷纷通过制定机动车排放法规，给汽车和发动机制造商提出了巨大的挑战和新的发展机遇。美国、日本和欧洲相继制定颁布了严格的汽车排放法规。我国也在近年来逐渐严格了相关法规，如《轻型汽车污染物排放限值和测量方法》（GB 18352.3 —2005），标准等效采用了欧洲经济委员会的排放法规和欧洲联盟关于防止汽车排放污染大气的法律的全部技术内容，明确标准的限值和测试方法等同于欧洲 3 号和 4 号法规。

三、公路交通振动

1. 公路交通振动特征

公路交通振动，是指公路上行驶汽车的冲击力作用在路基上，通过地基传播致使沿线地基和建筑物产生振动，可视为随机振动。也就是说，公路振动是由于路面凹凸不平等原因，汽车的冲击负荷作用于地面而产生，同时也在地基中衰减、传播。不过也偶尔发生因车辆行驶引起的高架建筑物等振动，产生使人耳难以听到的低周期空气振动，这成为新的振动公害。

路面越不平坦，车辆重量越大，车速越高，载货汽车的交通量越多，地基越软弱，路端的振动级越高。公路交通振动，由在地基表层传播的莱依里波构成，传播衰减比 S 波、P 波之类实体波小。

振动级 VL 用国际标准化组织 ISO 提案的人体垂直振动的振动暴露标准的概念，按下式计算，其单位为分贝（dB）。

$$\mathrm{VL} = 20\lg\frac{A}{A_0} \tag{8-8}$$

式中：A——实际加速度值，m/s；

A_0——标准值，且假定振动频率为 f（Hz）时，

$$A_0 = \begin{cases} 2\times10^{-5}f & (1 < f \leqslant 4) \\ 10^{-5} & (4 < f \leqslant 8) \\ 0.125\times10^{-5}f & (8 < f \leqslant 90) \end{cases}$$

因为道路交通振动不规则，且大幅度变动，所以通常用振动级的 80% 位振动峰值 L_0 等表示。

2. 公路交通振动危害

当前对振动实测资料较少，但经验表明：振动达到一定限度时，交通量大的干线两侧的住房颤抖，引起人们情绪焦急不安，精神不愉快；振动对公路两旁的建筑物造成损害，特别是对古迹，由于年代久远，结构相对不牢固，更易受到损害。

3. 公路交通振动预测

道路交通振动由于以下原因，很难建立起一般性预测关系。

（1）振动结构复杂、原因多种多样。

（2）产生振动等条件不明确。

（3）地基的动态状况及地基和建筑物之间的动态相互作用性还未得到明确解决。

（4）天然土基多样且不均衡。

（5）受振点建筑物条件多样，且有共振性。

（6）由于个人生理上、心理上的差别及噪声共同作用，难于设定客观的评价值。根据日本《道路交通环境影响评价技术指南》，按下式预测。

$$L_{10} = a\lg(\lg Q^*) + b\lg V + c\lg M + d + a_\sigma + a_\gamma + a_s - a_t \quad (8\text{-}9)$$

式中：L_{10}——振动级的80%幅度峰值的预测值，dB；

Q^*——换算交通量，$Q^* = \dfrac{500(Q_1 + 12Q_2)}{3\,600}$；

Q_1——轻型汽车小时交通量，辆/h；

Q_2——载货汽车小时交通量，辆/h；

V——平均行驶速度，km/h；

M——上行车道合计车辆数；

a_σ——路面平整度修正值，dB；

a_γ——地基卓越振动频率修正值，dB；

a_s——道路结构修正值；dB；

a_t——距离衰减值，dB；

a、b、c、d——常数。

四、其他公路公害

除了交通噪声、振动、尾气污染外，公路交通的水质污染也是公路交通对生活环境影响的一个重要因素。所谓水质污染，是指由于人为的原因，使某些有害、有毒物质进入水中，超过了水的自净能力，使水的组成发生了变化，从而危害人体健康和动植物的生长条件，公路交通对水质的影响主要表现在地面排水和地下水的污染。

此外，电波干扰、灯光及反射光的干扰等问题，对沿线居民生活都产生不可忽视的影响，这些问题在城市中已引起了一定的重视，因为城市是一个区域的工业、商业、经济、文化等活动的中心，城市交通密度大，居民居住集中，交通运输在给人们提供出行方便的同时，也给人们的生活环境带来严重的负面影响。随着我国经济实力的增长、人们对生活质量要求的提高，公路交通对人们生活环境所造成的影响将会逐渐受到重视。

五、公路交通公害防护措施

1. 降低噪声的措施

降低噪声的措施应从发生源、交通流、道路结构等方面考虑。

为了从根本上解决噪声问题，首先要采取的是改善汽车结构、改善行驶状态、控制交通量等发生源的措施。比如，减少发动机最大功率时的转速、改变冷却系统风扇的材料和形状、改变空气滤清器、改善消声器设计、设计发动机的隔音层等；在有条件的城市区域，限制大型汽车通过是降低噪声的有效措施；速度也是影响交通噪声的一个因素，在某些路段限制车速，交通信号控制上尽可能实施线控或面控，减少汽车在信号灯地点的停车、起动、加速行驶次数。

综合使用由道路网建设、物流对策、交通流诱导构成的交通流措施，可减少公路交通运输噪声。修建环形公路、辅道等工程，通过设置向导标志等将交通向辅道引导；通过适当布置物流设施抑制大型车辆进入市内。

采用路堤、路堑、高架或沟槽等改良道路结构设计，可使汽噪声衰减。在学校教室、医院病房、疗养院住房等敏感点，应进行声环境综合防治设计，根据敏感点的性质、位置、规模、当地条件及工程特点，采取相应的防治措施。这些措施包括：调整公路线位、堆筑工程弃方、建筑物设置隔声设施、建造声屏蔽、栽植绿化带、调整临噪声源一侧建筑物的使用功能等措施。

2. 减少汽车排出有害气体的措施

距公路中心线200m范围内的一般环境空气敏感点，应符合排放标准的规定；有特殊要求的地区，应符合国家现行有关标准的规范。对《公路建设项目环境影响报告书》中列出的环境空气质量超标的敏感点，作补充工程调查，提出综合防治方案。

减少大气污染的措施，可以大致分为发生措施、改善道路结构及沿线措施。防止交通公害的原则是减少污染物质，减少大气污染的措施，最重要的是发生源。为此，首先要减少汽车排出的污染物质数量；其次要以强化排出气体规则为中心，改善汽车结构，这是降低汽车排放污染气体的有效措施；第三是利用交通控制系统保持交通流的畅通，通过交通规则改善行驶状态；第四是使小客车交通向公共交通工具转换，或采取使货物运输合理化的交通量控制措施，改善道路结构，设置环境设施带、绿化地带等缓冲区域。此外，作为沿线措施，可使沿线土地合理化使用，诱导建立缓冲建筑物，迁移住家、医院、学校等。

3. 减少公路交通振动的措施

减少道路交通振动的措施，大致分为振动源、传播路径以及受振部的措施。因公路交通振动比噪声的衰减距离大，故认为传播线路改良措施的有效性要相对高些。汽车振动属于随机振动，多由于行驶中汽车受到弹簧振动而引起，改良路面的平整度和改善路面结构有减轻振动效果；改进路基结构以及改良地基基础，提高路基强度和水稳定性，有利于减少交通振动；此外，制订交通规则、设置环境设施带、防护沟、防护壁等也是减少公路振动的有效措施。

第四节　公路建设项目环境影响评价

一、概述

1. 公路环境影响评价的概念

环境影响评价是对公路开发建设活动可能对环境造成的影响进行预测和估计，是一种了解环境变化情况，进而约束人类社会行为，防止环境遭到污染和破坏的行政管理办法，是监督和减缓工程对环境的不利影响、保护环境并且达到经济发展和环境保护相协调，从而使其可持续发展的重要手段。

环境影响评价制度是指法律规定的在进行对环境有影响的开发建设活动时，应事先对该活动可能给周围环境带来的影响进行科学预测或评估，制订防止或减少环境损害的措施，编写环境影响报告书或填写环境影响报告表，报给环保部门审批后再进行设计和建设的各项规定的总称。

根据开发建设活动的不同，环境影响评价可分为建设项目的环境影响评价、区域开发的环境影响评价、发展规划和政策的环境影响评价三种类型。我国现行的环境影响评价制度只针对建设项目（包括新建项目、扩建项目、技术改造项目）和区域开发。

公路建设项目环境影响评价是对公路建设项目的施工期及营运期可能对周围环境造成的影响进行预测和估计，是单一建设项目的环境影响评价。

2. 工作程序

环境影响评价工作大体可分为三个阶段。

第一阶段为准备阶段，主要工作为研究有关文件，进行初步的工程分析和环境现状调查，筛选重点评价项目,确定各单项环境影响的评价工作等级,编写出工作大纲。

第二阶段为正式工作阶段,主要工作为进一步做工程分析和环境现状调查,并进行环境影响预测和环境影响评价。

第三阶段为报告书编写阶段,主要工作为汇总、分析第二阶段工作所得的各种资料和数据,给出结论,完成环境影响报告书的编写。

3. 工作内容

目前,我国公路建设项目环境影响评价中通常将环境影响按环境要素划分为生态环境、声环境、环境空气、地表水环境及社会环境 5 个方面,并进行相应的环境评价。

(1)生态环境影响评价

生态环境影响评价主要包括公路施工及营运期间对野生生物的影响评价、重要生态系统的影响评价及水土流失影响评价等。对野生生物的影响包括:地表植被的破坏;野生动物栖息地的丧失或退化;野生动物迁徙路线的割断;使野生动物向其他地带迁移;阻断水生动物的迁移或回游;影响毗邻土地上的野生生物等。重要生态系统的影响包括对原始森林、热带雨林和湿地等生态系统的影响。公路工程在建筑和保养期间对地表土壤的扰动,造成大量水土流失,导致附近河流、水库水质混浊及泥沙沉积,从而缩短水库和河道的使用期或增加管理费用,损害鱼和其他水生生物的生态环境,也可能损伤水工建筑物、道路和桥梁的地基。

(2)声环境影响评价

声环境影响评价主要包括公路营运期的交通噪声及施工期的施工机械噪声对周围声环境质量的影响评价。

交通噪声影响包括:干扰公路周围文化、教育、医疗机构的正常活动;影响需要安静环境的娱乐活动;影响需要安静环境的商业贸易活动;影响公路两侧的住宅开发等。

(3)环境空气影响评价

环境空气影响评价主要包括公路营运期的汽车尾气及施工期的扬尘、沥青烟对周围环境空气质量的影响评价。

公路营运期的影响有:汽车排放的空气污染物(CO、NO_x、HC 等)使周围环境空气质量下降;公路沿线植被和建筑物上覆盖的尘土和汽车排放颗粒物;由于车辆流量增加而加重的烟雾等。

(4)水环境影响评价

水环境影响有:公路地表径流含有油、沥青、杀虫剂、肥料、防冻盐、人畜排泄废物及燃烧产物等,会影响水质、水生生物及路旁植被;公路施工期的生活污水、垃圾及营运期公路附属设施生活区的污水、垃圾可能影响局部水系的水质;地表水和地下水补给区受公路建设和营运期堆放的废弃物污染,会增加补给水中污染物的浓度。

(5)社会环境影响评价

我国目前公路环境影响评价中将景观、文物、拆迁再安置、交通和地区经济发展等都归类到社会环境中。所以社会环境影响评价内容主要包括:

景观:通常人们所关心的是妨碍视野,即看不到居民区和游览区的标志地物,影响以景观获利的商业活动;高路堤或高架公路限制了毗邻城市的发展;扰乱了游览区、居民区的视野;造成原有植被与新栽植被或风景区之间、自然地形与公路结构之间、现有建筑与公路建筑之间的不和谐。

文物:破坏名胜古迹;破坏埋藏在地下的文物。

住宅、工业和商业的拆迁:实际所需拆迁费大于提供的补偿费;隔断被迁居民与原地区居民的联系(家庭联系、种族联系或邻居朋友联系);失去一些适合工商业活动的地点。

交通:公路穿越、阻断或损害现有道路的交通;把原来单一性土地使用区和功能区(如农业区、游览区、野生生物栖息地)分割成几块;以前不通车的地区在公路建筑后可以通车;改善郊区交通,促进郊区工商业发展;增加当地的交通运输量和相应的服务性设施等。

地区经济发展:公路可以刺激或诱发其他活动(继发性影响),如加速土地开发或社会经济活动方式的变化。继发性影响往往比原发性影响更为深刻,更为广泛。例如公路建设对相关地区今后人口增长和经济发展就有显著的影响。

公路建设项目属于非污染生态型建设项目,生态环境影响通常被作为重点评价内容之一。

二、环境影响评价的方法

1. 环境影响预测评价方法

世界各国环境影响预测评价的方法较多,道路项目环境评价常用的有数学模型预测法、类比调查法和图形叠置法等。

(1)数学模型预测法

这是人们熟知的应用最广泛的一种预测方法。在道路项目环境影响评价中交通噪声预测、环境空气污染物浓度预测、水质污染物浓度预测和土坡侵蚀量预测等,都采用数学模型预测法,有关数学模型及模型中各项参数的取值在前面章节中已作讨论,这里不再赘述。在各种参数或资料具备的条件下,采用数学模型预测较为方便,结果亦较准确。

(2)类比调查法

当缺乏必要的参数资料且获取它们又有困难时,常用类比调查法来预测评价拟建项目对环境的影响,该方法因简单直观而为广大环境科学工作者所青睐。采用类比调查法必须选择恰当的类比原型。

(3)图形叠置法

该方法首先将研究地区分成若干个地理单元,在每个单元中通过各种手段获取有关环境因素的资料,利用这些资料为每个环境因素绘出一幅环境图,这样可绘出一系列环境图。然后把这些图衬于整个地区的基本地图之上,作出地区的环境复合图。通过对该图的综合分析,就可对土地利用的适用程度和工程建设的可能性等作出评价,并采用颜色、阴影的深浅等形象地表示工程项目对地区环境影响的大小。

2. 环境质量评价方法

环境质量评价常用的方法,是将环境污染物的监测值(或预测值)与评价标准容许值进行比较,由是否超出标准值及超出量的大小作出评价结论。为了更加直观、定量地对环境质量进行评价,世界各国对噪声、水质、空气和土壤等环境质量规定了评价方法。下面就我国环境质量评价中常用的评价方法及其指标作简要介绍。

1)声环境质量评价

(1)噪声污染指数

对区域声环境质量可用噪声污染指数进行分级(表8-3)。噪声污染指数的定义为

$$P_N = \frac{L_{Aeq}}{L_b} \tag{8-10}$$

式中:P_N——噪声污染指数;

L_{Aeq}——环境噪声级(等效 A 声级),dB;

L_b——基准噪声级,对于区域环境质量评价,取 $L_b=75$dB。

声环境质量等级划分表　　表 8-3

类　型	指　数　P_N	分　级	噪声级(dB)
一	<0.60	很好	<45
二	0.60~0.67	一般	45~50
三	0.67~0.75	一般	50~55
四	0.75~1.00	坏	55~75
五	>1.00	恶化	>75

噪声污染指数计算简单,可以表示区城的声环境质量状况,但不能反映噪声的实际污染程度,即对人的影响程度。

(2)噪声污染度

噪声环境影响是指对人的影响。噪声污染度是指项目噪声对人的袭击程度,或者说项目使区域内受环境噪声污染(超标)人数的百分率。即

$$\text{噪声污染度(NPD)}=\frac{\text{环境噪声超标的人数}-\text{原超标人数}}{\text{区域内总人数}}\times 100\% \tag{8-11}$$

噪声污染度直观地反映了项目噪声对声环境质量的影响量,适用于道路项目环境影响评价,特别是路线方案比选分析。但目前噪声污染度还没有等级划分指标,一般认为 NPD < 30% 为轻度污染,NPD = 30% ~50% 为中度污染,NPD > 50% 为重度污染。

2)水环境质量评价

水环境质量评价采用水质量指数或水污染指数进行评价。用它表示水体的污染程度,也可以用来对水体进行污染分类和分级。

(1)单因子污染指数

单因子污染指数,即污染分指数。其计算式如下

$$P_i=\frac{C_i}{C_{0i}} \tag{8-12}$$

式中:P_i——某种污染物的污染分指数;

C_i——某种污染物的实测浓度值(或预测计算浓度值),mg/L;

C_{0i}——某种污染物的评价标准值,mg/L。

(2)平均综合污染指数

一般水体受到多种因子污染,对水质应作综合评价,即用式(8-13)计算水质平均综合污染指数。

$$P=\frac{1}{n}\sum_{i=1}^{n}P_i \tag{8-13}$$

式中:P——水质平均综合污染指数;

n——参与水质评价的因子数。

在评价中考虑某些污染物对水质影响的权重,采用加权平均综合污染指数对水质进行评价,即为加权平均综合污染指数。

3)环境空气质量评价

环境空气质量采用质量指数(或污染指数)进行评价。

(1)质量指数

采用质量指数对环境空气质量进行评价，质量指数的计算式为

$$P = \sum_{i=1}^{n} P_i \tag{8-14}$$

式中：P_i——第 i 种污染物的污染指数，亦称单因子污染指数；

n——参与评价的污染物数量。

(2)综合质量指数

在单因子质量指数的基础上考虑污染物的权重，就是综合质量指数，综合质量指数的计算式为

$$P = \sum_{i=1}^{n} W_i P_i \text{ 且} \sum_{i=1}^{n} W_i = 1 \tag{8-15}$$

式中：W_i——第 i 种污染物的权重。

4)土壤环境质量评价

土壤质量包括土壤生产质量(即肥力)和土壤环境质量两个方面，其好坏以对人类生产、生活和发展的适宜程度为判断标准。环境科学研究土壤质量，侧重于土壤环境质量，以对人类健康的适宜或影响程度为标准。

道路交通对土坡环境质量影响主要是重金属铅(Pb)污染。当采用无铅汽油后，新建道路可不考虑铅对土壤环境的影响。

3. 环境质量综合评价方法

人类的生活环境是在多项环境要素(如空气、水、土壤、声音、食物、文化生活等)相互作用、相互影响和相互制约下形成的综合环境系统。环境质量综合评价就是按照一定目的，在一个区域内各个单项环境要素评价的基础上，对环境质量进行总体的定性或定量评定。

环境质量综合评价是将某一环境系统作为一个整体，在考虑其他功能的同时，突出其中某一项或几项主要环境要素，将其与人体健康和防治对策作为主要研究目标。

关于环境质量综合评价，不同学科从各自的角度出发，提出并运用不同的方法进行研究，因此，环境质量综合评价的方法有均权叠加法和加权求和法等。均权叠加法就是在各环境要素质量评价的基础上，采用简单合计的方法计算环境质量综合评价指数。该方法将各种环境要素同等对待，未突出危害大、影响严重的因素，所以存在着一定的局限性。加权求和法就是采用加权求和的方法计算环境质量综合评价指数，使评价结果接近或符合环境质量及其变化的实际状况。

第五节　绿色物流

一、绿色物流概述

1. 绿色物流的产生背景

人类居住在地球上，世世代代繁衍生息，大家共同拥有一个地球，而且只有这样一个地球。时至今日，由于人类对资源掠夺性地开发，地球已不堪重负，正向我们敲起“警钟”，亮出“黄牌”；南极上空的臭氧已减少40%；过量的紫外线损害人的免疫系统，危及人类健康；全球气温上升0.3～0.6℃；截至20世纪末，地球上已灭绝的动植物已有100万种。照这种趋势发展下去，美丽的大自然将不复存在，人类的生存将受到威胁。

地球是人类唯一的家园,绿色已成为大自然的象征。保护生态环境、回归自然是人类共同关心的课题。在21世纪,绿色革命席卷全球。追溯绿色革命的概念,有狭义和广义之分,狭义的绿色革命是指发生在印度的“绿色革命”。1967~1968年,印度开始了依靠先进技术提高粮食产量的“绿色革命”的第一次试验,结果粮食总产量有了大幅度提高,使印度农业发生了巨变。广义的绿色革命是指在生态学和环境科学基本理论的指导下,人类适应环境、与环境协同发展、和谐共进所创造的一切文化和活动。如今各行各业都开始利用“绿色”这一代表生命和环境保护的字眼,从产品的研制、生产、包装、运输、销售、消费到废弃物的回收、再利用的整个生命周期内,都在考虑环境的保护问题。一时间,“绿色浪潮”、“绿色食品”、“绿色标志”、“绿色产业”、“绿色营销”、“绿色消费”等等,各种冠以“绿色”的名词如雨后春笋,目不暇接。

在物流领域,绿色的概念同样重要。但是“绿色物流”里的绿色,是一个特定的形象用语。既不是植物或农产品的代名词,也不是纯天然的代名词,而是泛指保护地球生态环境的活动、行为、计划、思想和观念在物流及其管理活动中的体现。众所周知,传统的物流活动各个环节都在不同程度上对环境产生了负面的影响,物流运输环节对环境的影响上述已经分析,不再赘述。仓储环节、包装环节、装卸搬运环节、流通加工环节等也对环境产生负面影响。

(1)仓储对环境的影响

仓储过程对环境的影响主要有两个方面。一是商品保管中心必须对之进行养护,一些化学方法,如喷洒杀虫剂,会对周边生态环境造成污染;另一方面,一些易燃、易爆的化学危险品,如果保管不当,会发生爆炸或泄漏,也对周边环境造成污染,破坏生态平衡,如果是库存生鲜农产品,易发生腐烂变质,造成对环境的污染。

(2)包装对环境的影响

包装是在商品输送或保管过程中,为保证商品的价值和形态而从事的物流活动。包装过程对环境的影响主要表现在两个方面。一方面是包装材料的环境污染。如目前市场上流行的塑料袋、玻璃瓶、易拉罐等包装品种,使用后会给自然界留下长久的污染物,特别是一些工业品和消费品包装都是一次性使用的,这些包装是城市垃圾的重要组成部分,处理这些废弃物要花费大量人力、财力,而且不少包装材料是不可降解的,它们长期留在自然界中,会对自然环境造成严重影响。另一方面是过度的包装或重复的包装,造成资源的浪费,违背可持续发展原则,同时也无益于生态经济效益的实现。

(3)装卸搬运对环境的影响

装卸搬运是衔接各种物流活动的中间环节,是跨越运输和物流设施而进行的,发生在输送、保管、包装前后的商品取放活动。装卸搬运过程对环境的影响包括:装卸不当,商品体的损坏,造成资源浪费和废弃;废弃物还有可能对环境造成污染,如化学液体商品的破漏,造成水体污染、土壤污染等,同样不经济,也不利环保;装卸搬运中发生的粉尘烟雾对人员与环境造成污染等。

(4)流通加工对环境的影响

流通加工是指为完善使用价值和降低物流成本,对流通领域的商品进行的简单加工。流通加工具有较强的生产性,会造成一定的物流停滞,增加管理费用,不合理的流通加工方式会对环境造成负面影响。如加工中资源的浪费或过度消耗,加工产生的废气、废水和废物都对环境和人体构成危害。另外流通加工中心选址不合理,也会造成费用增加和有效资源的浪费,还会因增加了运输量而产生新的污染。

由上面分析可知，现代物流活动的诸多方面都会对环境造成负面影响，而且这种影响的程度是随着经济的发展而加剧的，因此，会对社会经济的可持续发展产生消极影响。在社会文明程度日益提高的今天，经济的发展必须建立在维护地球环境的基础上。随着经济转入成熟发展时期，物流将会成为经济发展的重要支柱，因此，为了充分发挥现代物流产业对经济的拉动作用，实现长期可持续发展，必须从环境角度对物流系统进行改进，以形成一个与环境和谐共生的现代综合物流系统，改变原来经济发展与物流之间的单向作用关系，抑制物流对环境造成的危害，同时又要形成一种能促进经济和消费生活健康发展的现代物流系统。这就产生了"绿色物流"这一全新的概念。可以这样说，"绿色物流"作为可持续发展模式在物流行业中的具体表现，开始出现并逐渐成为21世纪物流管理的新方向。

2. 绿色物流的内涵

绿色物流(Green Logistics)是指以降低对环境的污染、减少资源消耗为目标，利用先进物流技术规划和实施的运输、储存、包装、装卸、流通加工等物流活动，是连接绿色供给主体和绿色需求主体，克服空间和时间阻碍的有效、快速的绿色商品和服务流动的绿色经济管理活动过程，也可称为环保物流(Environmental Logistics)。简而言之，我们可以称不损害人类居住的地球环境的物流叫绿色物流。绿色物流的行为主体主要是专业物流企业，同时也涉及有关生产企业和消费者。

绿色物流的目标不同于一般的物流活动。一般的物流活动主要是为了实现物流企业的盈利、满足顾客需求、扩大市场占有率等等，这些目标最终均是为了实现某一主体的经济利益。而绿色物流的目标在上述经济利益目标之外，还追求节约资源、保护环境这一既具经济属性、又具有社会属性的目标。尽管从宏观角度和长远利益看，节约资源、保护环境与经济利益的目标是一致的，但对某一特定的物流企业却是矛盾的。

绿色物流的目标是一个多层次的概念，既包括绿色销售物流、绿色生产物流，也包括绿色供应物流；它既包括企业的绿色物流活动，又包括社会对绿色物流活动的管理、规范和控制。从绿色物流活动的范围来看，它既包括各个单项的绿色物流作业(如绿色运输、绿色包装、绿色流通加工等)，还包括为实现资源再利用而进行的废弃物循环物流，是对整个物流操作和管理全程的绿化。

二、绿色物流在国内外的发展

1. 国外绿色物流发展概况

美、欧、日等发达国家的物流业发展较早，对环境问题的重视程度也较高。这些国家从政府到国民对环境的考虑和关注体现在包括物流活动在内的社会经济的各个方面。

(1)对绿色物流的规划

在美国、日本以及欧洲物流业发达的国家，绿色物流活动早已引起政府的重视，在有关的物流规划中已经涉及相关的环保问题。

美国政府在制订其到2025年的《国家运输科技发展战略》中规定，交通产业结构或交通科技进步的总目标是"建立安全、高效、充足和可靠的运输系统，其范围是国际性的，形式是综合性的，特点是智能性的，性质是环境友善的"。

日本政府在1999年所制定的"综合物流施政大纲"的目标之一是发展物流要"因应能源问题、环境问题以及交通安全问题等"，2001年7月经由内阁会议决定"新综合物流施政大纲"，以延续1997年所定综合物流施政大纲的计划进度，该新大纲以2005年为达到目标年限，目的在于建构高度且全体有效率的物流系统。另一方面，建立符合国际标准的可持续发展协议，如《京都议定书》，它规定 2008 ~ 2012 年期间，主要工业发达国家的温室气体排放量要在 1990 年的基础上平均减少 52%。这个协议主要就是要减少大气污染排放，防止地球变暖，对可利用的资源进行再生利用，实现资源、生态和社会经济良性循环，建立适应环保要求的新型物流体系。

欧盟组织为了提高欧洲各国之间频繁的物流活动的效率，也采取了一系列协调政策与措施，大力促进物流体系的标准化、共享化和通用化。如：由全欧铁路系统及欧盟委员会提出的“在未来 20 年内，努力建立欧洲统一的铁路体系，实现欧洲铁路信号等铁路运输关键系统的作用”即为这一努力的体现。另外，欧盟各国普遍重视标准化工作，都设有由政府大力支持的标准化技术组织。在欧盟国家的企业和市场上，统一的欧盟标识、欧盟标准随处可见。由于欧盟国家经济的先进性，这些标准或标识相当一部分已成为国际统一的标准和标识，促进全球物流系统的标准化、效率化。

(2)工业生态园区与绿色供应链管理

在企业的生产和物流活动中，废弃物的产生总是难免的，如果企业无法循环利用这些废弃物，则需要投入成本来处理它们；另一方面，单个企业的改变往往较为困难，如果进行绿色化的企业得不到供应链上其他企业的支持，则成本有可能大幅度提高，使这种改变在经济上不可行。

工业生态学在理论上为此提供了解决办法。该理论提出，企业应该像自然生态系统中的生物一样，相互依存、互为补充；认为理想的工业生态系统应能以完全循环的方式运行，达到“零污染”、“零排放”。在这种状态下，没有绝对意义上的废料，即对某一个部门来说是废料，而对另一部门来说却可能是资源。在工业生态学理论的指导下，形成了以下两种在企业群落层次实现工业共生的方式：①工业生态园区，核心是在工业园区内，通过预先设计工业生态系统，循环利用资源，以实现经济、社会和环境效益的最大化，工业生态园区的观念与传统的废料交换观念的区别在于，它不满足于企业间简单的一来一往的物质交换，而旨在模仿自然生态系统的运作机理，在企业群落中建立物质和能源的良性运转机制，使区内的总体资源得到最有效的利用；②绿色供应链管理，核心在于引入全新的设计思想，对产品从原材料购买和供应、生产、最终消费到废弃物回收再利用的整个供应链进行生态设计，通过供应链上各企业内部部门和各企业之间的紧密合作，使整条供应链在环境管理方面协调统一，达到系统环境最优化。

(3)绿色包装

减少产品包装对环境的影响是物流活动绿色化的重要内容。许多国家通过制定一系列政策法规或运用经济手段限制或鼓励生产厂商在产品设计及包装使用和处理方面减少对环境的影响。

第一，以立法的形式禁止使用某些包装材料，如某些国家规定禁止使用含有铅、汞、锡等成分的包装材料和没有达到规定再循环比例的包装材料。

第二，建立存储返还制度，许多国家规定啤酒、矿泉水等饮料一律使用可重复利用的包装材料，消费者在购买时向商店交付一定保证金，返还容器时再由商店退还保证金，有些国家还将这种制度扩大到洗涤剂和油漆的生产和销售上。

第三，制订再循环或再利用法律，如日本的“再利用法”、“新废弃物处理法”，欧洲各国的“包装废弃物令”等。

第四，税收优惠或处罚。对生产和使用包装材料的厂商根据其产品包装的原材料或使用的包装中是否全部或部分使用可再循环的包装材料，给予免税、低税优惠或征收较高的税赋，以鼓励使用可再回收的资源。

而对于过度包装，许多国家都从环保和保障消费者权益的角度出发，立法施治。韩国明确规定：过度包装属违法行为。因而，对物品包装在整个商品所占的比例和层数，都有相应的严格限制，还经常对市场上的商品包装进行检查，对精简的包装予以奖励，对过度包装的商品予以罚款。德国倡导商品的“无包装”和“简单包装”，强调包装要无害于生态环境、人体健康和能循环利用或再生，从而节约资源和能源。

(4)逆向物流

逆向物流是绿色物流的一个重要组成部分，目前已经引起国外许多企业的重视。在政府方面，欧洲许多国家已通过法律条例，要求产品生产厂家必须从消费者那里回收已经到了报废期的产品。如在废弃电池回收方面，荷兰在1995年提出了《电池处理法规》，要求电池生产商和进口商对其投放到市场的电池承担回收和处理责任，并规定90%的废旧电池应得到分类收集和处理。在企业方面.他们也通过实际行动实现逆向物流。如UPS对于必须要运用到纸张的部分，但凡文件信封、计算机纸张、再次送件的客户通知单等，公司皆使用再生纸，并做好垃圾分类，将可再生的物资再次利用。到目前为止，快餐业巨头麦当劳已经投入了1亿美元对废弃物进行回收利用，世界最大的零售商沃尔玛也鼓励顾客购买有利于保护环境的产品。一些企业在设计产品时就考虑到使用后的回收问题。欧美一些大的汽车公司正在进行以提高汽车的可拆卸率为目的的生产方式的改变。美国汽车的回收率非常高，按重量计算，每辆车75%的零部件都可重新利用，德国宝马公司和其他公司也在致力于这方面的工作，宝马公司汽车回收率已达80%。计算机行业的情况也是如此。

还有的企业在进行逆向物流管理时引进了第三方物流企业，旨在通过第三方物流商专业性的管理，使逆向物流更具有规模上和专业上的优势，并真正实现对物流成本的控制。在美国，第三方物流企业对80%~90%的零售业退货进行管理，主要面向生产厂商、批发商、零售商以及书籍、CD、录像带、DVD和其他商品的直销商们。

2. 国内绿色物流的发展

现代物流活动对环境的影响已经威胁到我们的日常生活。在社会文明程度日益提高的今天，经济的发展必须建立在维护地球环境的基础上。当代对资源的开发和利用必须有利于下一代环境的维护以及资源的持续利用，因此，为了实现长期、持续的发展，就必须采取各种措施来维护我们的自然环境，可持续发展就成为社会经济发展的必然选择。

1992年里约环境与发展大会以后，中国政府率先制定了《中国21世纪议程》，将可持续发展战略确定为现代化建设必须始终遵循的重大战略。在保持经济持续、快速和健康发展的过程中，可持续发展的理念越来越为社会各界所接受。而绿色物流作为可持续发展的一个重要环节，与绿色制造、绿色消费共同构成了一个节约资源、保护环境的绿色经济循环系统。我国要实现经济的可持续发展，绿色物流是一个关键的环节。为此，我国政府在可持续发展的总体战略指导下，积极提出实施绿色工程的具体方案，促进企业对有关绿色管理策略的实施。在国家可持续发展原则引导下，许多企业的社会责任意识开始形成，不少企业已具有环保意识，将生产绿色产品作为企业经营的宗旨和竞争的法宝，许多企业也开始按环境标准实行清洁生产。我国物流的发展起步较晚，企业对绿色物流理念的认识才刚刚开始，企业物流系统的构件主要还是以降低成本、提高效率为目标，虽然一些企业也开始认识到物流中的环境问题，但对绿色物流的认识还非常有限，国内在绿色物流的研究方面还处于起步阶段，尤其是缺乏对资源环境的价值分析和成本估算，对于环境污染、交通拥挤的代价尚未以成本的形式引入企业的成本核算体系，实施绿色物流还未成为大多数企业的主动选择。

三、我国绿色物流发展中存在的问题

1. 绿色观念较淡薄

一方面，绿色物流的理念尚未完全确立，人们对它的认识非常有限，一些政府领导对绿色物流的认识仅仅停留在思想上，在制定区域经济发展规划时，片面追求局部效应和短期经济效益；不少企业经营者甚至认为绿色物流只是一种环保理念，是不切实际的幻想，不能为企业带来任何经济效益，还会增加物流成本。另一方面，消费者对绿色经营消费理念仍很淡薄，绿色物流的思想更少。消费者追求的是绿色消费、绿色享用和绿色保障，而其中的绿色通道物流环节，谁也未有足够的重视和关心。因此在发展现代物流的同时，要尽快提高认识，更新思想，把绿色物流作为世界全方位绿色革命的重要组成，确认和面向绿色物流的未来。

2. 包装废弃物利用不容乐观

现今，西方一些发达国家的包装废弃物回收利用率都较高。如纸包装的回收率美国为47.8%，日本为37.1%。又如对塑料包装废弃物的回收利用，西方国家主要采用回收利用、焚烧和深埋处理，西欧、日本、美国塑料包装废弃物的回收利用率分别为15%、5%、10%，焚烧率分别为30%、70%、5%，深埋率分别为55%、25%、85%。再如玻璃包装的回收率西欧国家平均为30.5%，日本为49%。

而我国在包装废弃物的回收上不容乐观，如纸包装回收率仅为20.4%，塑料包装废弃物回收率为10%左右，玻璃瓶为20%左右。比之发达国家，还存在很大的差距。

3. 基础设施不完善

近年来我国在交通运输和仓储设施的建设方面投资较多，明显改善了我国的整体物流条件，但是在综合物流配送中心的建设方面还没有很好的规划，也缺少实际投资。这样的大型配送中心承担着全国物流资源的组织协调功能，是提高整体物流效率不可缺少的组成部分。

我国交通运输业目前存在的主要问题是：交通工具的增长与运输线路的增长不协调，道路堵车现象严重；城市交通不畅，严重影响全国交通运输网的运输效率；作为运输骨干的铁路改革进展缓慢等。我国传统的交通运输业经营分散，设备落后，物流技术含量不高，不能满足进行现代物流和配送的要求，物流基础设施尚待完善。

4. 绿色物流技术装备比较落后

绿色物流的关键所在，不仅依赖物流绿色理念的建立、绿色导向的指明和绿色操作的运用，更离不开绿色技术的掌握和应用，而我们的物流技术和绿色要求有较大的差距。物流装备水平仍然较低，各种运输方式之间装备标准不统一，物流器具标准不配套，物流包装标准与物流设施标准之间缺乏有效地衔接，在一定程度上延缓了物流机械化和自动化水平的提高，影响了运输工具的装载率、装卸设备的荷载率以及仓储设施的空间利用率；企业物流信息管理水平和技术手段比较落后，缺乏必要的公共物流信息平台，订单管理、货物跟踪、库存查询等物流信息服务功能较弱，制约了物流运行效率和服务质量的提高；仓储设施落后，库容体积小而分散，各种综合性货运枢纽、物流基地、物流中心的建设发展缓慢。总之，没有先进物流技术的发展，就没有现代物流的立身之地，绿色物流就更无从谈起。

5. 物流标准化的基础工作十分薄弱

标准化是资源整合的一项重要基础工作，应该包括：①设备、设施的标准化，如托盘、货柜、集装箱等标准化;②信息标准化,如运输单据、出入库单据、条形码等;③管理模式标准化,如应答制度、赔偿制度、信息反馈制度等等。目前各地区各部门都有自己的标准,有些方面虽有国家标准,但没有加以普及和应用,直接影响了物流的运行效果。

6. 物流研究相对落后、绿色物流专业人才短缺

物流产业需要大批人才。相比较而言,我国在物流研究和教育方面还比较落后,从事物流研究的大学和专业研究机构还很少,企业层面的研究和投入更微乎其微。物流教育水平不高主要表现在缺乏规范的物流人才培育途径;在高等院校中开设物流专业课程的大学数量不够;与物流相关的大学本科教育虽有开展,但尚未得到国家教育主管部门的认可;研究生教育刚刚开始起步;物流职业教育则更加贫乏,企业的短期培训仍然是目前物流培训的主要方式。

四、中国发展绿色物流的对策

绿色物流是经济可持续发展的重要环节,对社会经济的不断发展和人类生活质量的提高具有重要意义。绿色物流的实施是一项系统工程,它需要政府、企业、社会等各方面的共同努力。

1. 政府对绿色物流的管理和促进

发展绿色物流需要政府部门的宏观管理、监督指导以及政策、资金上的扶持。政府要严格实施《环境保护法》、《固体废物污染环境防治法》以及《环境噪声污染防治条例》等,并不断完善相关环境法律法规,在宏观上对物流体制进行管理控制。政府要加强对现有的物流体制强化管理,并制订一些优惠政策鼓励企业绿色生产、绿色经营,比如对公路运输提价,鼓励铁路运输,构筑绿色物流发展的框架。

2. 加快绿色物流标准的制订

建立全国绿色物流标准化技术委员会,对绿色物流标准化问题进行统一协调、规划、管理。绿色物流标准化是以绿色物流为一个大系统,制订系统内部的绿色物流设施、机械装备、专用工具等的技术标准,绿色包装、仓储、装卸、运输等各类作业标准以及作为现代物流突出特征的物流信息标准,形成全国以及和国际接轨的标准化体系。

3. 绿色运输管理

积极推广共同配送是绿色运输管理的关键环节。因此从货主的角度来说,采取共同配送,送货者可以实现少量配送,收货方可以进行统一验货,从而达到提高物流服务水平的目的;从物流企业特别是一些中小物流企业的角度来说,由于受资金、人才、管理等方面的制约,运量少、效率低、使用车辆多、独自承揽业务、在物流合理化及效率上受限制,采用共同配送,通过信息网络提高车辆使用率等问题均可得到较好的解决。采取复合一贯制运输方式,以集装箱作为联结各种工具的通用媒介,起到促进复合直达运输的作用,可以减少包装支出,降低运输过程中的货损、货差。同时,这种运输方式克服了单个运输方式固有的缺陷,从而在整体上保证了运输过程的最优化和效率化。另一方面,从物流渠道看,其能有效解决由于地理、气候、基础设施等各种市场环境差异造成的商品在产销空间、时间上的分离,促进了产销之间紧密结合以及企业生产经营的有效运转。

4. 绿色包装管理

鼓励生产部门采用尽量简化的、可降解材料制成的包装,在流通过程中应实现包装的合理

化与现代化，例如包装的大型化和集装化，有利于物流系统在装卸、搬迁、保管、运输等过程的机械化，减少单位包装，节约包装材料和包装费用；包装多次、反复使用和废弃包装的处理，采用通用包装，可周转包装，并对废弃包装物经再生处理，转化为其他用途或制作新材料；开发材料消耗少又有多种功能的新的包装材料和包装器具。

5. 绿色流通加工

流通加工指物品在从生产地到使用地的过程中，根据需要施加包装、分割、计量、分拣、组装、价格贴付、标签贴付、商品检验等简单作业的总称。流通加工具有较强的生产性，是流通部门对环境保护可以大有作为的领域。绿色流通加工主要包括两项措施：一是变消费者加工为专业集中加工，以规模作业方式提高资源利用效率，减少环境污染；二是集中处理消费品加中产生的边角废料，以减少消费者分加工所造成的废弃物污染。

6. 建立逆向物循环物流体系

逆向物流体系包括加工废弃物料回收和废旧产品回收系统。企业正向物流中产生废弃物料的来源主要有两个：一是生产过程中未能形成合格产品而不具有使用价值的物料；二是流通过程中产生的废弃物。为了节约成本、减少污染，厂商既要加强进料和用料的运筹安排，又要在产品的设计阶段就考虑资源的可得性和回收性能，减少生产中的废弃物料的产生。另一方面，废旧产品的回收数量、质量、回收方式以及返回时间的选择都应该在控制之下，如果这些问题不能得到有效的控制，就可能扰乱整个逆向物流系，从而使得对这些产品再加工的效率得不到保证。因此，厂商必须和负责集废旧产品的批发商及零售商保持良好接触和沟通。

7. 积极研究和使用绿色物流设施与技术

在积极发展绿色物流的同时，应大力推广计算机、信息技术，发展专用绿色车辆、绿色装卸、仓储技术等。引进国外绿色物流管理技术，有助于破除盯着眼前的既得利益、不顾环境污染的问题，从而为绿色物流的发展奠定良好的基础。先进绿色物流技术的发展是绿色物流战略得以实施的根本保证，主要表现在：①资源再生利用技术的进步，决定着废旧物品的再利用途径和方法，因而是企业进行逆向物流渠道设计的重要影响因素之一；②节能新技术、清洁能源、环保型车辆等技术有利于改善物流过程的能耗和废气污染现象，是绿色物流系统设备与工具决策的重要影响因素之一；③以现代信息技术 GPS、GIS、网络技术等为基础的物流信息系统，有利于物流系统的合理规划和物流系统效率的提高，尤其是能帮助制定最佳运输路线，实现物流资源的共享，减少无效物流量，进而减少能量消耗和污染物排放等。

8. 加强对物流绿色化的研究和人才培养

我国物流的滞后，尤其与绿色相悖，除了认识有限、科技水平落后，也和相关人才的缺乏有关。绿色物流作为新生事物，对营运筹划人员和各专业人员要求面广和层次高，各大专院校和科研机构只有针对性地培养和训练，才能为绿色物流业输送更多合格人才；也只有这样，现代物流才能在绿色的轨道上健康发展。

思 考 题

1. 何谓生态系统？它有哪些功能？
2. 简析公路物流运输对生态环境的影响及应采取的保护措施。
3. 公路物流运输系统对社会生活环境的影响包含哪些主要方面？

4. 何谓绿色物流？大力发展绿色物流的意义是什么？

5. 分析我国绿色物流发展中存在的问题与对策。

参考文献

[1] 孙儒泳,李庆芬,牛翠娟,等. 基础生态学[M]. 北京:高等教育出版社,2002.

[2] 刘朝晖,秦任杰. 公路环境与景观设计[M]. 北京:人民交通出版社,2003.

[3] 夏春玉,李健生. 绿色物流[M]. 北京:中国物资出版社,2005.

[4] 张玉芬. 道路交通环境工程[M]. 北京:人民交通出版社,2008.

[5] 李岳霖. 交通运输环境污染与控制[M]. 北京:机械工业出版社,2010.

[6] 刘娜,秦迎林. 国外绿色物流的发展及其对我国的启示[J]. 商场现代化,2008(3):78-89.

[7] 钟波兰. 论我国绿色物流发展的问题与对策[J]. 物流科技,2008(1):199-121.

[8] 李雅,傅维钦. 我国绿色物流发展中存在的问题及对策[J]. 交通标准化,2010(219):132-134.

第九章　物流运输信息管理

第一节　信息管理概述

一、信息与信息系统

（一）信息

1. 信息的概念

信息是普遍存在于人类社会的现象。“信息”一词古已有之。在现代社会，信息已经成为人所共知的流行词，人们每时每刻都在信息的海洋里工作和生活。人们在日常生活中，都在不假思索地使用着信息这个词语，例如在新闻和报纸提要中获取政治、经济、军事、文化信息，从天气预报中获得未来的天气信息等。人们对信息的认识是比较宽泛和模糊的，人们在研究信息定义时往往和各自的工作领域相联系，在不同领域中对信息的内涵的不同理解，形成了不同的定义和描述。

在信息系统中，对信息的定义如下：信息是一种已经被加工为特定形式的数据，这种数据形式对于接收者有用，而且对决策或行为具有现实和潜在的价值。

信息的概念不同于数据。数据是对客观事物记录下来的、可以鉴别的符号。这些符号不仅指数字，而且包括字符、文字、图形等等。数据经过处理仍然是数据。只有经过解释，数据才有意义，才成为信息。可以说信息是经过加工并对客观世界产生影响的数据。同一数据，每个人的解释可能不同。决策者利用经过处理的数据做出决策，可能取得成功，也可能得到相反的结果，这里的关键在于对数据的解释是否正确，因为不同的解释往往来自不同的背景和目的。对某个人来说是信息的东西，对另外一个人来说可能只是一种原始数据，这如同工厂的生产一样，一道工序或者一个加工部门的成品只是另外一道工序或者部门的原材料。在实际应用中通常混淆使用这两个词语，但应当明确它们之间是有区别的。数据是反映客观实体的属性值或对客观事物的记载，即是原材料；信息是对数据加工处理后得到的有用的数据。信息以数据的形式来表征，对数据进行加工处理，可以得到新的数据，新数据经过解释又可以得到新的信息。

2. 信息的分类

信息在自然界、人类社会发生的范围极其广大，因而信息的种类十分繁多。由于现代社会对信息的广泛利用以及信息概念对各个领域的广泛渗透，信息的分类都是按某一角度或研究对象进行划分的。常见的分类有以下几种。

（1）按时间分

信息可分为历史信息（过去信息）、现在信息、未来信息三种。历史信息是指已经发生的、已经知道的信息，历史信息在对事物的认识上有着重要的作用；现在信息是正在发生的信息，是对现状的反映，对当前事物的管理起作用；未来信息是对事物未来发展趋势的预测，未来信息是基于历史信息对事物认识的基础上得到的，是制订规划所不可缺少的。

(2)按信息先后或加工程度分

信息可分为原始信息和二次信息、三次信息。原始信息(一次信息)即“第一手材料”，指未进行加工的信息，它直接产生于人类社会的各种活动。这是最广泛、最基本、最大量的信息资料，也是信息工作的基础。原始信息一般都是零散的、无序的，无法进行检索、传递和应用，必须经过不同程度的加工处理，才便于使用。二次信息是指对原始信息加工处理后的信息。这种信息已经变成有序的、有规则的信息，例如对原始数字，按不同的要求制成各种表格。它容易存储、检索、传递和方便使用，有较高的使用价值。三次信息指在一次信息、二次信息的基础上，经过研究、核对产生出的信息。这种信息产生于人类的研究成果，而不是直接的人类社会活动。

(3)按信息内容分

信息可分为社会信息和自然信息。社会信息是人类从事各种社会活动以及彼此交流所产生的各种信息，其内容是社会生活的反映，具有鲜明的目的性和有用性，其载体形式较之自然信息更为丰富多彩，很多是人类创造的语言、文字、图像等。社会信息按照其内容的不同进一步细分为政治信息、经济信息、文化信息、军事信息、体育信息、生活信息等等。自然信息是指自然界事物变化、特征及事物之间内在联系的反映。如关于宇宙天体、自然生物、山岳河流等方面的信息。

(4)按信息的性质分

信息可分为定性信息和定量信息。定性信息是用非计量形式来描述各种事物变化特征的信息，它着重揭示事物的本质、特征。如明天下雨，就是定性信息。定量信息是指用计量形式来描述事物特征及其变化的信息，着重揭示事物量的规定性。

另外，还有许多分类。如按人对信息的感知方式，信息可划分为直接信息和间接信息两种；按信息的反映面划分，信息可分为宏观信息、中观信息和微观信息；按信息运动形态划分，信息可分为静态信息和动态信息；按信息载体形式划分，可分为感官信息、语言信息、文字信息、声像信息、电讯信息、卫星信息等。

3. 信息的特征

(1)客观性

信息是事物变化和状态的客观反映，其实质内容具有客观性。因为事物变化和状态都是客观存在的，它的反映也是客观的。

(2)传输性

信息是可以传输的，它的传输成本远远低于传输物质和能源。传输的形式也越来越完善，包括数字、文字、图形和图像、声音甚至味道等。它的传输既快又便宜，远远优于物质的运输，因而我们应当尽可能用信息的传输代替物质的传输，利用信息流减少物流。

(3)层次性

信息适应于管理的要求，分为不同的层次，即战略级、战术级和作业级。

(4)可存储性

信息的客观性决定了信息具有可存储性，信息的依附性使信息可以通过各种载体存储。信息的可存储性使信息可以积累，信息经过记忆、记录存储起来，储存的目的是为了今后方便使用，从而使信息可以被继承。

(5)可分享性

信息作为一种可利用的存在,为社会所共有。在一定的时间和空间内,在一定程度与范围内,可以分享,不会为一个单位或个人永远占有。信息与物质不同,具有无磨损性,不会消失,不会因交易、利用而失去或减少。信息的可分享性有利于信息成为一种资源,严格地说,只有达到信息的共享,信息才能真正成为资源。

(6)可扩散性

由于信息的传播性,信息可以通过各种介质向外扩散。信息的扩散具有正负两种效应。正效应是利于知识的扩散,节省人力、资金等资源的消耗,如同我们从前人那里获取知识;负效应造成信息的贬值,不利于信息的保密。对于某个企业或个人来说,当他所掌握的信息失密后,可能意味着这种信息给他带来的价值减少。因此,要注重信息的保密性,减少信息扩散的负效应。在企业内部,要充分利用信息的共享性,在信息有效的时间内,在内部快速扩散,对外部则应该抑制信息扩散的负效应。

(7)增值性

用于某种目的的信息,随着时间的推移可能价值耗尽,但对于另一种目的,可能又显示出用途。信息的增值在量变的基础上可能产生质变,在积累的基础上可能产生飞跃。曾有一位学者把全国媒体报纸上刊登的新厂投产的消息收集起来,进行提炼和分析,时间一久就能对全国工业有所估计,原来不保密的东西变成保密的了,原来不重要的信息变成重要的了。

(8)转换性

信息、物质和能源是人类现在利用的三项重要的资源。三者有机地联系在一起,形成三位一体,互相不能分割。有能源、物质可以换取信息,利用信息可以节约能源。

4.信息在管理中的地位和作用

信息、物资和能源是人类社会发展的三大资源。工业革命使人类在开发、利用物资和能源两种资源上取得了巨大成功,其结果是创造了工业时代。随着以计算机技术、通信技术、网络技术为代表的现代信息技术的飞速发展,人类社会正从工业时代阔步迈向信息时代,人们越来越重视信息技术对传统产业的改造以及对信息资源的开发利用。人类社会离不开信息,信息是人类生存的资源,是现代大生产中的生产要素之一。它是科研的导向,也是资本流动的导向。管理活动更是离不开信息,信息是管理的要素、介质和工具。其具体作用体现在以下几个方面。

(1)信息是组织决策和计划的基础

决策是否正确,计划是否可行直接关系到组织的兴衰成败。要做到正确决策,做好计划,必须对组织的内部条件和外部环境的现状及发展趋势有一定程度的了解。要做到这一点,必须调查研究,掌握历史的和现在的有关资料,并运用有关的科学知识作出科学的预测。这些有关的资料就是信息。由此可见,掌握充分的信息,是作好科学预测、科学决策和计划的前提和基础。信息不充分或不正确就无法对形势作出正确的判断,无法把握未来,就可能作出错误的决策,制订出不切合实际的计划。例如企业如果不掌握市场有关信息(如产品是否适销、竞争者状况怎样等),就无法进行经营决策,就没有可行的经营计划。

(2)信息是组织、领导和控制的手段和工具

组织作出决策和计划以后,还必须通过组织、领导和控制等管理职能,使各部门和各个组织成员去完成各自的任务,这些管理职能的发挥实际上就是各种信息处理过程。离开了信息,组织、领导、控制等就无从下手。整个管理工作也可以说是一种以信息处理为中心的工作。管理过程,其实就是信息的输入到输出,经过反馈再次重新输入继而输出的循环往复过程。在这

个过程中，管理人员或管理部门起着“信息处理器”的功能，通过信息这个特殊的工具和手段，组织、领导和控制整个组织按照规定的轨迹运行，以便实现组织预定的目标。

(3)信息是沟通组织各管理层次、各工作环节的中枢神经和纽带

每个组织都有自己的层次结构以及特定的工作环节。为了使组织的各个层次和环节的活动协调进行，就必须借助信息进行相互沟通。例如，企业生产部门要得到销售部门的有关信息后才知道要生产的品种、产量、交货期等，才能安排好生产作业活动。自上而下的命令和自下而上的汇报，这种纵向沟通也是信息流的运动。沟通是信息的一大功能。离开信息，沟通就没有意义。没有一个纵横成网、反应灵敏、传递准确的信息系统，信息沟通将受到极大制约，有效管理就无法实现。

(4)信息是组织的一项重要资源

在现代社会，人们已越来越认识到信息作为一种资源的重要性。对组织而言，信息资源与人力、物力、财力等资源一样必不可少。因为具有了准确、灵敏、及时、有效的信息，才能了解并掌握其他资源的情况和动态；并采取一定的措施和方法获得这些资源。同时通过信息的指导和控制作用，组织能对组织资源进行优化配置，提高组织资源的使用效率。

(二)信息系统

1.信息系统的概念

为了有效地进行信息资源的管理，信息系统是必不可少的环节。信息系统是总的管理系统的一个子系统，同时它本身也是一个极其复杂的系统，包括了若干相互联系、相互影响的部分。如何采用有效的方法和手段，正确而高效地将管理科学、现代系统科学和数学的方法通过信息技术的手段综合起来对信息资源进行收集、管理、加工、传递和提供，是信息系统建设中应当关注的重大问题。

信息系统是一个复合系统，它由人、硬件、软件和数据资源组成，目的是及时、正确地收集、加工、存储、传递和提供信息，实现组织中各项活动的管理、调节和控制。总体来说，在任何社会经济组织中，从事信息管理的机构、人员、设备构成的整体，就称为该组织的信息系统。

信息系统在社会经济组织中发挥着越来越重要的作用，信息系统并非只是计算机的应用，也不单单是“计算机辅助信息管理”，它是组织的神经系统，是一个人机系统。信息系统涉及管理科学、信息技术和现代系统科学相关知识，是对这些学科知识的综合应用。

20世纪90年代以来，管理信息系统的巨大变化引起了各方面的关注。随着支持它的环境和技术的不断发展，其定义的描述也在不断地变化。以麻省理工学院(MIT)的一些教授为代表的学者曾主张以信息技术(IT)一词来取代管理信息系统，但是这一定义过分强调技术的变革，削弱了管理信息系统的系统性和目的性，不利于发展。现在的普遍趋势是用信息系统代替管理信息系统。从字面上理解，信息系统比管理信息系统的内涵要小，外延要大。

2.信息系统的功能

信息系统用以实现对决策、控制、操作、分析问题和创造新产品及其服务所需信息的收集和加工；它对信息的组织活动分别是输入、处理和输出。为了满足管理者的信息需求，信息系统需要完成大量的信息处理工作。从整体上看，信息系统的基本功能可以概括为五个方面：数据和信息的收集、存储、加工、传递和提供。

(1)数据和信息的收集

任何信息系统，如果没有实际的信息，那么它理论上的功能再强，也是没有任何实用价值

的。根据数据和信息的来源不同，可以把信息收集工作分为原始信息收集和二次信息收集两种。原始信息收集是指在信息或数据发生的当时当地，从信息或数据所描述的实体上直接把信息或数据取出，并用某种技术手段在某种介质上记录下来；二次信息收集则是指收集已记录在某种介质上、与所描述的实体在时间与空间上已分离开的信息或数据。

(2)信息的存储

信息系统必须具有某种存储信息的功能，否则它就无法突破时间与空间的限制，发挥提供信息、支持决策的作用。即使以信息传递为主要功能的通信系统，也要有一定的记忆装置，否则就无法管理复杂的通信线路。

无论哪一种信息系统，在涉及信息的存储问题时，都要考虑存储量、信息格式、存储方式、使用方式、存储时间、安全保密等问题。

简单地说，信息系统的存储功能就是保证已得到的信息不丢失、不走样、不外泄、整理得当、随时可用。为了实现这些要求，人们在逻辑组织与技术手段上都做了大量的工作，并取得了显著的成效。

在各类信息系统中，存储的要求是不同的。业务信息系统中，需要存储的信息格式往往比较简单，存储时间比较短，但是数量则往往很大。管理信息系统与决策支持系统中的信息格式比较复杂，要求存储形式比较灵活，存储的时间也较长，因此信息存储问题的难度较大。办公信息系统数据存储的特点是要求灵活性高，而且往往是多种技术手段并用，表现出结构上的复杂性。至于存储量，由于办公信息系统一般都是以这 3 种系统为依托，所以相对来说比较小。

(3)信息的加工

除了极少数最简单的信息系统，如简单的小型查询系统外，一般来说，系统总需要对已经收集到的信息进行某些处理，以便得到某些更加符合需要或更加反映本质的信息，或者使信息更适于用户使用，这就是信息的加工。信息加工的种类很多，从加工本身来看，可以分为数值运算和非数值处理两大类。数值运算包括简单的算术与代数运算，数理统计中的各种统计量的计算及各种检验，运筹学中的各种最优化算法以及模拟预测方法等。非数值数据处理包括排序、归并、分类以及平常归入字处理的各项工作。

在各类信息系统中，决策支持系统对信息的要求是最高的，这是由于管理决策常常要用到一些相当复杂的加工方法。管理信息系统也要用到各种类型的算法，但是往往是以比较固定的方式使用的，因此处理起来比较容易。业务信息系统与办公信息系统所使用的加工方法比较简单，但是由于它们使用频繁，要求加工速度快，在制定具体算法时，应认真考虑其效率问题。

(4)信息的传递

当信息系统具有较大的规模，在地理上有一定分布的时候，信息的传递就成为信息系统必须具备的一项基本功能。系统越大，地理分布越广，这项功能所占的地位就越重要。

信息的传递并不只是一个简单的传递问题。信息系统的管理者与计划者必须充分考虑所需要传递的信息种类、数量、频率、可靠性要求等因素。

在实际工作中，信息传递问题与信息的存储常常是联系在一起的。当信息分散存储在若干地点时，信息的传送量可以减少，但由于分散存储带来的存储管理上的一系列问题，如安全性、一致性等，就会变得难以解决。如果信息集中存储在同一个地点，存储问题比较容易解决，但信息传递的负担将大大加重。实际工作者常常面临这二者的权衡和合理选择。这正是我们要讨论的，必须从全局综合考虑信息系统的具体例证。可以想象，如果各种技术人员从各自的局部来考虑问题，是不可能达到全局最优的。

(5)信息的提供

信息系统的服务对象是管理者，因此，它必须具备向管理者提供信息的手段或机制，否则它就不能实现其自身的价值。提供信息的手段是信息系统与管理者的接口或界面，它的情况应由双方的情况来定，即需要向使用者提供信息的情况以及使用者自身的情况。

从需要向用户提供的信息来看，决策支持系统的复杂程度及灵活性要求是最高的，因此，对话式的用户接口是比较适宜的，固定的例行服务方式往往难以满足要求。办公信息系统则是既有例行的任务又有随机的要求，固定的例行信息服务固然不可缺少，满足随机信息需求的服务途径同样也是需要的，这正是办公信息系统需要认真考虑的一个重要问题。业务信息系统和管理信息系统，一般倾向于提供固定的例行信息服务。对于这两种信息系统，由于使用者主要是中下层的管理人员，因此，信息提供方式的简明易用是十分重要的，系统的设计者应当利用各种方法，避免误解，提高清晰程度，以便保证信息被正确地理解与使用。

二、信息管理

(一)信息管理的对象与内容

人们很容易看到管理者如何管理物质资源，同样信息资源也需要管理者认真地管理。管理者要确保搜集必要的原始数据并将其处理成为有用的信息，保证适当的个体在适当的时间收到正确的信息并加以利用。最后，管理者摒弃无用的过时信息，代之以适时和正确的信息。所有这些活动——获取信息、以最有效的方式使用信息、在适当的时候摒弃信息——统称为信息管理。

信息管理的理解分为狭义信息管理与广义信息管理。狭义信息管理是指对信息本身的管理，即采用各种技术方法和手段对信息进行组织、控制、存储、检索和规划等，并将其引向预定的目标。广义的信息管理则是对信息资源及其相关资源(如信息设备、信息设施、信息技术和信息人员等)进行规划、组织、领导和控制的过程。

信息管理是为了提高社会活动参与者的系统功能，最终提高社会活动参与者的系统效率或系统输出而进行的活动。它的最高目标是要维持系统的生存并促进系统的发展，基本手段就是利用系统内外的信息资源。

信息资源的价值在于它的集约程度、序化程度与开发程度。对于信息服务机构来说，它的目标在于把信息资源输送给用户，以增加用户信息资源的量和质，满足用户的信息需求。对于个人和组织来说，信息管理的目标就是在采集、序化、开发信息资源的基础上，提高个人与组织的活动效率，从而提高整个社会的效率。而这个目标是通过充分利用社会拥有的信息资源，实现社会信息资源的有效管理来实现的。

信息管理活动的目标衡量、价值标准和中心任务，就是实现已有信息的价值和增值。实现信息价值的关键是建设信息资源体系和信息系统网络，开展信息活动，实现社会信息流从生产者到使用者的有序流动和有效利用。信息数量的增加主要通过对零散信息的识别、采集以及长期积累而成;信息的增值则要依赖对信息资源的筛选、组织与开发来实现。信息增值主要是指信息内容的增值和活动效率的提高，具体表现在以下几个方面。

(1)信息的筛选与过滤。在大量的、零散的、低价信息中发现特定信息的相关性和内在联系，通过提炼、分析与综合，发现事物的本质，减少行为的不确定性。

(2)对无序的信息进行加工与处理，使之有序化和结构化。

(3)在信息资源和用户之间建立联系，形成用户和信息直接的有效匹配，为用户提供高效的信息服务，以提高用户行为效率和决策水平。

(4)对信息资源进行开发和知识挖掘，形成高质量的决策知识和可用的决策信息源。

(二)物流运输信息管理的意义

在国内外经济知识化、社会信息化迅速发展和激烈竞争的形势下，信息管理、信息科学、信息技术、信息产业与信息教育共同成为信息社会战略上需要优先发展的行业。信息管理是现代化管理的基础，是不可缺少的组成部分。信息管理是现代信息技术的重要应用领域，是人类新的物质文明和精神文明的必要基础。物流运输信息管理是信息时代的要求，是信息化建设的具体体现，是全社会物流系统建设的重要组成部分。

1.物流运输信息管理在企业中的作用

(1)及时、准确、完整地收集物流运输信息

有效的信息管理能够促进企业以统一的标准、严格精炼的程序及时地收集处理物流运输信息，从而提高物流运输信息的及时性、准确性以及完整性，有利于更好地监控物流运输过程，有助于正确的物流运输系统决策。

(2)提高物流运输信息的利用水平

物流管理信息系统特别是物流运输决策支持系统的应用，使得企业内部的各种知识整合在一起，产生出单一部门的知识不能体现出来的价值，这些信息不仅仅用于简单的运输事务处理，还广泛应用于物流系统决策分析、需求分析和物料生产计划各个方面。

(3)降低管理成本和营销费用

物流运输信息系统的开发与建立、信息技术的引用，必然引起物流运输业务流程的重组，减少中间不必要的环节和手续，提高工作效率，大大降低管理成本和营销费用。

(4)提高对用户提供优质服务的能力

采用了先进的信息技术和有效的信息管理，可以提高企业的快速响应能力和市场反应力，从而及时地捕获用户的需求信息，为用户提供更及时、准确的服务。

(5)提高在本行业中的竞争能力

在这个信息时代里，谁掌握了信息，谁就拥有了核心的竞争力，在行业竞争中占据有利位置。

2.物流运输信息管理对企业的长期影响

(1)加快信息反馈和经营决策的速度

信息管理使得原本分散的企业各部门紧密而合理地结合在一起，物流运输信息的反馈和物流决策的过程大大缩减，效率大大提高，进而提高企业的客户服务水平和企业形象，增强企业竞争力。

(2)提高企业物流管理水平

物流运输信息管理有助于物流系统内的各种知识整合在一起，使物流管理人员在综合的知识基础上进行处理、决策。这样提高了物流管理的科学性与准确性。另外，信息及时获取促进了物流管理的时效性等等，这些都体现了信息管理带给企业物流系统和企业管理的积极作用。

(3)促使企业向市场经济转变

信息管理使得企业更加实时地获得了市场变化的信息，从而能够根据市场的变化，及时地

做出响应，最终使企业更趋向于根据市场来进行各种资源的配置。

3. 物流运输信息管理对宏观经济的影响

信息管理促进了价值链变化，中间环节变化。美国的战略管理学家马克尔·波特认为，企业每项生产经营活动都是其创造价值的活动，企业中所有互不相同但有相互联系的生产经营活动，便构成了创造价值的一个动态过程，即价值链。信息管理不仅引起了价值链中一些中间环节的改变，例如精简了一些不必要的处理操作，还提出了一些新的价值链，比如知识的使用与创新。

信息使产业结构变化，新的信息服务机构不断出现。信息管理的发展，引发出信息产业的蓬勃发展，通信与网络设备制造业、计算机产业、软件与系统集成服务业、广播电视设备制造业、消费类电子工业等等逐渐成为全球经济新的、重要的增长点，其地位相较于第一、第二产业更重要。现代信息服务业成为当今最具活力的新型产业之一，发展突飞猛进，成为国际经济一体化最终实现的不可替代的现代化因素。

第二节　现代信息技术及其在物流运输信息管理中的应用

一、条码技术

（一）条码技术概述

1. 条码技术的起源与发展

条码最早出现于20世纪40年代，但得到实际应用和迅速发展还是在近20年。欧、美、日本等国家已普遍使用条码技术，而且正在世界各地迅速推广普及，其应用领域正在不断扩大。

在20世纪40年代后期，美国乔·伍德兰德（Joe Wood Land）和贝尼·西尔佛（Berny Silver）两位工程师就开始研究用代码表示食品项目以及相应的自动识别设备，并于1949年获得了美国专利。该图案很像微型射箭靶，称作“公牛眼”代码。靶的同心环由圆条和空白绘成。在原理上，“公牛眼”代码与后来的条码符号很接近，20年后，乔·伍德兰德作为IBM公司的工程师成为北美地区的统一代码——UPC条码的奠基人。吉拉德·费伊塞尔（Girard Fessel）等人于1959年申请了一项专利，将数字0～9中的每个数字用七段平行条表示。但是这种代码机器难以阅读，人读起来也不方便。不过，这一构想促进了条码制的产生与发展。不久，E·F·布林克尔（E·F·Brinker）将条码标识应用在有轨电车上。20世纪60年代后期，西尔韦尼亚（Sylvania）发明了一种被北美铁路系统所采纳的条码系统。这两项发明可以说是条码技术最早期的应用。

1970年美国超级市场AdHoc委员会制定了通用商品代码——UPC码（Universal Product Code），此后许多团体也提出了各种条码符号方案。次年，布莱西公司研制出“布莱西码”及相应的自动识别系统，用于库存验算。这是条码技术第一次在仓库管理系统中应用。1972年，莫那奇·马金（Monarch Marking）等人研制出库德巴码（Codabar），至此美国的条码技术进入了新的发展阶段。美国统一代码委员会（Uniform Code Council Inc，简称UCC）于1973年建立了UPC条码系统，并全面实现了该条码编码以及其所标识的商品编码的标准化。同年，食品杂货业把UPC码作为该行业的通用标准码制，为条码技术在商业流通销售领域里的广泛应用，起到了积极的推动作用。1974年，Intermec公司的戴维·阿利尔（Davide Allair）博士推出

39 码,很快被美国国防部所采纳,作为军用条码码制。39 码是第一个字母、数字式的条码,后来广泛应用于工业领域。1976 年美国和加拿大在超级市场上成功地使用了 UPC 系统,这给人们以很大的鼓舞,尤其是欧洲人对此产生了很大的兴趣。次年,欧洲共同体在 UPC 条码的基础上,开发出与 UPC 码兼容的欧洲物品编码系统(European Article Numbering System),简称 EAN 码,并签署了欧洲物品编码协议备忘录,正式成立了欧洲物品编码协会(European Article Numbering Association),简称 EAN。直到 1981 年,由于 EAN 组织已发展成为一个国际性组织,被称为"国际物品编码协会"(International Article Numbering Association),一般来讲应简称 IAN,但由于历史和习惯,该组织至今仍沿用 EAN 作为其组织的简称。

截止 2000 年 12 月 31 日,EAN 会员已遍及 6 大洲的 60 多个国家和地区。全世界已有 650 000多个公司成为 EAN 组织的成员,加上美国统一代码委员会(UCC)系统已经超过 200 000个公司,则全世界共有 850 000 多个公司使用条码,在商业贸易中从现代的信息技术获得巨大的利益。

2. 条码的分类

1)按码制分

(1)UPC 码

UPC 码是一种长度固定的连续型数字式码制,其字符集为数字 0 ~ 9。它采用四种元素宽度,每个条或空是 1、2、3 或 4 倍单位元素宽度。

(2)EAN 码

1977 年,欧洲经济共同体各国按照 UPC 码的标准制定了欧洲物品编码 EAN 码,与 UPC 码兼容,而且两者具有相同的符号体系。EAN 码的字符编号结构与 UPC 码相同,也是长度固定的、连续型的数字式码制,其字符集是数字 0 ~ 9。它采用四种元素宽度,每个条或空是 1、2、3 或 4 倍单位元素宽度。EAN 码有两种类型,即 EAN-13 码和 EAN-8 码。

(3)交叉 25 码

交叉 25 码是一种长度可变的连续型自校验数字式码制,其字符集为数字 0 ~ 9。采用两种元素宽度,每个条和空是宽或窄元素。编码字符个数为偶数,所有奇数位置上的数据以条编码,偶数位置上的数据以空编码。如果为奇数个数位编码,则在数据前补一位 0,以使数据为偶数个数位。

(4)39 码

39 码是第一个字母数字式码制。1974 年由 Intermec 公司推出。它是长度可变的离散型自校险字母数字式码制。其字符集为数字 0 ~ 9,26 个大写字母和 7 特殊字符(-、。、Space、/、%、¥),共 43 个字符。每个字符由 9 个元素组成,其中有 5 个条(2 个宽条,3 个窄条)和 4 个空(1 个宽空,3 个窄空),是一种离散码。

(5)库德巴码

库德巴码(Code Bar)出现于 1972 年,是一种长度可变的连续型自校验数字式码制。其字符集为数字 0 ~ 9 和 6 个特殊字符(-、:、/、。、+、¥),共 16 个字符。常用于仓库、血库和航空快递包裹中。

(6)128 码

128 码出现于 1981 年,是一种长度可变的连续型自校验数字式码制。它采用四种元素宽度,每个字符有 3 个条和 3 个空,共 11 个单元元素宽度,又称(11,3)码。它有 106 个不同条形码字符,每个条形码字符有三种含义不同的字符集,分别为 A、B、C。它使用这 3 个交替的字符集可将 128 个 ASCII 码编码。

(7)93 码

93 码是一种长度可变的连续型字母数字式码制。其字符集成为数字 0～9,26 个大写字母和 7 个特殊字符(－、。、Space、/、+、%、¥)以及 4 个控制字符。每个字符有 3 个条和 3 个空,共 9 个元素宽度。

(8)其他码制

除上述码外,还有其他的码制,例如 25 码出现于 1977 年,主要用于电子元器件标签;矩阵 25 码是 11 码的变形;Nixdorf 码已被 EAN 码所取代,Plessey 码出现于 1971 年 5 月,主要用于图书馆等。

2)按维数分

(1)一维条码

普通的一维条码自问世以来,便很快得到了普及并广泛应用。但是由于一维条码的信息容量很小,如商品上的条码仅能容 13 位阿拉伯数字,更多描述商品的信息只能依赖数据库的支持,离开了预先建立的数据库,这种条码就变成了无源之水,无本之木,因而条码的应用范围受到了一定的限制。

(2)二维条码

除具有普通条码的优点外,二维条码还具有信息容量大、可靠性高、保密防伪性强、易于制作、成本低等优点。美国 Symbol 公司于 1991 年正式推出名为 PDF417 的二维条码,简称为 PDF417 条码,即"便携式数据文件"。PDF417 条码是一种高密度、高信息含量的便携式数据文件,是实现证件及卡片等大容量、高可靠性信息自动存储、携带并可用机器自动识读的理想手段。

3. 条码技术的优越性

条形码是迄今为止最经济、实用的一种自动识别技术。条形码技术的优越性体现在以下几个方面。

(1)输入速度快

与键盘输入相比,条形码输入的速度是键盘输入的 5 倍,并且能实现即时数据输入。

(2)可靠性高

键盘输入数据出错率为三百分之一,利用光学字符识别技术出错率为万分之一,而采用条形码技术误码率为千万分之一。

(3)采集信息量大

利用传统的一维条形码一次可采集几十位字符的信息,二维条形码更可以携带数千个字符的信息,并有一定的自动纠错能力。

(4)灵活实用

条形码标识既可以作为一种识别手段单独使用,也可以和有关识别设备组成一个系统实现自动化识别,还可以和其他控制设备连接起来实现自动化管理。

另外,条形码标签易于制作,对设备和材料没有特殊要求,识别设备操作容易,不需要特殊培训,且设备也相对便宜。

(二)条码技术的应用

1. 条码技术的应用领域

由于条码技术具有先进、适用、容易掌握和见效快等特点,因而其应用范围极为广泛。

(1)商业领域

无论在商品的入库、出库、上架还是和顾客结算的过程,都要面对如何将数量巨大的商品信息输入计算机的问题。条码技术在这里就显出其优越性来了。如果在单个商品的包装上或整包包装的包封上印制上条码符号,利用条码阅读器,就可以高速准确及时地掌握商品的品种、数量、单价,甚至产品的生产厂家、出厂日期等信息。

商店自动销售管理系统(销售时点系统)即人们常谈的 POS 系统(Point of Sales)。它利用现金收款机作为终端机与主计算机相连,并借助于光电识读设备为计算机录入商品信息。当带有条码符号的商品通过结算台扫描时,商品条码所表示的信息就被录入到计算机,计算机从数据库文件中查询该商品的名称、价格等,并经过数据处理,打印出收据。

(2)工业领域

企业管理中,条码识别设备是数据采集的有利手段,如企业的人事管理(如考勤管理、工资管理、档案管理)、物资管理(如仓库自动化管理系统)、生产管理(如产品生产中的工耗、能耗、材耗、加工进度)等。此外,在生产过程中的自动化控制系统中,条码技术更是重要的信息采集手段。

(3)仓储领域

以仓库盘点为例,在仓库的每个货位上都贴上标明物品编号的条码标签。盘库时,库房管理人员用便携式条码识别器,到每个货架前扫描物品的编号和数量,把全部数据输入条码识别器内,当所有物品清点完毕后,将便携式条码识别器与主机连接,把采集到的数据输入主机进行盘亏、盘盈处理。若使用无线便携式条码识别器,可随时与主机交换信息,则真正实现数据采集的实时化。

(4)交通运输业

国际运输协会已做出规定,货物运输中,物品的包装箱上必须标有条码符号。铁路、公路的旅客车票自动化售票及检票系统,公路收票站的自动化等,都须应用条码技术。

(5)邮电通信业

在邮件上贴上或印制上条码符号,就能用条码阅读设备输入相应的信息,实施分拣和登单的自动化管理。

(6)其他

在图书出版业,1994 年起,一切书刊及音像制品都要统一印上条码符号,前缀码为"977"的是期刊代码,"978"的是图书代码。在图书管理系统、血库管理系统和旅游业中,也在广泛应用条码技术。

2. 物流行业条码应用发展前景

物流过程中,条码装载着物流信息,并附着于物流单元上,保证标识信息与实物同步,条码扫描仪则成为物流单元与信息系统的纽带,因此条码技术在物流中的作用显而易见。例如:货物进入配送中心的人工端时,工作人员需要一面卸货,一面根据订货单要求对货物进行调配,并确定货物的出货模式及目的地,最终从配送中心的出货端将货物运出。如果不使用条码技术,"物"与信息完全分离,货物卸货后,工作人员只能坐等货物信息和货物处理指示信息,因为没有这些信息,人们无法得知哪个箱子与哪个订货单对应,各箱货物是要通过常规渠道运输,还是要进行其他处理,运输的目的地是哪里。如果使用条码技术,工作人员收到货物的同时,利用条码扫描仪可获取随货物同时到达的物流信息,并传入信息系统,从而获得货物处理指示,按照要求卸货,货物顺利"流"向下一环节。使用条码技术,减少了仓库存储空间占用,也减少了出货调配用的单据数量，消除了人工处理产生的费用和人为错误问题，还能动态了解物品运行全过程情况。

以条码识读为基础的 POS 自动销售系统，带来了销售、库存管理、订货、结算方式的变革，同时也促进了条码体系的发展及其在更大范围、更多领域的应用，逐步从物流供应链的零售末端推到配送、仓储、运输等物流各环节。近年来，EAN 与 UCC 合作建立了全球统一的开放系统的物品编码体系及条码标识，为全球供应链物流环节的条码应用提供了解决方案。不夸张地说，没有条码的物流过程已不可想象。

由于条码技术对于物流行业的重要性，以及条码技术在各种物流作业环节应用的普遍性，可以预见，随着现代物流技术与理念的发展，中国物流行业的条码应用必将获得快速发展。

二、射频识别技术

(一)射频识别技术概述

1.射频识别技术的概念

射频技术(RFID)是 Radio Frequency Identification 的缩写，即射频识别。常称为感应式电子晶片或近接卡、感应卡、非接触卡、电子标签、电子条码等，是 20 世纪 90 年代开始兴起的一种自动识别技术。射频技术的基本原理是电磁理论，利用无线电波对记录媒体进行读写，是一种非接触式的自动识别技术，它通过射频信号自动识别目标对象并获取相关数据，识别工作无须人工干预，可工作于各种恶劣环境，也可识别高速运动物体并可同时识别多个标签，操作快捷方便。

埃森哲实验室首席科学家弗格森认为 RFID 是一种突破性的技术："第一，可以识别单个的非常具体的物体，而不是像条形码那样只能识别一类物体；第二，其采用无线电射频，可以透过外部材料读取数据，而条形码必须靠激光来读取信息；第三，可以同时对多个物体进行识读，而条形码只能一个一个地读。此外，储存的信息量也非常大。"

短距离射频产品不怕油渍、灰尘污染等恶劣的环境，可在这样的环境中替代条码，例如用在工厂的流水线上跟踪物体。长距射频产品多用于交通上，识别距离可达几十米，如自动收费或识别车辆身份等。

2.射频识别技术的产生与发展

射频技术诞生于第二次世界大战期间，当时英国主要用来识别进机场的是否为己方的飞机。现在战争中 RFID 的应用更加普及，美国对伊拉克战争期间，美国国防部在军用物资箱上装置 RFID 标签，到前线扫描一秒钟就知道里面装了什么，大大缩短了物流时间。美国太空总署则用这种技术追踪发射到太空中的东西。在民用领域，许多欧美国家高速公路有电子收费站，只要凭着粘贴在车上的 RFID 辨识卡片，就可直接通过收费道，自动扣款，不需停车。借助 RFID 技术，沃尔玛超市率先在全球范围内建立起商品供应量追溯机制，它向供应商要求，所有沃尔玛超市的商品包装箱上，都要有应用 RFID 技术的电子商品标签。

在 20 世纪中期，无线电技术的理论与应用研究是科学技术发展最重要的成就之一。RFID 直接继承了雷达的概念，并由此发展出一种生机勃勃的 AIDC 新技术——RFID 技术。1948 年哈里·斯托克曼发表的"利用反射功率的通讯"奠定了射频识别 RFID 的理论基础。20 世纪 50 年代，早期 RFID 技术的探索阶段，主要处于实验室实验研究。在 20 世纪 60 年代，RFID 技术的理论得到了发展，开始了一些应用尝试。到了 20 世纪 70 年代，RFID 技术与产品研发处于一个大发展时期，各种 RFID 技术测试得到加速，出现了一些最早的 RFID 应用。20 世纪 80 年代，RFID 技术及产品进入商业应用阶段，各种规模应用开始出现。20 世纪 90 年代，RFID 技术标准化问题日趋得到重视，RFID 产品得到广泛采用，RFID 产品逐渐成为人们生活中的一部分。2001 年至今，标准化问题日趋为人们所重视，RFID 产品种类更加丰富，有源电子标签、无源电子标签及半无源电子标签均得到发展，电子标签成本不断降低，规模应用行业扩大；RFID 技术理论得到丰富和完善，单芯片电子标签、多电子标签识读、无线可读可写、无源电子标签的远距离识别、适应高速移动物体的 RFID 正在成为现实。

3. 射频识别技术的特点

RFID 技术是一项易于操控、简单实用且特别适合用于自动化控制的灵活的应用技术，识别工作无需人工干预，可自由工作在各种恶劣环境下，识别距离可达几十米。其所具备的独特优越性是其他识别技术无法比拟的，主要有以下几个方面。

(1)读取方便快捷、工作距离远

数据的读取无需光源，甚至可以透过外包装来进行。有效识别距离更长，采用自带电池的主动标签时，有效识别距离可达 30m 以上。

(2)识别速度快、可多目标识别

标签一进入磁场，阅读器就可以即时读取其中的信息，而且能够同时处理多个标签，实现批量识别。

(3)数据容量大

数据容量大的二维条形码，最多也只能存储 2 725 个数字；若包含字母，存储量则会更少；RFID 标签则可以根据用户的需要扩充到数 10K。

(4)使用寿命长、应用范围广

其无线电通信方式，使其可以应用于粉尘、油污等高污染环境和放射性环境，而且其封闭式包装使得其寿命大大超过印刷的条形码。

(5)标签数据可动态更改

利用编程器可以向电子标签里写入数据，从而赋予 RFID 标签交互式便携数据文件的功能，而且写入时间比打印条码更短。

(6)更好的安全性

RFID 电子标签不仅可以嵌入或附着在不同形式、类型的产品上，而且可以为标签数据的读写设置密码保护，从而具有更高的安全性。

(7)动态实时通信

标签以每秒 50 ~ 100 次的频率与阅读器进行通信，所以只要 RFID 标签所附着的物体出现在解读器的有效识别范围内，就可以对其位置进行动态的追踪和监控。

(8)抗恶劣环境能力强

传统条形码的载体是纸张，因此容易受到污染，但 RFID 对水、油和化学药品等物质具有很强抵抗性。此外，由于条形码是附于塑料袋或外包装纸箱上，所以特别容易受到折损；RFID 卷标是将数据存在芯片中，因此可以免受污损。

(9)穿透性和无屏障阅读

在被覆盖的情况下，RFID 能够穿透纸张、木材和塑料等非金属或非透明的材质，并能够进行穿透性通信。而条形码扫描器必须在近距离而且没有物体阻挡的情况下，才可以辨读条形码。

4. 射频识别技术的组成及工作原理

射频识别系统至少应包括以下两个部分。一是读写器,二是电子标签(或称射频卡、应答器等,本文统称为电子标签)。另外还应包括天线,主机等。RFID 系统在具体的应用过程中,根据不同的应用目的和应用环境,系统的组成会有所不同,但从 RFID 系统的工作原理来看,系统一般都由信号发射机、信号接收机、发射接收天线几部分组成。

(1)信号发射机

在 RFID 系统中,信号发射机为了不同的应用目的,会以不同的形式存在,典型的形式是标签(TAG)。标签相当于条码技术中的条码符号,用来存储需要识别传输的信息。另外,与条码不同的是,标签必须能够自动或在外力的作用下,把存储的信息主动发射出去。

(2)信号接收机

在 RFID 系统中,信号接收机一般叫做阅读器。根据支持的标签类型不同与完成的功能不同,阅读器的复杂程度是明显不同的。阅读器基本的功能就是提供与标签进行数据传输的途径。另外,阅读器还提供相当复杂的信号状态控制、奇偶错误校验与更正功能等。标签中除了存储需要传输的信息外,还必须含有一定的附加信息,如错误校验信息等。识别数据信息和附加信息按照一定的结构编制在一起,并按照特定的顺序向外发送。阅读器通过接收到的附加信息来控制数据流的发送。一旦到达阅读器的信息被正确的接收和译解后,阅读器通过特定的算法决定是否需要发射机对发送的信号重发一次,或者直到发射器停止发信号,这就是"命令响应协议"。使用这种协议,即便在很短的时间、很小的空间阅读多个标签,也可以有效地防止"欺骗问题"的产生。

(3)编程器

只有可读可写标签系统才需要编程器。编程器是向标签写入数据的装置。编程器写入数据一般来说是离线(OFF-LINE)完成的,也就是预先在标签中写入数据,等到开始应用时直接把标签粘附在被标识项目上。也有一些 RFID 应用系统,写数据是在线(ON-LINE)完成的,尤其是在生产环境中作为交互式便携数据文件来处理时。

(4)天线

天线是标签与阅读器之间传输数据的发射、接收装置。在实际应用中,除了系统功率,天线的形状和相对位置也会影响数据的发射和接收,需要专业人员对系统的天线进行设计、安装。

RFID 的工作原理是标签进入磁场后,如果接收到阅读器发出的特殊射频信号,就能凭借感应电流所获得的能量发送出存储在芯片中的产品信息(即 Passive Tag,无源标签或被动标签),或者主动发送某一频率的信号(即 Active Tag,有源标签或主动标签),阅读器读取信息并解码后,送至中央信息系统进行有关数据处理。

(二)射频识别技术在物流运输中的应用

1. 铁路货车车号识别、集装箱多式联运

将 RFID 技术用于货车车号或集装箱号信息自动抄录,将货车车号信息或集装箱箱号信息存放在电子标签里,并将电子标签安装在货车车体或集装箱的表面,当货车或集装箱通过阅读器所在位置时,阅读器通过天线接收电子标签反射回的带有货车车号或集装箱箱号信息的电子信号。接收到的电子信号经过计算机系统处理后,自动显示或打印出来,从而实现了货车车号或集装箱箱号的自动识别,克服了人工抄录造成的劳动强度高、出错概率大、工作效率低等缺点。

2. 高速公路收费及智能交通系统

高速公路自动收费是 RFID 技术最成功的应用之一。地区经济发展的先决条件就是有便利的交通条件,而高速公路收费却可能形成交通堵塞,在收费站口许多车辆要停车排队,成为交通瓶颈问题。RFID 技术应用在高速公路自动收费上能够充分体现它非接触识别的优势,让车辆在高速通过收费站的同时自动完成收费,解决高速公路交通拥堵问题,提高交通运输效率。

在城市交通方面,随着交通状况日益恶化,解决交通拥堵问题不能只依赖于修路,加强交通的指挥、控制、疏导,从而提高道路的使用率,深挖现有交通的潜能也是非常重要的。用 RFID 技术实时跟踪车辆,通过交通控制中心的网络在各个路段向驾驶员报告交通状况,指挥车辆绕开堵塞路段,并用电子地图实时显示交通状况,能够使交通流向均匀,大大提高道路利用率。RFID 技术还可用于车辆特权控制,在信号灯处给警车、应急车辆、公共汽车等行使特权,自动查处违章车辆,记录违章情况。另外,公共汽车站实时跟踪指示公共汽车到站时间及自动显示乘客信息,给乘客带来很大的方便。用 RFID 技术能使交通的指挥自动化、法制化,有助于改善交通状况。

3. 货物的跟踪、管理及监控

在货物的供应上,从产品生产地到最终消费者之间的物流全过程也可以采用 RFID 来进行跟踪管理。将标签贴在或者镶嵌在产品上,指导产品最终被送达消费者。标签可以通过入口处的悬空读头、叉车读头或者手持机来识别,读取的信息将被实时送到显示器或者数据库。

将 RFID 技术用于仓库货物管理,RFID 完全有效地解决了仓库里与货物流动有关的信息的管理,它不但大大提高了仓库的货物处理能力,也大大提高了处理的货物的信息量。读头和天线设置在货物所通过的仓库大门边上,每个货物单元都贴有 RFID 标签,所有标签的信息都被存储在仓库的中心计算机里,该货物的有关信息都能在计算机里查到。当进行货物作业时,比如,出库或者搬捣,由读头识别并告知计算机中心它被放在哪个拖车上。这样管理中心可以实时地了解已经生产了多少产品和发送了多少产品,并可自动识别货物,确定货物的位置,从而对货物进行跟踪管理。

三、GPS 技术

(一)GPS 技术介绍

1. GPS 概述

GPS 是英文 Global Positioning System(全球定位系统)的简称,是 20 世纪 70 年代由美国陆海空三军联合研制的新一代空间卫星导航定位系统。其主要目的是为陆、海、空三大领域提供实时、全天候和全球性的导航服务,并用于情报收集、核爆监测和应急通讯等一些军事目的,是美国独霸全球战略的重要组成。经过 20 余年的研究实验,耗资 300 亿美元,到 1994 年 3 月,全球覆盖率高达 98% 的 24 颗 GPS 卫星星座已布设完成。全球定位系统是利用通信卫星、地面控制部分和信号接收机对对象进行动态定位的系统。

GPS 定位精度可达 10m,测速精度 0.1m/s,是一个军民两用系统,提供两个等级的服务。

2. GPS 的构成

GPS 全球定位系统由三部分组成,即由 GPS 卫星组成的空间星座部分、由若干地面站组成的地面监控系统，以接收机为主体的广大用户部分，三者有各自独立的功能和作用，但又有机地配合成缺一不可的整体系统。

1）GPS 工作卫星及其功能

GPS 工作卫星由 24 颗卫星组成，均匀分布在与赤道面夹角为 55°、高度 20 200km 的 6 个轨道平面内，各个轨道面之间交角 60°，当地球自转 360°时，它们绕地球运行两圈，即约 12h 绕地球一周。每颗卫星约有 5h 在地平线以上，而且位于地平线以上的卫星数目是随时间和地点而异，最少为 4 颗、最多可达 11 颗。3 颗备用卫星可在必要时根据指令代替发生故障的卫星，以保证 GPS 空间部分正常高效地工作。

GPS 卫星的主体呈圆柱形，直径约为 1.5m，重约 774kg（包括 310kg 燃料），两侧设有两块双叶太阳能板，能自动对日定向，以保证卫星正常工作用电。

每颗卫星装有 4 台高精度原子钟，这是卫星的核心设备。它将发射标准频率信号，为 GPS 定位提供高精度的时间标准。

GPS 卫星的基本功能如下：

（1）接受和储存由地面监控站发来地导航信息，接收并执行监控站的控制指令。

（2）卫星上设有微处理机，进行部分必要地数据处理工作。

（3）通过星载的高精度原子钟提供精密的时间标准。

（4）向用户发送定位信息。

（5）在地面监控站的指令下，通过推进器调整卫星的姿态和启用备用卫星。

2）地面监控系统

GPS 的地面监控部分主要由分布全球的 5 个地面站构成，其中包括一个主控站、三个注入站和五个监测站。

（1）1 个主控站

主控站位于美国本土（科罗拉多），拥有以大型计算机为主体的数据采集、计算、传输、诊断等设备，其主要任务是：协调和管理所有地面监控系统的工作；根据本站和其他监测站的所有观测资料推算编制各卫星的星历、卫星钟差、大气层的修正参数等，并把这些数据传送到注入站；提供全球定位系统的时间基准，各监测站和 GPS 卫星的原子钟均应与主控站的原子钟同步，或测出其间的钟差，并把这些钟差信息编入导航电文，送到注入站；调整偏离轨道的卫星，使之沿预定轨道运行；启用备用卫星以代替失效的卫星。

（2）3 个注入站

注入站分别设在大西洋、印度洋和太平洋的美军基地上（印度洋迭哥加西亚、南太平洋地阿松森岛和南太平洋地卡瓦加兰）。注入站有一台直径 3.6m 的天线，一台 C 波段发射机和一台计算机。其重要任务是：在主控站的控制下，将主控站推算和编制的卫星星历、钟差、导航电文和其他控制指令每天一次的注入相应卫星的存储系统，并监测注入信息的正确性。注入站的功能是负责把主控站传输来的卫星导航电文，用 10cm（S）波段作载波，将导航电文注射给卫星。

（3）5 个监测站

主控站、注入站同时又是监测站。监测站的主要任务是为主控站编算导航电文提供观测数据，在主控站的直接控制下的数据自动采集中心，站内设有 P 码 GPS 接收机、原子钟、计算机、环境数据传感器等，对所接收的卫星进行连续的 P 码伪距跟踪测量，并将每隔 1.5s 的观测结果、电离层和气象数据，采取平滑方法，获得每 15min 的结果数据传送到主控站。

整个 GPS 监控系统除主控站外,均无人值守,各站间采用现代化的通讯网络联系,在原子钟和计算机的精确控制下,各项工作实现高度的自动化和标准化。

3)用户部分

用户设备主要由 GPS 接收机硬件和数据处理软件,以及微处理机及终端设备组成;而硬件一般包括主机、天线和电源;软件是指各种后处理软件包。GPS 信号接收机的作用是接收、跟踪、变换和测量 GPS 信号的卫星信号接受设备。

3. GPS 定位的基本原理

GPS 定位原理是一种空间的距离交会原理。已知几个点的距离,则可求出未知点所处的位置。对 GPS 而言,已知点是空间的卫星,未知点是地面某一移动目标。卫星的距离由卫星信号传播时间来测定,将传播时间乘上光速可求出距离。

一个 GPS 接收机必须同时接收 4 颗卫星才能进行三维定位。对于实时厘米级定位精度,则要求同时接收 5 颗以上的卫星。在理想情况下,通常在水平角 10°以上都能观测到 7 颗卫星,但如果附近有山、建筑物或其他遮挡物,则所能观测到的卫星会更少,这样接收机就很难定位,故有些应用还要与惯性导航技术相结合。接收机往往可以锁住 4 颗以上的卫星,可按卫星的星座分布分成若干组,每组 4 颗,通过算法挑选出误差最小的一组用作定位,以提高定位精度。

(二)GPS 在物流运输中的应用

在发达国家,GPS 技术已经被众多跨国公司广泛应用于货物运输和物流配送之中,如零售巨人沃尔玛、国际巨头马士基和速递公司 UPS 等。目前,我国 GPS 的应用范围正在不断扩大。据中国仓储协会的调查报告显示,我国车辆运营的空载率约为 45% 左右,而在十几年前,美国公路的空驶率就在 20% 左右,后来降到了 10% 以下。造成这一情况的重要原因之一就是在我国物流配送企业无法准确知道货车的实时位置,没有进行有效的调度。

在世界的汽车自动定位导航系统中主要有五种,即自动系统、顾问导航系统、库存系统、车辆管理系统、便携式系统。

自动系统是在独立的车辆上装备地图数据库和定位仪器的系统。汽车不同外界发生通信联系。有通信联系的自动系统则是顾问导航系统。其车辆接收控制中心来的交通与气象等实时信息报告,经差分校正的 GPS 信号以提高车辆的定位精度。在装有库存系统的车辆上,装备有视频和数字摄像机,以捕捉空间坐标标记或时间、位置信息等,借以自动完成车辆的自动定位与导航。库存系统的车辆与控制中心可以进行通信联系。车辆管理系统是由一队与管理控制中心联络的车辆群组成,车辆上装备定位传感器。控制中心把信息从数据库传送给车辆,车辆与控制中心可用数字与声音等方式联系。便携式系统,无线、小型、功能集中的车辆设备是当前发展最快的一种系统,也是未来的发展趋势。将来,在低轨道上只要用低能量驱动的接收发送器,就能实现全球范围的轨迹跟踪。

在我国,随着 GPS 卫星导航定位技术与无线电通信网络的发展,基于 GPS 的车辆导航系统与车辆运营管理系统等也在迅速发展。

1)利用 GPS 实现的车辆导航系统

基于 GPS 实现的车辆导航系统由 GPS 接收机、微处理机、车辆导航软件、显示器、地理信息系统组成。GPS 接收机可同时接收 4 颗以上卫星信号,确定三维坐标,用以确定车辆位置。车辆导航软件用于整个系统的数据处理和管理。显示器可用于车辆运行情况的实时显示。地理信息系统用于存放地图和有关导航信息。

车辆导航系统功能如下。

(1)查询

车辆导航系统能提供停车场、主要旅游景点、宾馆等数据库,以供用户查询并可在电子地图上显示其位置。查询资料以语音和图像的形式显示。

(2)跟踪车辆位置

车辆导航系统可以跟踪移动目标,并使目标始终保持在屏幕上。电子地图可以显示车辆的实际位置。电子地图可任意缩小、放大、还原及换图等。

(3)行车路线设计

所谓人工设计路线,即根据驾驶员要到达的目的地,自行设计行驶路线的起点、终点和途经点等,自动建立路线库。所谓自动设计路线,即驾驶员确定路线的起点、终点和途经点,由软件自动按最短行驶路线设计行车路线,自动建立路线库。按设计的行车路线导航,在电子地图上显示所设计的路线,同时显示汽车运行方向与运行路径。汽车运行路线可以记录保存,以便事后回放。在运行路线导航中,同时显示车辆所在位置的纬度和经度,以及到达下一个目的地的剩余距离。

2)利用 GPS 实现的车辆运营管理系统

车辆运营管理系统主要是为了使车辆运营管理部门、安全保卫部门及时掌握车辆的运行状况,便于对车辆进行指挥调度,同时为驾驶员提供交通、公安和服务信息。该系统是将 GPS 技术、地理信息技术(GIS)和现代通讯技术综合在一起的高科技系统。其主要功能是将任何装有 GPS 接收机的移动目标的动态位置(经度、纬度、高度)、时间、状态等信息,实时地通过无线通信网络传至监控中心,而后在具有强大地理信息处理、查询功能的电子地图上进行移动目标运动轨迹的显示,并能对目标的准确位置、速度、运动方向、车辆状态等用户感兴趣的参数进行监控和查询,以确保车辆的安全,方便调度管理,提高运营效率。本系统应用广泛,特别适合对公安、银行、公交、保安、部队、机场等单位对所属车辆的监控和调度管理,也可应用于对船舶、火车等的监控。

四、GIS 技术

(一)GIS 技术介绍

1. GIS 概述

地理信息系统简称 GIS(Geographical Information Systems)。它是在 20 世纪 60 年代开始迅速发展起来的地理研究新成果,是在吸收和融合其他信息技术基础上不断丰富和发展起来的多学科交叉的产物。地理信息系统是以地理空间数据库为基础,采用地理模型分析方法,适时提供多种空间的和动态的地理信息,为地理研究和地理决策服务的计算机技术系统。

GIS 可定义为由计算机系统、地理数据和用户组成的,通过对地理数据的集成、存储检索、操作和分析,生成并输入各种地理信息,从而为土地利用、资源管理、环境监测、交通运输、经济建设、城市规划以及政府各部门行政管理提供新的知识,为工程设计和规划、管理决策服务。GIS 也可简单定义为采集、模拟、处理、检索、分析和表达地理空间数据的计算机信息系统,它是有关空间数据管理和空间信息分析的计算机系统。GIS 的概念框架如图 9-1 所示。

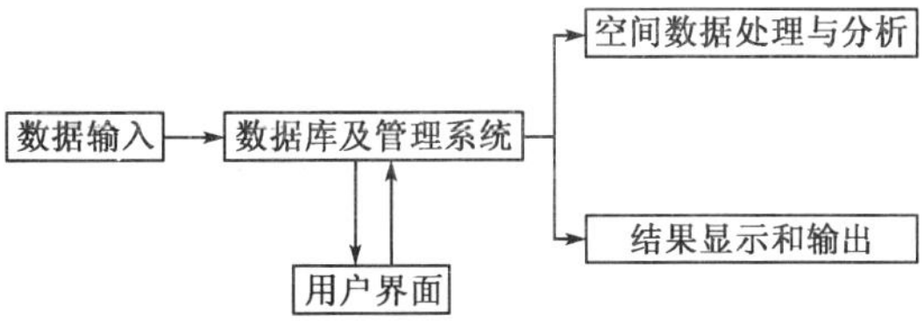

图 9-1　GIS 概念框架结构图

1)地理信息

地理信息是有关地理实体的性质、特征和运动状态的表征和一切有用的知识,它是对表达地理特征与地理现象之间关系的地理数据的解释。而地理数据则是各种地理特征和现象间关系的符号化表示,包括空间位置、属性特征及时域特征三部分。空间位置数据描述地物所在位置,这种位置既可以根据大地参照系定义,如大地经纬度坐标,也可以定义为地物间的相对位置关系,如空间上的相邻、包含等。属性数据有时又称非空间数据,是属于一定地物、描述其特征的定义或定量的指标。时域特征是指地理数据采集或地理现象发生的时刻/时段。时间数据对环境模拟分析非常重要,正受到地理信息系统学界越来越多的重视。空间位置、属性及时间是地理空间分析的三大基本要素。

2)地理信息的特性

地理信息属于空间信息,除了具有信息的一般特性,还具有以下独特特性。

(1)空间定位特征

地理信息属于空间信息,其位置的识别是与数据联系在一起的。这是地理信息区别于其他类型信息最显著的标志。地理信息的这种定位特征,是通过经纬网或公里网建立的地理坐标来实现空间位置的识别的。

(2)多维结构特征

地理信息在二维空间的基础上实现多专题的三维结构。例如,在一个地面点上,可取得高程、污染、交通等多种信息。

(3)动态特征

地理信息能够划分成不同时间段来寻找信息的分布规律。如超短期的(如台风、地震)、短期的(如江河洪水、秋季低温)、中期的(如土地利用、作物估产)、长期的(如城市化、水土流失)、超长期的(如地壳变动、气候变化)等。这对地理事物的预测、预报,为科学决策提供了重要的依据。

(4)数据量大

地理信息数据量很大,随着全球对地理观测的不断发展,每天都可以获得上万亿兆的关于地球资源、环境特征的数据。地理信息数据库中不仅包含丰富的地理信息,还包含与地理信息有关的其他信息,如人口分布、环境污染、区域经济情况、交通情况等。纽约市曾经对其数据库进行了调查,发现有 80% 以上的信息为地理信息或与地理信息有关的信息。

3)地理信息系统的特征

地理信息系统与其他信息系统的主要区别在于其存储和处理的信息是经过地理编码的,地理位置及与该位置有关的地物属性信息成为信息检索的重要部分。在地理信息系统中,现实世界被表达成一系列的地理要素和地理现象,这些地理特征至少有空间位置参考信息和非位置信息两个组成部分。

地理信息系统的定义是由两个部分组成的。一方面,地理信息系统是一门学科,是描述、存储、分析和输出空间信息的理论和方法的一门新兴的交叉学科；另一方面，地理信息系统是一个技术系统，是以地理空间数据库(Geospatial Database)为基础，采用地理模型分析方法，适时提供多种空间的和动态的地理信息，为地理研究和地理决策服务的计算机技术系统。

地理信息系统具有以下三个方面的特征。

(1)具有采集、管理、分析和输出多种地理信息的能力，具有空间性和动态性。

(2)由计算机系统支持进行空间地理数据管理，并由计算机程序模拟常规的或专门的地理分析方法，作用于空间数据，产生有用信息，完成人工难以完成的任务。

(3)计算机系统的支持是地理信息系统的重要特征，因而使得地理信息系统能快速、精确、综合地对复杂的地理系统进行空间定位和过程动态分析。

4)地理信息系统与其他系统的区别

(1)地理信息系统与CAD的区别：CAD主要是利用计算机代替或辅助工程设计人员进行各种图形设计。它处理的对象是规则的几何图形及其组合，处理编辑图形的功能极强，属性处理功能很弱。地理信息系统处理的对象往往是自然目标(如土壤类型、植被类型)，属性功能十分重要，图形和属性之间的关系紧密，有地理信息系统独特的数据结构，强调空间数据的分析功能。GIS所具备的空间叠置分析、缓冲区分析、网络路径分析、数字地形分析等功能是一般CAD系统所不具备的。

(2)地理信息系统与一般数据库管理系统：地理信息系统与一般数据库管理信息系统的主要区别在于地理信息系统处理的数据是空间数据和属性数据的综合，它不仅管理反映空间属性的一般的数字、文字数据，还要管理反映地理分布特征及其之间拓扑关系的空间位置数据，因此要把两者有机结合起来进行协调管理和分析。而一般性的数据库管理系统，数据处理的对象是非空间的属性数据，数据模型通常为关系型二维表格，即使存储了图形，也往往以文件形式机械地存储，不能进行有关空间数据的操作，如空间查询、检索、相邻分析等，不能进行复杂的空间分析。但是用一般数据库管理系统建立起来的数据库可以作为地理信息系统空间数据库的属性库的数据源。

(3)地理信息系统与电子地图：电子地图是模拟地图在计算机中的数字表现形式。它是测绘成果的一种进步，是地图数字化的结果，一般要按地图的分幅框架以地图数据库的形式存储在一定的设备上，而GIS能将不同区域的各个属性如人口等显示在地图上，形象、直观地让人一目了然，但是电子地图是地理信息系统重要的数据源。

2. GIS的构成

GIS的应用系统由五个主要部分构成，即硬件、软件、数据、人员和方法。

(1)硬件

硬件是指操作GIS所需的一切计算机资源。目前的GIS软件可以在很多类型的硬件上运行，从中央计算机服务器到桌面计算机，从单机到网络环境。一个典型的GIS硬件系统除计算机外，还包括数字化仪、扫描仪、绘图仪、磁带机等外部设备。根据硬件配置规模的不同可分为简单型、基本型、网络型。

(2)软件

软件是指GIS运行所必需的各种程序。主要包括计算机系统软件和地理信息系统软件两部分。地理信息系统软件提供存储、分析和显示地理信息的功能和工具。主要的软件部件有：输入和处理地理信息的工具；数据库管理系统工具；支持地理查询、分析和可视化显示的工具；容易使用这些工具的图形用户接口(GUI)。

(3)数据

数据是一个 GIS 应用系统的最基础的组成部分。一个 GIS 应用系统必须建立在准确合理的地理数据基础上。数据来源包括室内数字化和野外采集,以及从其他数据的转换。数据包括空间数据和属性数据,空间数据的表达可以采用栅格和矢量两种形式。空间数据表现了地理空间实体的位置、大小、形状、方向以及几何拓扑关系。

(4)人员

人是地理信息系统中重要的构成要素,GIS 不同于一幅地图,它是一个动态的地理模型,仅有系统软硬件和数据还不能构成完整的地理信息系统,需要人进行系统组织、管理、维护和数据更新、系统扩充完善以及应用程序开发,并采用空间分析模型提取多种信息。因此,GIS 应用的关键是掌握实施 GIS 来解决现实问题的人员素质。这些人员既包括从事设计、开发和维护 GIS 系统的技术专家,也包括那些使用该系统并解决专业领域任务的领域专家。一个 GIS 系统的运行应由项目负责人、信息技术专家、应用专业领域技术专家、若干程序员和操作员组成。

(5)方法

方法主要是指空间信息的综合分析方法,即常说的应用模型。它是在对专业领域的具体对象与过程进行大量研究的基础上总结出的规律的表示。GIS 应用就是利用这些模型对大量空间数据进行分析综合来解决实际问题。如基于 GIS 的土地利用评价模型、生态环境评价模型等。

3. GIS 的功能

GIS 具备五项基本功能:数据输入、数据编辑与处理、数据存储与管理、空间查询与空间分析、可视化表达与输出。GIS 显示范围可以从洲际地图到非常详细的街区地图,如物流 GIS 中有客户地理位置和客户基本信息、销售情况、运输线路等内容。

1)数据输入

数据输入功能是指将地图数据、遥感数据、统计数据和文字报告等输入转换成计算机可处理的数字形式的各种功能。对多种形式、多种来源的信息,可实现多种方式的数据输入,如图形数据输入、栅格数据输入、GPS 测量数据输入、属性数据输入等。用于地理信息系统空间数据采集的主要技术有两类,即使用数字化仪的手扶跟踪数字化技术和使用扫描仪的扫描技术。手扶跟踪数字化曾在相当长的时间内是空间数据采集的主要方式。扫描数据的自动化编辑与处理是空间数据采集技术研究的重点,随着扫描仪技术性能的提高及扫描处理软件的完善,扫描数字化技术的使用越来越普遍。

2)数据编辑与处理

数据编辑与处理主要包括图形编辑和属性编辑。属性编辑主要与数据库管理结合在一起完成,图形编辑主要包括拓扑关系建立、图形编辑、图形整饰、图幅拼接、图形变换、投影变换、误差校正等功能。

3)数据的存储与管理

数据的存储与管理是 GIS 系统应用成功与否的关键。主要提供空间与非空间数据的存储、查询检索、修改和更新的能力。矢量数据结构、栅格数据结构、矢栅一体化数据结构是 GIS 的主要数据结构。数据结构的选择在相当程度上决定了系统所能执行的功能。数据结构确定后,在空间数据的存储与管理中,关键是确定应用系统空间与属性数据库的结构以及空间与属性数据的连接。目前广泛使用的 GIS 软件大多数采用空间分区、专题分层的数据组织方法,用

GIS 管理空间数据,用关系数据库管理属性数据。

4)空间查询与分析

空间查询与分析是 GIS 的核心,是 GIS 最重要和最具有魅力的功能,也是 GIS 有别于其他信息系统的本质特征。地理信息系统的空间分析可分为三个层次的内容。

(1)空间检索

空间检索包括从空间位置检索空间对象及其属性、从属性条件检索空间对象。如物流中心规划中查询物流中心 50km 内的企业和居民分布情况,总水管附近 100m 内有多少房屋。

(2)空间拓扑叠加分析

通过空间要素(点、线、面或图像)的相交、切割、合并运算,以及特征属性在空间上的连接,实现不同地理层面间的物理叠加,可获取和派生重要的空间决策信息。

(3)空间模型分析

如数字地形高程分析、缓冲分析、网络分析、图像分析、三维模型分析、多要素综合分析及面向专业应用的各种特殊模型分析等。

5)可视化表达与输出

GIS 的操作结果可通过可视化的地图、影像、多媒体方式加以直观表达,通常以人机交互方式来选择显示的对象与形式。对于图形数据,可以根据客户的需要输出全要素地图、各种专题图、统计图以及图片和数据等,还可根据要素的信息密集程度,选择放大或缩小显示。

GIS 除上述五大功能外,还有用户接口模块,用于接收用户的指令、程序或数据,是用户和系统交互的工具,主要包括用户接口、程序接口与数据接口。由于地理信息系统功能复杂,且用户又往往为非计算机专业人员,用户接口是地理信息系统应用的重要组成部分,使地理信息系统成为人机交互的开放式系统。

(二)GIS 在物流运输中的应用

GIS 技术在物流中的应用,主要是指利用 GIS 强大的地理数据处理功能和可视化表达方式来完善物流数据处理技术与空间分析决策。如通过客户邮编和详细地址字符串,以直观、方便、互动的可视化方式自动确定客户的地理位置(经纬度),实现数据信息的快速查询、计算、分析和辅助决策。因此,GIS 在物流运输领域的应用,就是利用其强大的地理数据处理功能来完善物流分析技术。国外的一些公司已开发出利用 GIS 为物流分析提供专门的工具软件,完整的 GIS 物流分析软件包括为交通运输分析所提供的扩展数据结构、分析建模工具和二次开发工具,以及若干物流分析模型,包括网络物流模型、分配集合模型、车辆路线模型、最短路径模型、设施定位模型、车辆定位导航等。这些模型既可以单独使用来解决某些实际问题,也可以作为进一步开发适合不同需要的应用程序的基础。

1. 网络物流模型

网络物流模型用于解决如何寻求最有效的分配货物路径问题,也就是物流网点布局问题。在现实生活中,常会遇到这样的问题:企业有 M 个仓库和 N 个商店,为满足正常的商业运营,现要求从仓库运送货物到商店。一般情况下,每个商店都有固定的需求量,因此,需要确定由哪个仓库提货送给哪个商店,所耗的运输代价最小。可以利用 GIS 软件,进行空间分析,求出最短的路径。

2. 分配集合模型

分配集合模型用于根据各个要素的相似点把同一层上的所有或部分要素分为几个组,以解决确定服务范围和销售市场范围等问题。如某一公司要设立 N 个分销点，要求这些分销点要覆盖某一地区，而且要使每个分销点的顾客数目大致相等。可以利用 GIS 软件，将某一地区划分为无数的小区域，利用已知的空间数据进行模糊分类，以确定最佳的分销地点。

3. 车辆路线模型

车辆路线模型用于解决在一个起点、多个终点的货物运输问题中，如何降低操作费用并保证服务质量，包括决定使用多少车辆、每个车辆经过什么路线的问题。在物流分析中，在一对多收发货点之间存在多种可供选择的运输路线的情况下，应该以物资运输的安全性、及时性和低费用为目标，综合考虑，权衡利弊，选择合理的运输方式并确定费用最低的运输路线。如一个公司只有 1 个仓库，而零售店却有 30 个，并分布在各个不同的位置上，每天用卡车把货物从仓库运到零售店，每辆卡车的载质量或者货物尺寸是固定的，同时每个商店所需的货物重量或体积也是固定的。因此，需要多少车辆以及所有车辆要经过的路线是一个最简单的车辆路线模型。

实际问题中，车辆路线问题还应考虑很多影响因素，问题也变得复杂。如仓库的数量不止一个，而仓库和商店之间不是一一对应的；部分商店对货物送达时间有一定的限制，如某商店上午 8 点开始营业，要求货物在早晨 5 ~ 7 点之间运到；仓库的发货时间有一定的限制，如当地交通规则要求卡车上午 7 点之前不能上路，而司机要求每天下午 6 点之前完成一天的工作等。

4. 设施定位模型

设施定位模型用来确定零售商店、仓库、医院、加工中心等设施的最佳位置，其目的是为了降低操作费用，提高服务质量，以及使利润最大化等。设施定位模型可以用于确定一个或多个设施的位置。在物流系统中，仓库和运输线共同组成了物流网络，仓库处在网络的“节点”上，运输线就是连接各个“节点”的“线路”。也就是说，“节点”决定着“线路”，仓库的位置直接决定了运输线路，并影响运输的费用。具体地说，在一个具有若干资源点及若干需求点的经济区域内，物资资源要通过某一个仓库的汇集中转和分发才能供应各个需求点，因此，根据供求的实际需要并结合经济效益等原则，在既定区域内设立多少仓库，每个仓库的地理位置在什么地方，每个仓库应有多大规模(包括吞吐能力和存储能力)，这些仓库间的物流关系如何等问题，就显得十分重要。而这些问题运用设施定位模型均能很容易地得到解决。

5. 空间查询模型

利用 GIS 的空间查询功能，可以查询以某一商业网点为圆心某半径内配送点的数目，以此判断哪一个配送中心距离最近，为安排配送做准备。

6. 车辆定位导航

借助 GIS 技术，还可以在车辆定位导航等方面得到车辆在三维空间中的运动轨迹，不但可准确获得车辆的准确位置，还可得到车辆的速度、运动方向等数据，为交通运输管理提供了动态检测和导航的工具。

第三节　物流运输管理信息系统

一、物流运输信息

(一)物流和信息流

企业在进行物流活动时，常常伴随着商流、资金流和信息流，他们是流通过程中的四大组成部分，如图9-2所示。“四流”互为存在，密不可分，相互作用，商流要靠物流来实现，商流和物流又要靠信息流支撑和同步运转，资金流随着商流和物流的流转而流转。如果将商流、物流、资金流和信息流作为一个整体进行运作，能够创造较大的经济效益。

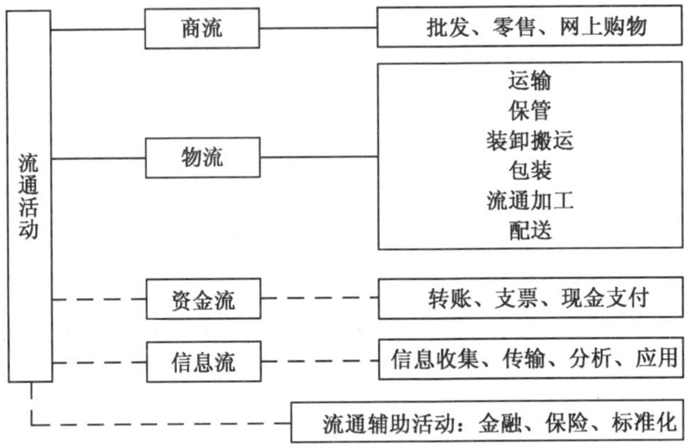

图9-2　流通活动中的商流、物流、资金流和信息流

商流是一种交易活动过程，它是物流、资金流和信息流的起点，如果两个企业达成供货协议，确定了货物价格、品种、数量、供货时间、交货地点、运输方式，并签订了合同，也就意味着商流活动的开始。将货物进行包装、装卸、保管和运输，即开始了物流活动，同时伴随着信息的传递。当商流和物流活动进行后，下面就是付款和结算，进入了资金流的过程。在商流、物流和资金流的三大过程中，都离不开信息的传递和交换，没有及时的信息流，就没有顺畅的商流、物流和资金流。

物流和信息流有着密切的关系。一方面，物流活动产生大量的原材料供应、运输、产成品消费等信息，需要保持通畅的信息流，并准确反馈物流各环节运作所需要的信息；另一方面，信息技术的进步为信息传递创造了条件，促进了物流服务能力和效率的提高。物流与信息流的关系，主要表现在一是物流活动中的信息流是伴随着物流的运作而不断产生的，并作为物流的重要组成要素，为物流的正常运转、管理、决策以及制定战略提供不可缺少的依据；二是物流活动的内容包括订货管理、订货处理、装卸搬运，运输配送等。通过信息流的反馈作用，使其每一项物流作业按照物流要求得以实现；三是物流是一项系统性较强的活动，需要制订周密的物流计划，这些计划的制定，需要有大量的、及时的信息支持，充分、准确的信息是制定物流计划的有效保障。

现代通信技术和网络技术的发展和应用，使得信息交流和传递成为可能，在现代物流管理过程中要加强物流与信息流的管理，促进物流与信息流紧密结合，应完善物流信息系统建设，加强物流组织过程中的信息处理功能，为物流活动的开展提供网络化的强有力的信息支持；同时促进电子商务的发展，使物流与电子商务之间形成紧密的联系，提高物流过程的运转效率。

(二)物流运输信息的概念与特点

运输是物流活动中的主要组成部分，实现迅速、准确、安全、经济的运输目标，需要掌握运输活动中发生的大量信息。为进行高效率的运输活动，也必须具备随时与货主交换信息的功能，因此实现物流运输信息的管理，推行运输业物流信息系统化是非常必要的。运输信息是指在运输业务中所发生的信息，主要包括宏观方面的信息和微观方面的信息。宏观方面的信息主要包括交通运输法律法规和规则条例，陆路、水路、航空运输状况以及地理情况信息等；微观方面的信息主要包括货源信息(货物名称、质量、运价、装卸地点等)、运输工具信息(运输工具状况、车辆能力、容积等)等。另外在运输活动中发生的各种单据如订货单、货运提单、货运清单等也属于运输信息。

物流运输信息具有种类繁多、来源广泛的特点。物流运输信息是随着物流运输活动的展开而大量产生的,物流运输的各个环节都会产生类型繁多的各种物流运输信息,如在运输活动中,客户的订货要求、商品库存的核对、接受订货的处理、发货情况的确定都会涉及企业生产信息、客户情况信息、各类仓库信息、港口、道路、机场等基础信息,不仅物流运输系统内部各个环节有不同种类的信息,而且和系统相关的生产系统、销售系统、供应系统、消费系统等也会有不同类别的信息。随着生产的发展,多品种少批量生产和多额度小数量配送库存、运输等信息大量增加,企业对大信息量的处理采取了先进的方法,以加强对信息流的管理,如零售商广泛采用POS(销售时点信息系统)来读取某一销售时点的商品品种、价格、数量等即时销售信息,并对这些销售信息进行加工整理,通过EDI(电子数据自动交换系统)向相关企业传递。为了使库存补充作业合理化,企业采用EOS(电子自动订货系统)。物流运输信息的动态性强,信息的价值衰减速度快,更新的速度快,及时性要求高,因此,对收集、加工、处理的速度有较高的要求,必须有能够即时更新数据、分析数据的录入和更新系统,才能适应物流运输信息的特点。

(三)物流运输信息的作用

在物流运输活动中,进行合理的运输组织,使各个环节相互协调、相互衔接需要通过信息予以沟通,物流运输信息对商流和物流活动进行记录和控制,为物流活动的正常开展提供决策基础,如在运输中选用合适的运输方式、设计合理的路线、决定最佳库存量等,必须依靠准确反映物流运输活动的信息。在整个物流运输运行的过程中,物流运输信息主要有以下作用:

1. 业务工作的基本平台

运输是连接供给和消费的纽带,为保证实现运输的经济效益,需要缩短货物的在途时间和仓储加工时间,及时供货和保证供应链的连续性和稳定性,从而实现货物的使用价值。这一系列的活动随时需要大量信息支持作为保证。在运输活动中,各个环节的连接需要物流运输信息的传送,如企业在接收到商品的订货信息后,要检查商品库存中是否存在商品,如果有,就可以发出配送指示信息,通知配送部门进行配送活动;如果没有库存,则发出采购或生产信息,通知采购部门进行采购活动,或由生产部门安排生产,以满足顾客需要。配送部门得到配送指示信息之后,就会按照配送指示信息的要求对商品进行个性化包装,并反馈包装完成信息;物流配送部门则开始设计运输方案,进而产生运输指示信息,对商品实施运输;在商品运输的前后,配送中心还会发出装卸指示信息,指导商品的装卸过程;当商品成功运到顾客手中之后,还要传递配送成功的信息。如果信息渠道堵塞和信息服务滞后,那么,物流运输企业的生产经营是不可想象的。物流运输信息是物流业务的基础,也是物流企业发展业务的基本平台。

2. 决策指挥的基础

物流信息在物流活动中是企业的神经中枢,这是因为信息经收集、加工、处理后,成为决策的依据,对整个物流运输活动起着指挥、协调的作用。如果信息失真,则指挥活动便会失误,任何信息的遗漏和错误都将直接影响物流系统运转的效率和效果,进而影响企业的经济效益。如企业的准时制生产,货物配送系统和准时制生产必须依靠整个商品流通过程中及时可靠的信息及整个供应链上各环节状态信息的及时反馈。否则就会产生相反的效果;制造商和运输商可以利用信息技术来最大程度地降低自己的库存,托运人和承运人加强合作与联系,把运输服务提供商的相关信息整合到整个运输信息流当中,实现信息共享,就能帮助降低双方的库存量。在物流运输管理中存在着很多基本决策问题,如货运站、仓库等的位置决策、货物仓库的库存方式、数量和管理方法的决策、运输配送方式、批量、路径以及运输设备的装载能力的运输决策。这就需要对物流活动所产生的各类信息进行科学分析,从而产生正确的决策,以提高运输效率、降低运输成本、提升客户的满意度和服务水平。

3. 物流计划的保障

物流运输的系统性很强,物流运输计划在物流运输系统中具有重要的作用。由于货物运输系统必须对客户的需求和期望做出迅速的反应,消费者也要求能够更好地控制和掌握自己所接受的运输服务,要达到这个目标就需要制订物流的需求计划,如运输量计划、车辆计划、存储计划,补货量的预测等都需要提前制订。在计划的制订过程中,需要大量的及时的物流信息进行支持,需要依靠信息系统与先进的技术。运输计划制订的过程离不开对货物运输需求量的预测,预测需要建立模型,需要收集充分的、准确的物流信息和确切的历史运输数据。物流信息是制定物流计划的有效保障。

(四)物流运输信息管理

物流运输的信息化管理随着物流行业的发展壮大日益为从业者和管理信息系统商所重视。信息是反映事物内在本质的外在表现,如图像、声音、文件、语言等,是事物内容、形式和发展变化的反映。运输信息就是物流运输活动的内容、形式、过程及发展变化的反映。现代物流运输信息在物流活动中起着神经系统的作用,“牵一发而动全身”。

物流运输信息管理是对物流信息的收集、整理、存储、传播和利用的过程,是将物流运输信息从分散到集中、从无序到有序、从产生、传播到利用的过程,同时对涉及物流运输信息活动的各种要素,包括人员、技术、工具等进行管理,实现资源的合理配置。

物流运输信息的有效管理强调物流运输信息的准确性、有效性、及时性、集成性、共享性。要求在信息的收集、整理中要避免信息的缺损、失真和失效,要强化物流运输信息活动过程的组织和控制,建立有效的管理机制。同时要加强交流,信息只有经过传递、交流才会产生价值,所以要有信息交流共享机制,以利于形成信息积累和优势转化。

物流运输信息管理系统通过条码和数控工具、GPS 等现代管理工具与方法,可以实现物流作业的自动化,大大提高劳动生产效率。同时可以实现“三流”的统一,使资金流、物流与信息流可以及时集成并反映到工作人员的眼前,提高物流运输管理与协调的能力。物流运输信息管理的内容涉及运输工具、运送人员、货物以及运输过程各业务环节的信息管理。

1. 货物跟踪管理

货物跟踪管理是指物流运输企业利用物流条形码、RFID 和 EDI 技术及时获取有关货物运输状态的信息(如货物品种、数量、货物在途情况、交货期限、发货地、到达地、货主、送货车辆、送货负责人等),提高物流运输服务质量的方法。具体步骤为:首先采用信息采集技术在取货、配送和收货时利用扫描仪读出物流条形码中的货物信息,传送到总部的中心计算机进行汇总整理并储存。终端客户可实现对货物状态的实时查询,及时准确地知道货物运输状态。通过货物信息可以确认货物是否将在规定时间内及时交付,或及时发现在规定时间未完成交付的情况,便于立即查明原因并及时改正,提高运送货物的准确性和及时性,

照工作流程又可分为货物的组配、制单、托运、送单、通知和费用计算等步骤。

(1)货物的组配

货物的组配就是根据货源、运力的情况,将待运的各种货物按照性质、重量、体积、包装、形状、运价等因素合理地配装在一定容器的运输工具里。组配一项技术性很高的工作,直接关系到运输工具的利用程度、运费的高低和货物的安全。

(2)制单

单据主要有货物运单和运输交接单。货物运单按照选择的运输方式不同有铁路货物运单、市内公路货物运单、水路运输船票和代运商品委托书等。这些单据是托运单位和实际承运人之间办理托运和手续的依据,也是承运人安排运力、办理货物交接和计费的原始凭证,一经签订便具有契约性质,所以双方都应对所填内容认真负责。运输交接单是物流企业内部或与接运方或中转方之间货物交接的凭证,也是收货方掌握在途商品情况及承付货款的依据。

(3)办理托运手续

交由其他运输企业运输的货物,要根据制好的单据办理托运手续,待其受理后,即可根据指定的时间和货位送货,办理交接。送货时,必须保证货物包装完整、标志清楚。水路发运必须按船期运输托运,对泊位装船的,一般将货物送到港口仓库或趸船上交接;对锚地装船的,因无固定泊位,故须经常将货物送到船上。

(4)送单

领货凭证、付费收据、运输交接单、货物调拨供应单、补运单、货物供应凭证等随货同行的单据,应在办完托运手续后及时发给接收方,以便其收货时清点验收。铁路整车发运一般采取单货同行的方式,铁路零担与航空运输多采用承运方代递方式;公路发运由驾驶员随车代交;而水运由于其速度较慢,所以多采用邮寄的方式。

(5)通知

货物发运后,就立即向收货方通报发站、到站、发运车号、运单号、件数、质量、发运日期等情况,以便收货方及时做好接收货物的准备工作,中转方充分做好接转货物的衔接工作。

(6)结算

在货物发运后,发货方根据不同的发运方式,向收货方或承运方核算和收付代垫运杂费和其他费用。

2. 货物接运

货物接运是指货物从发运地到收货地后,收货单位根据货物到达站、港通知,同物流企业办理的货物点验收接收工作。货物接运的主要程序有以下几个。

1)接运准备

根据发货预报或到货通知,联系有关业务部门,根据车次、船号、到达日期以及品名、数量,组织人力、物力和仓库货位,能直拨的尽量直拨,减少运转环节,不能直拨的接运单位,应及时取回提货凭证和其他随货同行单据,提前做好接货准备工作。

2)办理接运手续

首先,向到达站、港递交有关接运手续,交付费用。其次,根据提货凭证,到站、港的站台或仓库接收、点验货物。点验主要是检查包装是否完好,数量、质量是否与单货相符。如有不正常情况,应立即会同有关承运单位做出货运记录和普通记录,分清发、转、收三方的责任。

3)安排接运货物

就站、就港直拨和商品入库接收来的商品有两种安排方法。

(1)就站、就港直拨。商品接收单位在收到发货预报后，要立即通知商品调拨或部分直拨，且必须在商品运达前开出商品调拨供应单交接单位，以便接运单位组织运力。接收单位在办理直拨时，要认真检查商品的数量和包装，对破、散的商品应当场加固、维修，同时涂去旧标记，换上新标记。

(2)办理商品入库。未能直拨的商品，应根据业务部门开具的商品入库单和成货同行单据，送往仓库点交、验收。

3. 运输决策

运输决策在整个物流决策中占有十分重要的地位，根据物流发展过程中的相关统计资料来看，物流运输成本要占到物流总成本的35% ~50%，对于许多商品来说，运输成本要占商品价格的4% ~10%。现代运输管理主要包括5个方面的决策与管理，即运输网络设计、送货规划和管理、运载工具装载容器及场站管理、承运人管理以及运费管理。

(1)运输网络设计

运输网络设计主要为了存货持有成本、仓储成本和运输成本最小化同时满足客户反应时间要求。为了设计最优运输网络，需要了解的信息有：每个运输节点的地理位置编码；在每个拣货、配送和分销点间的理论行驶速度；仓库、存货持有和运输的固定和变动成本；每个产品来源地产品可得性和每个配送点的产品需求；每个配送点的反应时间要求。

(2)送货规划和管理

送货规划是选择送货频率和决定每次送货包含哪些订单、运输方式、合适的承运人、线路和送货计划的过程。送货方式和承运人选择的目标是最小化送货成本，同时满足送货的时间要求，运输管理信息系统可以帮助用户自动进行选择。有效地安排线路可以节约燃料和劳动力成本，并提高客户满意度。优秀的路线方案应尽量减少车辆的空驶率。

(3)运载工具装载容器及场站管理

运载工具装载容器及场站管理主要包括的内容有运输工具(如车辆、机车、船舶和飞机)和装载容器的规模和配置；每个运载工具和容器的购买和置换；运输工具和容器的维护；原属工具和容器的识别与跟踪；场站(包括月台、车场和港口)的计划和管理。

(4)承运人管理

主要的活动有承运人的选择、谈判、承运人的业绩监督，以及核心承运人项目等。

(5)运费管理

运费管理以及与之相关的运输文档管理是运输管理中最有利可图(在妥善管理的情况下)或支出最高(在管理欠佳的情况下)的活动。与过去相比，如今的运费谈判需要更多的调研和预先规划。

(三)公路运输信息管理系统

1. 公路运输管理信息系统业务流程分析

1)零担运输业务流程

零担运输指托运人一次托运量在3t以下或不满一整车的少量货物的运输。公路零担运输一般为定线路发运，其基本组织程序如图9-7所示。

(1)受理托运

零担货物承运人根据营运范围内的线路、站点、运距、中转车长的装卸能力、货物的性质及受运限制等业务规则和有关规定接受托运零担货物，办理托运手续。受理托运时，必须由托运

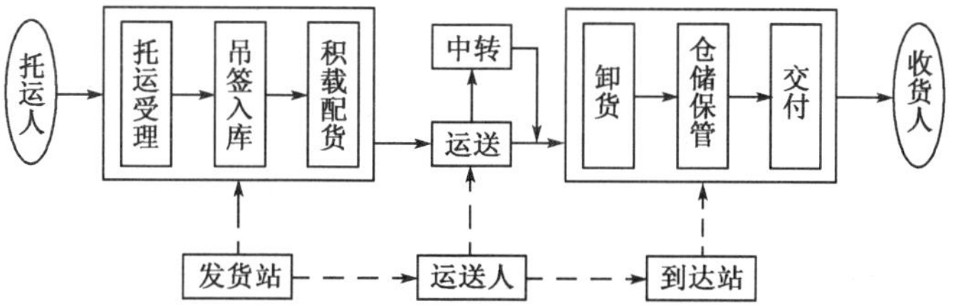

图 9-7　零担货运作业流程

人认真填写托运单,承运人审核无误后方可承运。

(2)过磅起票

零担货物受理人员在收到托运单后,应及时验货过磅,认真点件交接,作好记录,按托运单编号填写标签及有关标志,填写零担运输货票并收取运杂费。

(3)仓库保管

零担货物在仓库的存放时间较短,维护保养工作较少,主要应控制货物的出入库效率和库内存放货位的管理。仓库的货位一般可划分为待运货位、急运货位、到达待交货位。货物进出仓库要严格执行照单入库或出货,做到以票对货,票票不漏,货票相符。

(4)配载装车

按车辆容载量和货物的形状、性质进行合理配载,填制配装单和货物交接单。填单时应按货物先远后近、先重后轻、先大后小、先方后圆的顺序填写,以便按单顺次装车,对不同到达站和中转的货物要分单填制。将整理后各种随货单证分附于交接清单后面。按单核对货物堆放位置,做好装车标记。按交接清单的顺序和要求点件装车。

(5)车辆运行

零担货运班车必须严格按期发车,按规定线路行驶,在中转站要由值班人员在行车路单上签证。

(6)货物中转

对于需要中转的货物需以中转零担班车或沿途零担班车的形式运到规定的中转站进行中转。中转作业主要是将来自各个方向仍需继续运输的零担货物卸车后重新集结待运,继续运至终点站。

(7)到站卸货

到站后,由仓库人员检查货物请况,如无异常在交换单上签字加盖业务章。如有异常情况发生,则应采取相应处理。

(8)货物交付

货物入库后,通知收货人凭提货单提货,或者按指定地点送货上门,并做好交货记录。

2)集装箱运输业务流程

集装箱业务主要包括接受托运申请、提取空箱、装箱、箱货交接、办理交接手续等业务,其基本的运输业务流程如图 9-8 所示。

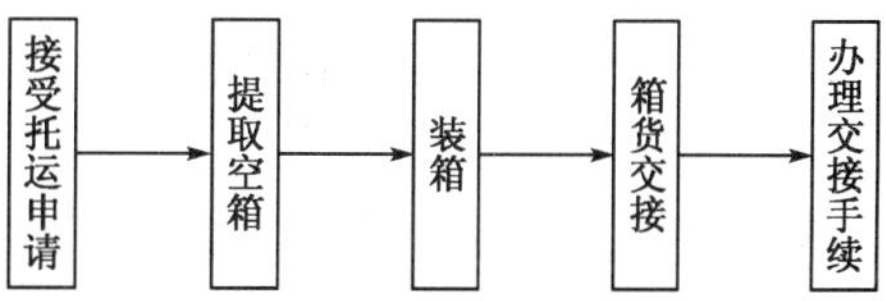

图 9-8　集装箱出口货运流程

3)配送运输的业务流程

配送运输是指将被订购的货物使用汽车或其他快捷的运输工具从供应点送达顾客手中的活动。配送运输的经济里程半径一般在 30km 以内。配送运输具有时效性、安全性、沟通性、方便性、经济性等特点。配送运输基本作业流程如图 9-9 所示。

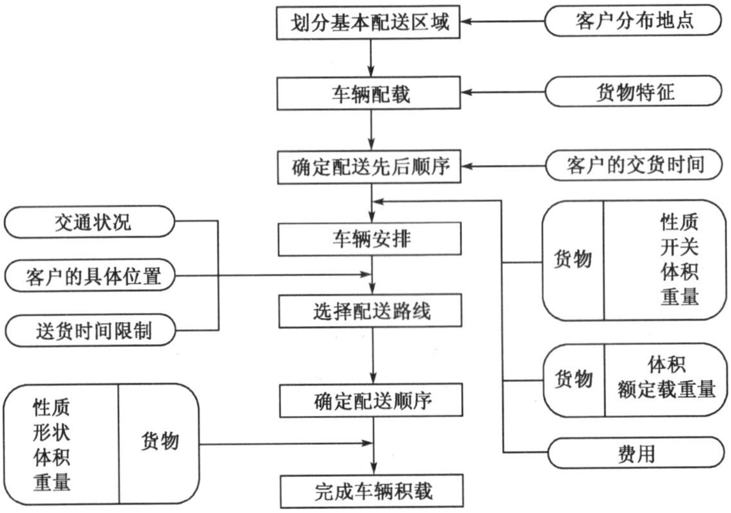

图 9-9　配送运输基本作业流程

(1)划分基本配送区域

根据客户所在地的具体位置或交通条件等,将所有的客户划分为几个配送区域,将每一客户囊括在不同的基本配送区域之中,为下一步决策提供基本参考。

(2)车辆配载

在接收到订单后,将货物按特性进行分类,以分别采取不同的配送方式和运输工具。如按冷冻食品、速冻食品、散装货物、箱装货物等分类配载。其次,配送货物也有轻重缓急之分,必须初步确定哪些货物可配于同一辆车,哪些货物不能配于同一辆车,以做好车辆的初步配装工作。

(3)暂定配送先后顺序

先按客户订单要求的送货时间,将配送的先后作业次序作一概括的预计。为后面车辆积载做好准备工作,以便有效地保证送货时间,尽可能提高运作效率。

(4)车辆安排

车辆安排要解决的问题是安排什么类型、吨位的配送车辆进行最后的送货。一般企业拥有的车型有限,车辆数量也有限,当本公司车辆无法满足要求时,可使用外雇车辆。其次,安排车辆之前,还必须分析订单上货物的信息,如体积、重量、数量、对于装卸的特别要求等,综合考虑各方面因素的影响,做出最适合的车辆安排。

(5)选择配送路线

根据客户的具体位置、沿途的交通情况、客户要求的送货时间等要求来选择配送距离短、配送成本低的线路。

(6)确定最终的配送顺序

依据各车负责配送的具体客户的先后,将客户的最终配送顺序加以明确地确定。

(7)完成车辆积载

根据客户的配送顺序,将货物依“后送先装”的顺序进行货物的装车作业。装车时,还要考虑货物的性质(怕震、怕压、怕撞、怕湿)、形状、体积及重量等,将货物装车的位置进行弹性调整,并同时兼顾货物的装卸方法。

2. 公路运输管理信息系统功能结构

(1)车辆资料管理

对运输车辆的信息进行日常的管理维护,随时了解车辆的运行状况,以确保在运输任务下达时,有车辆可供调配。主要包括车辆的一些基本属性,如载重大小、运行年限、随车人员的要求以及是否是监管车辆等。

(2)驾驶员信息维护

对驾驶员的基本信息进行管理,以随时跟踪驾驶员的情况,并对驾驶员的学习情况、违章记录、事故情况、准驾证件以及其他证件进行管理。同时可以考核驾驶员的业务素质,以保证驾驶员队伍的稳定和发展。在驾驶员的管理中,还需要对驾驶员的出勤情况进行管理,以便在任务安排时可以自动判断其在任务当日是否能够正常地出勤,还是有其他情况不能担当此任务。

(3)运输业务管理

根据客户的指令进行托单的录入,主要包括受理日期、订单号、起运地址、货物名称。重量、体积、数量、货主、联系人、电话、收货单位、联系人、到达地址、电话及各种费用等订单信息。托单输入后,结合公司的运输资源及运力情况,通过管理部门的审核及价格谈判后,与客户签订合同;对于长期合作的企业,合同可直接在网上确认。根据受理的情况对需承运的货物进行审核确认。验收内容主要有货主、货物名称、规格、货物等级、包装质量、接收数量、破损数量、搁置数量、货物重量、货物体积等信息。验收之后,将相关信息输入信息系统,形成表单。验收合格后,系统自动形成托单,并按谈定的价格或协议单价生成合同价格,与客户签订的每一个项目都是一个托单,一个车辆可有多个托单,一个托单也可由多个车辆来运输,托单的管理应贯穿物流运输的整个过程。

(4)回场确认管理

驾驶员把货物送到目的地并驾车回场后,将客户收货确认带回,输入本次执行任务后的一些信息,如行程、油耗、台班数、货物有无损坏和遗失以及是否准点到达等,这些数据将作为数据统计分析的基础。

(5)IC 卡管理

将派车单写入到 IC 卡,这样出车的车辆就具有电子身份证的功能,这是根据不同的地方对营运车辆管理需要而设计的,它同样可以提高工作效率,减少人为的差错。如在集装箱车辆进入港区后,需要将 IC 交付工作人员进行货物的确认,否则车辆将不允许进入港区。

(6)统计分析管理

各种车辆运营情况(如派车情况、任务完成情况)以及月度统计报表的处理,这是企业营运分析所必需的功能。

(7)车辆和货物跟踪

智能调度信息网是为了适应将来大容量、大范围、数字化、网络化的交通车辆调度和综合信息服务而开发的平台系统,它以 GPS 全球卫星定位网、GSM 全球个人通信和 SMS 短消息网、FLEX 高速寻呼网、Internet 互联网为基础,采用数据分析和智能化决策支持,应用 GIS 地理信息系统等技术,具有车辆调度、监控、反劫防盗、报警、移动综合信息服务等功能。

(8)费用结算管理

对每一业务所发生的费用进行登记确认,及时判断业务盈亏状况。它包括企业财务管理的所有过程，从费用登记确认、发票的制作到实收实付的确认和销账，最终生成企业所需要的统计分析表格。

二、智能运输系统

（一）智能运输系统概述

智能运输系统（Intelligent Transportation System，简称 ITS）是将先进的信息技术、计算机技术、数据通信技术、传感器技术、电子控制技术、自动控制技术、运筹学、人工智能等学科成果有效地应用于交通运输、服务控制和车辆制造领域，加强车辆、道路和使用者之间的联系，从而形成一种定时、准确、高效的综合运输系统。借助智能系统，车辆可以在道路上安全行驶，靠智能化手段将车辆运行状态调整到最佳，保障人、车、路的和谐统一，在极大地提高运输效率的同时，充分保障交通安全、改善环境质量、提高能源利用率。智能运输系统的研究已走过近 40 年的历程，美国、欧洲和日本已成为世界智能运输系统三大基地。

1. 美国 ITS 的发展

从 20 世纪 60 年代末期到 70 年代，美国致力于发展电子道路导航系统（EGRS），运用道路与车辆间的双向通信来提供道路导航。1988 年，美国成立了非正式组织"Mobility 2000"，提出了一个新的计划。同时，为了引起全国的关注并且扩大计划，1990 年又成立了美国智能车辆和道路协会（IVHS America），为政府出谋划策，并直接组织协调活动，目前，成员单位大约 200 多个，1991 年制定了综合提高陆上交通效率化法（ISTEA），把开发研究 IVHS 作为国策并给予充足的财力支持，从此美国的 IVHS 研究、开发进入了系统的、有序的、全面的发展阶段。随后，1991 年 12 月，美国国会制定了 ISTEA（综合地面运输效率方案），从此，ITS 成为道路运输政策的中心项目。

一个有利于 ITS 实现的环境正在努力培养中，第一步工作应当是制订一个 ITS 的实施计划。1992 年 5 月，IVHS 战略计划构建了今后 20 年 ITS 的发展蓝图。1994 年 9 月，美国交通部将 IVHS America 更名为 ITS America（美国智能交通协会），该协会在 1995 年 3 月制定了美国 ITS 项目计划，深入探讨了发展和应用 ITS 的规划及其最终目标。

此外，一些专用系统也正在研究之中，全美国有 80 多个地区已经或正在进行 ITS 系统的试验。其中最著名的是，在政府的支持下，由美国自动化高速公路系统联盟（NAHSC）实施的自动化高速公路系统（AHS）。为了清晰地勾勒出 ITS 所提供的服务的框架结构以及同系统间的相互关系，由美国交通部牵头制定了 ITS 的系统结构。最终报告于 1996 年 7 月发布，现正在将 ITS 发展计划的有关数据整理成册。

根据 ITS 系统结构的不断变化，美国 ITS 的发展已经从计划阶段进入基础设施的改进阶段。1996 年 1 月，美国交通部宣布了其今后 10 年的发展目标：在美国 75 个主要城市实施"节省操作时间"计划，建设智能交通基础设施（ITI），以最终实现 ITS。

2. 日本 ITS 的发展

在日本，ITS 适于 1971 年的 CACS 计划。从 1973 年到 1978 年，日本成功地组织了一个动态路径诱导系统的实验。从 20 世纪 80 年代中期至 90 年代中期的 10 年时间，相继完成了路车间通信系统（RACS）、先进的管理交通信息控制系统（AMTICS）、交通信息通信系统（TICS）、宽区域旅行信息系统、超智能车辆系统、安全车辆系统及新交通管理系统等方面的研究。1994 年 1 月成立了 VERTIS（路车交通智能协会），1995 年 7 月，AMTICS 和 RACS 结合成立了 VICS

(道路交通信息系统)中心。1996 年 4 月正式启动 VICS,先在首都圈内而后推行大版、名古屋等地,1998 年向全国推进。日本的 VICS 是 ITS 实用化的第一步,居于世界领先水平。

日本 ITS 研究的一个显著特点是政府有关部门共同参与、密切合作,以保证在技术发展过程中没有遗漏。1993 年 7 月,日本"车辆、道路与交通智能协会"正式成立。从而在与智能运输系统有关的 5 个省,即建设省、通产省、邮政省、运输省和警事厅之间建立加强合作的机制。1995 年 8 月,在详细分析 ITS 用户服务范围的基础上,由上述 5 个省有关部门提出了日本"公路交通、车辆领域的信息化实施方针",其目的在于在 ITS 的统一规划下推进其工作。

日本在积极推进道路交通信息通信系统、ETC(不停车自动收费系统)等系统的研制开发中,于 1998 年 8 月 7 日策划制定了智能交通系统(ITS)的整体设想。但是,在推行个别子系统实用化过程中,考虑到诸多个别系统的复杂性,明确了共享情报构成要素等问题,在保证系统综合化和各系统之间的互换性的同时,还必须确保系统今后的扩张性。鉴于上述情况,日本与研究该 ITS 有关的五个部委确定在 10 年内完成此项工作,并最终制定了智能交通系统的整体设想。

道路交通情报通信系统是以车载地图引导交通的情报通信系统为开始起步研制开发的,而发展到今天,依靠无线电信标的车路通信系统和调频文字显示,实时地提供给驾驶员的第二代 VICSC 道路交通信息通信系统车载器。日本于 1996 年 4 月正式为用户提供了 VICS 服务系统。如今,已在全日本高速公路以及东京等九个都府县广泛使用。从日本该系统普及情况可知,截止到 1998 年 7 月末,使用该系统的车辆已达 320 万辆之多。和美国以及欧洲国家相比,其普及率处于绝对优势,而且大有进一步增加的发展势头。

在智能交通系统的研制开发中,道路交通信息通信系统的发展最快,也最引人注目,它就是多用途的车辆跟踪定位系统(GPS)。把路车情报系统作为通信机器情报末端加以广泛使用的最先进产品,那就是前述的道路交通信息通信系统(VICS)。从 1997 年起,由于车载电话的普及,使新闻、气象以及食宿等信息服务成为可能,进而由于电子通讯技术的发展,最终实现了家庭信息服务。这些道路交通情报通信服务系统,分为和情报中心的直通式及插入通信网络的网络式两种类型。此外还有一种和专用情报中心联机的同时又与网络接联的双向情报通信方式。车载电话服务系统的进一步发展,将实现通过通信卫星对路上行驶车辆提供道路交通情报信息的服务。

靠无线电通信等高新电子技术进行收费处理,即可实现不停车自动收费的全部操作。该系统的使用,不仅能够缓解停车收费造成的车辆堵塞,而且可实现无现金化,方便了司机,减少了运行成本和现金流失。该系统就是 ETC,即不停车自动收费系统,这种系统已从 1999 年开始在日本东叶公路等首都圈主要收费站使用。人工收费站的处理能力,每小时平均 230 辆,而使用 ETC 系统,每小时可达到 1 000 辆,工作效率提高了 4 倍,从而极大地缓解和改善了高速公路收费站附近的交通堵塞现象。ETC 系统,由路旁无线电天线等基础构件、车载器以及 IC 卡等设备构成。当然和道路交通情报通信系统一样,上述设备和技术均有待向综合化、多用途化方向发展。通过和 VICS 以及道路情报通信网络的结合以及末端的设立和一体化,再通过和加油站、停车场、信用卡等其他结算系统的连接,将会进一步提高对道路各种行驶车辆信息用户服务的便利性和高效化。

以 AHS(道路交通车辆运行支援系统,又称高速公路辅助行车系统)为例,该系统是通过对道路与行驶车辆之间的协调,向驾驶人员提供危险警告、行驶路线以及协助驾驶等情报信息,以最终实现自动驾驶的一个极为先进的新系统。目前,在日本名阪国道和阪神高速公路等设置了突发事故探测系统。该系统在事故多发路段上配备多个电视监控器，通过画面自动检测和监控有无事故发生。然后通过路旁情报板，向后面车辆提供前方发生事故等情报信息，以防发生追尾事故。

ACC(自动巡查监控系统)也是已经实用化了的一个相关新技术。该系统是通过激光雷达来掌握前方行驶车辆位置，调节行车速度，以实现保持适当车距的一个控制系统。目前，日本全国已装设了该系统的车辆约为4 600辆。此外，采用传感器来检测车辆运行轨迹、车体侧倾，以及行驶车辆驾驶员疲劳瞌睡等情况，再通过具有用声音或监控器发生警告信号的运行检测机能，让驾驶员制动或减速，选用最合适的变速挡位，实现用安全速度行驶的协调控制，将会使ACC系统相关技术得到进一步的发展和普及。为了使AHC道路交通支援系统具有完全实现路车一体化机能，日本运输者和日本通产省联合立项，开发研制ASV(先进安全汽车)和SVS(高性能汽车交通系统)等汽车设计和制造新技术，并于2000年开始实施此项开发计划。

3. 欧洲ITS的发展

20世纪80年代初期，德、英、法等国先后各自研究自己的系统，经济合作与发展组织OECD对这些系统进行了调查和评价，结论是:应用现代信息和通信技术等高科技的路线引导系统，将会使道路交通发生显著的变化，但是各国的引导系统彼此独立而不相容，对过境车辆和道路交通管理带来了不便。因此OECD决定努力促进这一领域的发展并协调全欧进行有效的国际合作。1986年，欧洲19个国家的政府和企业界开始了一项名为“尤里卡”(EUREKA)的联合研究计划，由于欧洲的国家大部分都很小，因此欧洲的ITS主要从洲际的角度进行，旨在建立跨欧的智能化道路网，投资额达50亿美元。具体计划中包括许多具体项目，如完善道路设施提高服务水平的DRIVE计划，建立全欧“交通服务无线数据通讯网”以及“欧洲最高效最安全交通计划”(PROME THEUS)，耗资8亿美元，1987年10月进入研究开发阶段，历时8年;“自动道路和驾驶系统”，耗资1.5亿美元，历时7年;“跨欧道路交通系统”，耗资270万美元，此外，还有“交通信息系统”。1995年的PROMOTE是继PROMETHEUS之后进行的新的项目，但与以往不同的是该项目包括全交通方式。1996年2月底，欧共体事务总局13局第一次公布了为T-TAP征集的具体子项目，总计有74个子项目，其中有关航空、铁路与海运的子项目为28个，涉及两种交通模式的占4个，涉及多种交通模式的有5个，显然欧共体对有关综合运输的ITS项目已逐步开始重视了。

1998年由欧洲10多个国家投资50多亿美元，联合执行一项旨在完善道路设施提高服务质量的DRIVE计划，其含义是欧洲用于车辆安全的专用道路基础设施，现在已经进行第二阶段的研究开发工作。目前欧洲各国正在进行Tele Mastics的全面应用开发工作，计划在全欧范围内建立专门的交通无线数据通信网、智能交通系统的交通管理、车辆行驶和电子收费等都围绕Tele Mastics和全欧无线数据通信网来展开。欧洲各国也联合搞了一个叫PROMETHEUS的计划，即欧洲高效安全交通系统计划。

4. 国内ITS的发展

我国的ITS研究起步于20世纪的70年代，在交通运输和管理中应用电子信息技术，当时称为交通工程。在此后近30年时间里，在政府的支持下，众多专家学者、科研机构和企业在坚持自主开发的基础上，通过广泛的国际交流与合作，在ITS领域进行了深入的理论研究、产品开发研究和应用示范，并取得了一定的成果。

20世纪70年代中期至80年代初期，我国主要试验研究城市交通信号控制。80年代中至90年代初，一些大城市如北京、天津、上海引进消化了城市信号控制系统，北京引进了英国

SCOOT 系统(绿信比、周期和相位差优化技术系统),天津、上海引进了澳大利亚 SCATS 系统(最优自动适应交通控制系统)等。20 世纪 90 年代,一些大城市逐渐建设交通监控系统,一些高速或高等级公路建设监控及电子收费系统。GIS、GPS 等技术也在管理、运营等领域应用。

国家科技部于 1999 年 11 月批准成立了国家智能交通系统工程研究中心,于 2000 年 3 月组织全国交通运输领域专家组成了 ITS 专家组,出版了《中国智能运输系统体系框架》,提出我国智能交通系统发展的整体框架,为交通运输界提供指导性意见。

"十五"期间,科技部将"智能交通系统关键技术开发和示范"作为重大项目列入国家科技攻关计划,ITS 第一次以国家文件的形式列入我国政府的发展规划。该项目包括共性关键技术、关键产品和技术开发、ITS 工程示范和相关基础研究四大类 16 个课题。已验收课题中,获国家发明专利 23 项,制定企业标准 7 项,建立跨省市国道主干线联网电子收费、高等级公路综合管理、城市交通信息采集与融合等示范点 15 个,车载安全装置等中试线 3 条,生产线 4 条,成果转让合同 27 项。应该说,"十五"期间,我国 ITS 发展取得明显成效。

智能交通在我国主要应用于三大领域。

(1)公路交通信息化

公路交通领域目前热点的项目主要集中在公路收费,其中又以软件为主。公路收费项目分为两部分,联网收费软件和计重收费系统。此外,联网不停车收费(IETC)是未来高速公路收费的主要方式。

(2)城市道路交通管理服务信息化

兼容和整合是城市道路交通管理服务信息化的主要问题,因此,综合性的信息平台成为这一领域的应用热点。除了城市交通综合信息平台,一些纵向的比较有前景的应用有智能信号控制系统、电子警察、车载导航系统等。

(3)城市公交信息化

目前国内的公交系统信息化应用还比较落后,智能公交调度系统在国内基本处于空白阶段,也是可以重点发展的领域。在地域分布上,国内的各大城市特别是南方沿海地区对于智能交通的发展都非常重视。

(二)ITS 的特点

ITS 的特点体现在信息技术的"智能"方面,如智能感测技术、智能通信网、智能信息处理、智能控制等。每个方面的智能则集中表现为整个系统的智能化、此处的智能不仅是指具有学习、推理的能力,而且指在特定环境和适当的条件下,能快速有效地获取信息、准确地传输信息、高效地处理信息,并成功利用信息以达到目的的能力。在系统组成意义下,"智能"的特点体现在每一组成部分中,即车内系统、路边系统、信息管理中心、需求管理系统、交通管理控制系统都是智能化的系统,而且它们之间可以自动进行信息交换。智能运输的作用包括以下几点。

(1)车辆在道路上可以安全自由地行使,在陌生的地方不致迷失方向。

(2)道路的交通运输流可以调整至最佳状态,从而缩短行车时间,减少阻塞,提高其通行能力,提高整个社会的运输效率。

(3)交通管理控制中心可以对道路和车辆状况进行实时监控,及时处理事故,保障道路畅通。

(4)智能运输系统为用户提供的服务质量和服务水平得到提高,能源得以节省,环境得以改善。

（三）ITS 的构成

智能运输系统主要由 7 个子系统构成，即先进的交通信息系统、先进的交通管理系统、先进的公共交通系统、先进的车辆控制系统、货运管理系统、电子收费系统和紧急救援系统。

1. 先进的交通信息系统（ATIS）

它是建立在完善的信息网络基础之上的，通过装备在道路上、机动车上、换乘站上、停车场上以及气象中心的传感器和传输设备，向交通信息中心提供全面的交通信息。ATIS 对各类信息加以处理后，向社会提供实时的道路交通信息、公共交通信息、换乘信息、交通气象信息、停车场信息以及与出行相关的其他信息，出行者可根据这些信息确定自己的出行方式和选择路线。目前该系统已有可能建立在因特网上，并采用多媒体技术，使 ATIS 的服务功能大大加强，汽车可由此成为移动的“信息中心”和“办公室”。

2. 先进的交通管理系统（ATMS）

ATMS 系统有一部分与 ATIS 共用信息采集、处理和传输系统，但是 ATMS 主要是给交通管理者使用的，对道路系统中的交通状况、交通事故、气象状况和交通环境进行实时监视，根据收集到的信息，对交通进行控制，如控制信号灯、发布诱导信息、进行道路管制、对事故进行处理与救援等。

3. 先进的公共交通系统（APTS）

APTS 系统的主要功能是改善公共交通工具（包括公共汽车、地铁、轻轨列车、城郊铁路和城市间的长途汽车等）的运行效率，使公共交通运输更便捷、更经济、运量更大。

4. 先进的车辆控制系统（AVCS）

AVCS 还处于研究试验阶段，从当前的发展看，可以分为两个层次：一是车辆辅助安全驾驶系统，系统由车载传感器（微波雷达、激光雷达、摄像机、其他形式的传感器等）、车载计算机和控制执行机构等组成，行使中的车辆通过车载传感器测定出与前车、周围车辆以及与道路设施的距离，系统会及时向驾驶员发出警报，在紧急情况下强制制动车辆；二是自动驾驶系统，装备了这种系统的汽车也称为智能汽车，它在行使中可以自动导向，自动检测和回避障碍物，在智能公路上，能够在较高的速度下自动保持与前车的距离。

5. 货运管理系统

该系统是以高速道路网和信息管理系统为基础，利用物流理论进行管理的智能化的物流管理系统。它综合利用卫星定位、地理信息系统、物流信息及网络技术有效组织货物运输，提高货运效率。

6. 电子收费系统（ETC）

使用者可以预交一笔通行费，领到一张电子通行卡，将其安装在汽车的指定位置，这样当汽车通过收费站时可实现不停车收费。这种电子收费系统可以使道路的通行能力提高 3 ~ 5 倍。

7. 紧急救援系统（EMS）

该系统是一个特殊的系统，它的基础是 ATIS、ATMS 和有关的救援机构及设施，通过 ATIS 和 ATMS 将交通监控中心与专业救援机构联成有机的整体，提供车辆故障现场紧急处置、拖车、现场救护、排除事故车辆等服务。

三、基于物联网的物流运输信息平台

(一)物联网的概念及发展

1. 物联网的概念

2005 年 11 月,在突尼斯举行的信息社会世界峰会(WSIS)上,国际电信联盟(ITU)发表了世界互联网发展年度报告——《物联网》,正式地提出了"物联网"的概念。欧盟第七框架通过的 CASGRAS(Coordination and Support Action for Global RFID - related Activities and Standardisation, 全球 RFID 运作及标准化协调支持行动)给物联网的定义为:物联网(Internet of Things,简称 IOT)是一个全球的基础网络,通过数据获取的开发和通信能力将实际物体与虚拟物体联系到一起。

国际电信联盟发布的世界互联网报告,对物联网作了如下定义:通过二维码识读设备、射频识别(RFID) 装置、红外感应器、全球定位系统和激光扫描器等信息传感设备,按约定的协议,把任何物品与互联网相连接,进行信息交换和通信,以实现智能化识别、定位、跟踪、监控和管理的一种网络。

中国物联网校企联盟将物联网定义为当下几乎所有技术与计算机、互联网技术的结合,实现物体与物体之间:环境以及状态信息实时的共享和智能化的收集、传递、处理、执行。广义上说,当下涉及信息技术的应用,都可以纳入物联网的范畴。

物联网是指通过各种信息传感设备,实时采集任何需要监控、连接、互动的物体或过程等各种需要的信息,与互联网结合形成的一个巨大网络。其目的是实现物与物、物与人,所有的物品与网络的连接,方便识别、管理和控制。物联网主要涉及 RFID 和传感器两项核心技术。RFID 技术的目的是标识物,给每个物品一个"身份证";传感器技术的目的是感知物,包括采集实时数据,如温度、湿度,以及执行与控制,如打开空调、关上电视。

2. 物联网的起源与发展

"物联网"概念最早起源于比尔? 盖茨在 1995 年所著的《未来之路》一书。1999 年美国麻省理工学院建立了"自动识别中心(Auto - ID)",提出"万物皆可通过网络互联",阐明了物联网的基本含义。早期的物联网是依托 RFID 技术的物流网络,随着技术和应用的发展,物联网的内涵已经发生了较大变化。2005 年的信息社会世界峰会上,国际电信联盟引用了"物联网"的概念,使得物联网的定义和范围发生了变化,其覆盖范围有了较大的拓展,不再只是指基于 RFID 技术的物联网。2009 年 2 月 24 日,2009IBM 论坛上,IBM 大中华区首席执行官钱大群公布了名为"智慧的地球"的最新策略。此概念一经提出,即得到美国各界的高度关注,甚至有分析认为 IBM 公司的这一构想极有可能上升至美国的国家战略,并在世界范围内引起轰动。2010 年,温家宝总理在无锡视察中科院物联网技术研发中心时指出,要尽快突破核心技术,把传感技术和 TD 的发展结合起来。2011 年,物联网进入我国"十二五"规划,《物联网发展专项资金管理暂行办法》出台。

(二)智慧物流

随着社会对物流智能化和信息化服务需求的不断提高,基于物联网技术,以高度信息化、智能化为特征的智慧物流应运而生,使物流信息化进入一个新的阶段。物联网在物流领域的应用实现将极大加强物流环节各单位间的信息交互,实现企业间有效的协调与合作,推进物流行业的专业化、规模化发展。将物联网先进技术融入到具体物流运作中,能够实现高度的物流信息化、自动化和便利化。物流业是物联网最早应运的行业之一,很多先进的现代物流系统已经具备了信息化、数字化、网络化、集成化、智能化、柔性化、敏捷化、可视化、自动化等先进技术特征。很多物流系统和网络也采用了最新的红外、激光、无线、编码、认址、自动识别、定位、无接触供电、光纤、数据库、传感器、RFID、卫星定位等高新技术,这种集光、机、电、信息等技术于一体的新技术在物流系统的集成应用就是物联网技术在物流业应用的体现。

目前,物联网、云计算、移动互联网等新一代信息技术的蓬勃发展,正推动着我国智慧物流的变革。可以说,智慧物流将是信息化物流的下一站。基于物联网的物流信息系统,一定是一个开放的系统,有社会信息、外部信息的交换共享,也有自身信息向社会的发布;一定是一个动态系统,定位信息服务成为基础,捆绑其他状态信息构成物流动态管理的"信息元"。一些关键技术将得到快速发展,如信息识别与采集技术、移动通信技术、智能终端和商业智能技术等。

(三)基于物联网的物流运输业务体系与业务流程

利用物联网技术实施运输业务升级的物流企业,需以深度覆盖所服务区域的运输网络平台为基础,提供快捷、准时、安全、优质的标准化服务。通过整合内外物流资源,提供"一站式"综合物流服务,以满足客户对运输业务的个性化需求。物联网技术将用于优化运输业务的各个作业环节,实现运输管理过程的信息化、智能化,并与上、下游业务进行物资资源整合和无缝连接,如图9-10所示。

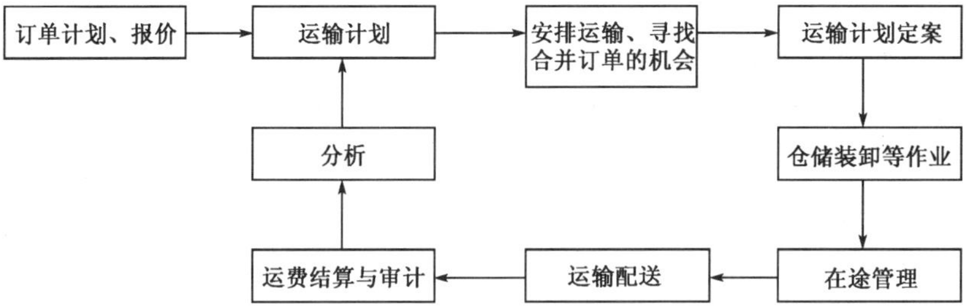

图9-10 物流企业智能运输流程

1. 运输计划定案

基于物联网的物流信息平台可有效提高物流企业内部及整个供应链的信息资源整合能力,实现物流信息的高效传递与共享。物联网的应用可减少订单计划、报价、分析、运输计划、安排运输、寻找合并订单机会等环节的人工投入。将收集到的数据信息进行计算、统计、挖掘与分析,可直接通过决策系统提供运输方案。

2. 仓储装卸等作业

运用RFID、EPC等物联网关键技术可对每个货物进行编码、识别及信息再录入等操作。在仓储装卸等作业中采用物联网技术体系作为信息载体,可有效避免人工输入可能出现的失误,大大提高物流作业中入库、出库、验货、盘点、补货、装卸搬运等环节的工作效率。

3. 在途管理

通过RFID技术、GPS技术与传感技术的结合,可在感知在途运输货物状态的基础上实施管理与控制。在运输线上按照RFID读/写器设备和传感器设备,通过接受RFID标签信息来实现运输车辆及运输货物的识别、定位、跟踪及状态感知等。工作人员和用户通过输入货物编码和访问密码即可随时查询货物状态,如冷鲜货物的温度、易碎货物的压力、危险货物的密封性等,实现在途管理的可视化与透明化。在此基础上,工作人员根据货物状态可直接通过运输管理系统处理物流信息并进行必要的在途控制,从而保证货物运送的质量与安全。

4. 运输配送

物联网环境下的运输配送作业新增了配送信息自动更新、达到时间自动提醒、送货信息自动反馈等功能,可及时获取交通条件、价格因素、用户数量及分布和用户需求等因素的变化信息,并根据以上配送信息的更新制订动态配送方案,在提高配送效率的同时降低成本。最终配送方案确定后,系统计算出货物到达的具体时间,提前告知收货人获取配送许可,如收货人因故不能按时收货,可与业务员进行沟通,另行安排合理的送货时间,从而为用户提供人性化服务。配送完成后,系统自动向发货人发送货物送达的具体信息,并收取发货人与收货人的反馈信息,为再合作提供资料备案。

5. 运费结算与审计

物联网环境下的货物标签存储着丰富的货物信息。计价系统对这些信息进行识别和处理,可实现智能结算,包括物流企业内部各业务环节的交接结算和供应链参与方之间的结算,智能结算后,审计确认后的运费可在与计价系统绑定的银行账户上自动扣除。运费的智能结算简化了资金交易的过程,提高了资金交易的准确性。

(四)基于物联网的物流运输信息平台结构

1. 感知层

感知层通过对物理实体的感知布局,实现对物理实体属性的感知、采集与捕获,使之成为可供传输和识读的信息。利用物联网相关技术可对物流运输各环节的基础信息进行全面采集与感知。感知的主要内容包括货物的基本属性、状态、位置和附属信息等。此外,车辆信息、仓储信息、交通信息、气象信息等也是基于物联网的物流运输信息平台感知内容的重要组成部分。

2. 网络层

网络层通过相关技术将物流运输感知过程中采集的终端信息进行集中,并接入物联网的传输体系,再利用处理工具对基本物流运输信息进行选择、纠正,以及进行不同信息形式间的转化,最后通过传输网络将经过处理的物流运输信息传递到应用层上。

3. 应用层

应用层可划分为应用控制和应用实施两部分。应用控制集成各种物流运输信息利用数据挖掘技术、信息集成技术、云计算技术等对物流运输信息进行筛选、计算和分析处理,为用户提供有效信息。应用实施是通过应用控制分析和处理的结果对事物进行相关应用反馈的实施,实现物对物的控制。

思 考 题

1. 为什么要进行物流运输信息管理?
2. 条形码在物流运输信息管理者中的作用是什么?
3. 射频技术和条形码在物流运输信息管理中的异同点是什么?
4. GPS/GIS 技术如何应用在物流运输信息管理中?
5. 物流运输管理信息系统应具备哪些功能?
6. 智能运输系统对现代物流运输管理产生了哪些影响?

参考文献

[1] 薛华成.管理信息系统[M].北京:清华大学出版社,2007.
[2] 郭东强.现代管理信息系统主编[M].北京:清华大学出版社,2006.
[3] 王汉新.物流信息管理[M].北京:北京大学出版社,2010.
[4] 王世文.物流管理信息系统[M].北京:电子工业出版社,2008.
[5] 陈福集.物流信息管理[M].北京:北京大学出版社,2007.
[6] 冯耕中.物流信息系统[M].北京:机械工业出版社,2009.
[7] 谢红燕,陈宇.物流管理信息系统[M].北京:化学工业出版社,2009.
[8] 林自葵.物流信息管理[M].北京:清华大学出版社,2006.
[9] 曹伟国.现代物流信息管理[M].北京:高等教育出版社,2006.
[10] 杨庆云.物流运输管理[M].北京:中国轻工业出版社,2006.
[11] 陈志红.运输管理实务[M].北京:北京交通大学出版社,2007.
[12] 罗松涛.新编物流运输与实务[M].北京:清华大学出版社,2007.
[13] 马建.物联网技术概论[M].北京:机械工业出版社,2011.
[14] 魏凤,刘志硕.物联网与现代物流[M].北京:电子工业出版社,2012.
[15] 王喜富,苏数平,秦予阳.物联网与现代物流[M].北京:电子工业出版社,2013.